国家自然科学基金资助项目（71673145，71973068）
江苏省社科基金重大项目（18ZD003）
江苏高校品牌专业建设工程（TAPP）资助项目
江苏省高校哲学社会科学重点研究基地"中国制造业发展研究院"资助项目
江苏高校哲学社会科学优秀创新团队建设项目（2015ZSTD006）

中国制造业发展研究报告2021

李廉水 刘 军 程中华等 著

科学出版社
北京

内 容 简 介

本书以"智能制造引领中国制造业发展"为主线,倡导制造业智能化的发展路径。根据世界银行集团以及主要制造业发达国家近年的相关报告探究世界主要经济体的经济发展前景。从宏观视角、区域视角、产业视角、企业视角等维度对2020年智能制造的中外文文献研究动态展开评述。对中国制造业智能化发展进行整体研究、区域研究、产业研究和企业研究,同时对信息化能否提升传统产业的绩效、创新网络视角下江苏制造业高质量发展的路径研究、长三角智能制造业集聚机制与发展路径研究、长江经济带制造业智能化水平评价及影响因素研究、不同所有制的智能制造试点企业创新效率及其决定因素、智能化背景下制造型企业创新能力提升策略研究、核心企业主导下智能制造创新生态系统的构建进行论述。

本书适合政府机关工作人员、企业领导、相关专业的研究人员等关注中国制造业发展的人士阅读。本书对于从事制造业研究,尤其是智能制造领域的专家学者及政策制定者,具有重要的参考价值。

图书在版编目(CIP)数据

中国制造业发展研究报告. 2021 / 李廉水等著. —北京:科学出版社,2021.9

ISBN 978-7-03-069385-3

Ⅰ. ①中⋯ Ⅱ. ①李⋯ Ⅲ. ①制造工业–经济发展–研究报告–中国–2021 Ⅳ. ①F426.4

中国版本图书馆 CIP 数据核字(2021)第 139721 号

责任编辑:王腾飞 沈 旭/责任校对:杨聪敏
责任印制:师艳茹/封面设计:许 瑞

科学出版社 出版
北京东黄城根北街 16 号
邮政编码:100717
http://www.sciencep.com

北京市密东印刷有限公司 印刷
科学出版社发行 各地新华书店经销

*

2021 年 9 月第 一 版 开本:787×1092 1/16
2021 年 9 月第一次印刷 印张:16 1/4
字数:380 000

定价:199.00 元
(如有印装质量问题,我社负责调换)

编委会

顾问委员 杜占元　方　新　吴贵生
主任委员 陈　劲　李廉水
委　　员 汪寿阳　柳卸林　穆荣平　赵兰香
　　　　　　黄群慧　王春法　李心丹　魏　江
　　　　　　胡汉辉　李有平　潜　伟　吕文栋
　　　　　　梁　凯　刘　俊　周显信　曹　杰
　　　　　　吴先华
学术秘书 刘　军　程中华

项目组

首席专家 李廉水
主要成员 刘　军　巩在武　吴先华　曹　杰
　　　　　　崔维军　郑　伟　周彩红　张慧明
　　　　　　唐德才　余菜花　张丽杰　程中华
　　　　　　王常凯　李健旋　徐常萍　吴敏洁
　　　　　　孙　薇　钟　念　季良玉　周飞雪
　　　　　　蔡　玫　葛和平　张三峰　韩会朝
　　　　　　王茂祥　李玮玮　刘　亮　姚怫之
　　　　　　岑　珊　张梦娜

前　言

制造业是国民经济的主体，是立国之本、兴国之器、强国之基。打造具有国际竞争力的制造业是提升综合国力、保障国家安全、建设世界强国的必由之路。改革开放之后，我国制造业取得了举世瞩目的成就，已经成为世界制造业第一大国。然而，我国制造业大而不强的问题依然十分突出，在自主创新能力、资源利用效率、产业结构水平、信息化程度、质量效益等方面我国制造业与先进国家制造业差距明显，制造业转型升级和高质量发展的任务紧迫而艰巨。

由李廉水和杜占元牵头组建的研究团队从2004年开始，全面深入地研究中国制造业的发展状况，经过十多年的研究和探索，完成的《中国制造业发展研究报告》无论是在理念上、内容上，还是在方法上，都颇有可取之处。至今，我们围绕"制造业发展"的主题已经连续出版了16部《中国制造业发展研究报告》（2004、2005、2006、2007、2008、2009、2010、2011、2012、2013、2014、2015、2016、2017~2018、2019、2020）。为扩大"中国制造业发展研究报告"的国际影响，2009年和2016年在中文版的基础上，还出版了英文版。在此过程中，我们深切感受到中国制造业的快速发展，见证了中国制造业在经济创造能力、科技创新能力和资源环境保护能力等方面的快速提升。我们希望这份研究报告能够在建设创新型国家、推进自主创新进程中，成为准确反映中国制造业自主创新能力提升轨迹的报告，成为助推中国制造业转型升级和高质量发展的报告。

《中国制造业发展研究报告2021》是该系列第17部中文版研究报告，由江苏省高校哲学社会科学重点研究基地"中国制造业发展研究院"和教育部人文社会科学重点研究基地"清华大学技术创新研究中心"的研究人员为主体进行研究并编写，既传承了以往《中国制造业发展研究报告》的写作风格，又在研究内容上做了较大的创新和改动。本书以"智能制造引领中国制造业发展"为主线，倡导制造业智能化的发展路径，在保持原有的学术动态篇的基础上，对中国制造业智能化发展进行整体研究、区域研究、产业研究和企业研究，同时对信息化能否提升传统产业的绩效、创新网络视角下江苏制造业高质量发展的路径研究、长三角智能制造业的集聚机制与发展路径研究、长江经济带制造业智能化水平评价及影响因素研究、不同所有制的智能制造试点企业创新效率及其决定因素、智能化背景下制造型企业创新能力提升策略研究、核心企业主导下智能制造创新生态系统的构建进行了论述。

本研究报告的特色和创新之处主要体现在三个部分。

第1部分，学术动态篇。一方面，通过解析我国颁布的《新一代人工智能发展规划》、《促进新一代人工智能产业发展三年行动计划（2018—2020年）》和《中国新一代人工智能科技产业发展报告（2019）》等，美国智能制造发展战略——《美国先进制造领先战略》（2018）和美国国家科学与技术委员会和先进制造国家项目办公室2017年、2018年的年度报告，欧盟智能制造发展战略——《欧盟2020战略》和《新欧洲工业战略》，日本智能制造发展战略——《日本制造业白皮书 2019》、"汉诺威宣言"和"东京倡议"等各国颁布的制造业政策和行业报告，探究世界主要经济体的经济发展前景、产业革命对各国政府和企业的影响、美国制造业发展策略、欧盟制造业发展策略和日本制造业发展策略。另一方面，遴选出 2019 年发表的与智能制造密切相关且被 SCI、SSCI、CSSCI 等检索的高质量中外文期刊论文，从宏观视角、区域视角、产业视角、企业视角等维度对智能制造的文献展开研究动态评述。

第 2 部分，发展评价篇。 从制造业智能化整体评价来看，梳理现有文献对智能制造的内涵研究、评价研究和效应研究，构建中国制造业智能化的评价指标体系，结合中国制造业数据，通过熵权法对各指标进行赋权，进而对中国制造业智能化水平进行比较和分析。在制造业智能化区域评价方面，以制造业智能化发展的五维特征构建智能制造评价指标体系，进而对四大区域、30 个省份、智能制造城市展开比较分析。在制造业智能化发展产业评价方面，从基础层、应用层和市场层三个层面建立制造业智能化发展产业评价体系，采用离差最大化方法对医药制造业、食品制造业、纺织业这三个离散型制造业产业进行智能化评价；在制造业智能化发展企业评价方面，从信息基础层、生产应用层和效率效益层三大方面构建制造业上市企业"智能化"能力评价指标体系，采用熵权法分别对 2015~2018 年工信部智能制造试点示范的 131 家上市企业进行智能化发展水平的评价。

第 3 部分，专题研究篇。 主要围绕信息化能否提升传统产业的绩效、创新网络视角下江苏制造业高质量发展的路径研究、长三角智能制造业集聚机制与发展路径研究、长江经济带制造业智能化水平评价及影响因素研究、不同所有制的智能制造试点企业创新效率及其决定因素、智能化背景下制造型企业创新能力提升策略研究、核心企业主导下智能制造创新生态系统的构建这七个问题进行论述。

《中国制造业发展研究报告 2021》的出版对于从事制造业研究，尤其是智能制造领域的专家学者及政策制定者来说，具有重要的参考价值。本研究报告是一部系统研究中国制造业发展的年度报告，一部汇集中国制造业发展数据的权威工具书，一部较为全面反映全球制造业发展研究动态的学术导读书籍，同时还是一部旨在推动制造业智能化发展的政策建议书籍。本书不但理念先进、方法科学，而且数据翔实、行文流畅，其出版无论是在理论上，还是在实践上，都会对我国制造业发展产生积极的影响。我们借此抛砖引玉，愿与更多关注中国制造业发展的朋友们合作，共同研究探索中国制造业发展的轨迹和路径，为铸就中国制造业的辉煌尽一分力量。由于水平所限，本书难免会出现错误或不当之处，敬请各位专家和读者批评指正。

目 录

前言

第1部分 学术动态篇

第1章 政府及研究机构报告解析 ... 3
1.1 中国智能制造发展 ... 3
1.1.1 国家政策解析 ... 3
1.1.2 行业报告解析 ... 4
1.2 美国智能制造发展 ... 4
1.2.1 培养制造技术和技术转移途径 ... 5
1.2.2 可持续发展规划 ... 6
1.3 欧盟智能制造发展 ... 8
1.4 日本智能制造发展 ... 10
1.4.1 "汉诺威宣言"和"东京倡议" ... 10
1.4.2 《日本制造业白皮书2019》 ... 11

参考文献 ... 12

第2章 制造业智能化外文文献综述 ... 13
2.1 制造业智能化的技术推进 ... 13
2.1.1 智能化关键技术 ... 13
2.1.2 智能制造系统 ... 15
2.1.3 智能化创新能力 ... 17
2.2 制造业生产运营的智能化现状 ... 18
2.2.1 服务智能化 ... 18
2.2.2 管理智能化 ... 19
2.2.3 生产方式智能化 ... 19
2.3 制造业智能化是否提升了企业绩效 ... 20
2.4 制造业智能化产生了哪些社会影响 ... 21
2.5 其他与制造业智能化相关的研究 ... 22
2.5.1 "工业4.0"和"中国制造2025"的比较 ... 22
2.5.2 制造业智能化的产业融合 ... 22
2.5.3 制造业智能化面临的挑战 ... 22
2.6 研究结论 ... 23

参考文献 ... 23

第 3 章　制造业智能化中文文献综述 … 28
3.1　国内智能制造研究评述 … 28
3.1.1　国内智能制造发展的机遇与挑战分析 … 28
3.1.2　智能制造技术探索 … 29
3.1.3　智能制造影响因素研究 … 31
3.1.4　智能制造与产业升级 … 31
3.1.5　智能制造与就业分析 … 33
3.1.6　文献研究评述 … 33
3.2　中文文献推荐 … 34
参考文献 … 39

第 2 部分　发展评价篇

第 4 章　中国制造业智能化发展综合评价研究 … 43
4.1　引言 … 43
4.2　文献综述 … 43
4.3　制造业智能化及其指标体系 … 45
4.4　制造业智能化综合评价方法 … 47
4.4.1　熵权法 … 47
4.4.2　投影法 … 48
4.5　中国制造业智能化综合评价 … 49
参考文献 … 50

第 5 章　区域智能制造发展水平评价 … 52
5.1　中国主要省份的智能制造 … 52
5.1.1　区域智能制造的测量模型 … 52
5.1.2　区域智能制造的指标选取 … 53
5.1.3　评价结果 … 54
5.2　中国智能制造强市 … 62
5.2.1　城市制造业智能化发展评价方法与指标体系 … 63
5.2.2　城市制造业智能化发展评价 … 66
5.2.3　城市制造业智能化发展综合评价 … 69
参考文献 … 71

第 6 章　中国制造业智能化发展：产业研究 … 72
6.1　制造业细分产业的评价指标体系 … 72
6.2　医药制造业 … 74
6.2.1　医药制造业智能化评价 … 74
6.2.2　医药制造业智能化能力综合化评价 … 81
6.3　食品制造业 … 84

	6.3.1 食品制造业智能化评价	84
	6.3.2 食品制造业智能化能力综合化评价	91
6.4	纺织业	94
	6.4.1 纺织业智能化评价	94
	6.4.2 纺织业智能化能力综合化评价	100
6.5	本章小结	102
参考文献		103

第 7 章 中国制造业智能化发展：企业研究 105
- 7.1 引言 105
- 7.2 制造企业智能化发展水平的评价体系 105
  - 7.2.1 制造企业智能化发展评价的相关文献述评 105
  - 7.2.2 制造企业智能化发展水平的评价指标体系构建 106
  - 7.2.3 制造企业智能化发展水平的评价方法 107
- 7.3 制造上市企业智能化发展水平评价 110
  - 7.3.1 制造企业智能化发展信息基础层指标评价 110
  - 7.3.2 制造企业智能化发展生产应用层指标评价 113
  - 7.3.3 制造企业智能化发展效率效益层指标评价 119
  - 7.3.4 制造企业智能化发展总体评价 123
- 7.4 本章小结 133
- 参考文献 134

第 3 部分　专题研究篇

第 8 章 信息化能否提升传统产业的绩效——基于江苏企业调查数据的经验研究 139
- 8.1 引言 139
- 8.2 相关文献回顾 140
- 8.3 研究设计 141
  - 8.3.1 模型构建 141
  - 8.3.2 变量选取及描述性统计 141
  - 8.3.3 数据来源 143
- 8.4 实证结果与分析 143
  - 8.4.1 基准回归结果 143
  - 8.4.2 内生性问题的缓解 145
  - 8.4.3 异质性分析 146
  - 8.4.4 稳健性检验 148
- 8.5 结论与政策启示 150
- 参考文献 151

第 9 章　创新网络视角下江苏制造业高质量发展的路径研究 ……………………… 153
9.1　"互联网+先进制造业"战略背景及理论基础 …………………………… 153
9.1.1　"互联网+先进制造业"的战略背景 …………………………… 153
9.1.2　"互联网+先进制造业"的相关概念 …………………………… 154
9.2　基于创新网络的异业联盟模式 …………………………………………… 156
9.2.1　创新网络理论 …………………………………………………… 156
9.2.2　制造业创新网络描述 …………………………………………… 158
9.2.3　异业联盟——一种新型创新网络 ……………………………… 159
9.3　江苏省制造业创新网络发展路径 ………………………………………… 160
9.3.1　江苏省制造业的自主创新能力分析 …………………………… 160
9.3.2　江苏省创新网络特征研究 ……………………………………… 164
9.3.3　核心制造业企业的创新路径选择——异业联盟 ……………… 168
9.4　江苏工业高质量发展的政策建议 ………………………………………… 170
9.5　结论 …………………………………………………………………………… 172
参考文献 …………………………………………………………………………… 173

第 10 章　长三角智能制造业集聚机制与发展路径研究 ………………………… 175
10.1　引言 ………………………………………………………………………… 175
10.2　文献回顾与述评 …………………………………………………………… 175
10.2.1　长三角制造业发展现状 ……………………………………… 175
10.2.2　智能制造的相关研究 ………………………………………… 176
10.2.3　制造业产业集聚机制的相关研究 …………………………… 176
10.2.4　文献述评 ……………………………………………………… 177
10.3　长三角智能制造集聚机制理论分析 ……………………………………… 177
10.3.1　智能化与制造业的集聚机制 ………………………………… 177
10.3.2　国内需求对智能制造集聚的拉动机制 ……………………… 178
10.3.3　信息技术对智能制造集聚的驱动机制 ……………………… 178
10.3.4　人口规模等级与智能制造集聚的匹配机制 ………………… 179
10.4　长三角智能制造集聚机制统计分析 ……………………………………… 179
10.4.1　指标和数据说明 ……………………………………………… 179
10.4.2　统计分析 ……………………………………………………… 180
10.5　长三角智能制造集聚机制实证分析 ……………………………………… 182
10.5.1　模型构建 ……………………………………………………… 182
10.5.2　变量说明 ……………………………………………………… 182
10.5.3　实证结果 ……………………………………………………… 182
10.6　长三角智能制造发展路径分析 …………………………………………… 184
10.6.1　建立长三角智能制造的标准体系 …………………………… 184
10.6.2　形成长三角制造业完整的智能制造链 ……………………… 184
10.6.3　突出长三角智能制造的创新能力 …………………………… 185

10.6.4　实现长三角智能制造的协同发展···185
10.7　优化长三角智能制造的对策建议··185
参考文献···186

第11章　长江经济带制造业智能化水平评价及影响因素研究··············188

11.1　引言··188
11.2　文献综述···188
11.3　制造业智能化水平的评价指标与评价方法···189
　　11.3.1　制造业智能化评价指标··189
　　11.3.2　制造业智能化评价方法··190
　　11.3.3　长江经济带制造业智能化评价结果···190
11.4　长江经济带制造业智能化影响因素分析···193
11.5　模型构建与数据说明···194
　　11.5.1　模型选择···194
　　11.5.2　变量说明···194
　　11.5.3　数据描述···195
11.6　实证结果分析···195
11.7　结论··196
参考文献···197

第12章　不同所有制的智能制造试点企业创新效率及其决定因素··············198

12.1　引言··198
12.2　文献综述···198
12.3　研究方法与实证模型··199
　　12.3.1　剔除非管理性因素的智能制造试点企业创新效率···························199
　　12.3.2　模型与方法···200
　　12.3.3　变量与数据说明··202
　　12.3.4　样本选择与数据来源··204
12.4　实证分析与结果··205
　　12.4.1　智能制造试点企业创新效率几何：基于不同所有制结构的角度········205
　　12.4.2　是什么决定了智能制造试点企业的创新效率···································208
12.5　结论及对策建议··210
　　12.5.1　研究结论···210
　　12.5.2　对策建议···210
参考文献···211

第13章　智能化背景下制造型企业创新能力提升策略研究··············214

13.1　创新驱动与制造业创新能力构成要素··214
　　13.1.1　我国制造业创新驱动发展思路··214
　　13.1.2　制造型企业创新能力构成要素··215
13.2　智能化与传统制造向智能制造转型···217

13.2.1　制造业智能化发展概述·················217
　　　13.2.2　推动传统制造向智能制造转型·················220
　13.3　智能制造与企业创新的关联性分析·················221
　　　13.3.1　制造业智能化与企业创新紧密相关·················221
　　　13.3.2　创新在制造型企业智能化转型中的作用·················222
　13.4　智能制造企业创新能力提升策略·················224
　　　13.4.1　强化智能化驱动下的制造业自主创新·················224
　　　13.4.2　推进智能制造企业开放合作创新·················224
　　　13.4.3　促进智能制造企业创新研发成果应用·················226
　　　13.4.4　建立完善智能制造协同创新机制·················226
　　　13.4.5　建立完善智能制造创新管理体系·················227
　　　13.4.6　注重智能制造科技创新平台建设·················228
　　　13.4.7　注重智能制造企业创新人才建设·················229
　　　13.4.8　健全智能制造企业创新保障体系·················229
　参考文献·················230

第14章　核心企业主导下智能制造创新生态系统的构建——基于华为的案例研究······232
　14.1　引言·················232
　14.2　文献回顾·················232
　　　14.2.1　创新生态系统·················233
　　　14.2.2　智能制造创新生态系统·················234
　　　14.2.3　核心企业及其功能·················235
　14.3　案例介绍·················237
　　　14.3.1　案例选取依据·················237
　　　14.3.2　案例背景·················237
　　　14.3.3　华为的智能制造实践·················238
　14.4　智能制造创新生态系统的构建——以华为为例·················239
　　　14.4.1　智能制造创新生态系统的要素与结构·················239
　　　14.4.2　核心企业主导下智能制造创新生态系统的发展·················242
　14.5　结论·················244
　参考文献·················244

第1部分

学术动态篇

第1章 政府及研究机构报告解析

改革开放40多年来，中国经济发展创造了举世瞩目的增长奇迹。随着中国制造业逐步融入国际产业分工体系，中国逐渐成为全球制造业大国。近年来，智能制造的兴起正深刻改变着制造业的发展方向，对于不同国家重塑新的制造业优势并积极参与全球分工有着重要影响。智能制造对中国从制造业大国走向制造业强国也意义重大。在全球智能制造快速发展的今天，各国都采取了哪些政策措施？本章将对世界智能制造国家的政府工作报告、研究机构报告进行解析，以跟踪全球智能制造的政策发展趋势。

1.1 中国智能制造发展

1.1.1 国家政策解析

近年来，国家高度重视智能制造的发展。2018年5月28日，习近平总书记在中国科学院第十九次院士大会、中国工程院第十四次院士大会上指出："要以智能制造为主攻方向推动产业技术变革和优化升级，推动制造业产业模式和企业形态根本性转变，以'鼎新'带动'革故'，以增量带动存量，促进我国产业迈向全球价值链中高端。"

国务院在2017年7月发布《新一代人工智能发展规划》，制定了分三步走的我国人工智能发展战略目标，即到2020年人工智能总体技术和应用与世界先进水平同步；到2025年人工智能基础理论实现重大突破，部分技术与应用达到世界领先水平；到2030年人工智能理论、技术与应用总体达到世界领先水平，成为世界主要人工智能创新中心。国务院的这份发展规划标志着人工智能上升到国家战略高度。

为了配合国家发展战略，工业和信息化部于2017年12月发布《促进新一代人工智能产业发展三年行动计划（2018—2020年）》（以下简称行动计划），该行动计划从推动产业发展角度出发，结合"中国制造2025"，对《新一代人工智能发展规划》相关任务进行了细化和落实。行动计划指出，以信息技术与制造技术深度融合为主线，推动新一代人工智能技术的产业化与集成应用，推动人工智能和实体经济深度融合，推动制造强国和网络强国建设。

在近几年的政府工作报告中，智能制造也成为一个关键词。李克强总理在《2019年政府工作报告》中，首次提出了"智能+"的概念，将智能制造确定为国家经济发展新动能的重要发展方向。报告明确提出，"深化大数据、人工智能等研发应用，培育新一代信息技术、高端装备、生物医药、新能源汽车、新材料等新兴产业集群，壮大数字经济。"《2020年政府工作报告》提出，"推动制造业升级和新兴产业发展。支持制造业高质量发展。大幅增加制造业中长期贷款。发展工业互联网，推进智能制造……要继续出台支持政策，全面推进'互联网+'，打造数字经济新优势。"

可以预见，我国制造业智能化发展已经上升为国家级战略，智能化将进一步渗透到我国制造业的方方面面，推动我国制造业生产率的提升，并将形成新的产业形态。

1.1.2 行业报告解析

根据中国天津举行的第三届世界智能大会发布的《中国新一代人工智能科技产业发展报告（2019）》，中国人工智能企业已有规模化发展。截至 2019 年 2 月 28 日，中国有 745 家人工智能企业，约占世界人工智能企业总数 3438 家的 21.67%，仅次于排名第一的美国（1446 家，占比 42.06%）。但中国人工智能企业在地域分布上存在不均衡现象，主要分布在京津冀、长三角和珠三角三大都市圈，占比分别为 44.8%、28.7% 和 16.9%。在各省、直辖市、自治区中，人工智能企业主要分布在北京市、广东省、上海市、浙江省、江苏省、四川省、湖北省、天津市、福建省和山东省。

德勤公司在《2018 中国智能制造报告》中指出，我国的智能制造进入了高速成长期，这主要体现在，中国工业企业的数字化能力素质得到提升，为未来制造系统的分析预测和自适应奠定了基础；智能制造对企业的利润贡献程度明显上升；中国已成为世界上最大的工业机器人消费国，对工业机器人的需求仍然很强劲。报告同时指出，我国工业企业智能制造的重点部署领域依次为数字化工厂、设备及用户价值深挖、工业物联网、重构商务模式及人工智能。智能制造不仅能够帮助制造型企业实现降本增效，也赋予企业重新思考价值定位和重构商业模式的契机，其中商业模式的重构对我国企业来讲是一项复杂而艰巨的任务。

从以上行业报告可以看出，智能制造正在深刻改变着我国制造业的发展，不论是对制造业的生产过程、生产效率还是商业模式重构等方面，都在重塑我国制造业生态，影响我国制造业的竞争能力。但我国智能制造在快速发展的同时，也存在着区域发展不平衡的现象，京津冀、长三角和珠三角三大都市圈是智能制造的中心，如何发展我国中西部的智能制造是一个值得关注的问题。此外，企业在智能化改造中，也会产生"分流"的现象，智能制造对企业可能会产生优胜劣汰的市场竞争结果。

1.2 美国智能制造发展

美国把先进制造业作为确保其主导未来工业的关键，截至 2019 年，美国先进制造创新政策的推进已走过十个年头。截至 2019 年 8 月 30 日，美国已建成 14 家制造创新研究所。美国制造业项目是由这 14 个制造业机构组成的网络参与的联邦机构合作。

2018 年 10 月，美国国家科学与技术委员会起草了《美国先进制造领先战略》（*Strategy for American Leadership in Advanced Manufacturing*，以下简称《战略》）。面对激烈的全球竞争，《战略》着眼于保护经济、扩大制造业就业、确保有弹性的供应链和强大的制造业及国防工业基础，描述了联邦机构、州和地方政府、各类教育机构、大大小小的私营企业和投资者及美国公民如何能够实现美国在先进制造业中发挥全球领导作用的国家愿景。根据《振兴美国制造业和创新法案 2014》（RAMI 法案）的要求，2024 年 12 月 31 日之前，在各制造创新研究机构向商务部定期提交年报的基础上，先进制造国家计划办公室应形成制造创新全国网络年报，每年向国会提交一次。美国国家科学与技术委员会和先进制造国家计划办公室已经连续发布了 2016 财年、2017 财年、2018 财年的报告（Molnar，2018；Rudnitsky et al.，2019）。本节根据《美国先进制造领先战略》（2018）、美国国家科学与技术委员会和先进制造国家计划办公室 2018 财年的年度报告对美国制造业发展策略进行解读。

1.2.1　培养制造技术和技术转移途径

2018 财年美国制造网络专注于培养制造技术和技术转移途径，以及建立教育和培训的劳动力发展项目。在所有领域，该计划都是成功的，并在关键性能指标上有了显著的增长，总结如下。

1. 美国制造网络增长

2018 年，研究机构数量大幅增长，从而扩大了美国制造网络。迄今为止，这些机构总共收到了 30 多亿美元的投资承诺，其中包括 10 亿美元的联邦基金和 20 多亿美元的非联邦投资，这体现了匹配投资的显著催化作用。此外，联邦政府向这些研究机构提供了 4 亿多美元，突出了先进制造业对州和地方经济未来成功的重要性。工业界、学术界和各州的热情欢迎证实了这些研究机构所服务于美国制造业、美国经济和国防的迫切需求。

2018 年，拥有会员资格的机构总数增长了 50%，达到 1937 个；其中 63% 是行业成员。在行业成员中，70% 是中小型制造企业（SMMs）。工业主导着这些研究机构，每一个研究机构都包括大量的小制造商，作为供应链的重要成员。霍林斯制造业拓展伙伴计划（MEP）实现了其目标，即在每个研究机构中嵌入一名 MEP 中心工作人员，加强全国各地较小制造商与研究机构的联系，从而使较小制造商也获得知悉相关项目的机会。截至 2018 财年年底，嵌入项目服务了 62 家制造客户，完成了 75 个项目，超过 70% 的项目与创新服务有关，包括技术部署、工程援助和增长服务。

2. 制造技术和技术转移

这些研究机构的重点是在有希望的先进技术中发展广泛的制造能力，这些先进技术有可能对经济和国家安全产生重大影响。2018 财年，研发项目数量比 2017 财年增长 74%，制造业创新项目总数达到 476 个，包括制造过程研究、概念验证开发、早期系统原型和制造演示。这些机构领导的合作项目汇聚了产业界、学术界和政府的优秀人才，以应对棘手的制造业挑战，从而扩大了美国的制造业基地。尽管这些研究项目和其他研发活动一样存在固有风险，但在 2018 财年，平均 82% 的关键技术里程碑得以实现。

研究机构成功的关键是严格选择项目主题和方法的广泛性。来自行业、学术界、监管机构和最终用户的利益相关者为关键技术和制造过程制订路线图，后续研究和开发项目的选择部分取决于它们与路线图的技术需求之间的联系。研究机构成员为了确定技术路线图作用的透明度和广泛性成立了高度严格的工业和学术成员小组。

3. 劳动力发展——教育和培训

随着经济的发展，劳动力技能也需要不断更新。自从 Henry Ford 开辟了流水装配线以来，技术变革通过提高生产效率改变了我们的工作，从而促进了我们的经济发展和社会发展。这种进步的不利之处在于，依赖旧技术的部门失去了传统制造业的工作机会。如果一个国家不从战略上加速采用先进的制造业技术，制造业工作机会的数量可能会直线下降。要确保经济的全面健康发展，就需要加强制造业，并为新技术所要求的新的、高收入的、先进的制造业工作培训工人。这在美国尤其重要，因为在过去的一个世纪里，制造业一直是美国强劲经济和稳固中产阶级的基石。

因此，为工人提供参与未来美国制造业所需的新技能是美国制造业网络的优先事项。在 2018 财年，各机构继续在劳动力培训、增加跨机构合作和分享最佳实践方面发挥了领导作用。这使机构领导下的劳动力发展取得了巨大的成功，包括对培训者的指导和科学、技术、工程和数学（STEM）活动。超过 20 万名工人、学生和教育工作者参与了研究机构的劳动力发展工作。这些机构与研究所的一个关键区别在于对美国制造业竞争力的整体评估，包括提供合格的制造业劳动力。自 2014 年 RAMI 法案通过后，劳动力问题已经成为美国越来越重要的工业问题，这点可以从报告中提及的在 2018~2028 年将短缺 240 万名工人上得以体现。

1.2.2 可持续发展规划

美国 14 家制造业研究机构都进行了可持续性规划，并评估联邦财政援助期结束后可能的负面影响。例如，这些研究机构是否过于关注短期性的工业应用类项目，而不是那些能够促进制造业整体创新生态的项目。具体的可持续规划重点如下。

1. 不同程度的可持续规划的细节

审查这些研究机构的可持续发展规划，从初步的大纲到详细的战略，我们发现，截至 2018 年年底，约有 2/3 的机构制定了高水平的、详细的可持续发展规划，包括总体战略目标和多个创收活动，以期在最初的联邦财政援助期结束前实现这些目标。其他研究机构则在草案阶段提供了可持续发展规划。规划草案包括在最初的联邦财政援助期结束前完成规划的里程碑，例如成立一个委员会来确定财政可持续性的模式，并制定计划的最终草案（其中包括跟踪进展的标准、目标和里程碑）。还有一些机构的可持续性规划侧重于提供状态更新，以实现创收目标，比如开发和测试商业化的原型，以及建立新的教育和劳动力发展培训项目。

2. 提供资金和创收

美国制造业协会的可持续性规划包括各种长期的、创造收入的活动，时间跨度超出了最初的联邦财政援助期。例如，一些机构计划使用现有或计划中的设施，使成员能够进行研究、测试新技术和新制造工艺、组织行业集会、举办教育和劳动力培训等。其中某个机构开发了一个数字协作基础设施——由成员能力数据库和产品开发管理应用程序组成——为成员提供相关研究、标准和项目管理服务等的集中访问功能。一些机构的可持续发展规划包括技术转型和商业化咨询，以帮助成员确定创新技术的制造应用。作为咨询服务的一部分，一些机构的可持续发展规划讨论生产专有的制造和业务解决方案，然后成员可获得收费许可证。此外，一些机构的可持续性规划包括开发以收费为基础的劳动力培训课程和技能认证。

除了从成员身上获得收入的各种策略外，研究机构的可持续性规划还预计，还将获得公共和私人资助合同的综合性收入。这些规划通常没有具体说明项目资金预计将占未来收入的比例，但一家研究机构的可持续发展规划预计，未来总收入的33%将来自联邦政府和合同项目资金。另一个研究机构的可持续发展规划预计，国家资助的项目收入将从36%增加到近40%，私人资助的项目收入将从总收入的5%增加到近25%。

3. 研究机构代表预见了在没有额外联邦支持的情况下的运行影响

研究机构代表们预计，如果在研究机构与其资助机构达成初步协议后，联邦财政援助终止，对研究机构的运作将产生负面影响，但也有一些正面影响。一些研究机构的代表说，他们将更多地集中于供私人工业使用的短期研究项目，而不是促进整个制造业创新生态系统的项目。一个研究机构的代表说，联邦财政援助使研究机构具有尖端能力，如果没有联邦财政援助，要保持这种技术优势将很困难，但也并非完全不可能。一些研究机构的代表还指出，如果没有联邦财政援助，教育和劳动力培训可能会减少。

此外，一些研究机构的代表表示，他们可能需要吸收更多的国际公司作为成员，这可能会使机构的注意力从提高美国竞争力上转移。一个研究机构的代表还指出，国际成员有可能把研究机构的知识带出美国。另一个研究机构的代表告诉我们，终止联邦财政援助可能会对行业评价产生负面影响，并在行业成员中对研究机构的可持续性运作产生怀疑。最严重的潜在负面影响可能是某个研究机构在没有持续的联邦财政援助的情况下会停止运作。

另一些研究机构的代表表示，由于在与赞助机构的初步合作和技术投资协定结束时将放宽限制，因此对研究机构的业务会有积极影响。具体来说，不与联邦机构签订财政援助协议将使他们能够减少因政府审查造成的拖延，在财政援助协议结束后，他们将与国际公司进行更多的接触。许多协会代表表示他们目前拥有国际和跨国公司的成员，但协会通常要求这些公司在美国境内有制造基地。尽管存在上述对国际成员的担忧，但一些协会代表表示让更多国际成员加入协会可能有助于美国公司向海外销售产品，并可能更快地推动美国制造商采用新技术。

4. 评估标准尚未确定

美国商务部、国防部和能源部已经采取措施支持其资助的研究机构的可持续性规划，但截至2019年2月，还没有制定标准来评估研究机构是否能够在联邦基准财政援助结束后的初始阶段继续开展工作。

美国商务部、国防部和能源部的官员对他们的机构为其研究提供额外支持的计划表达了不同的看法。美国商务部与研究机构的合作协议为期5年。《拉米法案》（*The Rami*

Act）禁止商务部向其研究机构提供任何超过 7 年的财政援助。商务部官员指出，除了最初的 5 年合作协议外，他们对是否要在未来 2 年内向其研究机构提供额外的财政援助还没有做出任何决定。国防部官员却表示正在探索在最初协议之外向国防部资助的研究机构提供财政援助的选择，并估计了为此目的所需的额外拨款。由于国防部和能源部的研究机构不是根据《拉米法案》建立和资助的，他们的研究机构不受《拉米法案》7 年的资助限制。如上所述，能源部官员表示，能源部不打算在现有的 5 年合作协议期满后，向其下属研究机构提供非竞争性的财务援助。按照能源部的政策，财政援助奖励的执行期限不应超过 5 年。然而，在联邦政府对能源部的资助结束后，这些研究机构的技术领域仍是能源部的重要领域。能源部官员进一步表示，能源部希望为其研究机构或其成员进行竞争性招标。

1.3 欧盟智能制造发展

随着 20 世纪 90 年代美国信息技术革命的发生，"知识经济"成为一时主流，很多欧洲国家的政府认为工业已是明日黄花，欧洲的竞争力完全依赖于服务业和研发。但是金融危机的爆发改变了欧盟对工业和制造业的看法。金融危机期间，受到公共和私人债务影响，很多欧盟成员国国内需求不振，拖累了经济复苏。与此形成鲜明对比的是，出口发挥了关键作用，在欧盟总出口中，工业产值出口占到 80%，相比服务业，工业成为危机期间更值得依赖的产业。同时，从各成员国在危机中的表现来看，有着较大工业和制造业份额的国家表现更为坚挺，工业和制造业份额较小的国家则复苏乏力。这些现象警示欧盟重新认识工业和制造业在现代经济中的地位，并由此形成了所谓的"制造业共识"。

2000 年，欧盟制定了第一个十年经济规划"里斯本战略"，提出在 2010 年将欧盟建成全球最具竞争力和活力的知识经济体。然而，由于实施过程中困难重重，欧盟不得不于 2005 年退而求其次，将该战略目标调整为以刺激经济和保障就业为主。与此同时，欧盟也启动了数项耗资巨大的工程，诸如伽利略（Galileo）计划和国际热核聚变实验反应堆（ITER）计划。另外，美国在 20 世纪 90 年代通过风投和资本市场支持新兴企业的做法也为欧盟提供了新的思路。

2010 年，欧洲再次制定"欧盟 2020 战略"，作为"里斯本战略"的延续，主要通过提供更加合理的外部环境来刺激投资，加速新技术转化和提高资源利用效率，如图 1-1 所示。

2020 年 3 月，欧盟发布了《新欧洲工业战略》。《新欧洲工业战略》旨在推动欧盟工业在气候中立和数字化的双重转型中保持领先，意图抢占数字化工业主导地位，提升全球数字竞争力，释放数字经济潜力，以应对全球经济前景的不确定性。该战略提出，绿色、循环、数字化是工业转型的关键驱动因素，并提出了一系列具体行动计划，特别是在新冠肺炎疫情暴发的背景下，强调借助数字基础设施、数字技术等手段提高欧盟工业竞争力和战略自主性，如图 1-2 所示。

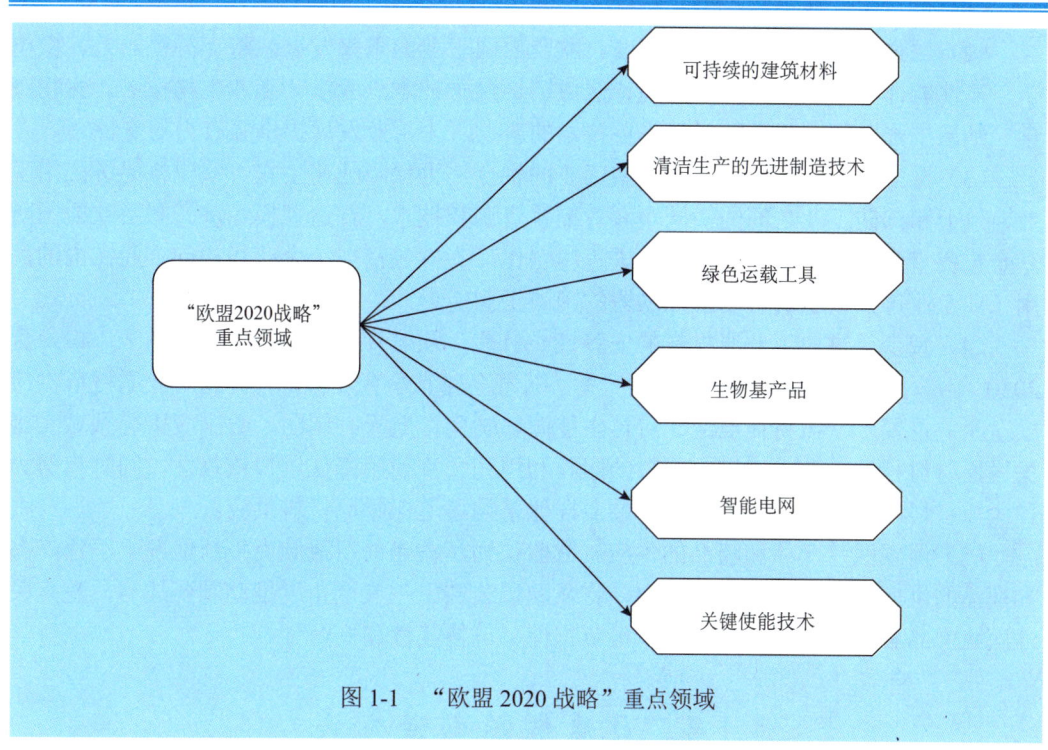

图 1-1 "欧盟 2020 战略"重点领域

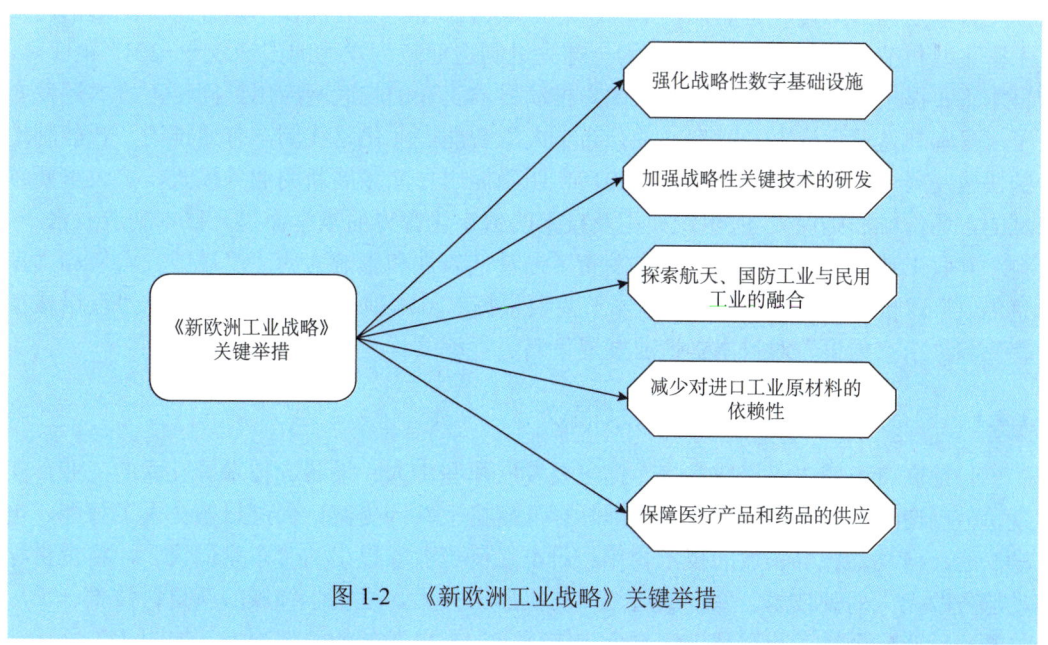

图 1-2 《新欧洲工业战略》关键举措

(1) 强化战略性数字基础设施。欧盟提出战略性数字基础设施是保障数字化转型、安全和技术主权的关键，将在未来 10 年内部署一个基于量子密钥的安全通信基础设施，以保护欧盟及其成员国的关键数字资产。为了抢占未来数字服务和工业数据浪潮中的领先地位，欧盟除了继续推进 5G 通信和 5G 网络安全外，还特别强调要领跑 6G 网络。

（2）加强战略性关键技术的研发。欧盟面向工业的未来发展，将支持机器人、微电子、高性能计算、数据云基础设施、区块链、量子技术、光学、工业生物技术、生物医学、纳米技术、制药、新材料等先进技术的研发，为工业发展提供强有力的支撑。

（3）探索航天、国防工业与民用工业的融合。为保障战略主权，欧盟将促进民用工业、航天和国防工业之间的协同，有效配置资源和技术，打造规模经济。利用欧盟国防基金投资整个国防工业价值链，促进跨境合作，支持包括中小企业和初创企业在内的民用工业企业进入供应链，以强化欧盟的国防工业能力。

（4）减少对进口工业原材料的依赖性。目前，欧盟许多工业原材料依赖于进口，到2050年，对原材料的需求预计将翻一番。随着全球竞争愈发激烈，提高工业原材料供应安全至关重要。欧盟将在电池、可再生能源、制药、航天、国防、数字应用等领域实施关键原材料行动计划，通过原材料的回收利用和二次使用降低进口依赖性，同时将努力扩大原材料国际合作伙伴关系，通过多样化采购渠道保障原材料供应。

（5）保障医疗产品和药品的供应。欧盟认为，在当前新冠肺炎疫情情况下医疗产品和药品的供应对安全自治尤为重要，将从欧盟公共卫生安全角度推动制药战略，重点关注医疗产品和药品供应的可得性、可负担性、可持续性和安全性。

1.4 日本智能制造发展

日本强调自动化和智能化技术应用，推进精益生产与智能技术结合，工业结构向技术密集型和节能节材方向发展，成为全球先进制造业较为发达的国家之一。2017年3月，日本正式提出实施"互联工业"，大力推动日本工业的物联网应用。同年，日本还发布了《日本制造业白皮书 2017》，并公布了人工智能产业化路线图，有效推动了智能制造的快速发展。《日本制造业白皮书 2019》明确提出，从拓展新的业务模式，扩大重要领域的市场份额和确保人才、组织架构及技术的数字化等方面来全面提升日本制造业水平。自"互联工业"概念提出后，日本发布了最具代表性和影响力的"汉诺威宣言"和"东京倡议"，推进互联工业的实施。本节主要根据《日本制造业白皮书 2019》、"汉诺威宣言"和"东京倡议"对日本制造业发展策略进行解读。

1.4.1 "汉诺威宣言"和"东京倡议"

日德联合声明"汉诺威宣言"提出要发展那些由人、设备、技术等互联的工业，实现价值创造；在物联网相关技术的国际标准规格上共同提案，促进日德在人工智能、电动交通、自动驾驶等领域的技术合作。日本经济产业省提出的"东京倡议"，将提供移动服务的无人驾驶技术、生产制造领域的机器人技术、生物学领域的新材料技术、工厂的基础设施安全技术和智慧生活五个领域确定为未来发展的关键领域，如图 1-3 所示。"东京倡议"实施了三类横向政策，交叉式推进互联工业的实施，大力推广工业大数据的实时共享与使用，加强基础设施建设与促进工业数据的有效利用，引导企业和行业的国内外技术、业务的各种横向合作与推广等。

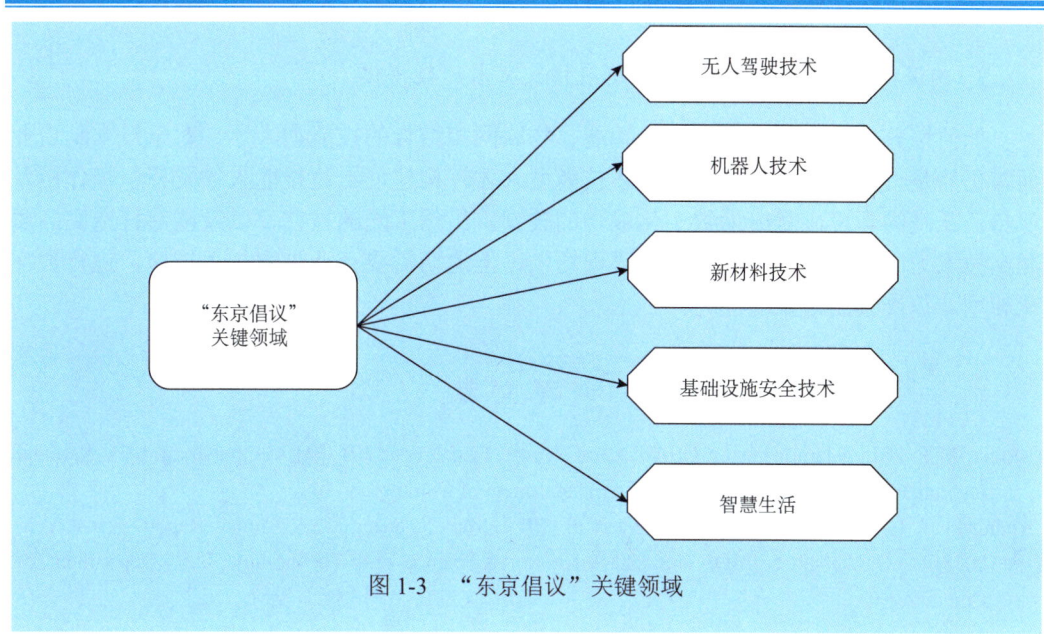

图 1-3 "东京倡议"关键领域

1.4.2 《日本制造业白皮书 2019》

《日本制造业白皮书 2019》主要提出从以下三个方面提高日本制造业水平。

1. 拓展新的业务模式

日本制造业的环境已发生重大变化，只有能够预测未来变化的企业才能实现稳步增长。能够预测未来变化的企业在研发投资和资本投资方面会更加积极，并且业绩也将不断提升。目前，已有部分企业利用其产品在全球市场所占份额以及来自生产"现场"的高质量数据，建立了以满足客户新需求为目的的新业务模式，提供了独一无二的优质服务。这不仅需要降低生产过程中的成本，还需要充分利用能够窥见整个价值链的大量数据。

2. 扩大重要领域的市场份额

一是以全球面对的社会问题为商机。在世界范围内，应对社会问题所蕴藏的投资机会不断增加。社会问题既是商业上的挑战，也是机遇，因此如何行动成为投资者所要认真思考的问题。如超过 70%的日本制造企业认为全球气候变暖以及塑料废弃物相关法规给企业带来了重大的负面影响，可将其视为商机的企业所占比例不足 30%。

二是日本制造业的国际标准化活动。随着技术创新的全面展开，国际标准化活动在制造业中的重要性日益增加。为了加深与诸多利益相关方的合作，确定企业的竞争领域和协调区域尤为重要。"以企业的核心技术优势作为竞争领域，并保护知识产权，实现标准的首创"，同时"以其他技术领域作为协调区域与其他利益相关者实现技术共创，共同制定标准"，从而建立一个兼备可持续性和发展速度的业务模式。

3. 确保技术人才、形成新的组织架构及技术的数据化

如何培养能够将制造业与人工智能、物联网相结合的技能型人才，对于日本制造业而言仍然是一项挑战。为了培养上述技能型人才，构建使上述技能人才发挥积极作用及保持活跃度的环境，就成为数字化成功的关键。虽然工匠的技艺，以及能够打造高品质和高技术力的优质数据存在于生产"现场"，但迫切需要企业采取相关措施，进行数字化转型，提高预测未来的能力。

参 考 文 献

Molnar M F. 2018. Manufacturing USA Annual Report, Fiscal Year 2017[R]. Gaithersburg, MD: National Institute of Science and Technology, U.S. Department of Commerce.

Rudnitsky R G, Molnar M F, Gayle F W, et al. 2019. Manufacturing USA Annual Report, Fiscal Year 2018[R]. Gaithersburg, MD: National Institute of Science and Technology, U.S. Department of Commerce.

撰稿人：韩会朝　岑　珊
审稿人：李廉水

第 2 章 制造业智能化外文文献综述

本章以"制造业智能"、"工业 4.0"及"智能生产"等为关键词,截至 2020 年 5 月从 Web of Science 和 Elsevier 两个数据库中,检索到符合主题的期刊论文共计 114 篇,大体上可以分为制造业智能化的技术推进、制造业生产运营的智能化现状、制造业智能化与企业绩效(价值)之间的关系、制造业智能化产生的社会影响及其他与制造业智能化相关的研究这五个层面。其中,多数文献集中在制造业智能化的技术与行业(企业)发展状况方面,普遍比较关注智能化技术的实际运用情况,而其他方面的研究较为匮乏。

2.1 制造业智能化的技术推进

2019 年,国务院在《政府工作报告》中提出,要充分研发并积极利用智能化技术实现制造业的转型升级。显然智能化技术是未来制造业发展的重中之重。近些年,随着第四次工业革命的发展,智能化已经取得了一定的成绩。因此,本节先对智能化关键技术予以介绍,接着概括和分析运用这些关键技术的智能制造系统,最后对智能化技术的创新能力展开述评。

2.1.1 智能化关键技术

智能化关键技术可以细分为物联网、云制造、ICT 三种。

1. 物联网

物联网是由数十亿个智能和可通信的"事物"组成,借助互联网实现信息的交换与通信(Ma et al.,2019),通过红外感应器、全球定位系统等移动智能设备中的物联网数据系统,实现智能化定位、监控和管理的网络,被广泛应用于智能医疗、智能家居、智能交通和智能产业等领域(Gou et al.,2019;Liu et al.,2019e;Liao and Wang,2019)。随着我国工业化进程的不断深入,受益于信息技术的快速发展,制造模式从传统的简单化到大规模自动化,逐步向智能化发展。制造业早已从原来的手工制造业变成了包括电气化、自动化和智能化在内的机械制造业(Liu et al.,2019c)。物联网技术在制造业中的应用,使工业效率和生产率得以大幅度提高(Arakawa et al.,2019),是我国制造业实现转型升级的主要推动力(Liao and Wang,2019;Pan et al.,2019b)。

信息和通信技术彻底改变了工业的操作和生产手段,无论行业大小都需要利用人工智能或者机器学习技术处理来自工业物联网的相关数据,以便更好地实现资源优化利用和质量控制(Khan and Al-Badi,2020)。Sandeep 等(2019)以某饮料厂为研究对象,引入了一种基于嵌入式产品能量的物联网传感技术,有效降低了食品生产系统中的能源消耗。因此,具有自动化、智能互联、实时监控、协同控制等特点的工业物联网成为决定基于网络物理制造系统（cyber physical manufacturing system，CPMS）的智能制造进一步发展的关键。

在这样的情况下，物联网领域需要更高效和可扩展的数据处理方法，区块链+物联网的新模式应运而生。目前，国内外许多学者已经对区块链+物联网进行了深入研究，研究表明区块链有助于进一步开发物联网技术。Rathee 等（2019）提出了一个使用区块链技术的、安全的、混合的工业物联网框架。通过使用区块链机制从物联网设备中提取信息，将提取的记录存储到区块链中，可以保证位于不同位置的不同用户的透明性，并且分析改进仿真结果后发现该框架能够有效解决产品损失率、黑洞不一致的问题，能够更有效地提高数据采集精度、信号处理精度和系统执行效率。Lin 等（2019）提出利用区块链技术构建知识区块链，为市场提供一个安全有效的知识管理和交易环境，有效地解决了物联网容易产生孤立的、分布式知识的问题。Rane 和 Thakker（2019）分析了区块链和物联网在绿色采购活动中的使用，其有效解决了绿色采购中遇到的挑战，对实现业务的可持续发展具有重要意义。Liu 等（2019d）提出了一种以云计算为辅助，区块链增强的数据市场框架，以支持安全有效的物联网数据交易，着重于最优定价机制，并且通过反向归纳法的分析手段证明了数据市场框架的有效性。

物联网技术在促进智能基础设施发展、实现智能应用等方面发挥了重要的作用，但也给许多应用场景带来了挑战，其中安全与隐私是最令人担心的问题。Pham 等（2019）利用模糊集理论和层次分析法，建立了一个基于规则的决策支持机制来评估物联网中的影响因素，研究发现有形因素（安全性、价值和连通性）比无形因素（智能）更为重要，企业应该更加关注物联网产品的安全性和价值。我们日常使用的大多数物联网产品都是相互联系和沟通的，而物联网是公开的，对交易中的每个人可见，具备一定知识的人可以从智能设备中推断出用户的关键信息，这就给用户带来了严重的隐私问题。因此，如何在物联网系统中实现隐私保护策略，是未来的主要研究方向。

2. 云制造

当今快速变化和高度定制化的市场体系正在将传统的以产品为导向的制造转变为以服务为导向。新兴的云制造（cloud manufacturing，CM）旨在通过支持分布式制造资源和能力之间的合作来提供高度集成的解决方案，是制造业的一种先进的面向服务的制造模式（Wang et al., 2019a）。

通过云制造，用户可以操作一个云平台来聚合不同提供商提供的分布式资源池，以构建按需交付给几个连接到云平台的客户。云制造为客户提供了大量制造解决方案，但与此同时，从客户的角度来看它又增加了决策的复杂性。如何最优地选择合适的服务，即服务组合和最优选择问题（service composition and optimal selection，SCOS），完成制造任务是云制造的一个关键问题。D'Alessandro 等（2019）认为采用深度神经网络（deep neural network，DNN）范式，可以根据客户过去的经验和新的选择，自动生成最优方案推荐列表。

尽管有一些文献讨论了云制造的问题，但是研究异构多任务调度和任务随机到达的文献仍较少。遗传算法（genetic algorithm，GA）、粒子群优化算法（particle swarm optimization，PSO）和蚁群优化算法（ant colony optimization，ACO）等元启发式算法是云制造环境中最常用的任务调度方法。基于此，Li 等（2019b）提出了两种基于两级调度模型的调度策略。Hu 等（2019）指出，基于混沌优化算法的制造商调度算法可以完成各种任务下的制造商调度，使云制造平台能及时为用户提供制造服务。

3. ICT

信息与通信技术（ICT）对环境的影响已经讨论了十多年了，它通常被认为是通过提高流程的能源和资源效率来减少环境排放的技术选择。但是，ICT 的其他影响，例如反弹和感应效应，无法保证 ICT 在环境影响方面的净收益。尽管近年来间接或更高阶效应的相关性已成为众所周知的问题，但是对 ICT 的环境评估仍存在争议。因此，Johanna 等（2019）研究了多种不同的环境评估方法，探讨了生命周期评估（LCA）对 ICT 环境影响评估的有效性及作用机制。Viktoriia（2019）运用计量经济学分析证明了 ICT 部门能耗对智能制造的巨大影响，并指出仍需进一步研究技术使用与二氧化碳排放之间的关系。

此外，也有研究从其他角度研究了 ICT。在经济增长方面，Peter 等（2019）构建了一个由 14 个经济合作与发展组织国家组成的国际数据集，介绍了每种 ICT 资产（IT 硬件、CT 设备和软件）对经济增长的贡献，并使用每个国家的平减指数，结果发现欧盟的 CT 资本深化对生产率增长的贡献低于美国。Zhou 等（2019b）则从企业层面分析了 ICT，研究发现企业可以利用 ICT 进行开放式创新，从而形成一个支持者网络，这将有助于企业增强能力并升级运营模式。

2.1.2 智能制造系统

随着信息技术和制造技术的快速更新与发展，企业的生产越来越智能化，导致了智能制造系统的产生与发展。针对智能制造系统，相关研究聚焦在其基本概念、智能制造系统设计目标及其影响因素、智能制造系统的问题与评估和智能制造系统的应用与发展。

1. 智能制造系统的基本概念

随着网络物理系统、物联网、人工智能、大数据、云计算、区块链等先进技术的发展和应用，越来越多的制造业企业向智能化企业转型。智能制造系统已经成为一些国家和制造业企业关注的焦点。目前，智能制造系统在各个领域都有一定的应用，但是，仍然缺乏对它的统一定义（Sameer et al.，2019）。

Qu 等（2019a）将智能制造系统的基本概念总结为以下三点：①从工程角度看，智能制造是先进智能系统的强化应用，能够快速制造新产品，动态响应产品需求，实时优化制造生产和供应链网络。与此同时，它还是在知识丰富的环境下集成跨越工厂、配送中心、公司和整个供应链的产品、操作和业务系统的新平台。②从互联与通信的角度看，智能制造系统通过使用传感器和通信技术来获取各个生产阶段的数据，提高了生产速度，同时降低了错误和生产浪费。③从预测分析和决策的角度来看，基于大数据的智能制造系统优化了制造业务的规划和控制，包括预测供应、预测制造、故障诊断、资产利用和风险评估等。

2. 智能制造系统设计目标及其影响因素

随着信息技术和制造技术的发展和集成，智能制造经历了数字制造和数字网络制造的各个阶段，正在向新一代智能制造发展。尽管智能制造在不断发展，但其基本目标仍然不变，即通过不懈地优化来提高质量、提高效率、降低成本并增强竞争力（Zhou et al.，2019a）。而智能制造系统的目标是通过集成相关先进技术的业务活动来实现功能，其中性能指标是智能制造系统操作中的重要因素。关于智能制造系统的影响因素，Dorota 等（2019）认为，人类在智能制造系统中扮演着核心角色，主要有两个原因：首先，人类的知识对于创建和改善智能制造系统是必不可少的；其次，人类的动机对于识别和解决可能发生的问题非常重要。

3. 智能制造系统的问题与评估

维护是保持系统运行和避免故障的核心功能，然而，智能制造系统的复杂性，特别是互联网和网络系统与传统制造平台的集成，使这一功能更具挑战性。Alireza 和 Javad（2019）通过一个结构化的调查解释了网络安全是如何影响智能制造系统中整体设备有效性的问题，并针对弥补网络安全威胁对系统整体效能的负面影响给出了建议。

此外，许多研究探讨了与智能制造系统相关的不同特性和技术（Hoda，2019；Wei et al.，2019），确定了两种不同的智能制造系统配置选择模型，即排队模型和多标准决策模型。但是，这两个模型不足以缓解配置问题，这是由于缺乏可以根据市场需求考虑不同场景的高度准确的评估模型。也有研究忽略了确定评估和选择标准的重要性，从而得出一个连贯的框架来衡量短期配置实施之前的有效性，导致了评估的偏误。基于此，Moamin 和 Jennifer（2019）提出了一种基于双数字的仿真模型，能够更为准确地对智能制造系统进行评估。为了评估智能制造可能实现的能源效率和生产率的成本效益改善，Sarang 等（2019）提出了一个战略分析框架，该框架使用节能成本作为补充措施，以确定一套智能制造干预措施在特定工厂、公司或整个行业的可行性。

4. 智能制造系统的应用与发展

21 世纪制造系统的特征包括网络物理系统、物联网、大数据和人工智能。这些特征使制造商能够监控操作和控制系统，利用有效、高效和灵活的生产方法提高性能。Lin 等（2019）认为与传统的具有集中式或分层式体系结构的监控和控制车间设备的监控及数据采集（SCADA）相比，协同组件在"工业 4.0"时代的智能工厂中相互协作，并提出将智能制造控制系统作为智能工厂的核心功能。

从微观层面来看，企业信息系统是"工业 4.0"时代的重要组成部分，也是智能制造系统的重要组成部分。然而，传统的企业信息系统存在一定的局限性，已经不能满足智能制造系统自主运行、可持续评价和自优化的要求。因此，Qu 等（2019b）提出基于业务流程再造、精益思维和智能管理方法的集成框架，为企业从传统制造向智能制造的升级提供指导。

此外，由于化石能源的枯竭、能源价格的上涨和政府的管制限制，目前的制造业正在转向更有效和更可持续的生产系统。Jenny 和 Carlos（2019）讨论了过去十年中关于制造系统能效、提高能效的技术和策略的相关研究，审查了当前制造系统、实施的控制系统及其向"工业 4.0"的转型，对引导智能制造系统今后的发展方向具有重要的指导意义。

2.1.3 智能化创新能力

推动中小企业智能化升级是我国实施"中国制造 2025"的重要任务之一，制造业是中小企业智能化升级的主要行业。信息技术作为智能化的基石，使智能化不断地产生先进生产力，而创新是信息技术实力不断提升的根本来源，因此实现制造业智能化升级的关键动力在于创新（Wang et al.，2019d）。

在制造产品的背景下，产品创新是指通过引入一些能够为用户增加价值的新东西，对已有的产品进行必要的更改的过程。产品创新在提升生产力方面同样发挥着不可小觑的驱动作用，因此企业智能化升级是提升生存能力的关键。

随着服务经济的兴起，服务创新成为制造业企业获得新竞争优势的手段，也是传统制造业得以转型的关键。服务创新的核心内容是指创造新的或者大幅度改进的无形服务，这些无形服务能够在市场上以新的服务或商业模式出现，并通过商业化的过程直接创造新的客户价值，让企业以适当的成本将最大价值传递给消费者。Feng 和 Ma（2020）利用智能服务生态系统对制造业企业的影响因素进行了系统识别和分析，研究表明客户参与度、信息技术能力、知识共享、市场动荡是关键影响因素。利用智能化设备对服务创新的影响因素进行分析，能够更准确地量化各因素之间的因果关系，有助于制造业企业更容易实现服务创新。

创新是国家科技发展的关键动力，但风险极高。在全球竞争环境下，创新投资的回报率具有很强的不确定性，对于大型集成系统或复杂的高科技产品更是如此。因此，政府的作用变得至关重要，不仅对于技术和外围设备的供应，而且对于推动必要的机构和基础设施建设，以促进技术经济的需求和环境方面的发展，都发挥着不可替代的作用。Kuo 等（2019）对比分析了中国、美国、德国在"工业 4.0"产业振兴中的创新政策，发现美国的政策倾向需求侧政策、公共服务政策、政治和教育培训政策，德国的政策倾向需求侧政策、公共服务政策、科技发展政策和政治政策，而中国的政策倾向环境侧政策、政治政策、法律法规政策和公共服务政策。总的来说，全球都处于振兴"工业 4.0"状态，但因为各个国家经济发展状况、科技发展水平等因素的差异，创新政策各有差异，所以各个国家应该考虑实际情况，综合考量其他国家的创新政策的比较优势，将其整合到本国的政策规划中，以达到优化必要的资源和潜在的结果的目的。此外，政府需要引导地区之间的创新合作，通过建立地区的技术集群，从整体上提升整个国家的智能制造创新能力（Gonçalves et al.，2019）。例如，为了最大限度地发挥欧洲国家和区域的研究和创新潜力，欧盟正通过欧洲结构和投资基金（ESIF）等不同的自主计划对包括智能专业化在内的多领域进行投资。

大数据作为信息时代发展的产物，是整合制造业产业链和价值链的关键，是提高制造业竞争力的核心。因此，以大数据为驱动，如何实现智能制造，如何提升智能化水平是制造业企业转型过程中值得关注的问题（Chen，2019; Ren et al.，2019）。Butner 和 Ho（2019）的研究表明，机器学习可以改变企业的运营方式，并让企业从技术投资中受益。Kun 等（2019）以军工企业为研究对象，分析了科研大数据平台对企业核心竞争力的影响，结果发现利用大数据分析，建立数据应用模型，为企业提供决策支持、产品创新、质量控制、流程优化、服务支持、风险管控等服务，有效实现了数据共享，满足了企业管理和决策支持的需要，最重要的是提升了企业的技术创新能力，提高了企业自身的核心竞争力。

2.2 制造业生产运营的智能化现状

2.2.1 服务智能化

服务智能化的文献研究主要集中在以下两点：

一是服务智能化的一种结构样式，一种主要连接的是制造商和消费者，即云服务。通俗来讲，开始时云服务以按需付费的方式从大量、多样化且不断增长的独立制造商中获得，为其他初创公司等新参与者打开制造空间，形成一系列满足用户特定需求的流程，再将这些具有云服务的多平台市场正式化为具有不同策略、功能和技术的协作竞争代理的多层网络，为匹配市场、优化资源配置发挥积极作用（Zhang et al.，2019a）。另一种主要应用在制造企业内部，即知识服务。将知识资源与制造业业务流程相结合，以云模式形成知识服务，从而为产品开发过程中的业务活动提供智能支持。在智能制造中，企业如何快速有效地利用现有大量的知识资源和经验（如标准、方法、案例等），进行产品创新开发，成为提高企业竞争力的关键（Yin et al.，2019）。因此，如何进行知识服务的打包和组合是未来云制造发展亟须解决的难题。

二是实现服务智能化的具体方式，即构建产品服务系统。竞争日益激烈的市场迫切需要开发能够满足不断增长的消费者期望和要求的成功产品，但是用户需求是动态的且不断增长的。尤其是随着社会和技术的快速发展，产品和服务紧密地联系在一起时，人们更倾向基于产品效果和功能而不是根据产品的物质形式来选择某种服务，因此产品服务系统（product service system，PSS）应运而生。它能够从产品的功能和服务的角度为消费者提供全生命周期的服务，通过无处不在的智能化系统快速地获取用户的需求，极大地促进了个性化服务的出现（Chang et al.，2019；Liu et al.，2019b）。Kampker 等（2019）对三种支持马铃薯收获的产品服务系统进行了分析，研究结果表明两种系统激发了马铃薯收获的产量，带来了很高的经济效益，甚至影响了该地区的宏观经济。Liu 等（2019a）以金属研磨工业企业为研究对象，分析了产品服务系统的可行性，结果表明产品服务平台能够处理海量数据，实现物理世界和网络世界的融合，通过紧密的互动，促进了更准确和定制的服务，满足不同消费者的需求。Pan 等（2019a）研究了产品服务系统在面向服务的物流组织中的应用，结果清楚地表明 PSS 在智能物流领域具有广阔的发展前景。

2.2.2 管理智能化

随着制造业的不断发展，智能化管理的地位逐渐凸显。为了积极响应国家的号召，实现绿色可持续发展，制造业企业需要借助先进技术并采取智能化管理手段来不断提升生产效率、创造力和核心竞争力（Liu et al.，2020）。

影响管理智能化发展的一个重要因素就是如何实现制造调度中资源的有效管理。基于此，Jamal 和 Hama（2019）实证测试了智能制造元件（IMEs）的设置，说明了集成管理系统对改进产品设计的影响，能够有效地利用制造资源，减少企业的制造浪费。Farbod 等（2019）将基于多目标效率的元模型运用到智能管理之中，使用不同的通用技术和群智能技术来获得不确定的资源分配和作业序列的最佳解决方案，能带来效率和生产率的最大化。此外，Simo 等（2019）提出了一种基于 LoRaWAN 的解决方案，用于制造过程的监控，同时也开发了一种微创设备用来获取产品的制作数据以进行分析，从而改善企业的资源管理。

企业的供应链管理也是资源管理的一个重要部分，制造企业都需要拥有一个良好的供应链组织来协调系统中各个参与者的利益，从而能够管理供应链中各个客户的需求，优化企业的绩效（Vaggelis et al.，2019）。Yoon 和 Riyaz（2019）将人工智能应用到企业供应链的管理中，使用动态库存控制和各种强化学习技术，能获得显著的效益。

随着制造业智能化的不断发展，生产现场的员工不仅需要特定的物理要求来完成分配的任务，还需要处理大量的信息。有限的信息和有限的计算能力可能会带来负面影响，信息在智能化管理中扮演着越来越重要的角色（Julia and Henning，2019）。同样的，Candón 等（2019）也强调了信息在管理中的作用，指出开发管理系统的三个基本前提是信息结构、价值识别和风险管理。

Chung 等（2019）提出了一种基于区块链网络认知制造的主题挖掘过程，通过数据挖掘提取潜在的信息，为企业的智能化管理提供信息支撑。考虑到互联互通是制造企业不同层次之间数据交互的过程，是实现智能管理的核心，Song 等（2019）基于资源驱动机制开发了产品制造中的信息互连模型（IIM），以改善对产品的管理和控制。

2.2.3 生产方式智能化

随着信息技术的发展，现代制造业工业生产中的空间规模和功能复杂程度迅速增加，这就要求企业的生产模式在更高层次的调度和规划中能够根据外部环境中的各种因素实时、灵活地做出反应。为了满足生产过程中对安全、效率和持续性的严格要求，迫切需要智能化技术（Ren et al.，2019）。学者们在研究中发现大数据分析在促进生产方式智能化转型方面发挥了积极作用，主要表现在对生产方式的优化方面。大数据分析有助于缩小制造生产中信息与操作之间的差距，通过大数据分析框架帮助企业分析和检查大数据集，以发现市场趋势、获取隐藏在数据背后的新模式，让企业能够根据市场要求寻找到最优化的生产方案，实现生产智能化转型（Ren et al.，2019）。Wang 等（2019a）为了减少在生产加工过程中的能源消耗，提出了一种基于零件能耗算法的改进的蚁群算法，并在具有典型制造特征的零件上进行验证，结果发现该优化算法的解能够提高 25%的效率，为实现节能加工提供了一个优化方法，有利于提升企业的低能耗生产技术能力。

2.3 制造业智能化是否提升了企业绩效

企业绩效是衡量一个组织完成任务出色程度的指标，是对目标实现程度及达成效率的一种反馈。在当今制造业逐渐向智能化发展的趋势下，从微观层面探讨制造智能化对于企业绩效的影响显得尤为重要。目前，已经有一些文献从技术、数字化、服务等层面对制造业智能化是否提升了企业绩效进行了研究。

1. 技术与企业绩效

制造技术的优化与升级能够极大地提高生产率，提升企业绩效。物联网技术在促进智能制造业的发展中起着核心作用，为了解决当前制造业企业生产率和机器利用率低下的问题，Liao 和 Wang（2019）基于物联网技术构建了一个综合的生产交付模型，有效降低了企业供应链的成本并提高了客户的满意度，从而改善了企业绩效。Angappa 等（2019）和 Min 等（2019）均指出了敏捷制造和相关供应链在实现企业可持续竞争力中的重要性，通过集成大数据、区块链和物联网等新兴技术来优化生产、及时响应市场变化，提高经济效益。相对于其他企业来说，中小型企业在提升企业绩效方面面临着更大的挑战，Poorya 等（2019）基于"工业 4.0"，提供了多种解决方案以提高中小企业的生产力和绩效。此外，Behnam 和 Elham（2019）运用信息通信技术（ICT）帮助企业实现利润最大化的目标，以提升企业绩效。

2. 数字化与企业绩效

将数字技术集成到生产中会对生产绩效产生影响，最终影响企业绩效。Djerdj 等（2019）对 2012 年德国制造业调查的数据集进行分析，证实了自动化技术的普遍积极影响，指出将数字技术集成到生产中可以有效地提高企业绩效。Simon 等（2019）对马来西亚制造业企业进行研究分析后发现，数字化技术的运用提高了企业的生产率，增强了企业的竞争力。此外，Tanja 等（2019）建议通过创建网络物理生产系统（CPPS）和智能制造网络实现制造业的数字化转型，重塑传统的生产模式，提高企业的核心竞争力，改善企业的绩效。

3. 服务与企业绩效

制造服务中的生产流程经常变化，极大地降低了生产率和灵活性，因此有必要对服务进行优化来提升企业绩效。基于此，Wang 等（2019c）提出了一种适合生产过程的消息驱动工作流，包括制造执行工作流模块（MEW）、即时消息服务器（IMS）和即时消息客户端（IMC），较好地优化了制造服务。Wang 和 Luo（2019）则指出了物流服务与企业绩效之间的关联，建议加快智慧物流园区建设。

此外，也有学者从管理（Mohammad and Oduoza，2019；Jia，2019）、投资（Marco et al.，2019）等角度讨论了制造业智能化对企业绩效的影响，丰富了这一领域的研究。

2.4 制造业智能化产生了哪些社会影响

随着智能化的不断发展，制造业逐渐转变成以大数据、人工智能、"工业4.0"为特征的产业，这一变革不仅优化了生产方式，提高了生产效率，还改善了相关企业的绩效，对整个经济产生了积极的作用。但是，制造业智能化的发展给我们带来好处的同时也带来了一些社会问题，比如工人的失业、伦理与道德风险等。

1. 大数据的社会影响

作为智能制造最重要的技术之一，大数据分析可以揭示隐藏的知识和其他有用的信息，如生命周期决策和过程参数之间的关系，帮助行业领导者在复杂的管理环境中做出更明智的商业决策，但是，它也导致越来越多的决策由依靠人类为主转向依靠机器产生，造成大量劳动者失业（Ren et al.，2019）。不同于Ren等（2019）的观点，Shang和You（2019）则肯定了大数据分析所带来的机遇。他们认为，先进的技术若是严重依赖人为干预就会在实践中表现出明显的局限性，而基于大数据的生产方式能够把人从繁重的体力劳动中解放出来，促进自主创新，提升劳动力的质量。

2. 人工智能的社会影响

人工智能能够解决因计算密集型、智力限制甚至创造性局限而产生的一些问题，为教育、医疗保健、金融和制造业等开辟了新的应用领域，极大地影响了产业的生产率和企业绩效。目前，人工智能系统正在迅速扩张，改变着商业和制造业，甚至延伸到通常被视为专属于人类的领域。

一些学者指出，人工智能向超级智能的进一步发展可能对人类不利。总的来说，社会还没有完全考虑到与人工智能相关的许多伦理和经济问题，以及它对人类生活、文化、可持续性和技术转型的广泛影响（Duan et al.，2019）。Taewoo（2019）基于美国的数据研究发现，人工智能所带来的工作和就业方面的变化加强了劳动者的工作不安全感，无形中加重了劳动者的压力。Emilio等（2019）也指出，尽管人工智能的发展提高了企业的生产效率，但同时也消灭了大量工作岗位，进而造成了部分劳动者失业。

也有学者指出，人工智能也会刺激新的就业与增长，带来积极的社会影响。Emmanuel等（2019）基于芬兰焊接行业的研究指出，人工智能带来的变化将推动对新技术、经济和社会政策的需求，以及对可持续性和生活质量领域的教育课程和技能培训的改革。Pinar和Mustafa（2019）也提出了类似的观点。此外，Mao等（2019）认为，人工智能推动了绿色生产，在绿色制造领域创造了新的就业机会和生产方式。

3. "工业4.0"的社会影响

"工业4.0"创造了一种新的生产模式，机器人在生产中得到了有效的应用，这种新的生产模式开始像第一次工业革命那样深刻地改变着人们的日常生活、生产和工作关系。然而，"工业4.0"对劳动力市场的潜在影响仍然是一个未被充分研究的学术领域。

"工业 4.0"将通过改变就业结构导致技术失业,并在失业和劳动关系方面带来新的结构性问题。同样,自动化和机器人生产将深刻影响非熟练劳动力,并将导致社会脆弱阶层的劳动力严重减少,即妇女、移民、青年和老年人失业人口的增加(Resul,2019)。此外,Marie 等(2019)从相互影响、主从关系和情感依赖三个层面检验了在"工业 4.0"背景下人机共生的伦理风险,建议在人机合作中找到最佳平衡。

2.5 其他与制造业智能化相关的研究

2.5.1 "工业 4.0"和"中国制造 2025"的比较

随着德国"工业 4.0"概念的不断深入,中国制造业正处于转型升级的关键时期。随着中国制造业从大众化向个性化阶段的逐步转变,传统僵化的生产体系已经不能满足需求(Liu et al.,2019e)。"工业 4.0"实际上是一种制造业政策驱动的创新话语,也是一种新的信息和通信技术,这种技术在工业生产和产品的逐步成熟所推动的范式转变(Alberto et al.,2019)。

当前,促进中小企业智能升级是中国实施"中国制造 2025"的重要任务之一。Wang 等(2019d)从微观层面展开分析,研究发现,相较于"工业 4.0","中国制造 2025"对中小企业发展的影响具有可持续性,促进了中小企业的智能升级,但是仍面临一些挑战。Zhang 和 Gu(2019)则强调了"工业 4.0"与"中国制造 2025"的强强联合,他们通过对山东产业梯度系数、关联系数的计量分析,指出未来中国山东与德国产业对接应坚持"突出重点、蓄势未来"的原则,既要强化中国山东与德国产业对接的重点合作领域,又要积极培育潜力领域,同时着力提升利用德国投资的质量,高度重视德国投资"溢出效应",从而共同打造全球"智造"新高地。此外,也有学者对中国、德国和美国在"工业 4.0"产业振兴过程中实施的创新政策进行了比较分析(Kuo et al.,2019),结果表明,"中国制造 2025"有着更加明确的目标和行业发展重点,如今的中国已经不再是低成本的劳动力市场,但也不是高科技领域的最强大参与者,"中国制造 2025"仍面临着许多挑战和机遇。

2.5.2 制造业智能化的产业融合

制造业所谓的"智能化"被认为是第四次工业革命或"工业 4.0",随着新一代信息技术在制造业领域的应用不断扩大,信息技术与制造业的深度融合推动了生产向智能化、网络化、服务化发展。单一的生产方式逐渐被大规模协同生产方式取代,传统的工业物联网和制造架构已经不适应实际生产的需要(Liu et al.,2019e)。Zhang 等(2019b)研究发现,随着人工智能技术的突破和智能制造的快速发展,制造业与人工智能正逐步深度融合。

2.5.3 制造业智能化面临的挑战

智能化制造使各种数据信息向社会生产的各个层面渗透,在提高社会生产力的同时也给社会带来了一些威胁与挑战。网络安全问题是智能制造面临的重大挑战。云制造、大数据、物联网及其他产品服务系统的应用离不开网络，网络与传统制造的集成使制造业的生产过程暴露在风险之中（Zarreh et al., 2019b）。

2.6 研究结论

综上所述，近年来智能化技术发展迅速，被广泛地运用于制造业的各个生产部门，包括服务、物流和生产部门等。智能化的发展通过提高生产率、推动技术创新，给制造业企业的生产效率带来极大的改善，有力地促进了制造业的升级转型。总结现有外文文献，发现目前的研究成果存在一定的局限性。首先，绝大多数学者是从智能化技术入手进行研究，在智能化的社会影响、政策体系及产业化融合方面的分析相对较少。其次，现有研究方法大都基于微观角度，把某一个企业或者某一类企业作为研究对象，缺少行业或者产业层面的分析，不利于全面剖析智能化对制造业发展的影响。最后，现有对制造业智能化的研究集中在中国及一些发达国家，对于一些发展中国家的制造业智能化发展的分析较为匮乏。

参 考 文 献

Alberto D O, Javier D S, Diego G, et al. 2019. Data fusion and machine learning for industrial prognosis: Trends and perspectives towards Industry 4.0[J]. Information Fusion, 50: 92-111.

Alireza S, Javad O. 2019. Micro-electromechanical switches application in smart grids for improving their performance[M]//Fundamental Research in Electrical Engineering. Singapore: Springer, 565-573.

Angappa G, Yahaya Y Y, Ezekiel O A, et al. 2019. Agile manufacturing: An evolutionary review of practices[J]. International Journal of Production Research, 57: 15-16, 5154-5174.

Arakawa M, Matsuda Y, Kawai T. 2019. Development of ICT and IoT system aiming at promotion of productivity and product quality in multiple handling skilled works[J]. Procedia Manufacturing, 39: 1020-1028.

Behnam V, Elham A. 2019. Designing a realistic ICT closed loop supply chain network with integrated decisions under uncertain demand and lead time[J]. Knowledge-Based Systems, 179: 34-54.

Butner K, Ho G. 2019. How the human-machine interchange will transform business operations[J]. Strategy & Leadership, 47(2): 25-33.

Candón E, Martínez-Galan P, De la Fuente A, et al. 2019. Implementing intelligent asset management system (IAMS) within an industry 4.0 manufacturing environment[J]. IFAC-PapersOnLine, 52(13): 2488-2493.

Chang D N, Gu Z Y, Li F, et al. 2019. A user-centric smart product-service system development approach: A case study on medication management for the elderly[J]. Advanced Engineering informatics, 42(10): 100979.

Chen X X. 2019. The influence of big data analysis of intelligent manufacturing under machine learning on start-ups enterprise[J]. Enterprise Information Systems, DOI: 10.1080/17517575.2019.1694180.

Chung K, Yoo H, Choe D, et al. 2019. Blockchain network based topic mining process for cognitive manufacturing[J]. Wireless Personal Communications, 105: 583-597.

D'Alessandro A, Culp-Hill R, Reisz J A, et al. 2019. Heterogeneity of blood processing and storage additives in different centers impacts stored red blood cell metabolism as much as storage time: Lessons from REDS-III-Omics[J]. Transfusion, 59(1): 89-100.

Djerdj H, Henning K, Angela J. 2019. Researching the effects of automation and digitalization on manufacturing companies' productivity in the early stage of industry 4.0[J]. Procedia Manufacturing, 39: 886-893.

Dorota S, Pawel L, Dario A. 2019. Human factor in intelligent manufacturing systems-knowledge acquisition and motivation[J]. Procedia CIRP, 79: 718-723.

Duan Y, Edwards J S, Dwivedi Y K. 2019. Artificial intelligence for decision making in the era of big data – Evolution, challenges and research agenda[J]. International Journal of Information Management, 48: 63-71.

Emilio C, Fabio M, Mario M. 2019. AI meets labor market: Exploring the link between automation and skills[J]. Information Economics and Policy, 47: 27-37.

Emmanuel A G, Heikki H, Paul K. 2019. Survey on artificial intelligence (AI) applied in welding: A future scenario of the influence of AI on technological, economic, educational and social changes[J]. Procedia Manufacturing, 38: 702-714.

Farbod A, Babak S, Ali T. 2019. Multi-objective simulation optimization for uncertain resource assignment and job sequence in automated flexible job shop[J]. Applied Soft Computing Journal, 75: 190-202.

Feng C L, Ma R Z. 2020. Identification of the factors that influence service innovation in manufacturing enterprises by using the fuzzy DEMATEL method[J]. Journal of Cleaner Production, 253: 120002.

Gonçalves E, Matos C M, Araújo I F. 2019. Path-dependent dynamics and technological spillovers in the Brazilian regions[J]. Applied Spatial Analysis and Policy, 12(3): 605-629.

Gou L F, Zeng X Y, Wang Z H, et al. 2019. A linearization model of turbofan engine for intelligent analysis towards industrial internet of things[J]. IEEE Access, 7: 145313-145323.

Hamed B, Chen F F, Shahin M. 2019. Optimal composition of tasks in cloud manufacturing platform: A novel hybrid GWO-GA approach[J]. Procedia Manufacturing, 34: 961-968.

Hoda E. 2019. Smart changeable manufacturing systems[J]. Procedia Manufacturing, 28: 3-9.

Hu Y J, Zhu F F, Zhang L, et al. 2019. Scheduling of manufacturers based on chaos optimization algorithm in cloud manufacturing[J]. Robotics and Computer-Integrated Manufacturing, 58: 13-20.

Jamal A, Hama K. 2019. The impact of intelligent manufacturing elements on product design towards reducing production waste[J]. International Journal of Engineering Business Management, 11: 1-14.

Jenny L D, Carlos O M. 2019. Energy efficiency in discrete-manufacturing systems: Insights, trends, and control strategies[J]. Journal of Manufacturing Systems, 52: 131-145.

Jia Y L. 2019. Based on intelligent RGV dynamic scheduling model of particle swarm optimization[J]. IOP Conference Series Earth and Environmental Science, 252: 052135.

Johanna P, Lorenz M H, Matthias F. 2019. How LCA contributes to the environmental assessment of higher order effects of ICT application: A review of different approaches[J]. Journal of Cleaner Production, 21: 698-712.

Julia C B, Henning B. 2019. The design space of production planning and control for industry 4.0[J]. Computers in Industry, 105: 260-272.

Kampker A, Stich V, Jussen P, et al. 2019. Business models for industrial smart services – The example of a digital twin for a product-service-system for potato harvesting[J]. Procedia CIRP, 83: 534-540.

Khan A I, Al-Badi A. 2020. Open source machine learning frameworks for industrial internet of things[J]. Procedia Computer Science, 170: 571-577.

Kun W, Tong L, Xie X D. 2019. Application of big data technology in scientific research data management of military enterprises[J]. Procedia Computer Science, 147: 556-561.

Kuo C C, Joseph Z S, Kun D. 2019. Industrial revitalization via industry 4.0 – A comparative policy analysis among China, Germany and the USA[J]. Global Transitions, 1: 3-14.

Li F, Liao T W, Zhang L. 2019a. Two-level multi-task scheduling in a cloud manufacturing environment[J]. Robotics and Computer-Integrated Manufacturing, 56: 127-139.

Li X, Li J H, Wu J, et al. 2019b. Making knowledge tradable in edge-AI enabled IoT: A consortium blockchain-based efficient and incentive approach[J]. IEEE Transactions on Industrial Informatics, 15(12): 6367-6378.

Liao W Z, Wang T. 2019. A novel collaborative optimization model for job shop production – Delivery considering time window and carbon emission[J]. Sustainability, 11(10): 1-27.

Lin Y J, Wei S H, Huang C Y. 2019. Intelligent manufacturing control systems: The core of smart factory[J]. Procedia Manufacturing, 39: 389-397.

Liu B F, Zhang Y F, Zhang G, et al. 2019a. Edge-cloud orchestration driven industrial smart product-service systems solution design based on CPS and IIoT[J]. Advanced Engineering Informatics, 42: 1-11.

Liu G J, Lina L Y, Zhou W B, et al. 2019b. A posture recognition method applied to smart product service[J]. Procedia CIRP, 83: 425-428.

Liu J S, Chen M, Wang L. 2019c. A new model of industrial internet of things with security mechanism – An application in complex workshop of diesel engine[J]. Journal of Mechanical Engineering Science, 234(2): 564-574.

Liu K, Qiu X Y, Chen W H. 2019d. Optimal pricing mechanism for data market in blockchain – Enhanced internet of things[J]. IEEE Internet of Things Journal, 6(6): 9748-9761.

Liu Y Y, Li Z H, Wang Z N, et al. 2019e. Design of the intelligent manufacturing demonstration system based on IoT in the context of industry 4.0[J]. Earth and Environmental Science, 252(5): 052001.

Liu Y, Tong K D, Mao F, et al. 2020. Research on digital production technology for traditional manufacturing enterprises based on industrial Internet of Things in 5G era[J]. The International Journal of Advanced Manufacturing Technology, 107: 1101-1114.

Ma X Q, Yao T, Hu M L, et al. 2019. A survey on deep learning empowered IoT applications[J]. IEEE Access, 7: 181721-181732.

Mao S, Wang B, Tang Y, et al. 2019. Opportunities and challenges of artificial intelligence for green manufacturing in the process industry[J]. Engineering, 5(6): 995-1002.

Marco B, Emilio F, Francesco G G, et al. 2019. Implementation of reconfigurable manufacturing in the Italian context: State-of-the-art and trends[J]. Procedia Manufacturing, 39: 591-598.

Marie P, Pacaux L, Damien T. 2019. Ethical risks of human-machine symbiosis in industry 4.0: Insights from the human-machine cooperation approach[J]. IFAC-PapersOnLine, 52(19): 19-24.

Min Q F, Lu Y G, Liu Z Y, et al. 2019. Machine learning based digital twin framework for production optimization in petrochemical industry[J]. International Journal of Information Management, 49: 502-519.

Moamin A M, Jennifer G. 2019. A generic evaluation framework of smart manufacturing systems[J]. Procedia Computer Science, 161: 1292-1299.

Mohammad I S, Oduoza C F. 2019. Interactions of lean enablers in manufacturing SMEs using interpretive structural modelling approach – A case study of KRI[J]. Procedia Manufacturing, 38: 900-907.

Müller L M. 2019. Assessing the barriers to industry 4.0 implementation from a workers' perspective[J]. IFAC-PapersOnLine, 52(13): 2189-2194.

Pan S L, Zhong R Y, Qu T. 2019a. Smart product-service systems in interoperable logistics: Design and implementation prospects[J]. Advanced Engineering Informatics, 42: 100996.

Pan X Y, Ma J Z, Wu C X. 2019b. Product pricing considering the consumer preference based on Internet of Things[J]. Cluster Computing, 22: 15379-15385.

Peter G, Jonathan H, Harald E. 2019. The economic contribution of the "C" in ICT: Evidence from OECD countries[J]. Journal of Comparative Economics, 47(4): 867-880.

Pham T M, Wen H L, Chiung W H, et al. 2019. Fuzzy AHP analysis of Internet of Things (IoT) in enterprises[J]. Technological Forecasting & Social Change, 136: 1-13.

Pinar B, Mustafa S. 2019. Analysis of industrial engineering qualification for the job market[J]. Procedia Manufacturing, 33: 725-731.

Poorya G Y, Aydin A, Majid H. 2019. A hybrid methodology for validation of optimization solutions effects on manufacturing sustainability with time study and simulation approach for SMEs[J]. Sustainability, 11: 1454.

Qu Y J, Ming X G, Liu Z W, et al. 2019a. Smart manufacturing systems: State of the art and future trends[J]. The International Journal of Advanced Manufacturing Technology, 103: 3751-3768.

Qu Y J, Ming X G, Ni Y R, et al. 2019b. An integrated framework of enterprise information systems in smart manufacturing system via business process reengineering[J]. Journal of Engineering Manufacture, 233(11): 2210-2224.

Rane S B, Thakker S V. 2019. Green procurement process model based on blockchain-IoT integrated architecture for a sustainable business[J]. Management of Environmental Quality, 31(3): 741-763.

Rathee G, Sharma A, Kumar R, et al. 2019. A secure communicating things network framework for industrial IoT using blockchain technology[J]. Ad Hoc Networks, 94: 101933.

Ren S, Zhang Y F, Liu Y, et al. 2019. A comprehensive review of big data analytics throughout product lifecycle to support sustainable smart manufacturing: A framework challenges and future research directions[J]. Journal of Cleaner Production, 210: 1343-1365.

Resul K. 2019. Industry 4.0 in terms of industrial relations and its impacts on labour life[J]. Procedia Computer Science, 158: 590-601.

Sameer M, Muztoba A K, David R, et al. 2019. Smart manufacturing: Characteristics, technologies and enabling factors[J]. Journal of Engineering Manufacture, 233(5): 1342-1361.

Sandeep J, Shahin R, Linh N. 2019. Real-time data collection to improve energy efficiency: A case study of food manufacturer[J]. Journal of Food Processing and Preservation, 14338.

Sarang D S, Diane J G, Matthew E R, et al. 2019. A framework for quantifying energy and productivity benefits of smart manufacturing technologies[J]. Procedia CIRP, 80: 699-704.

Shang C, You F Q. 2019. Data analytics and machine learning for smart process manufacturing: Recent advances and perspectives in the Big Data Era[J]. Engineering, 5: 1010-1016.

Simo A, Barbulescu C, Kilyeni S, et al. 2019. Manufacturing process monitoring in terms of energy management improving[J]. International Journal of Computers Communications & Control, 14(3): 388-400.

Simon K, Hubert B, Devika N. 2019. Investigating the relationship between industry 4.0 and productivity: A conceptual framework for malaysian manufacturing firms[J]. Procedia Computer Science, 161: 696-706.

Song K Y, Wang M, Liu L M, et al. 2019. Toward intelligent manufacturing workshop modeling and validation of a resource-driven mechanism-based info-interconnect model[J]. Journal of Computing and Information Science in Engineering, 19(4): 1.

Taewoo N. 2019. Technology usage, expected job sustainability, and perceived job insecurity[J]. Technological Forecasting and Social Change, 138: 155-165.

Tanja N, Fazel A, Wilfried S. 2019. A maturity assessment procedure model for realizing knowledge-based maintenance strategies in smart manufacturing enterprises[J]. Procedia Manufacturing, 39: 645-654.

Vaggelis G, Duncan M, James S. 2019. Towards the deployment of customer orientation: A case study in third-party logistics[J]. Computers in Industry, 104: 75-87.

Viktoriia K. 2019. Evidence of the environmental Kuznets curve: Unleashing the opportunity of industry 4.0 in emerging economies[J]. Journal of Risk and Financial Management, 12: 122.

Wang H H, Zhong R Z, Liu G J, et al. 2019a. An optimization model for energy-efficient machining for sustainable production[J]. Journal of Cleaner Production, 232: 1121-1133.

Wang J, Jiang J N, Wang M, et al. 2019b. Implementation of a message-driven manufacturing execution workflow system[J]. Procedia CIRP, 83: 655-660.

Wang J, Sánchez J A, Iturrioz J A, et al. 2019c. Artificial intelligence for advanced non-conventional machining processes[J]. Procedia Manufacturing, 41: 453-459.

Wang Q M, Luo R. 2019. The mechanism and empirical study of intelligent logistics technology improving the efficiency of logistics industry —Taking the "Core Area" of the Silk Road Economic Belt as example[J]. Procedia CIRP, 83: 285-291.

Wang Z X, Shou M H, Wang S, et al. 2019d. An empirical study on the key factors of intelligent: Upgrade of small and medium-sized enterprises in China[J]. Sustainability, 11: 619.

Wei S Y, Bai Y W, Wang X G, et al. 2019. A new method for manufacturing process autonomous planning in intelligent manufacturing system[J]. Workshops LNBIP, 349: 51-63.

Yin Y C, Chen F Z, Liao W Z, et al. 2019. An optimal composition strategy for knowledge service component based on flexible tracking particle swarm algorithm[J]. Complexity, 2019: 1-14.

Yoon S L, Riyaz S. 2019. Application of adaptive strategy for supply chain agent[J]. Information Systems and e-Business Management, 17: 117-157.

Zarreh A, Hung D W, Yooneun L, et al. 2019a. Risk assessment for cyber security of manufacturing systems: A game theory approach[J]. Procedia Manufacturing, 38: 605-612.

Zarreh A, Wan H D, Lee Y, et al. 2019b. Cybersecurity concerns for total productive maintenance in smart manufacturing systems[J]. Procedia Manufacturing, 38: 532-539.

Zhang G, Zhang Y F, Zhong Y F, et al. 2019a. Extending augmented Lagrangian coordination for the optimal configuration of cloud-based smart manufacturing services with production capacity constraint[J]. Robotics and Computer Integrated Manufacturing, 58: 21-32.

Zhang S C, Gu C T. 2019. China-Germany industrial cooperation in the context of the Belt and Road Initiative—An analysis focusing on Shandong Province[J]. Social Sciences in China, 40(1): 148-170.

Zhang X Y, Ming X G, Liu Z W, et al. 2019b. A reference framework and overall planning of industrial artificial intelligence (I-AI) for new application scenarios[J]. The International Journal of Advanced Manufacturing Technology, 101: 2367-2389.

Zhou J, Zhou Y H, Wang B, et al. 2019a. Human-cyber-physical systems (HCPSs) in the context of new-generation intelligent manufacturing[J]. Engineering, 5(4): 624-636.

Zhou Q N, Gao P, Admos C W. 2019b. ICTs in the transformation of rural enterprises in China: A multi-layer perspective[J]. Technological Forecasting and Social Change, 145: 12-23.

撰稿人：程中华　李健旋
审稿人：刘　军

第3章 制造业智能化中文文献综述

本章围绕智能制造这一主题，对2019年度在中文期刊上发表的智能制造研究文献进行评述。文献获得过程如下：在CNKI数据库中，以"主题=（制造 OR 制造业）AND 摘要=（智能 OR 智慧）AND 时间=2019"为检索式，分别得到CSSCI来源期刊论文107篇和CSCD来源期刊论文147篇。逐篇浏览题目和摘要，结合期刊的重要性，筛选出42篇作为国内制造业研究评述的样本。

3.1 国内智能制造研究评述

智能制造以数据为核心，以实现万物互联为特征，其关键技术包括人工智能技术、工业机器人技术、大数据技术、云计算技术、物联网技术及信息化系统。2019年度主要研究主题涉及五个方面：国内智能制造发展的机遇与挑战分析、智能制造技术探索、智能制造影响因素研究、智能制造与产业升级及智能制造与就业分析。

3.1.1 国内智能制造发展的机遇与挑战分析

1. 智能制造是中国制造业高质量发展的保障

针对智能制造的重要性，学者在对国内制造业现状分析的基础上，已经形成共识，认为国内制造业的高质量发展应以智能制造为保障。李廉水等（2019）基于智能制造与数字化制造、网络化制造的对比分析，提炼了制造业智能化的内涵和外延特征，梳理了制造业智能化的发展历程。王国法和杜毅博（2019）以我国煤机装备智能制造为例，剖析智能焊接、柔性数字化车间等煤机装备智能制造关键技术，并指出产品与数据的标准化和模块化、建设智能制造系统和工艺创新、建设智能制造信息化系统和基础网络活动、推进管理精益化和服务产业化及打造智能制造人才培养体系是其智能化发展的关键。郭存德（2019）指出要实现我国实体经济的高质量发展，就必须以高质量的制造业作为支撑，因此需要优化制造业生产方式与管理模式，充分利用大数据与工业物联网等技术，加快制造业智能升级步伐。曾祥炎和成鹏飞（2019）认为新一代智能制造技术推动的新一轮产业革命，为中国制造业摆脱核心技术获取困局，实现"赶超"发展创造了难得的机遇。在这种背景下，中国必须抓住全球价值链重构的有利时机，以智能制造为基本方向，发挥市场和政府的协同作用，营建以实现技术引领为基本目的的创新生态系统，促进制造业产业链和价值链的整体跃升，最终实现世界级先进制造业集群培育目标。

2. 创新驱动、协同发展等是智能制造的发展动力

汤临佳等（2019）梳理了创新生态系统的功能要素，从创新能力、服务能力、支持

能力和发展能力四个方面构建智能制造创新生态系统功能的评价体系。史永乐和严良（2019）认为中国智能制造发展能力的构建集中于信息数字化能力和数据增值化能力，对于我国智能制造的高质量发展，不仅应增加教育和科研投入、积极培养创新人才，而且要强化政策支持力度、高效配置创新资源及推进制造业数字化、网络化、智能化的发展。陈瑾和李若辉（2019）梳理了我国制造业智能化发展现状，从产业链的智能产品研发、智能生产制造、智能营销管理三个环节，分析了不同创新形式在各环节发挥作用的机理，并探讨了智能化发展下各类创新活动推进制造业价值链投入与产出形式升级的过程，最后从协同创新驱动视角，提出了新时代我国制造业应通过产业融合、集群发展、生产要素优化配置、产业链智能拓展等路径来实现产业升级。徐坤和王智（2019）站在民族复兴的历史门槛上，回顾和梳理了中国工业化发展的历程，总结了工业化建设过程中的"中国智慧"，其基本经验包括：立足基本国情，尊重客观规律；重视科学技术创新，促进工业升级转型；推进工业化与信息化、城镇化和农业现代化的同步发展；合理规划产业布局，促进区域协调发展；坚持对外开放，开拓国际和国内两个市场。余东华（2019）认为中国需要抓住机遇，迎接挑战，坚持创新驱动、智能转型、强化基础、绿色发展和融合提升，推动制造业转型升级、提质增效，进而迈向全球价值链中高端环节，实现从制造大国向制造强国转变。

3. 智能制造对中国制造业企业分工协同、劳动市场等的挑战

刘湘丽（2019）指出第四次工业革命使中国产业结构发生变化，行业之间相互渗透、融合，提高了中国制造业的生产率，使中国传统制造业向互联网智能化方向转变，生产制造与服务的自动化、信息化水平较以前大大提高，但其为劳动力市场也带来了一定的挑战。严帅等（2019）针对广州市智能装备产业领域，以现状调研与企业工商登记数据为基础，运用地理学手段对该产业集群发展现状进行研究，发现目前广州市智能装备产业集群发展存在各区发展不均衡、分工协作水平低、龙头企业带动作用弱等问题。王昶等（2019）从智能制造关键新材料的"高技术不确定性"与"高市场不确定性"两大特征出发，提出了智能制造关键新材料的创新突破需紧扣技术创新与商业化应用两大关键问题。

3.1.2 智能制造技术探索

智能制造主要涉及以人工智能、大数据、云计算、4D打印等为代表的新兴技术群。

1. 人工智能与制造业的深度融合研究

学者认为人工智能与制造业融合能有效促进制造业的发展，但深度融合存在障碍，优化基础设施建设、培育产业发展环境等是制造业高质量发展的关键。姚锡凡等（2019）从人工智能发展角度，将智能制造发展分为以符号逻辑推理为基础的第一代智能制造，以物联网、云计算、信息物理系统、社会信息物理系统、大数据和深度学习等新一代信息通信技术为基础的第二代智能制造，并对两者进行关联对比分析。高煜（2019）认为制造业智能化模式系统构建约束、转换成本约束、双期叠加约束等因素造成了中国人工

智能与制造业深度融合的现实悖论,因此推动智能化时代人工智能与制造业深度融合的政策取向应当从短期政策调整转向长期体制机制配套建设。赵烁等(2019)使用事件研究法研究人工智能对企业价值的影响,研究表明中国企业利用智能制造能够提高企业的超额收益,即人工智能技术可以提升企业价值。

2. 大数据技术优化制造设计与管理的研究

大数据技术可优化制造企业的质量管理、故障诊断预测、供应链设计、工序设计、制造加工设备、车间调度等问题。赵颖等(2019)从工业大数据的内涵及架构出发,结合工业生产管控需求,从数据动态感知与采集、数据统一存储与建模、数据分析与决策支持三个层次分析了工业大数据的关键技术,介绍了工业大数据在质量管理、故障诊断预测、供应链优化等典型场景中的应用,并综合分析其发展现状,展望了未来的应用趋势。刘伟杰等(2019)采用基于聚类的方法对工序数据集进行离群点检测标记,实现了对制造资源生产状态的描述与量化,建立了工序级数据特征模型,结合改进的相似元分析方法,对工序过程数据多层次包装描述和制造工序的相似性进行了评价。王安邦等(2019)基于数字孪生与深度学习技术提出了一种制造加工设备智能化方法,以解决制造加工设备在生产加工过程中数据流动性差、具有延滞性等问题,并利用人工神经网络基于实时收集到的加工数据对设备的状态进行监测及预测。李政阳等(2019)提出了分布式在轨空间智能制造的调度模型,以最小化制造总时长为目标,考虑了组件地面分布式制造与运输、地空分批次运输、产品按顺序装配等约束条件。

3. 云计算与制造业发展的研究

云技术优化了制造系统,使制造业向云制造、云雾制造发展。李伯虎等(2019)基于对"智能+"时代的解读,提出一种"智能+"时代的新智能制造系统——云制造系统3.0,并给出了云制造系统3.0的内涵及按照该内涵构建的云制造系统3.0的系统体系架构、技术体系总体框架。景轩和姚锡凡(2019)阐述了大数据物联网制造背景下,云制造转向云雾制造的内在原因,研究了其在设备、车间、企业三个制造层级中的应用,阐明了大数据驱动的云雾制造是物联网制造发展的必然趋势。丁凯等(2019)在云制造模式下,提出了基于"人-机-物"共融协同制造逻辑,研究了在该制造逻辑下的智能工厂自治生产管控技术,最后通过案例研究,验证了所提模型和技术方法的可行性,为制造工厂实施智能制造模式提供了支撑。王亚辉等(2019)为解决制造车间数据大量增长产生的私有协议数据多、数据无法充分利用、数据无法跨系统跨企业共享的问题,设计并实现了一个云架构下基于标准语义模型和复杂事件处理的制造车间数据采集和融合系统。

4. 4D打印技术促进快速制造

相关研究对目前的打印技术进行了分析,提出优化打印智能材料,加快开发打印技术的重要性。4D打印是实现对智能材料的增材制造技术。卢海洲等(2019)基于复合材料、形状记忆聚合物、形状记忆合金等材料,简要综述了4D打印智能材料的研究进展，并提出了 4D 打印形状记忆合金的几点思考。李昆等（2019）对不同的软物质材料 3D 打印技术进行了分析和对比，探讨了近年来在生物医学、电能储存、软传感器和机器人领域的应用进展，最后提出需要开发新的 3D 打印机，该设备应具有打印速度快、成本低、可扩展性强的特点，实现真正的快速制造。

3.1.3 智能制造影响因素研究

相关研究主要围绕装备制造业展开。对于高端装备制造业，影响因素包含数据采集分析能力、生产过程数字化能力、运营方式平台化能力。而对于新能源产业，外部环境、企业能力和管理水平是主要的影响因素。对汽车产业而言，影响产业发展能力的因素包含了研发创新和资本运营、生产制造和市场销售、产业布局和规模化。

（1）高端装备制造企业智能化的影响因素。孟凡生等（2019a）基于数字化赋能视角，通过对"金风科技"和"陕鼓动力"的纵向双案例研究，探究了高端装备制造企业智能化转型的动态演进过程。发现数据采集分析能力、生产过程数字化能力、运营方式平台化能力是影响高端装备制造企业智能制造转型在数字化层面的主要因素。

（2）新能源转变制造业智能化的影响因素。孟凡生和于建雅（2019）运用结构方程研究了外部环境、企业能力、管理水平对新能源装备智能化发展的影响作用。研究结果表明，外部环境对智能制造具有直接负向作用，同时通过正向影响企业能力对智能制造具有间接驱动作用；企业能力对智能制造具有显著正向作用；管理水平通过正向影响企业能力对智能制造具有间接驱动作用，应从外部环境、企业能力和管理水平三个方面采取积极措施促进我国新能源装备的智造发展。

（3）汽车产业智能化的影响因素。高同彪和刘云达（2019）采用多元线性回归分析方法，研究了全球第四大汽车集团产业发展能力的驱动因素，结果表明影响其发展能力提升的驱动因素有研发创新、资本运营、产业布局和规模化。

（4）家电企业智能化的影响因素。韦影和周梦祎（2019）通过对全球大型家电企业海尔集团 1992~2017 年的纵向案例研究，考察了智能制造转型背景下企业动态能力在三个维度（感知能力、获取能力和重构能力）的演化特征。研究发现，海尔集团动态能力的不同维度分别在智能制造转型的三个不同阶段发挥了主导作用：在智能制造萌芽阶段，感知能力占主导地位；在数字化制造阶段和数字化网络化制造形成阶段，重构能力占主导地位。

3.1.4 智能制造与产业升级

智能制造作为当前产业经济发展的新动能，促进了传统产业实现转型升级，不仅影响我国制造业的市场竞争实力，还关乎我国智能制造战略实施的质量效益。对制造业的转型升级主要围绕传统制造向智能制造转型的路径分析、生产制造向服务制造转型的对策分析和利用智能制造促进价值链升级分析三个方面。

1. 传统制造向智能制造转型的路径分析

朱娅（2019）主要从技术创新集群、技术资源集聚与人力资源集聚三条路径来分析智能制造驱动传统产业转型升级的逻辑理路。张恒梅和李南希（2019）认为物联网技术与制造业的深度融合将成为制造业智能化转型的新动能，并列举了物联网技术在其中的应用方向，提出了物联网赋能制造业智能化转型的建议措施。孟凡生和赵刚（2019）通过问卷调查数据验证了其构建的创新柔性对制造企业智能化转型的影响模型，研究表明：创新柔性对制造企业智能化转型有显著正向影响；技术创新在创新柔性与制造企业智能化转型之间起部分中介作用；信息化水平和政策环境均在创新柔性与技术创新之间、技术创新与制造企业智能化转型之间有正向调节作用。孟凡生等（2019a）基于数字化赋能视角，通过对"金风科技"和"陕鼓动力"的纵向双案例研究，探究了高端装备制造企业智能化转型的动态演进过程。研究发现：高端装备制造企业向智能制造转型过程中，经历了数据存储、数据分析、数据融合三个阶段的演进过程。孟凡生等（2019b）基于数字化视角，分析了中国高端装备制造企业智能化转型升级过程，构建了高端装备制造企业实施智能化转型升级的演化博弈模型，分析了高端装备制造企业实施智能化转型的动态演化过程和主要影响因素，并用 MATLAB 对演化博弈模型进行模拟仿真，分析对比参数变化对演化结果的影响。结果显示，数据采集分析水平、平台化水平、生产过程数字化水平和转型成本对博弈双方的策略演化结果有显著影响。王小明（2019）应用迈克尔·波特的"钻石模型"，深入分析了我国汽车产业智能化升级发展的基础与环境，得到如下结论：要促进我国汽车产业智能化升级，应推动汽车产品智能化、汽车制造智能化，加快汽车产业模式变革和汽车产业基础设施建设，从加强战略谋划、完善相关法规和政策、完善运行标准和评价体系、强化信息安全保障、建立创新联盟等方面着力。孟炯（2019）认为发展先进制造业要创新运营模式、激励用户参与制造等。

2. 生产制造向服务制造转型的对策分析

王可侠（2019）认为，在 5G 时代，产业的生产、销售和消费过程都不是孤立进行的，从生产制造向服务制造转型是 5G 运用的前提和基础。应加快工业现代化进程，加快"新业态"的政策跟进，加快人工智能应用，并针对各地经济发展特点，加强政策的针对性和有效性。

3. 利用智能制造促进价值链升级分析

通过产业结构优化，促进产业升级。例如，高谦和周恢（2019）认为北京的传统制造业在转型升级过程中，产业结构不断优化，在构建高精尖产业经济结构过程中，聚焦优势产业基础和科技资源，加快推进智能制造技术创新和产业应用，从而推进北京智能制造产业快速发展。或者，融合创新，通过工业设计、互联网与传统制造业"三业"融合，构建高精产业，其核心是回归转型升级及培育"高端高效"的新型制造产业（赖红波，2019）。吕文晶等（2019）指出中国制造业企业制定升级战略需考虑所在行业的全球价值链治理模式，并通过智能生产、智能服务与智能产品转型，以智能制造为依托选择适合自身的升级路径。

3.1.5 智能制造与就业分析

人工智能技术经济范式下,劳动主体、劳动内涵、劳动分工、劳动生产率、劳动的社会功能都将发生深刻变化,并通过生产系统载体变革,催生促进人的全面发展的劳动机遇(张新春和董长瑞,2019)。智能制造影响了中国的劳动力结构,导致中国劳动力就业结构整体上呈现"两极化"特征(孙早和侯玉琳,2019)。智能制造为男性员工提供了更多的培训机会。具体如下。

1. 对就业效应的影响

韩民春等(2019)对制造业工业机器人技术进步的就业效应进行了建模分析,发现中国制造业企业使用第二代工业机器人一方面会产生就业破坏效应,另一方面也会产生就业创造效应;使用智能机器人替代第二代工业机器人,将会在这两种就业效应的基础上再增加智能机器人的就业挤出效应,即这一替代过程对就业的负面影响更大。蔡啸和黄旭美(2019)构建了两部门任务模型,分析了人工智能技术的生产率效应和对就业替代效应的影响机制,研究结果表明:我国人工智能技术的使用显著降低了制造业的劳动力占比,但其生产率增长会在一定程度上缓解这种抑制作用。金强和尹音频(2019)在内生增长模型的基础上,通过构建家庭、企业和政府三部门模型,考察了制造业技术进步与升级对劳动力市场的影响,并依据制造业子行业面板数据,构建了半参数估计模型和面板门限回归模型进行实证检验,结论显示:以制造业研发创新投入衡量的技术升级与进步,与制造业就业水平呈显著的负向效应,即产生了生产技术对劳动力的替代效应。

2. 对劳动力结构的影响

孙早和侯玉琳(2019)从区域发展不平衡的事实出发,构建了智能物质资本投入和区域生活成本差异下高、中、低三种不同技能禀赋劳动力需求的分析框架,刻画了工业智能化对新时期中国劳动力就业结构的影响机制,研究表明:工业智能化将促使先进设备替代具有初中和高中学历的劳动力,并增加对高、低教育程度劳动力的需求,导致中国劳动力就业结构整体上呈现出"两极化"特征。

3. 对劳动者技能培训的影响

邓韵雪和许怡(2019)基于对广东省制造业的问卷调查和深入访谈资料,分析了智能制造背景下劳动者技能提升机会的性别差异,研究表明:企业自动化升级给男性工人提供了更多培训次数,且区分了男性与女性能力并对其赋予不同价值,导致两者在技能提升机会方面有较大性别差异。因此,当前智能制造趋势和企业自动化改造没有弥补技能,提升机会的性别差距。

3.1.6 文献研究评述

下面从2019年度文献表现出的特征,结合其与2018年文献相关研究的纵向比较,评述2019年度的智能制造研究。

1. 研究主题更加深入

2019 年的文献研究主要聚焦在五个方面：国内智能制造发展的机遇与挑战分析、智能制造技术探索、智能制造影响因素研究、智能制造与产业升级研究及智能制造与就业分析。然而，2018 年文献的研究主要聚焦在五个方面：智能制造是什么、智能制造产业发展现状如何、智能制造产生哪些社会影响、智能制造国际经验比较及智能制造技术如何推进。

比较发现，2019 年文献的研究主题较 2018 年更加深入。2018 年文献的大多数研究围绕智能制造的内涵、发展现状、社会影响及国际经验比较等基本理论与实际展开，为后续研究奠定了基础。2019 年文献的研究则更多在探讨智能制造模式、智能制造如何促进产业升级、智能制造对就业的影响等问题，研究得更具体、深入。

2. 研究方法多样

研究有宏观层面的逻辑推理分析、聚类分析等，也有中观层面和微观层面的实证研究。研究方法涉及内容分析法、因子分析方法、回归分析方法、结构方程模型方法、仿真、博弈、案例分析等。在宏观层面的智能制造发展路径和运行机制的研究方面，学者们多数运用内容分析法、聚类方法、可视化方法、实证分析等方法。相较于微观层面的研究，学者们对宏观层面的研究论文数量更多，主要聚焦在中国智能制造背景下的机遇与挑战、发展路径和对策、战略部署及未来方向。相比 2018 年文献的研究，2019 年文献在企业层面的调查研究明显增多，如针对海尔、红领、金风科技等企业的调查，研究了微观层面的制造业智能化升级情况和企业动态能力演化过程。

3. 研究不足之处

通过分析，认为 2019 年的研究有以下不足之处：

（1）微观层面的智能制造研究有待加强。2019 年的文献大多基于宏观层面和产业层面，企业层面的实证研究较 2018 年度有所增加，但还是数量有限。

（2）智能制造的技术探索有待完善。相关研究主要独立地关注某一技术在制造业智能化过程中的影响，缺乏对多种技术融合在制造业智能化过程中影响的分析。

（3）智能制造对就业的影响有待深入。现有有关智能化对就业效应影响的研究尚未达成共识。此外，智能制造对劳动者结构的影响尚不全面，仅仅探讨了对劳动者学历的影响，未对其年龄、性别等展开充分研究。

（4）智能制造研究成果的质量有待提升。除发表在《中国软科学》《科研管理》《中国工业经济》《经济学家》等期刊上的成果质量较好外，其他发表的成果质量均不是很理想。

3.2 中文文献推荐

1. 题目：中国制造业 40 年：智能化进程与展望
作者：李廉水，石喜爱，刘军
出处：中国软科学，2019，1：1-9，30

推荐理由：一是研究视角独特，基于中国制造业 40 年历史，界定智能制造的内涵，剖析智能制造外延。二是研究结论具有借鉴性，对中国制造业未来发展趋势做了预测，有助于把握未来中国制造业发展方向。

内容简介：首先，将中国智能制造划分为三个阶段，第一阶段为工业化带动信息化阶段（1958~2006 年），第二阶段为两化融合阶段（2007~2014 年），第三阶段为信息化引领工业化阶段（2015 年至今）。其次，界定了智能制造业的内涵，剖析了制造业智能化的基本特征。最后，对中国制造业智能化进行展望，认为中国制造业智能化未来发展趋势大致如下：掌握相关核心技术并普及智能制造，大规模个性化定制成为主要生产方式，形成不断完善的、较为完整的智能制造标准体系，形成智能制造生态体系和新型制造体系，推动中国成为世界智能制造的重要领导者。

2. 题目：新能源装备智造发展影响因素作用机理研究

作者：孟凡生，于建雅

出处：科研管理，2019，40（5）：57-70

推荐理由：研究选题具有重要的价值。该文献把握了企业智能制造发展的影响因素，有助于企业在智能化过程中少走弯路。而前期研究成果大多基于个体因素开展定性研究，缺少系统性和定量的研究，对智造发展作用机理的相关影响因素及作用效果尚需深入研究。

内容简介：基于相关研究现状，选取外部环境、企业能力、管理水平作为新能源装备智能化发展的主要影响因素，分析因素作用效果并提出假设，构造机理模型，通过文献研究与理论分析确定影响因素量表题项，以问卷调查形式获取研究数据，运用结构方程模型验证相关假设。研究结果表明，外部环境对智能制造具有直接负向作用，同时通过正向影响企业能力对智能制造具有间接驱动作用；企业能力对智能制造具有显著正向作用；管理水平通过正向影响企业能力对智能制造具有间接驱动作用，应从外部环境、企业能力和管理水平三个方面采取积极措施促进我国新能源装备的智造发展。

3. 题目：人工智能对企业价值影响的研究——来自中国智能制造试点示范项目公告的证据

作者：赵烁，陆瑶，王含颖，等

出处：投资研究，2019，38（9）：84-107

推荐理由：研究数据的选择恰当、有新意，对重点企业进行了智能制造价值分析与影响因素剖析，针对性强。以 2015~2017 年中国智能制造试点示范项目所属的 99 个沪深上市公司为样本，使用事件研究法实证研究《智能制造试点示范项目》公告对智能制造类企业在三年示范名单公告节点的累计超额收益率的影响，以此来探讨人工智能技术对智能制造类企业价值产生的影响，并对其影响因素进行实证分析。

内容简介：实证发现入选公告会为企业带来超额收益，且呈逐年上升的趋势。同时，市场对于大规模企业进行智能制造的反应好于小规模企业，对非国有企业进行智能制造的反应好于国有企业，对高监管企业的反应好于低监管企业，对最低工资水平低的企业的反应好于最低工资水平高的企业。研究表明，中国企业进行智能制造能够提高企业的超额收益，即人工智能技术可以提升企业价值。

4. 题目：智能制造高质量发展的"技术能力"：框架及验证——基于 CPS 理论与实践的二维视野

作者：史永乐，严良

出处：经济学家，2019，9：83-92

推荐理由：我国智能制造创新能力的缺失是影响智能制造深层次发展的最为重要的因素，而已有关于智能制造的分析，主要集中于智能制造发展的路径、案例、模式、趋势等方面，缺乏有关智能制造技术能力架构建设的理论基础和应用架构的逻辑体系方面的研究。作者构建了一个智能制造发展的技术能力分析架构，在此基础上对中、德、美智能制造发展的技术能力进行了研究，进而探寻中、德、美三国在智能制造发展中技术能力构建的路径和政策，进而为我国智能制造技术能力的提升提供新的思路。

内容简介：我国智能制造技术、产业领域的分割现状极大地抑制了中国智能制造整体优势的发挥，而碎片化的技术更是迫切需要形成智能生态体系。智能制造的核心技术能力架构主要由信息数字化能力、数据增值化能力、资源调整化能力、资源整合化能力、智能分析化能力构成。运用智能制造的核心技术能力分析框架对中、德、美三国智能制造发展的实践进行验证发现，中国智能制造发展的构建集中于信息数字化能力和数据增值化能力，德国智能制造发展的重点是资源整合化能力，美国智能制造发展的重点是智能分析化能力。对于我国智能制造的高质量发展，不仅应增加教育和科研投入、积极培养创新人才，而且要强化政策支持力度、高效配置创新资源以及推进制造业数字化、网络化、智能化的发展。

5. 题目：智能制造创新生态系统的功能评价体系及治理机制

作者：汤临佳，郑伟伟，池仁勇

出处：科研管理，2019，40（7）：97-105

推荐理由：鉴于创新生态系统在理论和实践应用中的重要价值，国内外学者的研究具有以下特征：第一，大都聚焦于创新生态系统对创新主体技术升级影响这一主要功能进行探讨，未对其他辅助单位及系统无机环境的功能进行挖掘；第二，对于创新生态系统的讨论侧重于理论层面的拓展，少有研究将相关理论和方法与实际产业升级相融合；第三，从不同视角与维度对创新生态系统的功能结构进行分析，但未进行系统性梳理，缺少一套完整的功能评价体系。这篇文章深入研究了当前我国传统制造业发展的弊端，其独特性在于引入创新生态系统的理念与方法，通过构建智能制造创新生态系统来解决四大挑战（自主创新能力弱、产品质量问题突出、资源利用效率低、战略性新兴产业）。同时提出相关治理机制，为我国智能制造产业的追赶提供导向作用，具有一定的理论和实践意义。

内容简介：我国制造业开始引用创新生态系统的知识和方法，对传统的经营方式进行升级。智能制造是新一轮产业向数字化、网络化、信息化变革的关键技术领域，促使制造业的发展理念、竞合关系等产生根本性转变，需要借助创新生态系统的思想进行系统性指导。该文献梳理了创新生态系统的功能要素，从创新能力、服务能力、支持能力和发展能力四个方面构建了智能制造创新生态系统功能的评价体系。针对评价体系的每个模块的功能特征给出了相应的系统治理建议。

6. 题目：工业智能化如何重塑劳动力就业结构

作者：孙早，侯玉琳

出处：中国工业经济，2019，5：61-79

推荐理由：与已有文献相比，这篇文章的贡献在于：①首次基于工业智能化这一视角，探究其对中国劳动力就业结构的影响机制，弥补了现有研究的不足；②充分考虑了中国尚未完全实现工业化、区域间工业智能化和产业升级不平衡发展的经济现状，揭示了发达地区的就业结构呈现出不同于欧美国家"两极化"现象的独有特征；③与现有文献大多利用工业机器人等单一侧面数据分析智能化对西方工业化国家就业结构的影响的研究不同，作者构建了一个包括基础建设、生产应用、竞争力和效益三个主要内容的较为全面的工业智能化水平测度指标，检验了中国劳动力就业结构的变化趋势；④过早的"机器换人"会导致中国出现"未富先极化"的就业问题，稳就业甚至提高就业的关键在于提升劳动力的受教育程度和技能水平。这篇文章的研究结论能够为政府制定符合新时期工业智能化发展需要的高等教育和职业教育政策提供有力的理论和经验支持。

内容简介：该文献从区域发展不平衡的事实出发，构建了智能物质资本投入和区域生活成本差异下三种技能劳动力需求的分析框架，刻画了工业智能化对新时期中国劳动力就业结构的影响机制。该文献从理论和经验两个层面证明：工业智能化将促使先进设备替代拥有初中和高中学历的劳动力，并增加对高、低教育程度劳动力的需求，导致中国劳动力就业结构整体上呈现出"两极化"特征。东南沿海地区因过高的生活成本挤出小学及以下学历的劳动力，工业智能化进一步加剧了先进设备对低教育程度劳动力的替代，就业结构反而呈现出"单极极化"趋势，第三产业的快速发展在一定程度上弱化了这一替代效应。在所有地区，劳动力的受教育程度越高，劳动力就业受到生活成本因素的负向影响就越小。

7. 题目：智能制造与全球价值链升级——海尔 COSMOPlat 案例研究

作者：吕文晶，陈劲，刘进

出处：科研管理，2019，40（4）：145-156

推荐理由：如何应对外部环境冲击，同时实现在全球价值链上升级是中国制造业面临的现实问题，也是尚未解决的理论问题。一方面，现有研究缺乏对如何实现全球价值链升级的理论探讨；另一方面，以往关于全球价值链的研究往往只关注行业整体在价值链上的跃升问题，并未讨论单个企业的升级策略，企业的自身选择并未纳入讨论框架，对企业战略制定指导意义不大。同时，基于中国特有的制度环境和互联网变革，识别中国制造业独特的全球价值链升级模式，探讨中国制造业以智能制造应对互联网冲击的过程和机理，是进入互联网时代中国制造业实现转型和在全球价值链升级所必须解决的理论问题。因此，该文献的独特意义在于：选择中国家电产业中的领头企业——海尔集团为研究对象，对海尔集团智能制造平台 COSMOPlat 的建设历程进行探索性单案例研究，对其过程中显现的特征及升级过程进行识别和分析，从而建立中国制造业企业基于智能制造实现全球价值链升级的一般性框架，具有重要的理论和实践意义。

内容简介：第四次工业革命的到来使中国制造业企业面临向全球价值链高端环节升级的迫切需求。该文献以海尔集团智能制造平台 COSMOPlat 的建设事件为例，采用探索性单案例研究方法，剖析了海尔 COSMOPlat 的智能制造模式及其在全球价值链升级的动态机理与具体升级路径，并构建了中国制造业企业基于智能制造的全球价值链升级整合分析框架。研究显示，中国制造业企业制定升级战略需考虑所在行业的全球价值链治理模式，并通过智能生产、智能服务与智能产品转型，以智能制造为依托选择适应自身的升级路径。同时，行业领头企业可通过智能制造向行业制造平台转型，从而带动行业相关企业在全球价值链上实现整体升级。

8. 题目：人工智能技术条件下"人的全面发展"向何处去——兼论新技术下劳动的一般特征

作者：张新春，董长瑞

出处：经济学家，2019，1：43-52

推荐理由：该文献着眼于马克思经济哲学中的相关劳动理论，从历史唯物主义和实践唯物主义出发，研究人工智能时代的人通过劳动而存在的状态将会发生怎样的改变，剖析人的劳动又会表现出怎样的一般特征，探讨人工智能对人的全面发展将会产生什么样的影响。

内容简介：研究者认为在人工智能技术经济范式下，劳动主体、劳动内涵、劳动分工、劳动生产率、劳动的社会功能都将发生深刻变化，并通过生产系统载体变革，催生促进人的全面发展的劳动机遇。这种变化为技术革命中停滞过剩人口向"完整的人"过渡提供了条件，服务于人的全面发展的新兴行业将逐渐兴起，劳动由生存手段向发展手段转变将越来越明显，教育与生产深度融合将是新的生产力条件下"劳动方式——人的发展"这一哲学纽带的新模式。

9. 题目：基于价值共创的民主制造运营创新：红领案例

作者：孟炯

出处：科研管理，2019，40（12）：301-311

推荐理由：一是将价值共创、民主制造与运营模式创新纳入一个统一框架，借助于红领个性化定制模式创新案例的博弈分析，研究基于价值共创的民主制造运营模式创新；二是基于中国文化背景案例，博弈分析得出一些有突破性的结论。

内容简介：针对红领 C2M 个性化定制模式创新的案例，应用博弈论的分析方法，构建与求解不同情境下的博弈模型、分析基于价值共创的民主制造运营模式创新。结果显示：与 B2B2C 供应链运营模式相比，C2M 平台运营模式与民主制造更加匹配，该模式便于更好地满足消费者的个性化需求、提升企业创新收益与产品提供系统总收益，进而增强企业竞争力；与专制制造相比，民主制造能显著提升产品市场需求、企业创新收益与产品提供系统的总收益，且产品市场需求、企业创新收益、产品提供系统总收益、C2M 平台与 B2B2C 供应链间的均衡差都随价值共创强度的增加而增大；B2B2C 供应链运营模式下，适当的批发价格激励措施能够提升产品市场需求、企业创新收益和产品提供系统的总收益，且民主制造下激励因子取值变化对供应链均衡结果的影响更加显著。研究结论可为我国推进先进制造业的发展、实施制造强国战略提供重要决策参考。

10. 题目：智能制造、数字孪生与战略场景建模

作者：肖静华，谢康，迟嘉昱

出处：北京交通大学学报（社会科学版），2019，18（2）：69-77

推荐理由：一是选题视角新颖，聚焦智能制造和战略管理两大研究领域的交叉点，剖析智能制造数字孪生的战略管理价值；二是提出基于智能制造的战略场景模型及其方法思想而形成理论创新，推进了现有企业战略决策分析的研究。

内容简介：该文献提出并探讨了基于智能制造的企业战略场景的建模概念、方法思想和理论框架。结论如下：首先，智能制造的数字孪生系统为企业战略场景建模提供了理论创新与实践校正的大数据平台，是构建企业战略场景模型的基础；其次，基于数字孪生构建的战略场景模型，可以为企业提供一种适当的战略设计来影响战略实践进程；最后，随着基于智能制造的企业战略场景模型的不断优化，企业战略决策模式将从企业家直觉或参照点决策及中层管理团队群决策，逐步过渡到企业家决策、中层管理团队群决策与战略场景模型决策三者相互支撑、优势互补的决策模式。

参 考 文 献

蔡啸，黄旭美. 2019. 人工智能技术会抑制制造业就业吗？——理论推演与实证检验[J]. 商业研究, 6: 53-62.

陈瑾，李若辉. 2019. 新时代我国制造业智能化转型机理与升级路径[J]. 江西师范大学学报(哲学社会科学版), 52(6): 145-152.

邓韵雪，许怡. 2019. "技术赋权"还是"技术父权"——对智能制造背景下劳动者技能提升机会的性别差异考察[J]. 科学与社会, 9(3): 87-109.

丁凯，陈东燊，王岩，等. 2019. 基于云—边协同的智能工厂工业物联网架构与自治生产管控技术[J]. 计算机集成制造系统, 25(12): 3127-3138.

高谦，周恢. 2019. 北京智能制造产业的机遇、挑战与建议[J]. 现代制造工程, 3: 136-141.

高同彪，刘云达. 2019. "工业4.0"时代德国汽车产业发展能力及其驱动因素研究——以全球第四大汽车集团为例[J]. 工业技术经济, 38(8): 76-82.

高煜. 2019. 我国经济高质量发展中人工智能与制造业深度融合的智能化模式选择[J]. 西北大学学报(哲学社会科学版), 49(5): 28-35.

郭存德. 2019. 加快制造业智能升级步伐[J]. 人民论坛, 24: 76-77.

韩民春，韩青江，冯钟. 2019. 工业机器人技术进步对就业的影响分析：一个理论模型框架[J]. 广东财经大学学报, 34(6): 4-10.

金强，尹音频. 2019. 智能制造对劳动力市场的冲击机制及对策研究[J]. 湖北社会科学, 5: 59-68.

景轩，姚锡凡. 2019. 大数据驱动的云雾制造体系架构[J]. 计算机集成制造系统, 25(9): 2119-2139.

赖红波. 2019. 传统制造产业融合创新与新兴制造转型升级研究——设计、互联网与制造业"三业"融合视角[J]. 科技进步与对策, 36(8): 68-74.

李伯虎，柴旭东，侯宝存，等. 2019. 云制造系统3.0——一种"智能+"时代的新智能制造系统[J]. 计算机集成制造系统, 25(12): 2997-3012.

李昆，YOANN，郭嘉. 2019. 软物质材料3D打印技术及应用进展[J]. 塑料, 48(5): 101-106.

李廉水，石喜爱，刘军. 2019. 中国制造业40年：智能化进程与展望[J]. 中国软科学, 1: 1-9, 30.

李政阳，云昕，杨怡欣，等. 2019. 在轨空间智能制造：分布式调度建模与优化[J]. 系统工程理论与实践, 39(3): 705-724.

刘伟杰，吉卫喜，张朝阳. 2019. 面向智能生产维护的大数据建模分析方法[J]. 中国机械工程, 30(2): 159-166.

刘湘丽. 2019. 第四次工业革命的机遇与挑战[J]. 新疆师范大学学报(哲学社会科学版), 40(1): 123-130.

卢海洲, 罗炫, 陈涛, 等. 2019. 4D 打印技术的研究进展[J]. 航空材料学报, 39(2): 1-9.

吕文晶, 陈劲, 刘进. 2019. 智能制造与全球价值链升级——海尔 COSMOPlat 案例研究[J]. 科研管理, 40(4): 145-156.

孟凡生, 徐野, 赵刚. 2019a. 高端装备制造企业向智能制造转型过程研究——基于数字化赋能视角[J]. 科学决策, 11: 1-24.

孟凡生, 于建雅. 2019. 新能源装备智造发展影响因素作用机理研究[J]. 科研管理, 40(5): 57-70.

孟凡生, 赵刚. 2019. 创新柔性对制造企业智能化转型影响机制研究[J]. 科研管理, 40(4): 74-82.

孟凡生, 赵刚, 徐野. 2019b. 基于数字化的高端装备制造企业智能化转型升级演化博弈研究[J]. 科学管理研究, 37(5): 89-97.

孟炯. 2019. 基于价值共创的民主制造运营创新: 红领案例[J]. 科研管理, 40(12): 301-311.

史永乐, 严良. 2019. 智能制造高质量发展的"技术能力": 框架及验证——基于 CPS 理论与实践的二维视野[J]. 经济学家, 9: 83-92.

孙早, 侯玉琳. 2019. 工业智能化如何重塑劳动力就业结构[J]. 中国工业经济, 5: 61-79.

汤临佳, 郑伟伟, 池仁勇. 2019. 智能制造创新生态系统的功能评价体系及治理机制[J]. 科研管理, 40(7): 97-105.

王安邦, 孙文彬, 段国林. 2019. 基于数字孪生与深度学习技术的制造加工设备智能化方法研究[J]. 工程设计学报, 26(6): 666-674.

王昶, 耿红军, 宋慧玲, 等. 2019. 智能制造关键新材料创新突破的研究框架与主要议题[J]. 资源科学, 41(1): 53-62.

王国法, 杜毅博. 2019. 德国工业 4.0 与中国煤机装备智能制造的发展[J]. 煤炭科学技术, 47(3): 1-9.

王可侠. 2019. 5G 背景下的地区服务制造业发展路径研究——以安徽产业为例[J]. 江淮论坛, 6: 95-99.

王小明. 2019. 中国汽车产业智能化升级发展研究[J]. 改革, 12: 146-154.

王亚辉, 郑联语, 樊伟. 2019. 云架构下基于标准语义模型和复杂事件处理的制造车间数据采集与融合[J]. 计算机集成制造系统, 25(12): 3103-3115.

韦影, 周梦祎. 2019. 智能制造转型背景下企业动态能力的演化——海尔 1992—2017 年纵向案例研究[J]. 科技管理研究, 39(22): 261-267.

徐坤, 王智. 2019. 新中国七十年工业化进程中的"中国智慧"[J]. 广西大学学报(哲学社会科学版), 41(2): 13-19.

严帅, 张紫君, 张青阳, 等. 2019. 广州市智能装备产业集群发展现状及对策[J]. 科技管理研究, 39(1): 137-148.

姚锡凡, 刘敏, 张剑铭, 等. 2019. 人工智能视角下的智能制造前世今生与未来[J]. 计算机集成制造系统, 25(1): 19-34.

余东华. 2019. 新工业革命时代全球制造业发展新趋势及对中国的影响[J]. 天津社会科学, 2: 88-100.

曾祥炎, 成鹏飞. 2019. 全球价值链重构与世界级先进制造业集群培育[J]. 湖湘论坛, 32(4): 72-79.

张恒梅, 李南希. 2019. 创新驱动下以物联网赋能制造业智能化转型[J]. 经济纵横, 7: 93-100.

张新春, 董长瑞. 2019. 人工智能技术条件下"人的全面发展"向何处去——兼论新技术下劳动的一般特征[J]. 经济学家, 1: 43-52.

赵烁, 陆瑶, 王含颖, 等. 2019. 人工智能对企业价值影响的研究——来自中国智能制造试点示范项目公告的证据[J]. 投资研究, 38(9): 84-107.

赵颖, 侯俊杰, 于成龙, 等. 2019. 面向生产管控的工业大数据研究及应用[J]. 计算机科学, 46(S1): 45-51.

朱娅. 2019. 智能制造驱动传统产业转型升级逻辑理路与策略研究[J]. 河南社会科学, 27(12): 61-66.

撰稿人: 余菜花
审稿人: 程中华

第2部分

发展评价篇

第4章 中国制造业智能化发展综合评价研究

4.1 引言

改革开放至今,中国制造业经过40多年的发展,取得了举世瞩目的成就,我国已经是全球第一制造业大国。但是中国制造业在保持良好发展态势的同时,其竞争优势也面临着多重挑战。逆全球化带来的贸易保护主义对中国出口产品的国际市场形成了挤压;贸易摩擦则增加了中国产品在美国等发达国家市场的销售成本;产业转移在一定程度上削弱了中国相对完整的产业链带来的竞争优势;国际竞争新形势下中国在发达国家并购和进口先进技术时面临日益艰难的局面(高柏和朱兰,2020)。

智能制造可以改变制造业资源利用模式,有助于推动我国制造业在全球价值链中分工地位的提升,增加产品国外市场占有率、优化制造业内部产业结构,实现制造业从规模优势向技术管理优势转变(陈旭升和梁颖,2020)。因此,智能制造被公认是全球制造业的发展趋势,是提升制造水平的关键,是制造业未来竞争的主战场和区域经济发展的主要推动力,这也是中国在新的产业变革中面临的一个最佳机会(黄群慧和贺俊,2015)。"中国制造 2025"的提出,表明智能制造已成为制造业的重要发展趋势。因此,建立智能制造及工业互联网方面的世界领先地位,是中国制造业实现发展新阶段的突破口。

本章在综述"智能制造"相关概念的基础上,分析制造业智能化的内涵,构建中国制造业智能化的评价指标体系,结合中国制造业时间序列数据,采用多指标综合评价方法,得到中国制造业智能化发展指数,分析评价中国制造业智能化发展进程。

4.2 文献综述

"智能制造"这一概念最早由美国学者 Wright 和 Bourne(1988)在 *Manufacturing Intelligence* 中提出,将智能制造定义为机器人应用制造软件系统技术、集成系统工程及机器人视觉等技术实行批量生产的系统性过程。智能制造概念及思想的出现引发人们对智能制造的广泛关注。通过梳理文献,目前关于智能制造的研究集中在以下几个方面:

1. 智能制造内涵研究

Kusiak(1990)指出智能制造是通过计算机模拟人类脑力活动进行分析与决策,旨在替代或延伸人力的脑力与体力功能的制造过程。周佳军和姚锡凡(2015)提出智能制造技术是在新一代信息技术和人工智能等技术的基础上通过感知、人机交互等类人行为操作实现产品设计、制造、管理与维护等一系列流程,是两化融合的集中体现。随着工业互联网、物联网、大数据、人工智能等现代生态的出现,智能制造的内涵也随之发生改变。智能制造是对生产方式的改变,贯穿于产品全生命周期。刘星星(2016)认为智能技术是制造技术与大数据技术、物联网技术、建模与仿真技术、3D 打印技术及人工智能技术等的深度融合,具备自组织、自学习的功能,同时能够对生产过程中产生的数据状况进行自分析与自处理。《智能制造发展规划(2016—2020 年)》指出智能制造是基于新一代信息通信技术与先进制造技术深度融合,贯穿于设计、生产、管理、服务等制造活动的各个环节,具有自感知、自学习、自决策、自执行、自适应等功能的新型生产方式。李健旋(2020)认为制造业智能化是指全社会智能技术持续创新且持续融入制造技术体系,促进传统制造过程中体力和脑力替代提升制造业生产效率的过程,实现制造业价值链不断增值并带动制造业整体价值提升的过程。

2. 智能制造评价研究

李健旋(2020)从智能技术、智能应用和智能效益三个层面构建了中国制造业智能化程度的评价指标体系,以中国各省级单位 2001~2016 年面板数据为样本,以熵权法作为衡量方法,评价了中国制造业智能化程度和省际制造业智能化差异;从内源和外源[①]等视角出发分析了中国制造业智能化的影响因素。万晓榆等(2020)结合三大变革理念,构建了包含基础环境、产业发展、智能制造、融合应用和创新能力五个一级指标在内的中国制造业智能化发展评价指标体系和测度模型。测算结果表明,我国各省份制造业智能化发展水平并不均衡,呈现出从东南沿海往西北内陆逐级递减的态势。吴珊等(2020)通过实地调研并结合中国规模以上工业企业数据库,得到中国智能制造百强排行榜,并提出智能制造发展路径,展望中国智能制造未来的发展趋势。吴敏洁等(2020)基于智能制造的五维(产品智能化、生产方式智能化、服务智能化、装备智能化和管理智能化)内涵特征,采用潜因子模型,对中国区域智能制造发展水平进行了测量,结果表明,全国大部分区域智能制造发展水平呈现上升趋势,东部区域最为明显,区域智能制造业空间极化格局恐进一步加大。

3. 智能制造效应研究

杨晓锋(2018)发现全面推进智能制造有利于提升制造业人力资本水平、优化制造业人力资本分布结构,并且人力资本中介效应对制造业就业人员平均工资增长起明显提振作用。随着智能制造的深化,优化人力资本结构对制造业平均工资的提升作用逐渐强于人力资本存量。孙早和侯玉琳(2019)构建了智能物质资本投入和区域生活成本差异下三种技能劳动力需求的分析框架,刻画了工业智能化对新时期中国劳动力就业结构的影响机制。从理论和经验两个层面证明:工业智能化将促使先进设备替代拥有初中和高中学历的劳动力,并增加对高、低受教育程度劳动力的需求,导致中国劳动力就业结构整体上呈现出"两极化"特征。池仁勇等(2020)基于中小企业绩效的视角进行研究,结果表明智能制造的制造维和智能维对中小企业绩效均有显著的正向影响;同时,企业

[①] 内源因素:包括技术研发、成本压力和人力资本。外源因素:仅凭丰富的劳动力资源和潜在市场难以促进制造业的发展,因而 FDI 成为技术和资本引进的重要方式,FDI 产生的知识与技术溢出可能有助于制造业智能化的深入推进。

内部不同维度的组织变革对制造维、智能维与中小企业绩效之间的关系起着调节作用。

综上所述，已有文献从多个视角对智能制造进行了阐述，为本章的进一步分析奠定了基础。但已有的文献主要从技术、战略或行业的视角对智能制造进行解析，较少从制造业智能化的角度进行解读。制造业智能化实质上是中国制造业实现产业转型和优化升级的主攻方向，是引领技术创新和制造业发展的重要途径，是一种生产方式的变革。本章从制造业智能化的角度，通过建立评价指标体系并采用综合评价方法，对中国制造业近期的智能化程度进行评价，以期了解中国制造业智能化的进程。

4.3 制造业智能化及其指标体系

制造业智能化是智能制造的延伸和拓展，是从创新生产方式的角度去认识制造业的变迁。李廉水等（2019）认为，制造业智能化是指在实现智能制造过程中，制造业通过不断努力推进其生产方式实现智能的过程，表现为通过以人工智能和新一代信息通信技术等对制造全过程（设计、生产、管理、服务等）和全生命周期进行改造，以适应不断变化的环境并产生社会效益和经济效益。同时，制造业智能化也呈现出层级发展关系特点，基础层面的制造业企业为寻求转型升级而对各环节进行智能化投入，进而引发制造业企业之间的关联和产业结构的转变，而国家则会从宏观层面通过政策激励和限制等手段对制造业进行引导和服务，以谋求制造业价值链攀升。

上述制造业智能化的概念体现出制造业智能化具有丰富的内涵。

一是制造业智能化要有完善的基础设施建设作为前提。发展和落实制造业智能化需要有完善的宏观环境和完备的基础设施建设。工信部 2015 年 7 月在新闻发布会中提出，以高速宽带网络建设为抓手，提升信息基础设施支撑水平；以关键技术和产品为突破口，提升电子信息产业支撑水平[①]。智能制造以数据流为基础，以网络互连为支撑，因此信息基础建设是智能制造的基础。制造业智能化是一种生产方式的变革，在制造业的智能化过程中必将涉及制造业内部生产设施等的更新换代，所以制造业实现智能化也需要较强的投资能力。从投资能力、流通能力、通信能力、信息采集能力等角度衡量制造业智能基础状况，具体指标为信息基础设施情况、制造业固定资产投入、交通状况、通信设施情况、互联网普及率 5 个指标。

二是制造业智能化需要先进智能装备和软件服务作为支撑。从生产应用的角度看，智能制造可分为三个层次：第一是智能制造装备，智能制造离不开智能装备的支撑，包括高级数控机床、配备新型传感器的智能机器人、智能化成套生产线等，以实现生产过程的自动化、智能化、高效化；第二是智能制造系统，指一种由智能设备和人类专家结合物理信息技术共同构建的智能生产系统，可以不断进行自我学习和优化，并随着技术进步和产业实践动态发展；第三是智能制造服务，与物联网相结合的智能制造过程涵盖产品设计、生产、管理、服务的全生命周期，可以根据用户需求对产品进行定制化生产，最终形成全生产服务生态链。智能制造企业对从产品生产到经营的全生命周期进行管控，

---

① 人民网，工信部：以智能制造为切入点推进"互联网+"，http://it.people.com.cn/n/2015/0723/c1009-27347446.html。

通过融合生产工艺流程、供应链物流和企业经营模式，有效串联业务与制造过程，最终使工厂在一个柔性、敏捷、智能的制造环境中运行，大幅度提高生产效率和稳定性。因此，从装备、系统和服务三个角度衡量生产应用层，具体有智能化设备投入情况、工业机器人状况、软件普及和应用状况、信息化水平4个指标。

  三是制造业智能化成效要经受市场检验。首先，中国以制造业智能化为契机，通过新一轮的技术创新和产业变革，实现产业链内向高端转移，产业结构优化升级，提高了制造业的竞争力，借鉴孙早和侯玉琳（2019）的研究，选取"工业创新效率"衡量制造业竞争力。制造业智能化实现智能制造技术贯穿产品制造全流程，必将产生更多的新产品和高技术产品，使得制造业效益提升，因此本章选择新产品生产情况和高技术产业发展状况来衡量。制造业智能化反映了制造业谋求劳动效率提升和智力替代的诉求，有利于大幅提升劳动生产率，通过赋智于生产设备来释放生产潜力，从而提升制造业的效率，本章从制造业劳动效率、成本费用利润率、能源效率等角度进行衡量。因此对应于市场实践层，从竞争力、效益和效率三个角度衡量，主要有工业创新效率、新产品生产情况、高技术产业发展状况、制造业劳动效率、成本费用利润率、能源效率6个指标。

综上所述，制造业智能化评价指标体系见表4-1。

表4-1 制造业智能化评价指标体系

一级指标	二级指标	三级指标	指标描述	单位	属性
智能基础层	投资能力	信息基础设施情况	信息传输、软件和信息技术服务业固定资产投资额	亿元	正向
		制造业固定资产投入	制造业固定资产投资额	亿元	正向
	流通能力	交通状况	拥有等级公路里程	km	正向
	通信能力	通信设施情况	光缆线路长度	km	正向
	信息采集能力	互联网普及率	互联网上网人数在15~64岁人口中的比重	%	正向
生产应用层	装备	智能化设备投入情况	计算机、电子元器件和仪器设备等的主营业务收入占制造业企业主营业务收入比重	%	正向
		工业机器人状况	工业机器人安装量	台	正向
	系统	软件普及和应用状况	（软件产品收入+嵌入式系统软件收入）占制造企业主营业务收入比重	%	正向
	服务	信息化水平	信息技术服务收入占制造业企业主营业务收入比重	%	正向
市场实践层	竞争力	工业创新效率	国家专利申请授权量与R&D人员全时当量比值	件/（万人·年）	正向
	效益	新产品生产情况	制造业新产品主营业务收入/制造业主营业务收入	%	正向
		高技术产业发展状况	高新技术产业销售收入/制造业企业主营业务收入	%	正向
	效率	制造业劳动效率	制造业全员劳动生产率	元/人	正向
		成本费用利润率	利润总额/成本费用总额	%	正向
		能源效率	营业收入/能源消费总量	万元/t（标准煤）	正向

注：计算机、电子元器件和仪器设备等的主营业务收入为三个行业的收入，即电气机械和器材制造业，计算机、通信和其他电子设备制造业和仪器仪表制造业。

4.4 制造业智能化综合评价方法

综合评价是一项具有系统性和复杂性的工作，是人们认识事物、理解事物并影响事物的重要手段之一，它是一种管理认知过程，也是一种管理决策过程，在经济、社会、科技、教育、管理与工程实践等领域有广泛的应用（彭张林等，2015）。综合评价的关键在于赋权，赋权方法主要有两大类：一类是主观赋权法，如层次分析法、模糊综合评价法等；另一类是客观赋权法，如因子分析法、TOPSIS 法、离差最大化法、投影法等。相对主观赋权法，客观赋权法能最大限度地对评价对象的水平或程度以科学的方式呈现，避免主观赋权法的随意性，因此本章针对制造业智能化综合评价问题，采用熵权法确定权重，并采用投影法确定综合评价值，对中国制造业智能化及各层的发展状况进行综合评价。

投影法是从矢量投影角度处理多指标决策与评价问题的方法，该方法概念清楚、含义明确、算法简单，在实践中有着广泛的应用。如在科技型小微企业合作创新伙伴选择（朱雪春等，2013）、中国制造业低碳经济发展水平评价（杨浩昌等，2014）、土地利用多功能动态评价及障碍因子诊断（王枫和董玉祥，2015）、高技术产业技术创新能力动态综合评价（范德成和杜明月，2017）等方面得到了应用。

利用投影法确定综合评价值主要有两步：第一步是确定各指标的权重；第二步是计算各评价对象在理想方案上的投影，具体计算步骤如下。

4.4.1 熵权法

熵权法是较为常用的客观赋权法之一。熵值一般用来度量事物的不确定性和随机程度，也可用来判断事物的离散程度，离散程度越大则对综合评价的影响越大。熵权法计算步骤如下。

1. 建立评价矩阵

设多指标决策问题的方案集为 $A=\{A_1,A_2,\cdots,A_n\}$，指标集为 $G=\{G_1,G_2,\cdots,G_m\}$，方案 A_i 对指标 G_j 的属性值（指标值）记为 $x_{ij}(i=1,2,\cdots,n;j=1,2,\cdots,m)$，矩阵 $X=(x_{ij})_{n\times m}$ 表示方案集 A 对指标集 G 的属性矩阵，即决策矩阵。

2. 标准化

考虑到各指标计量单位的非一致性，在计算权重前需要对各指标进行标准化和无量纲化处理，将指标的绝对数值转化为相对数值，使各指标具有可比性。另外，效益型指标和成本型指标具有不同的属性（效益型指标数值越大越好，成本型指标数值越小越好），因而需要设置不同算法使二者具有可比性。指标标准化有多种方法，本章采用功效系数法：

正向指标：
$$y_{ij} = \frac{x_{ij} - \min(x_{1j},\cdots,x_{nj})}{\max(x_{1j},\cdots,x_{nj}) - \min(x_{1j},\cdots,x_{nj})} \tag{4-1}$$

负向指标：
$$y_{ij} = \frac{\max(x_{1j},\cdots,x_{nj}) - x_{ij}}{\max(x_{1j},\cdots,x_{nj}) - \min(x_{1j},\cdots,x_{nj})} \tag{4-2}$$

设标准化处理后的决策矩阵为 $\boldsymbol{Y} = (y_{ij})_{n \times m}$，显然 y_{ij} 总是越大越好。

3. 熵值的计算

计算第 j 个指标下第 i 个样本值占该指标的比重：

$$p_{ij} = \frac{y_{ij}}{\sum_{i=1}^{n} y_{ij}}, i=1,\cdots,n; j=1,\cdots,m \tag{4-3}$$

计算得到第 j 个指标的熵值：

$$e_j = -k\sum_{i=1}^{n} p_{ij} \ln p_{ij}, j=1,\cdots,m; k = \frac{1}{\ln n} > 0; e_j \geqslant 0; 若 p_{ij}=0, 则 p_{ij} \ln p_{ij} = 0$$

4. 权重的确定

计算信息熵冗余度：$d_j = 1 - e_j, j=1,\cdots,m$

计算得到各指标的权重：

$$w_j = \frac{d_j}{\sum_{j=1}^{m} d_j}, j=1,\cdots,m \tag{4-4}$$

对权重进行单位化约束条件处理：$\sum w_j^2 = 1$

4.4.2 投影法

定义各评价指标的理想属性值为 $Y_j^* = \max(Y_{ij} | i=1,2,\cdots,n) = 1, j=1,2,\cdots,m$。由理想属性值构成的方案称为理想方案，用 A^* 表示。

（1）设决策方案 A_i 与理想方案 A^* 之间的夹角余弦为

$$r_i = \frac{\|A_i\| \cdot \|A^*\|}{A_i \cdot A^*} = \frac{\sum_{i=1}^{m} W_j Y_{ij} \cdot W_j}{\sqrt{(W_j Y_{ij})^2} \cdot \sqrt{W_j^2}}, i=1,2,\cdots,n \tag{4-5}$$

设决策方案 A_i 的模为 $d_i = \sqrt{(W_j Y_{ij})^2}, i=1,2,\cdots,n$。

（2）$D_i = d_i \cdot r_i$，即决策方案在理想方案上的投影。

夹角余弦表示决策方案 A_i 与理想方案 A^* 之间变动方向的一致程度；模的大小反映了二者之间的距离。因此投影全面准确地反映了各决策方案与理想方案之间的接近程度。

4.5 中国制造业智能化综合评价

各指标数据来源于历年《中国统计年鉴》《中国能源统计年鉴》《中国高技术产业统计年鉴》等文献,工业机器人安装量数据来源于国际机器人联合会(IFR)。对获取的数据采用综合评价方法,即采用熵权法计算权重,继而利用投影法计算得到综合评价结果,得到2003~2018年中国制造业智能化综合评价值。采用同样的方法得到中国制造业智能基础水平、生产应用水平和市场实践水平的综合评价值。中国制造业智能化各层次发展趋势及智能化水平发展趋势如图4-1和图4-2所示。

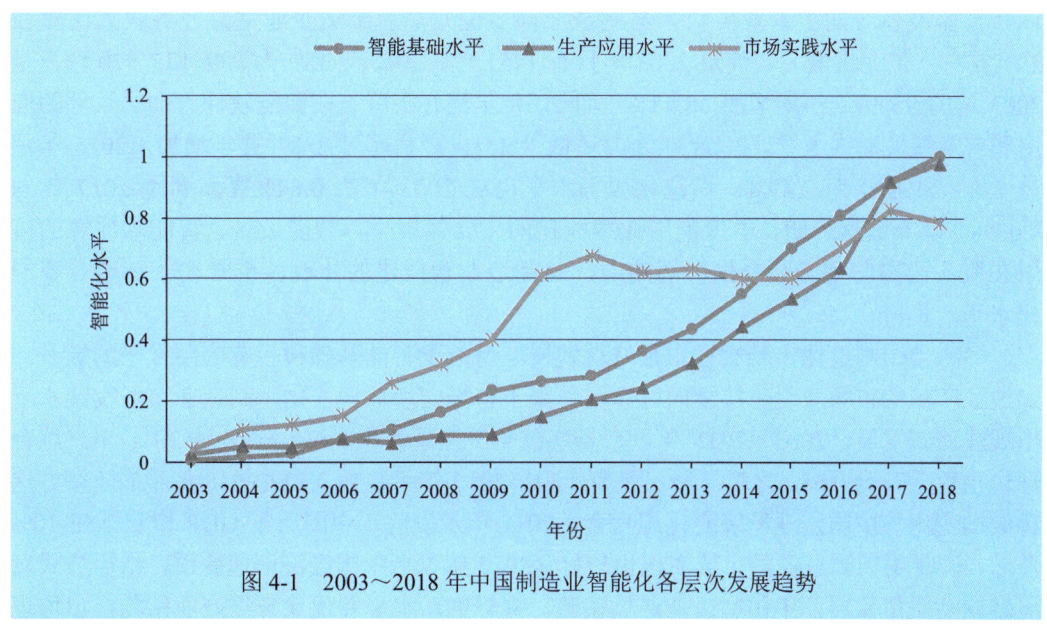

图4-1 2003~2018年中国制造业智能化各层次发展趋势

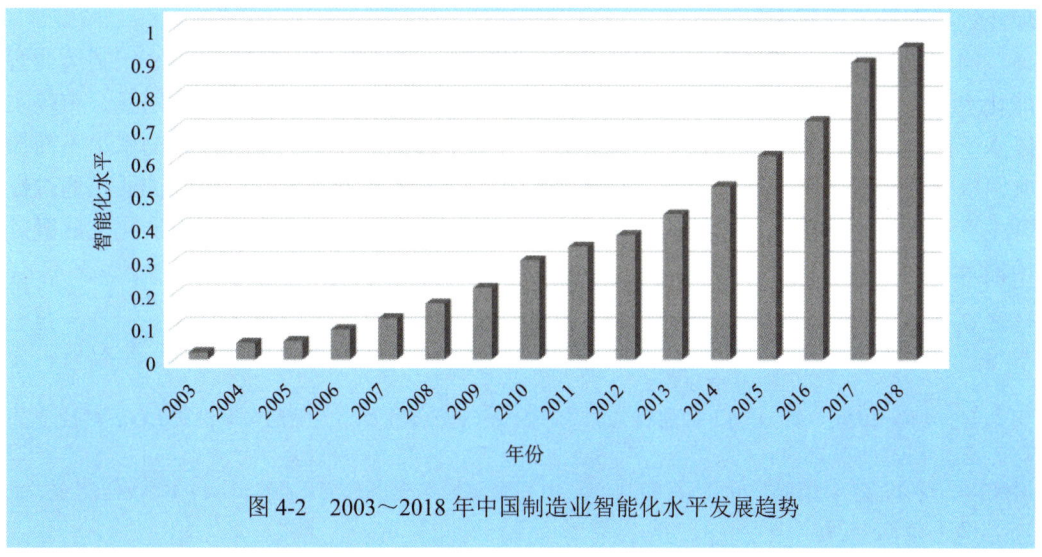

图4-2 2003~2018年中国制造业智能化水平发展趋势

（1）中国制造业智能化基础水平平稳提升。中国历来重视基础投资和建设，发挥集中力量办大事的社会主义制度优势，基础设施建设得以快速推进，成就举世瞩目。其中，拥有等级公路里程 2003 年为 1 438 738km，2018 年达到 4 465 864km，是 2003 年的 3.10 倍；2003 年中国互联网普及率仅为 6.2%，2018 年增长为 59.6%，年平均增加 3.56 个百分点；光缆线路长度 2018 年为 2003 年的 15.78 倍。从投资来看，2018 年信息传输、软件和信息技术服务业固定资产投资额是 2003 年的 4.38 倍；2018 年制造业固定资产投资额是 2003 年的 14.44 倍。基础投资建设极大促进了中国的经济增长，同时也为中国制造业智能化发展奠定了坚实的基础，拉动了"中国制造"的整体升级。

（2）中国制造业智能生产应用水平逐年推进。在智能设备方面，计算机、电子元器件和仪器设备等的主营业务收入与制造业同步提升，占制造企业主营业务收入比重在 20%左右；工业机器人安装量 2003 年只有 1451 台，2017 年增加为高峰 137 920 台，是 2003 年的 95 倍，年均增加 38.44%，而 2018 年稍有下降。在智能软件方面，软件的应用和普及在波动中上升，2008 年之前还低于 1%，之后超过 1%并逐年增加，2015 年超过 2%，2018 年为 2.49%。信息化服务水平也从 2003 年的 0.64%提高到了 2017 年的 4.03%。以上数据表明，中国制造业智能化的主要体现——智能设备、智能软件等的应用和服务已参与到产品全生命周期中，是制造业智能化的体现，也带动了制造业智能化水平的提升。

（3）中国制造业市场实践水平波动发展。得益于智能基础和智能应用水平的提升，制造业产品的市场表现也持续向好。但受限于市场宏观环境变化，制造业市场实践水平出现波动式发展，2003~2018 年，市场实践水平出现两个高峰，一个是 2011 年，综合评价指数上升为 0.68；之后下降又恢复上升，2017 年指数为 0.83；2018 年稍有下降。这种波动变化与中国宏观经济变化相吻合。2011 年及以前，中国历年 GDP 增长率在 10%左右，同时中国制造业的市场表现也较好。2012 年以后中国经济增速变缓，由粗放式发展转向高质量发展，中国制造业通过调整，提升创新水平并优化升级产业结构，市场表现经过短期的下降后恢复上升。

（4）中国制造业智能化水平逐年上升。从图 4-2 可以看出，2003~2018 年制造业智能化水平呈现出平稳的增长态势。智能基础水平和智能应用水平提升较为明显，市场实践水平虽有波动，但具有较强的回调能力，因此中国制造业智能化各维度的水平不断提升，综合提高了中国制造业的智能化水平。从历年发展情况来看，中国制造业正通过提升生产技术水平、优化产业结构等方式来获取核心竞争力，中国制造业智能化发展既是手段，也是必然的结果。

参 考 文 献

陈旭升, 梁颖. 2020. 双元驱动下智能制造发展路径——基于本土制造企业的多案例研究[J]. 科技进步与对策, 37(10): 71-80.

池仁勇, 梅小苗, 阮鸿鹏. 2020. 智能制造与中小企业组织变革如何匹配?[J]. 科学学研究, 38(7): 1244-1250, 1324.

范德成, 杜明月. 2017. 基于 TOPSIS 灰色关联投影法的高技术产业技术创新能力动态综合评价——以京津冀一体化为视角[J]. 运筹与管理, 26(7): 154-163.

高柏, 朱兰. 2020. 从"世界工厂"到工业互联网强国: 打造智能制造时代的竞争优势[J]. 改革, 6: 30-43.

黄群慧, 贺俊. 2015. 中国制造业的核心能力、功能定位与发展战略——兼评《中国制造2025》[J]. 中国工业经济, 6: 5-17.

李健旋. 2020. 中国制造业智能化程度评价及其影响因素研究[J]. 中国软科学, 1: 154-163.

李廉水, 石喜爱, 刘军. 2019. 中国制造业40年: 智能化进程与展望[J]. 中国软科学, 1: 1-9, 30.

刘星星. 2016. 智能制造: 内涵、国外做法及启示[J]. 河南工业大学学报(社会科学版), 12(2): 52-56.

彭张林, 张强, 杨善林. 2015. 综合评价理论与方法研究综述[J]. 中国管理科学, 23(S1): 251-262.

孙早, 侯玉琳. 2019. 工业智能化如何重塑劳动力就业结构[J]. 中国工业经济, 5: 61-79.

万晓榆, 赵寒, 张炎. 2020. 我国智能化发展评价指标体系构建与测度[J]. 重庆社会科学, 5: 2, 84-97.

王枫, 董玉祥. 2015. 基于灰色关联投影法的土地利用多功能动态评价及障碍因子诊断——以广州市为例[J]. 自然资源学报, 30(10): 1698-1713.

吴敏洁, 徐常萍, 唐磊. 2020. 中国区域智能制造发展水平评价研究[J]. 经济体制改革, 2: 60-65.

吴珊, 龚业明, 张金隆. 2020. 中国智能制造百强评价及发展研究[J]. 管理学报, 17(2): 159-165.

杨浩昌, 李廉水, 刘军. 2014. 中国制造业低碳经济发展水平及其行业差异——基于熵权的灰色关联投影法综合评价研究[J]. 世界经济与政治论坛, 2: 147-162.

杨晓锋. 2018. 智能制造是否有助于提升制造业平均工资?——基于2001~2016年17省工业机器人数据研究[J]. 经济体制改革, 6: 169-176.

周佳军, 姚锡凡. 2015. 先进制造技术与新工业革命[J]. 计算机集成制造系统, 21(8): 1963-1978.

朱雪春, 陈万明, 缪根红. 2013. 基于主成分投影法的科技型小微企业合作创新伙伴选择研究[J]. 科技进步与对策, 30(18): 176-180.

Kusiak A. 1990. Intelligent manufacturing systems[J]. Journal of Engineering for Industry, 113(2): 581-586.

Wright P K, Bourne D A. 1988. Manufacturing Intelligence[M]. Mass, USA: Addison-Wesley, Reading.

撰稿人：王常凯

审稿人：李廉水

第5章 区域智能制造发展水平评价

人工智能、云计算、物联网等技术在区域制造系统的组合应用,催生了智能工厂、智能物流、C2M 等新模式,产业链协同程度升级,生产效率有望再次提高。当前各级区域智能制造发展水平如何?智能制造改革浪潮是否会引发又一轮区域制造实力洗牌,重塑制造业区域分布格局?或者,作为新一轮产业变革的核心驱动力,智能制造将如何强化制造业优势区域的循环累积,扩大区域差异?本章通过对 30 个省级行政区、39 个主要城市智能制造发展水平的评价,全面揭示当今智能区域制造发展状况。

5.1 中国主要省份的智能制造

全国共有 34 个省级行政区,其中有 4 个直辖市、23 个省、5 个自治区和 2 个特别行政区。本节省级行政区域智能制造评价不包含香港特别行政区、澳门特别行政区和台湾省,由于数据缺失等问题,西藏自治区也未纳入评价,最终,北京、天津、河北、山西、内蒙古、辽宁、吉林、黑龙江、上海、江苏、浙江、安徽、福建、江西、山东、河南、湖北、湖南、广东、广西、海南、重庆、四川、贵州、云南、陕西、甘肃、青海、宁夏、新疆共计 30 个省级行政区纳入评价。

5.1.1 区域智能制造的测量模型

智能制造强省评价的测量框架延续往期,基于李廉水等(2019)对智能制造内涵的介绍,从微观企业层面展开机理分析,构建五维测量模型。选取五个可观测指标($X_1 \sim X_5$)分别代表产品智能化、生产智能化、服务智能化、装备智能化和管理智能化五个维度智能制造的表现,详见图 5-1,箭头指向表明这五个维度是智能制造的反映,所构建的指标体系属于反映型指标,每个维度皆可代表智能制造潜因子,维度间高度相关。由于

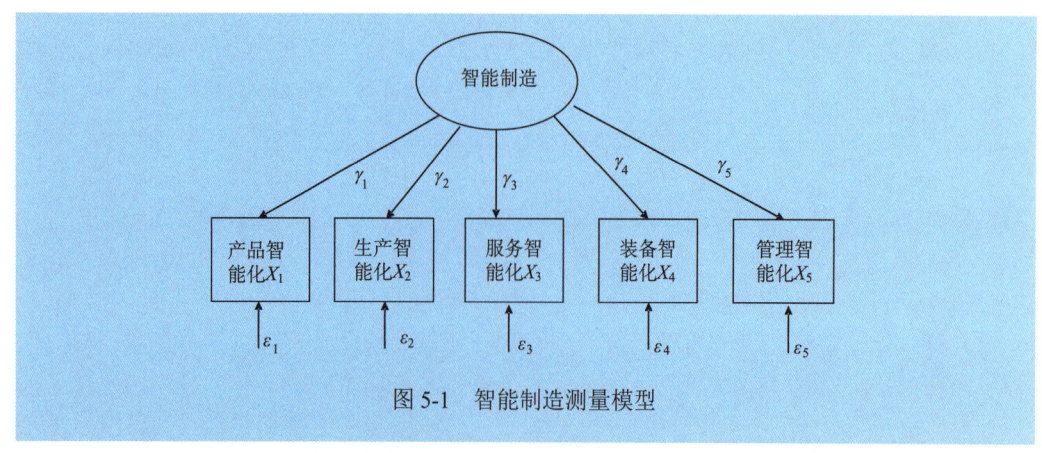

图 5-1 智能制造测量模型

随机误差的影响，各维度值不尽相同。对五个维度因子进行分析，抽取五个维度共同表现因子值代表智能制造，相比单维智能制造指标，大大降低了测量的随机误差。另外，不同于构成型测量模型（每一个维度是智能制造的一个部分），反映型测量模型很好地规避了构成型指标中缺漏指标带来的系统偏差。

采用结构方程模型中默认的同属测量模型进行测算，即假设每个指标都不同程度地反映了智能制造潜因子的真实值，最终得到测算智能制造的公式如下：

$$X_1 = \gamma_1 \times \text{IM} + \varepsilon_1 \quad (5\text{-}1)$$

$$X_2 = \gamma_2 \times \text{IM} + \varepsilon_2 \quad (5\text{-}2)$$

$$X_3 = \gamma_3 \times \text{IM} + \varepsilon_3 \quad (5\text{-}3)$$

$$X_4 = \gamma_4 \times \text{IM} + \varepsilon_4 \quad (5\text{-}4)$$

$$X_5 = \gamma_5 \times \text{IM} + \varepsilon_5 \quad (5\text{-}5)$$

式中，$\gamma_1 \sim \gamma_5$ 为权重，代表各观测值反映智能制造真实值 IM 的程度，γ_i 为 1 时说明对应的可观测指标能够完全反映智能制造的真实值 IM，γ_i 为 0 时表示相应指标完全不能反映智能制造的真实值；$\varepsilon_1 \sim \varepsilon_5$ 为五个维度相应的随机误差。五个维度智能制造特征的反映型指标从不同角度反映智能制造，将从五维指标抽取的共同因子作为估计值，能够有效地降低测量的随机误差。

5.1.2　区域智能制造的指标选取

针对五维特征，选取五个方面可观测指标代表，相应的可观测变量选取及选择理由如下：①产品智能化赋予了产品更多科技元素，伴随产品设计研发强度的提高，选用区域制造业 R&D 强度（X_1）反映区域制造产品智能化；②生产智能化蕴含着从粗放式低效率生产方式向集约型高效率生产方式的转变，将包含劳动力、资本、能源要素投入、主营收入产出的区域制造业全要素生产率（X_2）代表生产智能化；③服务智能化是生产向营销方向的延伸，将智能元素融入营销过程，提供主动、按需、定制化营销服务，相应地，新产品比重随之提高，选择区域制造业新产品销售收入占主营业务收入之比（X_3）表示服务智能化；④装备智能化是区域制造业智能化的硬件支撑，工业机器人是最具代表性的智能制造装备，目前，工业机器人的核心技术和市场主要被国外企业垄断，因此，选取区域工业机器人进口额（X_4）代表区域的装备智能化；⑤管理智能化是区域制造业智能化的软件支撑，管理智能化离不开云计算、大数据等信息技术的融入，制造业高水平的软件投入是管理智能化的外在表现，由于现有官方数据并未公布制造业软件投入，考虑软件业属于生产性服务业，主要为制造业提供服务，而软件服务通常遵循就近市场原则，选取区域软件业收入（X_5）作为制造业软件投入的替代指标，代表区域制造业管理智能化。汇总后的智能制造指标体系见表 5-1。

表 5-1 智能制造指标体系①

反映指标	符号	可观测指标
产品智能化	X_1	区域制造业 R&D 强度
生产智能化	X_2	区域制造业全要素生产率
服务智能化	X_3	区域制造业新产品销售收入占主营业务收入比
装备智能化	X_4	区域工业机器人进口额
管理智能化	X_5	区域软件业收入

表 5-1 中全要素生产率采用投入导向的规模可变超效率 DEA 模型计算，具体如下：

$$\min \theta_j, \text{s.t.} \left\{ \begin{array}{l} \sum_{\substack{k=1 \\ k \neq j}}^{K} Z_k X_{km} + S_m^x = \theta_j X_{jm} \ \forall m, \sum_{\substack{k=1 \\ k \neq j}}^{K} Z_k y_{kn} - S_n^y = y_{jn} \ \forall n, \sum_{k=1}^{K} Z_k = 1, \\ Z_k \geq 0 \ \forall k; \ S_m^x \geq 0 \ \forall m; \ S_n^y \geq 0 \ \forall n \end{array} \right. \quad (5-6)$$

式中，将 K（30）个制造业省级行政区视为 30 个决策单元，构造生产前沿面，假设每个区域使用 M 种投入 $X = X_1, \cdots, X_M \in R_M^+$（本章中 $M = 3$，分别为区域制造业资本、劳动力和能源投入）；生产出 N 种期望产出 $y = y_1, \cdots, y_N \in R_N^+$（本章中 $N = 1$，为区域制造业主营收入）；Z_k 是决策单元的组合比例；S_m^x、S_n^y 为松弛变量；θ_j 表示第 j 个区域的全要素生产率。

5.1.3 评价结果

根据区域智能制造测量模型和指标体系，分别从单一维度、综合维度对 30 个省级行政区进行综合评价，结果如下。

1. 产品智能化评价

在智能化创新驱动引领下，高强度的研发投入是制造产品技术领先的保证，也是产品智能化的反映，因此，采用区域制造业 R&D 强度代表区域产品智能化水平（表 5-2）。

表 5-2 区域制造业产品智能化水平评价

排名	区域	区域制造业 R&D 强度	上年排名
1	浙江	1.671	1
2	江苏	1.581	7
3	广东	1.554	4
4	山东	1.530	10
5	重庆	1.521	5

---

① 由于各区域能源数据未细化至制造业，因此指标体系中区域制造业 R&D 强度、区域制造业全要素生产率、区域制造业新产品销售收入占比实际为工业口径，制造业是工业的主要组成，工业数据作为制造业的替代指标具有较好的代表性。

续表

排名	区域	区域制造业 R&D 强度	上年排名
6	湖南	1.483	8
7	上海	1.443	3
8	天津	1.441	2
9	北京	1.278	6
10	安徽	1.264	12
11	湖北	1.241	11
12	辽宁	1.135	9
13	河南	1.134	24
14	福建	1.023	13
15	河北	1.010	16
16	陕西	0.939	15
17	宁夏	0.859	20
18	四川	0.842	19
19	江西	0.835	21
20	贵州	0.812	23
21	云南	0.809	18
22	内蒙古	0.737	17
23	山西	0.682	22
24	黑龙江	0.667	14
25	甘肃	0.536	25
26	海南	0.516	26
27	广西	0.476	29
28	新疆	0.435	27
29	吉林	0.422	30
30	青海	0.311	28

数据来源：根据国家统计局数据加工整理。

2018 年，浙江每百元主营业务收入 R&D 投入高达 1.671 元，研发强度居各区域之首，突出的产品智能化表现反映了传统产业主导下浙江省制造业创新式发展路径。榜单前十中东部省份占据七席，其余三席为中、西部省份——重庆、湖南、安徽。相比重庆，同为西部强省的四川表现黯然，R&D 强度仅位列 18。老牌工业省份吉林的研发表现出乎意料，制造业研发强度倒数第二，仅高于青海。相比 2017 年，30 个区域研发强度均值由 0.898 上升至 1.006，产品智能化水平有所提升。当今时代，市场正处于升级换代的快速发展期，制造业产品智能化开发迎合了转型升级下的市场需求，加速了产业向价值链高端攀升。

2. 装备智能化评价

智能装备是高端装备的核心，是先进制造技术、信息技术、智能技术的集成和深度融合。工业机器人是最具代表性的智能装备。中国是全球最大的工业机器人市场，由于核心技术的缺失，国外工业机器人企业占据了中国的主要市场，因此，采用区域工业机器人进口额表示区域装备智能化水平（表 5-3）。

表 5-3　区域制造业装备智能化水平评价

排名	区域	区域工业机器人进口额/美元	上年排名
1	上海	435 051 759	1
2	江苏	116 952 249	2
3	北京	80 637 710	6
4	浙江	62 216 012	5
5	广东	62 132 669	3
6	天津	41 906 992	4
7	河北	36 147 671	7
8	黑龙江	23 618 961	10
9	山东	21 514 628	9
10	重庆	20 054 929	8
11	福建	8 690 315	18
12	辽宁	7 423 029	14
13	广西	6 742 654	11
14	吉林	5 778 978	12
15	安徽	4 855 401	16
16	湖北	4 337 676	13
17	云南	2 936 362	23
18	湖南	2 891 093	17
19	四川	2 247 013	15
20	内蒙古	1 313 788	21
21	河南	1 059 105	22
22	江西	816 006	25
23	山西	492 219	26
24	陕西	107 667	20
25	海南	0	26
25	贵州	0	24
25	甘肃	0	19
25	青海	0	26
25	宁夏	0	26
25	新疆	0	26

数据来源：EPS 数据平台。

2018年，上海市工业机器人进口额列各区域第一，以4.351亿美元的工业机器人进口额遥遥领先，是第二位江苏的3.720倍。汽车制造在上海工业经济中占有重要比重，也是工业机器人的关键应用领域，庞大的市场需求使上海成为中国工业机器人的最大集聚地。装备智能化榜单前十中，东部占八席，东北、西部省份——黑龙江、重庆成功入围，值得注意的是黑龙江省制造业智能化发展表现出不均衡性，除了装备智能化外，其余维度表现均不佳。智能制造是全链条的智能化，单一维度的智能化发展无法真正实现智能制造价值。

3. 服务智能化评价

企业运营经历了手工作坊生产到大规模流水线生产，再到多品种小批量柔性化生产的变革。新的市场环境下，大规模定制成为未来期待的生产方式，体现了制造服务化发展观。大规模、多品种、个性化需求的满足需要将智能元素融入营销过程，提供按需、定制化营销服务，才能使新产品销售收入占比相应提高，因此，选取区域制造业新产品销售收入占比反映服务智能化水平（表5-4）。

表5-4 区域制造业服务智能化水平评价

排名	区域	区域制造业新产品销售收入占比/%	上年排名
1	浙江	33.950	1
2	广东	29.035	3
3	上海	25.482	2
4	安徽	24.222	7
5	江苏	22.192	9
6	天津	21.970	5
7	湖南	21.854	6
8	重庆	21.430	4
9	湖北	20.924	10
10	北京	19.298	8
11	辽宁	17.202	11
12	河南	16.489	18
13	山东	16.447	13
14	江西	14.065	14
15	河北	13.820	15
16	宁夏	11.210	21
17	福建	10.334	16
18	山西	10.084	20
19	吉林	9.881	12
20	广西	9.801	17
21	陕西	8.818	24
22	四川	8.799	19

续表

排名	区域	区域制造业新产品销售收入占比/%	上年排名
23	贵州	7.955	27
24	内蒙古	7.333	22
25	云南	7.022	26
26	黑龙江	6.184	23
27	青海	5.660	28
28	海南	4.782	25
29	新疆	4.191	30
30	甘肃	3.095	29

数据来源：根据国家统计局数据加工整理。

浙江制造业服务智能化水平居区域之首，区域制造业销售收入中新产品占三成以上，而排名最末尾的甘肃省仅3.095%，十倍差距体现了区域制造企业服务观念的不均衡。需要注意的是，中部区域服务智能化表现抢眼，安徽、湖南、湖北成功占据榜单前十，安徽以24.222%的新产品销售收入占比领先江苏两个百分点，显示出近年来中部崛起趋势明显，市场化观念和创新意识有效地推动了区域发展。

4. 生产智能化评价

相比传统生产方式，高效率成为智能化生产方式的显著特征，单维的劳动生产率、资本产出比无法全面衡量生产效率，本节将综合了劳动力投入、固定资产投入、能源投入和主营业务收入为产出的区域制造业全要素生产率代表生产智能化水平（表5-5）。

表5-5 区域制造业生产智能化水平评价

排名	区域	区域制造业全要素生产率	上年排名
1	北京	1.827	1
2	上海	1.223	5
3	广东	1.078	3
4	福建	0.984	7
5	海南	0.912	9
6	江西	0.826	8
7	浙江	0.820	13
8	天津	0.792	16
9	江苏	0.766	2
10	甘肃	0.747	17
11	湖北	0.723	14
12	安徽	0.714	6
13	内蒙古	0.706	18
14	湖南	0.680	12

续表

排名	区域	区域制造业全要素生产率	上年排名
15	辽宁	0.671	26
16	云南	0.667	25
17	广西	0.664	10
18	陕西	0.657	22
19	新疆	0.649	23
20	四川	0.646	19
21	山东	0.641	4
22	重庆	0.638	20
23	宁夏	0.634	24
24	河北	0.600	21
25	吉林	0.582	11
26	青海	0.530	28
27	贵州	0.508	27
28	河南	0.470	15
28	山西	0.470	29
30	黑龙江	0.459	30

数据来源：根据国家统计局数据加工整理。

北京制造业全要素生产率多年来稳居区域第一，进入21世纪以来，北京逐渐实现了由重工业城市向首都战略定位新经济城市的转变，产业结构的高度化、智能化造就了高水平的生产率。受复杂多变的国际环境影响，江苏、山东等制造强省出口受阻，主营业务收入同比分别下降了14%、34%，影响了区域制造业全要素生产率表现。由于随机误差影响，甘肃、海南等排名偏高。

5. 管理智能化评价

制造企业通过运用云计算、大数据、物联网和人工智能等技术，实现了管理决策的智能化。区域制造企业管理决策的智能化对应着高水平的软件投入，鉴于区域制造业软件投入数据的不可得性，采用区域软件和信息技术服务业收入作为替代性指标，服务企业选址遵循就近原则，制造业企业是区域软件需求的重要对象，区域软件业收入可以相对真实地反映区域制造业管理智能化水平（表5-6）。

表5-6 区域制造业管理智能化水平评价

排名	区域	区域软件业收入/万元	上年排名
1	广东	106 874 316	1
2	北京	97 289 178	3
3	江苏	88 331 851	2

续表

排名	区域	区域软件业收入/万元	上年排名
4	浙江	52 006 148	5
5	山东	49 493 473	6
6	上海	48 368 600	4
7	四川	31 726 385	7
8	福建	28 900 454	8
9	陕西	19 948 948	10
10	湖北	17 914 892	11
11	天津	16 405 911	12
12	辽宁	15 095 710	9
13	重庆	13 929 501	13
14	吉林	6 671 132	14
15	湖南	4 925 764	15
16	安徽	4 560 507	16
17	河南	3 364 309	17
18	河北	2 641 619	18
19	海南	2 532 701	22
20	贵州	1 767 339	20
21	江西	1 529 391	21
22	广西	1 524 850	23
23	云南	911 126	24
24	新疆	764 310	25
25	甘肃	522 835	26
26	黑龙江	482 541	19
27	山西	286 992	27
28	宁夏	185 752	29
29	内蒙古	116 699	28
30	青海	14 106	30

数据来源：EPS 数据平台。

广东软件业收入位列区域第一，江苏位列第三，广东、江苏是中国制造业实力最强的两个省份，也是 2018 年制造业规模最大的区域，两省制造业规模占全国四分之一，出色的管理智能化水平为区域制造企业转型升级提供了助力。同为制造业规模强省的山东表现相对逊色，软件业收入仅为广东的 46.31%，江苏的 56.03%，其制造企业的数字化管理有待加强。管理智能化榜单前十中，东部区域占七成，中部的湖北和西部的四川、陕西成功进入前十，后十位中，西部地区占七成、中部地区占两成、东北地区占一成。

6. 综合评价

基于五维潜因子测量模型，运用统计分析软件 SPSS 25.0 对 2018 年各省份智能制造五维特征观测数据进行因子分析，采用主成分分析法，按照特征值大于 1 的原则和最大方差法旋转提取因子，观察潜因子的提取及因子得分（表 5-7）。

表 5-7　智能制造的因子方差贡献率与累计方差贡献率

因子	初始特征值			提取载荷平方和		
	总计	方差贡献率/%	累计方差贡献率/%	总计	方差贡献率/%	累计方差贡献率/%
X_1	3.162	63.237	63.237			
X_2	0.905	18.102	81.338			
X_3	0.599	11.98	93.318	3.162	63.237	63.237
X_4	0.238	4.763	98.082			
X_5	0.096	1.918	100			

结果显示，KMO（Kaiser-Meyer-Olkin）值为 0.708，Bartlett 球形检验 F=0.000，表明适合做因子分析。从表 5-7 可知，五维可观测指标提取得到一个因子，数据结构与前文智能制造的潜因子设想相吻合，即区域全链条的智能化是决定产品智能化、生产智能化、服务智能化、装备智能化和管理智能化的共同因素。该因子对五个可观测指标的累计方差贡献率为 63.237%，表示智能制造的真实方差可以用五维指标 63.237%的共同方差部分来估计。区域智能制造的影响主要涉及社会科学范畴，吴明隆（2010）指出在社会科学领域，所提取的共同因素累计解释变异达 60%以上时即可认为共同因素是可靠的。五个观测项 $X_1 \sim X_5$ 的因子载荷分别为 0.851、0.858、0.714、0.859、0.674，较高的载荷值表明因子与五维观测变量均密切相关。

综合五个维度得到的因子值即为区域智能制造得分，各区域智能制造得分及排名见表 5-8。

表 5-8　2018 年区域智能制造排名

排名	区域	智能制造得分	较上年排名变化
1	上海	2.371	持平
2	北京	2.071	↑1
3	广东	1.986	↓1
4	浙江	1.521	↑1
5	江苏	1.489	↓1
6	天津	0.572	持平
7	山东	0.559	持平
8	重庆	0.397	持平
9	湖南	0.296	持平
10	安徽	0.261	↑1
11	湖北	0.261	↓1
12	福建	0.090	↑1
13	辽宁	0.004	↓1

续表

排名	区域	智能制造得分	较上年排名变化
14	河北	−0.288	↑1
15	江西	−0.308	↑2
16	河南	−0.311	↑5
17	四川	−0.359	↓3
18	陕西	−0.395	↓2
19	宁夏	−0.564	↑4
20	云南	−0.696	↑4
21	内蒙古	−0.711	↓1
22	海南	−0.751	↑3
23	贵州	−0.797	↑4
24	广西	−0.810	↓2
25	山西	−0.856	↑3
26	吉林	−0.869	↓8
27	黑龙江	−0.943	↓8
28	甘肃	−0.953	↓2
29	新疆	−1.063	持平
30	青海	−1.203	持平

2018年，上海依然保持区域智能制造的领先位置，北京、广东分列第二、三位，智能制造排名前十的区域中东部占七席，中部两席，西部一席，相反，智能制造排名最后三位均为西部省份，青海智能制造得分最低，新疆、甘肃其次，后十位中，西部区域占6席，中部和东部各1席，东北区域占2席。从排名变化看，智能制造水平较高的区域排名较为稳定，智能制造水平较低的区域排名震荡较大。最后，结合制造业强省智能制造表现分析，制造业规模大省——广东、江苏、山东并未在智能制造上表现出对应的顶端优势，制造业次级规模区域——上海、北京以"高、精、尖"发展特征表现突出，传统制造业占主导的浙江省以"互联网+制造业"融合发展为特征，智能制造表现同样不俗。智能制造先进区域的发展经验为各地区加快智能制造发展进程提供了启示与借鉴。

5.2 中国智能制造强市

目前，中国共有大中小城市600多个，为了在众多城市中遴选出样本城市，我们继续沿用"中心城市"的概念。中心城市制造业作为区域制造业的核心，对区域制造业的发展起着重要的带动和辐射作用。因此，中心城市制造业的发展研究对于区域制造业的智能化发展研究具有重要意义。要想充分起到对区域制造业的带动和辐射作用，制造业中心城市必然是制造业发展程度较高的城市，因此，本研究首先选择省会城市（27个城市）、非省会副省级城市（厦门、深圳、大连、青岛、宁波）和少数制造业特别发达城市（苏州、无锡、东莞）作为样本城市；其次，为了扩大样本量，选取2018年GDP超过省会城市平均值（7921.10亿元）的城市（南通、泉州、烟台、佛山），共计39个城市。基于数据的可获得性和客观性，最终选取了其中的22个城市：太原、沈阳、大连、济南、青岛、南京、无锡、合肥、深圳、宁波、福州、厦门、南昌、济南、广州、东莞、佛山、南宁、成都、贵阳、昆明和西安。

5.2.1 城市制造业智能化发展评价方法与指标体系

1. 城市制造业智能化发展评价指标体系

关于智能制造的衡量和评价方法，目前学术界还没有统一定论，一部分学者采用单一指标进行衡量，主要是以工业机器人数量来衡量，如杨晓峰（2018）等；另一部分学者采用综合评价指标体系进行测算和衡量，如董志学和刘英骥（2016）、孙早和侯玉琳（2019）等。以工业机器人来衡量智能制造有一定的合理性，但无法反映智能制造的全部内涵，而综合评价指标体系能在可行范围内最大限度地反映制造业智能化的主要内容。且城市口径缺乏工业机器人的统计。因此，本章基于李廉水等（2019）关于制造业智能化的内涵，采用不同于省级的评价框架，构建制造业智能化发展的综合评价指标体系。

本章中城市制造业智能化发展评价体系主要包括三大指标体系：智能制造设施基础、智能制造软件应用和智能制造市场实践，通过智能制造设施基础反映城市制造业智能化发展的硬件基础，通过智能制造软件应用反映城市制造业发展的软件支持，通过智能制造市场实践反映城市制造业智能化发展的效果和回报。本章基于指标设置的科学性、合理性及城市口径指标数据的可获得性，构建城市制造业智能化发展评价指标体系（表5-9）。

表5-9 城市制造业智能化发展评价指标体系

一级指标	二级指标	三级指标
设施基础层	通信基础	电信业务总量/万元
	网络基础	互联网宽带接入数/万户
	产业基础	计算机、通信和其他电子设备制造业产值/万元
软件应用层	软件投入	信息传输、计算机服务和软件业资产总计/万元
	软件产出	信息传输、计算机服务和软件业营业收入/万元
市场实践层	成本效率	制造业成本费用利润率/%
	生产效率	制造业劳动生产率/%
	经济效率	制造业利润率/%

设施基础层是城市制造业智能化发展的物理基础，主要从通信基础、网络基础和产业基础三方面来衡量。一方面，制造业智能化需要通信设施连接不同生产系统，电信业务总量指标可大致反映各城市制造业智能化发展的通信基础；另一方面，不同生产系统的连接还依赖于网络来实现，通过制造业主体的协调体现"智能"特征，我们以互联网宽带接入数来反映各城市制造业智能化发展的网络基础；再一方面，制造业的智能化发展离不开电脑控制系统的发展，因此，计算机、通信和其他电子设备制造业是制造业智

能化发展的产业基础。

软件应用层是赋予制造业以"智能化"的关键，是衡量城市制造业智能化发展的重要方面，我们以软件投入和软件产出两方面来衡量。一方面，智能制造要求实现新一代信息通信技术和先进制造技术的融合，而这又需要落实到软件应用的开发与使用上，因此，以信息传输、计算机服务和软件业资产总计作为软件投入的衡量指标；另一方面，如何通过软件应用有效地协调和支撑制造业智能化最终体现在软件服务能力上，把信息传输、计算机服务和软件业营业收入作为衡量软件产出的指标。

市场实践层反映智能制造的市场盈利能力和市场效率情况，是制造业智能化在市场中的具体体现。鉴于各城市制造业规模差异较大，我们以效率指标作为衡量。随着制造业智能化的发展，成本效率、生产效率和经济效率必然会提高。本章以制造业成本费用利润率反映制造业的成本效率、以制造业劳动生产率反映制造业的生产效率、以制造业利润率反映制造业的经济效率。

$$制造业成本费用利润率 = \frac{\sum_{j=1}^{m} \text{Profit}_j}{\sum_{i=1}^{m} \text{Expense}_i} \times 100\%$$

式中，Profit 为制造业各行业利润总额；Expense 为制造业各行业成本费用总和，具体包括主营业务成本、管理费用、销售费用和财务费用。

$$制造业劳动生产率 = \frac{\sum_{j=1}^{m} \text{TVP}_j}{L} \times 100\%$$

式中，TVP 为制造业各行业主营业务收入；L 为制造业从业人员平均数。

$$制造业利润率 = \frac{\sum_{j=1}^{m} \text{Profit}_j}{\sum_{i=1}^{m} \text{TVP}_i} \times 100\%$$

式中，Profit 为制造业各行业利润总额；TVP 为制造业各行业主营业务收入。

2. 评价方法

对城市制造业的智能化发展进行评估和排序涉及多个指标，因此这是一个多属性决策问题。多属性也称多准则决策，其核心和关键是指标权重的确定，本章采用"离差最大化"决策方法确定权重。该方法是一种完全客观的评价方法，消除了主观评价方法中人为因素的影响，而且这种方法概念清楚、含义明确且算法简单，在实践中得到了广泛的应用。

令 $A = \{A_1, A_2, \cdots, A_n\}$ 表示多指标评价问题的方案集，$G = \{G_1, G_2, \cdots, G_m\}$ 表示指标集，$Y_{ij}(i=1,2,\cdots,n; j=1,2,\cdots,m)$ 表示 A_i 方案对 G_j 指标的指标值，$Y = (y_{ij})_{n \times m}$ 矩阵表示 A 方案集对 G 指标集的"属性矩阵"，即"评价矩阵"。

通常，根据指标的性质，指标可以分为"效益型"、"成本型"、"固定型"和"区间型"四类。因为评价指标不同，量纲和量纲单位也会不同。所以，我们将评价指标进行无量纲化处理，即规范化处理，从而解决了量纲和量纲单位不同造成的不可公度性问题。本章指标仅涉及"效益型"和"成本型"两类，"效益型"指标为指标值越大越好的指标，"成本型"指标为指标值越小越好的指标，其规范化处理方法如下：

针对成本型指标，令

$$Z_{ij} = \frac{\max y_i - y_{ij}}{\max y_j - \min y_i} \quad (i=1,2,\cdots,n;\ j=1,2,\cdots,m)$$

针对效益型指标，令

$$Z_{ij} = \frac{y_{ij} - \min y_j}{\max y_i - \min y_j} \quad (i=1,2,\cdots,n;\ j=1,2,\cdots,m)$$

式中，$\min y_j$、$\max y_j$ 分别表示指标 G_j 的最小值、最大值。

以 $\mathbf{Z} = (Z_{ij})_{n \times m}$ 表示无量纲化处理后得到的评价矩阵，很明显，Z_{ij} 总是越大越好。令 $\mathbf{w} = (w_1, w_2, \cdots, w_m)^T > 0$ 表示评价指标的加权向量，同时，还需满足单位化约束条件：

$$\sum_{j=1}^{m} w_j^2 = 1$$

在求得加权向量 $\mathbf{w}$ 之后，构造如下所示的评价矩阵：

$$\mathbf{c} = \begin{array}{c} \\ A_1 \\ A_2 \\ \vdots \\ A_n \end{array} \begin{array}{cccc} G_1 & G_2 & \cdots & G_m \\ \left[\begin{array}{cccc} w_1 z_{11} & w_2 z_{12} & \cdots & w_m z_{1m} \\ w_1 z_{21} & w_2 z_{22} & \cdots & w_m z_{2m} \\ \vdots & \vdots & & \vdots \\ w_1 z_{n1} & w_2 z_{n2} & \cdots & w_m z_{nm} \end{array}\right] \end{array}$$

再由简单算术平均加权法，得到 A_i 方案的多指标综合评价值，如式（5-7）所示：

$$D_i(w) = \sum_{j=1}^{m} z_{ij} w_j \quad (i=1,2,\cdots,n) \tag{5-7}$$

同样，$D_i(w)$ 总是越大越好，$D_i(w)$ 越大表明 A_i 方案越优。因此，当权向量 $\mathbf{w}$ 已知时，根据式（5-1）～式（5-5）可以对各方案 A_i 进行评价并排序。接着，进一步分析确定权向量 $\mathbf{w}$ 的方法。如果某一指标 G_j 对决策方案 A_i 的最终评价值和排序没有影响，那么，可以令 G_j 的权重取 0；相反，如果某一指标 G_j 可以让决策方案 A_i 的最终评价值和排序有很大变化，可以令这类指标 G_j 取得较大的权重。针对 G_j 指标，用 $v_{ij}(w)$ 表示 A_i 方案与其他决策方案的离差，则有

$$v_{ij}(w) = \sum_{i=1}^{n} \left| w_j z_{ij} - w_j z_{kj} \right| \quad (=1,2,\cdots,n;\ j=1,2,\cdots,m)$$

令

$$v_j(w) = \sum_{i=1}^{n} v_{ij}(w) = \sum_{i=1}^{n} \sum_{k=1}^{n} \left| z_{ij} - z_{kj} \right| w_j \quad (j=1,2,\cdots,m)$$

那么，$v_j(w)$ 表示在 G_j 指标下所有方案 A_i 与其他方案的离差之和。因为选择的加权向量 w 需使所有指标对所有方案的离差之和取得最大值，所以，构造如下目标函数：

$$\max F(w) = \sum_{j=1}^{m} v_j(w) = \sum_{j=1}^{m}\sum_{i=1}^{n}\sum_{k=1}^{n} |z_{ij} - z_{kj}| w_j \tag{5-8}$$

于是，求加权向量 w 的问题等价于求非线性规划问题：

$$\begin{cases} F(w) = \sum_{j=1}^{m} v_j(w) = \sum_{j=1}^{m}\sum_{i=1}^{n}\sum_{k=1}^{n} |z_{ij} - z_{kj}| w_j \\ \text{s.t.} \sum_{j=1}^{m} w_j^2 = 1 \end{cases} \tag{5-9}$$

解此非线性规划问题，并将 w^* 做归一化处理，得

$$w_j^* = \frac{\sum_{i=1}^{n}\sum_{k=1}^{n} |z_{ij} - z_{kj}|}{\sum_{j=1}^{m}\sum_{i=1}^{n}\sum_{k=1}^{n} |z_{ij} - z_{kj}|} \quad (j=1,2,\cdots,m) \tag{5-10}$$

综上，采用离差最大化方法对多指标问题进行评价与排序的步骤可概括为以下三步：

（1）将效益型及成本型指标进行处理得到规范化评价矩阵 $\mathbf{Z} = (Z_{ij})_{n \times m}$；

（2）采用离差最大化方法求出最优的加权向量 $w^* = (w_1^*, w_2^*, \cdots, w_m^*)^T$，然后根据加权向量求出各方案 A_i 的综合评价值 $D_i(w), i=1,2,\cdots,n$；

（3）根据步骤（2）中各评价方案的综合评价值大小，可以对多指标问题做出合理评价及排序分析。

5.2.2 城市制造业智能化发展评价

1. 设施基础层综合评价

以互联网宽带接入数、电信业务总量及计算机、通信和其他电子设备制造业产值为基础指标，采用离差最大化方法对三项指标分配权重，得到指标权重依次为 0.404 3、0.213 7 和 0.382 0。结合各指标的规范化数值，得到 2018 年我国 22 个城市制造业智能化发展设施基础层综合评价值及其排序（表 5-10）。

表 5-10 城市制造业智能化发展设施基础层指标规范化数值及评价结果

城市	互联网宽带接入数	计算机、通信和其他电子设备制造业产值	电信业务总量	综合评价值	排序
深圳	0.652 6	1.000 0	1.000 0	0.859 5	1
广州	0.728 9	0.105 7	0.894 5	0.659 0	2
成都	1.000 0	0.154 5	0.505 4	0.630 4	3

续表

城市	互联网宽带接入数	计算机、通信和其他电子设备制造业产值	电信业务总量	综合评价值	排序
杭州	0.658 6	0.129 6	0.418 3	0.453 8	4
厦门	0.114 5	0.119 0	0.803 7	0.378 7	5
南京	0.544 2	0.065 8	0.264 6	0.335 2	6
西安	0.425 7	0.045 2	0.280 0	0.288 7	7
宁波	0.479 9	0.047 8	0.200 4	0.280 8	8
青岛	0.435 7	0.039 5	0.174 1	0.251 1	9
东莞	0.002 0	0.477 6	0.356 9	0.239 2	10
福州	0.339 4	0.035 8	0.176 6	0.212 3	11
无锡	0.305 2	0.112 2	0.151 5	0.205 2	12
佛山	0.232 9	0.040 8	0.254 7	0.200 2	13
济南	0.329 3	0.031 7	0.085 8	0.172 7	14
合肥	0.269 1	0.081 4	0.115 6	0.170 3	15
南宁	0.170 7	0.028 0	0.110 3	0.117 1	16
昆明	0.136 5	0.000 0	0.143 1	0.109 9	17
沈阳	0.114 5	0.005 3	0.132 5	0.098 0	18
南昌	0.114 5	0.052 6	0.029 5	0.068 8	19
大连	0.000 0	0.019 8	0.089 6	0.038 5	20
贵阳	0.020 1	0.003 4	0.042 8	0.025 2	21
太原	0.032 1	0.039 6	0.000 0	0.021 5	22

数据来源：互联网宽带接入数和电信业务总量来自《中国城市统计年鉴2019》；计算机、通信和其他电子设备制造业产值数据来自各城市统计年鉴2019。

由表5-10可知，2018年制造业智能化发展设施基础层排名前五位的城市依次为深圳、广州、成都、杭州和厦门。尤其是排名第一位的深圳，具有明显的智能制造设施基础优势，其计算机、通信和其他电子设备制造业产值及电信业务总量均以绝对优势居所有城市首位。此外，值得注意的是，前五位城市中，深圳、广州、杭州和厦门均属于东部地区，而成都作为最亮眼的西部城市，力压众多传统的制造业大市位居制造业智能化发展设施基础层的第三位，其中，成都的互联网宽带接入数位居各样本城市之首。

2. 软件应用层综合评价

以信息传输、计算机服务和软件业资产总计和营业收入为基础指标，采用离差最大化方法对这两项指标分配权重，得到权重依次为0.512 7、0.487 3。结合各指标的规范化数值，得到2018年我国22个城市制造业智能化发展软件应用层综合评价值及其排序（表5-11）。

表 5-11 城市制造业智能化发展软件应用层指标规范化数值及评价结果

城市	信息传输、计算机服务和软件业资产总计	信息传输、计算机服务和软件业营业收入	综合评价值	排序
杭州	0.902 2	1.000 0	0.949 8	1
深圳	1.000 0	0.745 6	0.876 0	2
广州	0.586 7	0.459 3	0.524 6	3
南京	0.346 7	0.261 1	0.305 0	4
沈阳	0.038 4	0.447 2	0.237 6	5
成都	0.275 3	0.186 8	0.232 2	6
济南	0.184 0	0.132 7	0.159 0	7
西安	0.134 6	0.128 9	0.131 8	8
福州	0.083 9	0.068 7	0.076 5	9
合肥	0.081 6	0.050 4	0.066 4	10
厦门	0.058 6	0.051 5	0.055 2	11
青岛	0.060 3	0.048 5	0.054 5	12
无锡	0.039 0	0.033 5	0.036 3	13
东莞	0.020 2	0.051 5	0.035 4	14
大连	0.032 2	0.028 5	0.030 4	15
昆明	0.036 0	0.014 7	0.025 6	16
宁波	0.025 1	0.020 2	0.022 7	17
南宁	0.031 6	0.013 1	0.022 6	18
贵阳	0.028 5	0.007 9	0.018 5	19
南昌	0.025 6	0.010 8	0.018 4	20
佛山	0.000 0	0.017 8	0.008 7	21
太原	0.005 6	0.000 0	0.002 9	22

数据来源：各城市第四次经济普查公告数据。

由表 5-11 可知，2018 年制造业智能化发展软件应用层排名前五位的城市依次为杭州、深圳、广州、南京和沈阳。其中，作为东北老工业基地中心城市的沈阳引人注目。20 世纪 90 年代以前，东北地区是我国经济较发达的地区同时也是我国重要的工业基地，然而随着改革开放的深入，东北地区的经济发展速度逐渐落后于东部沿海地区，鉴于此，国家提出了振兴东北地区等老工业基地的战略。沈阳的制造业智能化发展软件应用产业发展迅速，成为东北老工业基地重振的亮点。同时，这一排名反映了东部地区在制造业智能化发展软件应用领域的巨大优势，这与东部地区发达的科技与教育优势紧密相关。

3. 市场实践层综合评价

以制造业利润率、制造业劳动生产率和成本费用利润率为基础指标，采用离差最大化方法对三项指标分配权重，得到各指标权重依次为 0.313 6、0.372 2 和 0.314 2。结合各指标的规范化数值，得到 2018 年我国 22 个城市制造业智能化发展市场实践层综合评价值及其排序（表 5-12）。

表 5-12 城市制造业智能化发展市场实践层指标规范化数值及评价结果

城市	制造业利润率	制造业劳动生产率	制造业成本费用利润率	综合评价值	排序
南京	1.000 0	0.647 3	1.000 0	0.905 4	1
无锡	0.906 7	0.370 7	0.872 0	0.750 7	2
大连	0.848 5	0.412 2	0.815 2	0.719 7	3
杭州	0.809 0	0.314 4	0.786 7	0.668 5	4
佛山	0.807 5	0.314 1	0.788 4	0.668 4	5
广州	0.786 6	0.387 2	0.733 5	0.660 6	6
宁波	0.825 6	0.171 5	0.823 2	0.649 4	7
西安	0.683 8	0.238 3	0.628 2	0.544 6	8
沈阳	0.578 7	0.421 0	0.570 3	0.533 5	9
南昌	0.573 2	0.443 5	0.524 1	0.521 0	10
福州	0.639 8	0.295 4	0.563 3	0.520 3	11
济南	0.563 9	0.355 2	0.578 4	0.513 1	12
昆明	0.295 7	1.000 0	0.351 9	0.504 5	13
贵阳	0.471 2	0.260 1	0.562 4	0.447 0	14
厦门	0.574 0	0.098 4	0.549 2	0.437 7	15
成都	0.485 5	0.301 6	0.466 1	0.429 3	16
青岛	0.416 7	0.380 7	0.412 4	0.405 5	17
太原	0.436 2	0.299 0	0.427 9	0.396 4	18
深圳	0.426 2	0.189 5	0.405 0	0.355 2	19
合肥	0.375 8	0.315 6	0.359 6	0.353 9	20
南宁	0.330 2	0.296 9	0.337 0	0.323 7	21
东莞	0.000 0	0.000 0	0.000 0	0.000 0	22

数据来源：各城市统计年鉴 2019。其中，个别城市制造业管理费用、销售费用、财务费用率缺少统计数据，采取主营业务成本比例估算法推算而得。

由表 5-12 可知，2018 年制造业智能化发展市场实践层评价排名首位的是南京，无锡、大连、杭州和佛山紧随其后。其中，作为长三角两翼中心城市之一，2018 年南京制造业利润率、劳动生产率和成本费用利润率三项指标均表现亮眼，位居样本城市之首。值得注意的是，2018 年深圳制造业智能化发展的市场实践层与其设施基础层和软件应用层不相匹配，排名靠后，尤其是其劳动生产率相对较低。

5.2.3 城市制造业智能化发展综合评价

以制造业智能化发展设施基础层、软件应用层和市场实践层 8 个基础指标，采用离差最大化方法对各项指标分配权重，依次为 0.154 6、0.081 7、0.146 1、0.129 2、0.122 8、0.137 7、0.098 0 和 0.129 8。结合各指标的规范化数值，得到 2018 年我国 22 个城市制造业智能化发展的综合评价值及其排序（表 5-13）。

表 5-13 城市制造业智能化发展综合评价结果

城市	互联网宽带接入数	计算机、通信和其他电子设备制造业产值	电信业务总量	信息传输、计算机服务和软件业资产总计	信息传输、计算机服务和软件业营业收入	制造业利润率	制造业劳动生产率	制造业成本费用利润率	综合评价值	排序
深圳	0.652 6	1.000 0	1.000 0	1.000 0	0.745 6	0.426 2	0.189 5	0.405 0	0.679 3	1
杭州	0.658 6	0.129 6	0.418 3	0.902 2	1.000 0	0.809 0	0.314 4	0.786 7	0.657 3	2
广州	0.728 9	0.105 7	0.894 5	0.586 7	0.459 3	0.786 6	0.387 2	0.733 5	0.625 7	3
南京	0.544 2	0.065 8	0.264 6	0.346 7	0.261 1	1.000 0	0.647 3	1.000 0	0.536 0	4
成都	1.000 0	0.154 5	0.505 4	0.275 3	0.186 8	0.485 5	0.301 6	0.466 1	0.456 5	5
无锡	0.305 2	0.112 2	0.151 5	0.039 0	0.033 5	0.906 7	0.370 7	0.872 0	0.362 1	6
宁波	0.479 9	0.047 8	0.200 4	0.025 1	0.020 2	0.825 6	0.171 5	0.823 2	0.350 5	7
西安	0.425 7	0.045 2	0.280 0	0.134 6	0.128 9	0.683 8	0.238 3	0.628 2	0.342 7	8
佛山	0.232 9	0.040 8	0.254 7	0.000 0	0.017 8	0.807 5	0.314 1	0.788 4	0.323 1	9
厦门	0.114 5	0.119 0	0.803 7	0.058 6	0.051 5	0.574 0	0.098 4	0.549 2	0.318 7	10
济南	0.329 3	0.031 7	0.085 8	0.184 0	0.132 7	0.563 9	0.355 2	0.578 4	0.293 7	11
沈阳	0.114 5	0.005 3	0.132 6	0.038 4	0.447 2	0.578 7	0.421 0	0.570 3	0.292 4	12
福州	0.339 4	0.035 8	0.176 6	0.083 9	0.068 7	0.639 8	0.295 4	0.563 3	0.290 7	13
大连	0.000 0	0.019 8	0.089 6	0.032 2	0.028 5	0.848 5	0.412 2	0.815 2	0.285 4	14
青岛	0.435 7	0.039 5	0.174 1	0.060 3	0.048 5	0.416 7	0.380 5	0.412 4	0.258 0	15
昆明	0.136 5	0.000 0	0.143 1	0.036 0	0.014 7	0.295 7	1.000 0	0.351 9	0.232 9	16
南昌	0.114 5	0.052 6	0.029 5	0.025 6	0.010 5	0.573 8	0.443 5	0.524 1	0.221 4	17
合肥	0.269 1	0.081 4	0.115 6	0.081 6	0.050 4	0.375 8	0.315 6	0.359 6	0.211 2	18
贵阳	0.020 1	0.003 4	0.042 8	0.028 5	0.007 9	0.471 2	0.260 1	0.562 4	0.177 7	19
南宁	0.170 7	0.028 0	0.110 3	0.031 6	0.013 1	0.330 2	0.296 9	0.337 0	0.168 8	20
太原	0.032 1	0.039 6	0.000 0	0.005 6	0.000 0	0.436 2	0.299 0	0.427 9	0.153 8	21
东莞	0.002 0	0.477 6	0.356 9	0.020 2	0.051 5	0.000 0	0.000 0	0.000 0	0.100 4	22

由表 5-13 可知，2018 年中国制造业智能化发展水平最高的十大城市依次为深圳、杭州、广州、南京、成都、无锡、宁波、西安、佛山和厦门。制造业的智能化发展设施基础、软件应用和市场实践三方面缺一不可，是综合性的发展。需要注意的是，虽然深圳的制造业智能化发展综合评价排名居首，但与其优势显著的设施基础和软件应用能力相比，深圳制造业的市场实践能力弱。前十强城市中，杭州、广州、南京和西安等城市的智能化综合发展较为均衡，其他城市制造业的智能化发展都存在相对薄弱的环节，如成都、厦门等城市制造业的市场实践能力偏弱，无锡、宁波和佛山制造业的软件应用水平稍显欠缺。而部分传统的制造业大市在制造业智能化发展的过程中远远落后，如东莞，其制造业智能化评价位居末位。

从传统的东中西区域划分看，东部地区 14 个城市、中部地区 3 个城市、西部地区 5 个城市，这固然可能是数据不足导致中部地区样本城市偏少，但仍能表明中国制造业的"东强西弱"特征在智能制造阶段仍然存在。大连和沈阳制造业智能化综合排名居中，说明东北老工业基地制造业的智能化仍有待进一步发展，其制造业的振兴仍任重道远。此外，横贯东北中部、作为东中西互动合作协调发展带的长江经济带囊括了十强中的五席，包括长江上游的成都以及下游长三角地区的南京、无锡、杭州和宁波。可见，长江流域不仅是我国最重要的工业走廊之一，也是中国智能制造的优势区域。

参 考 文 献

董志学, 刘英骥. 2016. 我国主要省市智能制造能力综合评价与研究——基于因子分析法的实证分析[J]. 现代制造工程, 1: 151-158.

李廉水, 石喜爱, 刘军. 2019. 中国制造业40年: 智能化进程与展望[J]. 中国软科学, (1): 1-9, 30.

孙早, 侯玉琳. 2019. 工业智能化如何重塑劳动力就业结构[J]. 中国工业经济, 5: 61-79.

吴明隆. 2010. 问卷统计分析实务: SPSS操作与应用[M]. 重庆: 重庆大学出版社.

杨晓锋. 2018. 智能制造是否有助于提升制造业平均工资?——基于2001~2016年17省工业机器人数据研究[J]. 经济体制改革, 6: 169-176.

撰稿人：徐常萍　吴敏洁
审稿人：程中华

第6章 中国制造业智能化发展：产业研究

本章首先从基础层、应用层和市场层三个层面建立中国制造业智能化评价体系，共计12个指标，之后介绍离差最大化方法的具体过程。然后选取2014~2018年的数据，对医药制造业、食品制造业、纺织业这三个流程型制造业行业进行智能化评价，并利用离差最大化方法计算每个行业每个年份的综合评价值，得出2014~2018年该制造业智能化能力并进行排序比较。

6.1 制造业细分产业的评价指标体系

制造业智能化能力涉及多学科、多领域、多视角，难以对其进行科学的客观的评价，而且还缺乏相关成熟的研究。因此，首先需要建立一套评价指标体系来反映制造业智能化的能力，然后根据我国制造业智能化历年发展体现出来的特点，遵循指标选取标准，结合统计数据的可得性和完整性，最终确定由下列评价指标来构建我国的制造业智能化评价指标体系（表6-1）。评价指标体系主要包括基础层、应用层、市场层3个一级指标、6个二级指标和12个三级指标。

表6-1 制造业智能化评价指标体系

总指标	一级指标	二级指标	序号	三级指标
制造业智能化指标体系	基础层	资金投入	A1	制造业R&D经费内部支出/万元
			A2	制造业新产品开发经费/万元
		人员队伍建设	A3	制造业R&D人员数/人
			A4	制造业R&D人员全时当量/（人·年）
	应用层	产品	B1	制造业专利拥有数/项
			B2	制造业专利申请数/项
			B3	制造业新产品开发项目数/项
		管理	B4	制造业R&D人员占就业人员人数比重/%
	市场层	经济效益	C1	制造业企业利润总额/亿元
			C2	主营业务收入/亿元
		社会效益	C3	制造业就业人员人数/人
			C4	制造业就业人员人均利润率/（元/人）

从制造业"智能化"发展历程来看，建设初期的工作重心为资源建设，是智能制造的基础，伴随着制造业智能化的后续深入发展，资源建设还将不断得到加强和完善。考虑到医药制造业、食品制造业和纺织业三个行业的共性特征和发展规律，基础资源

建设主要包括资金投入和人员队伍建设。资金投入主要包括 2 个三级指标：制造业 R&D 经费内部支出和制造业新产品开发经费；人员队伍建设主要包括 2 个三级指标：制造业 R&D 人员数和制造业 R&D 人员全时当量。

资源建设具备一定的基础后，智能制造在各个环节的应用得到逐渐推行和重视，智能化的应用层次不断提高。智能化的应用是对工业化各环节的促进，所以应用与创新评价将从智能化对工业产品及管理环节的推动来进行。产品环节主要包括制造业专利拥有数、制造业专利申请数、制造业新产品开发项目数 3 个三级指标；管理环节主要体现在制造业 R&D 人员占就业人员人数比重。

智能化的终极目标是转方式、调结构、提效率，进而提升人民的生活水平。因此，经济效益和社会影响是体现智能化水平最直观的指标。智能制造涉及全社会固定资产的更新升级，在很大程度上依托于国家和企业经济实力，因此选取制造业企业利润总额、主营业务收入 2 个三级指标代表经济效益。随着制造业产业结构的转型升级，着力推行"智能制造"使制造业由原来的粗放式、劳动密集型转向集约式、智能化、无人化，大大减少了工人数量，降低了劳动力成本，这将对制造业就业产生影响。因此，社会效益体现在 2 个三级指标中：制造业就业人员人数和制造业就业人员人均利润率。

1. 基础层

1）制造业 R&D 经费内部支出

制造业 R&D 经费内部支出是指被调查单位在报告年度用于内部 R&D 活动的实际支出。包括 R&D 项目（课题）活动的直接支出，以及间接 R&D 活动管理费、服务费、与 R&D 相关的基本建设支出和外协加工费等；不包括生产活动支出、偿还贷款费用、与外部单位合作或委托外单位进行 R&D 活动而转拨给对方的经费支出。

2）制造业新产品开发经费

制造业新产品开发经费是指报告期内企业科技活动内部支出中新产品的研发费用。包括新产品研究、设计、模型开发、测试、试验等费用。

3）制造业 R&D 人员数

制造业 R&D 人员数是指被调查单位内部从事基础研究、应用研究和试验发展三类活动的人员。包括直接参加上述三类项目活动的人员及这三类项目的管理人员和直接服务人员。

4）制造业 R&D 人员全时当量

制造业 R&D 人员全时当量是指 R&D 全时人员（全年 R&D 活动累计工作时间占全部工作时间的 90%或更多的人员）工作量与非全时人员按实际工作时间折算的工作量之和。

2. 应用层

1）制造业专利拥有数

制造业专利拥有数是指该行业拥有的专利数量。

2）制造业专利申请数

制造业专利申请数是指该行业的专利申请数量。

3）制造业新产品开发项目数

制造业新产品开发项目数指的是使用新技术原理和新设计概念开发和生产的全新产品，或者在结构、材料、工艺等方面显著改善了产品的性能或扩展了产品的使用范围。

4）制造业 R&D 人员占就业人员人数比重

制造业 R&D 人员占就业人员人数比重为 $\frac{L'}{L} \times 100\%$，其中，$L'$ 为制造业 R&D 人员数，L 为制造业就业人员人数。

3. 市场层

1）制造业企业利润总额

制造业企业利润总额是指企业生产经营活动的最终结果。它是企业在一定时期内实现的利润与亏损相抵后的总利润。它等于营业利润加补贴收入加投资收益加营业外净收入再加上以前年度损益调整，以字母 S 表示。

2）主营业务收入

主营业务收入是指会计"利润表"中相应指标的累计数量。未实施 2001 年《企业会计制度》的企业，用"产品销售收入"的本期累计数代替。

3）制造业就业人员人数

制造业就业人员人数以字母 L 表示。

4）制造业就业人员人均利润率

制造业就业人员人均利润率为 $\frac{S \times 100000000}{L}$，其中，$S$ 为制造业企业利润总额，L 为制造业就业人员人数。

本节利用制造业基础层、应用层、市场层三个层面的相关数据，运用多指标离差最大化决策方法，先对制造业基础层、应用层、市场层进行分析，然后综合这三个维度评价制造业各行业的智能化发展。

6.2 医药制造业

6.2.1 医药制造业智能化评价

1. 基础层

1）R&D 经费内部支出

R&D 经费内部支出指的是实际用于各个单位内部研究开发方面的全部支出。从图 6-1 可以看出，医药制造业的 R&D 经费内部支出从 2014 年的 3 903 161 万元上升到 2018 年的 5 808 857 万元，2018 年的支出是 2014 年的 1.49 倍，上升趋势明显，而且 2014～2018 年年增长率均超过 8%，但是增长幅度不断下降，从 13.1% 下降到 8.74%。

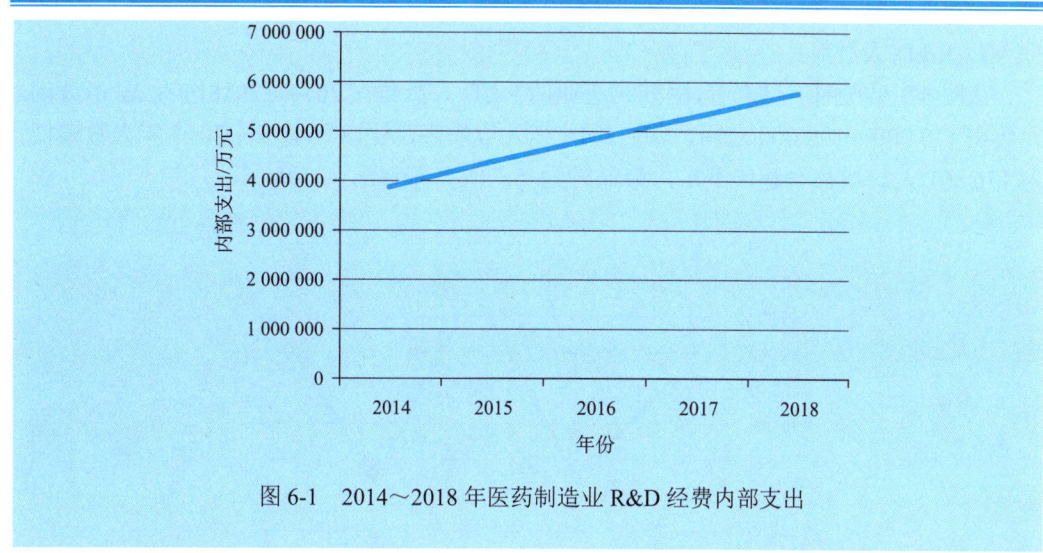

图 6-1 2014～2018 年医药制造业 R&D 经费内部支出

上述分析说明了医药制造业企业一直以来都非常重视科技研发创新工作。《中国制造 2025》、国家"十三五"战略规划中也明确提到要加强基础研究和体系建设，可以预见未来一段时间医药制造业 R&D 经费内部支出不会减少。

2）新产品开发经费

创新是行业拥有、散发活力的源泉。由图 6-2 可知，医药制造业在新产品开发上的支出整体呈现上升趋势。从 2014 年的 4 079 308 万元上升到 2018 年的 6 520 596 万元，2018 年是 2014 年的 1.6 倍，且 2016～2018 年的年增长率均超过 10%。其中，2017 年的增长率最大，为 20.21%。预计未来新产品开发经费会不断增加。

图 6-2 2014～2018 年医药制造业新产品开发经费

在《中国制造 2025》等文件中明确提出要推动我国医药制造业技术创新升级和跨越发展，加快相关前沿技术和装备的研发。在此类政策、文件的引导和制造业本身竞争压力的双重作用下，加快开发新产品、新技术是产业升级的必经之路。

3）R&D 人员数

从图 6-3 呈现的信息来看,医药制造业的 R&D 人员数在 2014～2018 年呈 W 形波动,人数在 170 000～190 000 之间,其中 2016 年人数最多,为 187 542 人;2017 年人数最低,为 176 801 人。增长率起伏不定,最低时为–5.73%,最高时为 5.94%。

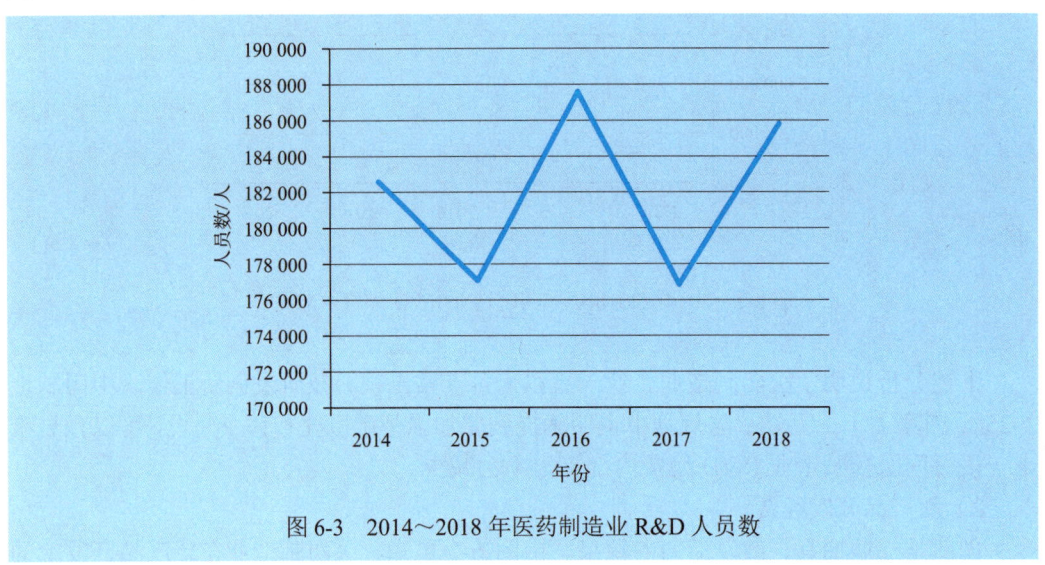

图 6-3　2014～2018 年医药制造业 R&D 人员数

从前述分析可以发现,R&D 经费内部支出、新产品开发经费都呈现上升趋势,与之相比,每年的 R&D 人员数却出现负增长而且变化很不稳定,说明医药制造业研发人员、研发团队建设尚有待加强。

4）R&D 人员全时当量

研发人员是技术创新的实践者,因此 R&D 人员全时当量在一定程度上展现了行业的技术进步水平。由图 6-4 可知,医药制造业 R&D 人员全时当量的趋势与该行业 R&D 人员数呈现的趋势相似,都呈 W 形波动,在 120 000～140 000 人·年之间,但总体一直呈下降趋势,2014 年最大,为 133 902 人·年;2017 年最小,为 121 517 人·年。增长率也起伏不定,最高为 3.62%,最低为–6.93%。

医药制造业 R&D 活动人员折合全时当量于 2014 年开始一直下降,虽然 2016 年有微弱的上升,但是 2017 年直接跌到了最低值（121 517 人/年）。该指标近几年呈现的趋势说明医药制造业行业内部在研发人员的配置等方面并没有达到良好状态。

2. 应用层

1）专利拥有数

专利拥有数是反映单位产出效果的指标之一。由图 6-5 可知,2014～2015 年医药制造业专利拥有数下降,此后虽一直处于上升状态,但是仍低于 2014 年的 12 620 项。而且 2015 年的专利拥有数是最低的,仅为 10 019 项。自 2014 年开始,增长速度不断提高,从 2015 年的–20.61%上升至 2018 年的 5.59%。

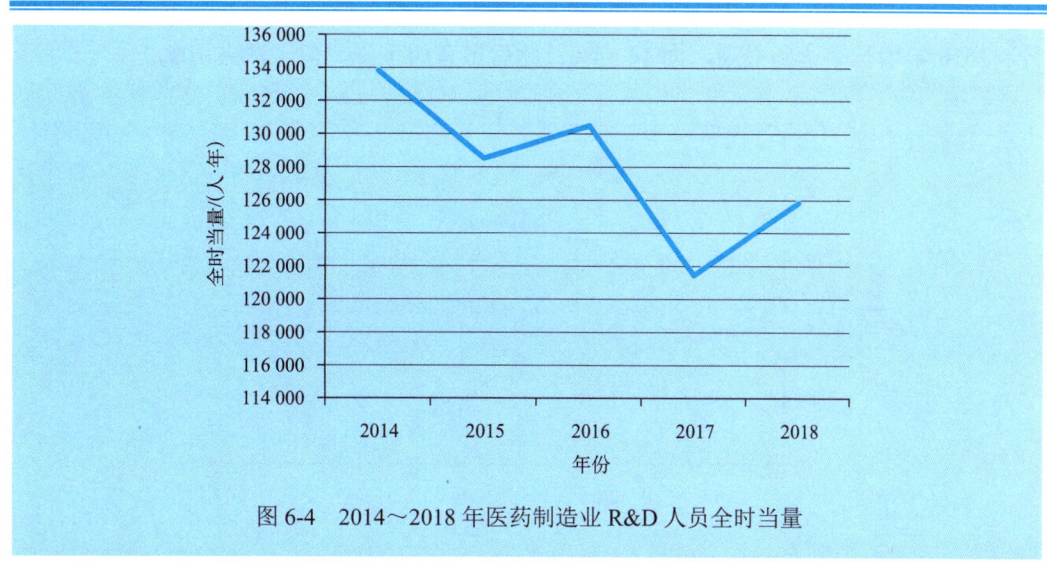

图 6-4　2014～2018 年医药制造业 R&D 人员全时当量

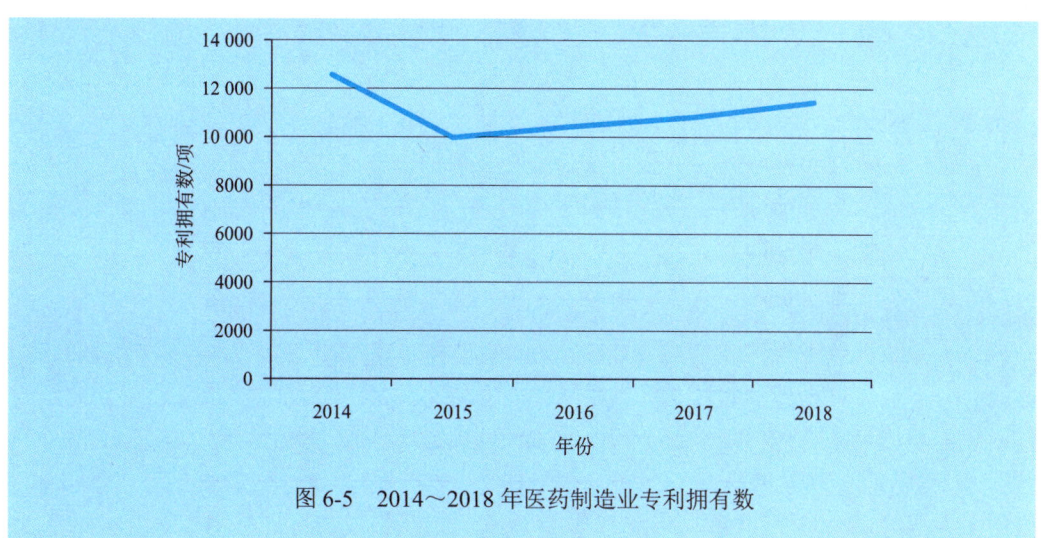

图 6-5　2014～2018 年医药制造业专利拥有数

结合 2015～2018 年医药制造业在 R&D 经费内部支出和新产品开发经费等资金投入的不断增长来看，专利数虽低于 2014 年，但该行业的创新产出成果仍有进步空间。

2）专利申请数

通过图 6-6 可以看到，医药制造业的专利申请数变动与专利拥有数的变动相同，在 2014～2015 年下降，随后大幅上升，自 2017 年起专利申请数便高于 2014 年，至 2018 年数量达到 21 698 项，是 2014 年的 1.12 倍。增长率从 2015 年的 –17.23% 不断上升，皆处于 9% 以上，涨幅稳定。

由此可以看到，该行业的知识产权意识不断加强。但结合专利拥有数来看，该行业在有效专利的转化工作上仍有待加强。

3）新产品开发项目数

由图 6-7 可知，医药制造业新产品开发项目数在 2014～2015 年小幅度下降，2015～2018 年则大幅上升，至 2018 年新产品开发项目数达到 31 679 项，是 2014 年数量的 1.3

倍。2016 年增长率达到最高，为 14.54%，此后虽有所下降，但未跌破 10%。

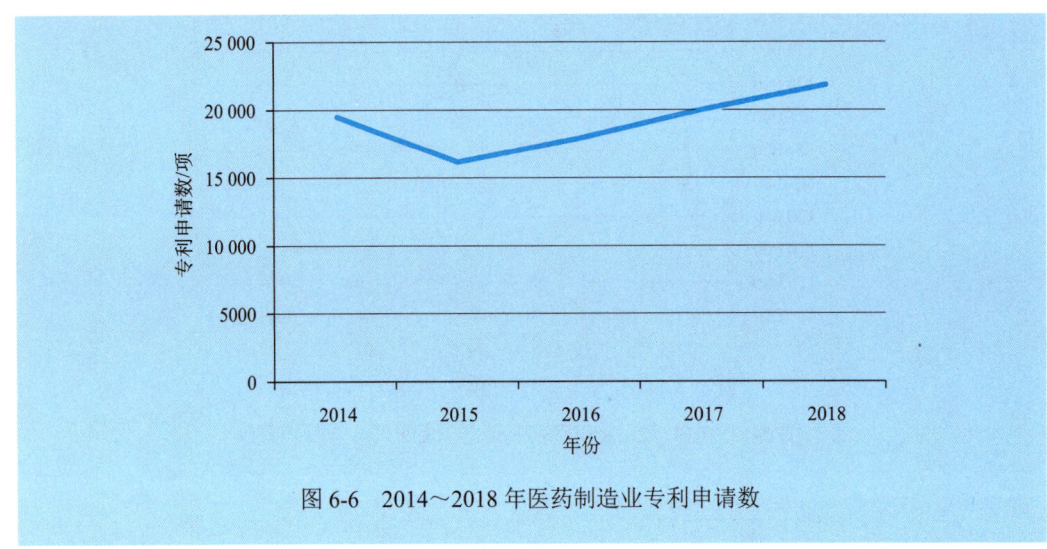

图 6-6　2014～2018 年医药制造业专利申请数

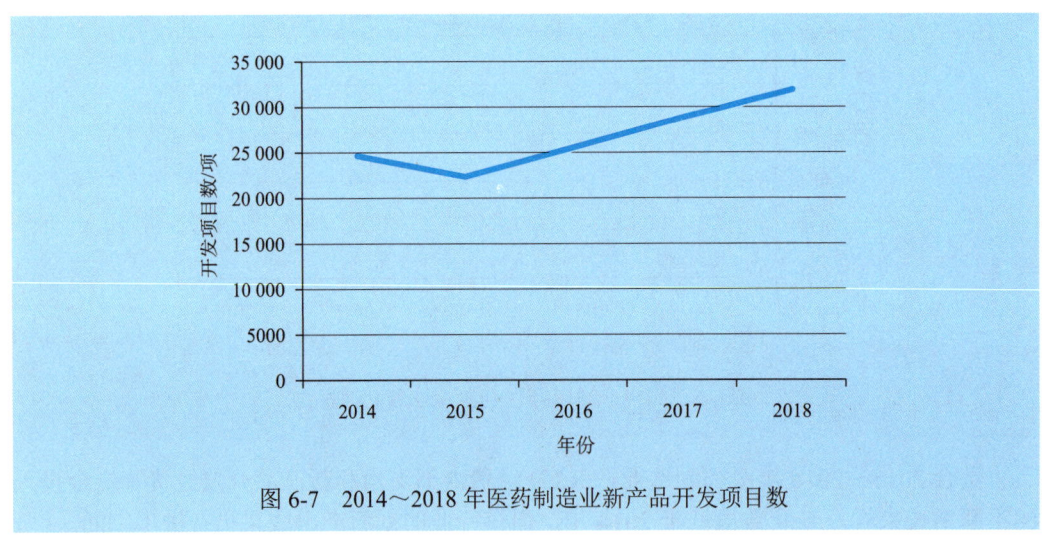

图 6-7　2014～2018 年医药制造业新产品开发项目数

图 6-7 的趋势特点与医药制造业新产品开发经费的折线图相比较，2014～2015 年该行业在新产品开发上的投入与产出不成正比，2015～2018 年投入与产出成正比关系。

4）R&D 人员占就业人员人数比重

从图 6-8 看，医药制造业的 R&D 人员占就业人员人数比重在 2014～2015 年处于下降趋势，从 8.21% 下降到 7.68%。2015～2018 年比重不断上升，具体表现为：2015～2017 年上升较平缓，2017～2018 年陡然上升至 8.95%，2018 年的增长率达 11.81%。

上述分析从侧面反映了在智能化背景下，一些传统岗位被精简，甚至被科技取代，行业整体正在向科技、创新、智能方向迈进。

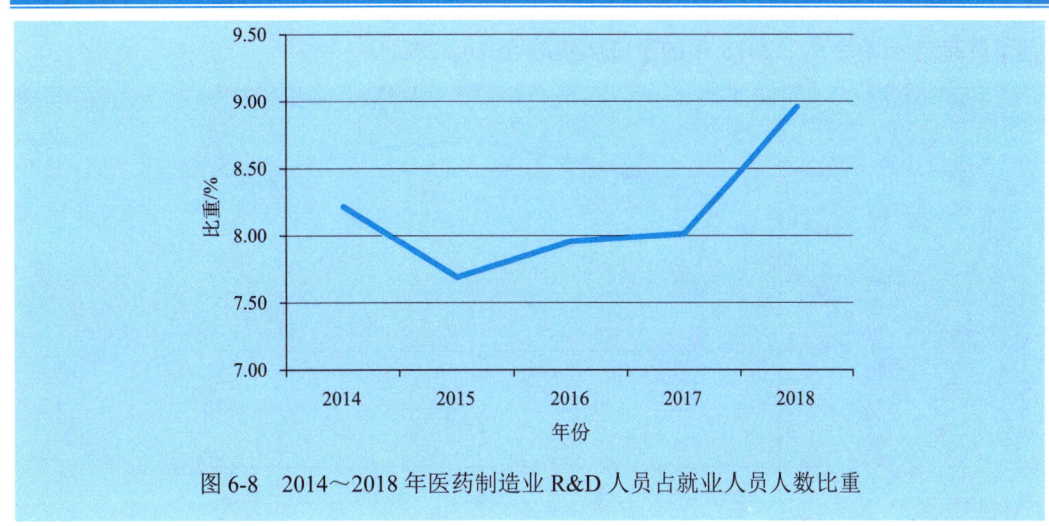

图 6-8 2014~2018 年医药制造业 R&D 人员占就业人员人数比重

3. 市场层

1）利润总额

近年来，医药制造业的利润总额呈现稳定态势。从图 6-9 可知，2014~2017 年该行业的利润总额在不断提升，2017 年后利润总额有一定回落，但一直维持在 3100 亿元左右，回落幅度小于 7%。

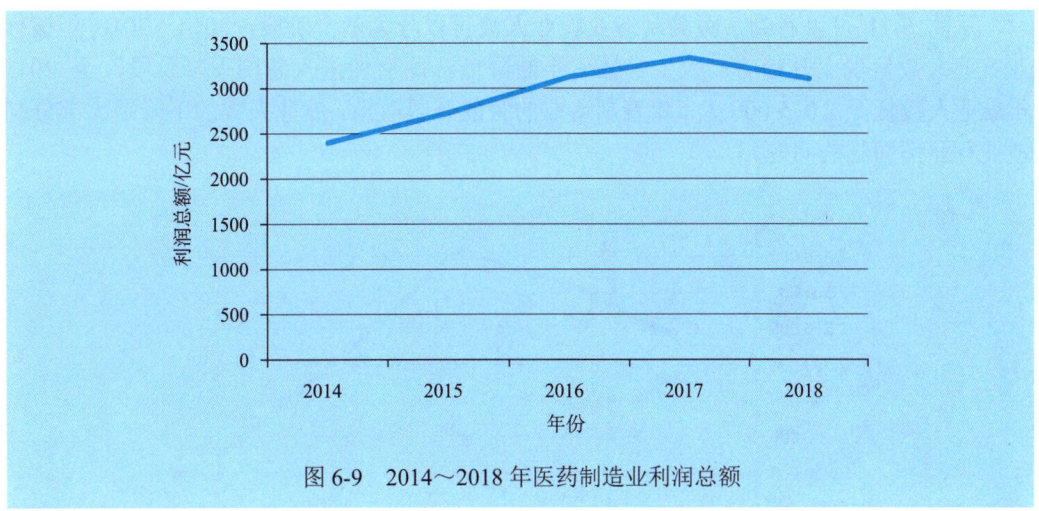

图 6-9 2014~2018 年医药制造业利润总额

医药制造业涉及众多领域，其行业表现与多个行业领域有关，单一行业的波动对该行业的影响有限，所以即便是在经济不景气情况下，医药制造业相比其他行业，更具有稳健性。因此，医药制造业的利润总额呈现增长中有回落、总体波动不大的特点，与其行业特征密切相关。

2）主营业务收入

从图 6-10 可以看出，医药制造业的主营业务收入在 2014~2016 年保持上升态势，但增长率不断下降，至 2016 年增长率跌破了 10%，2016~2018 年主营业务收入下降，且下降趋势不断增加，2018 年的下降幅度增至 10.52%。

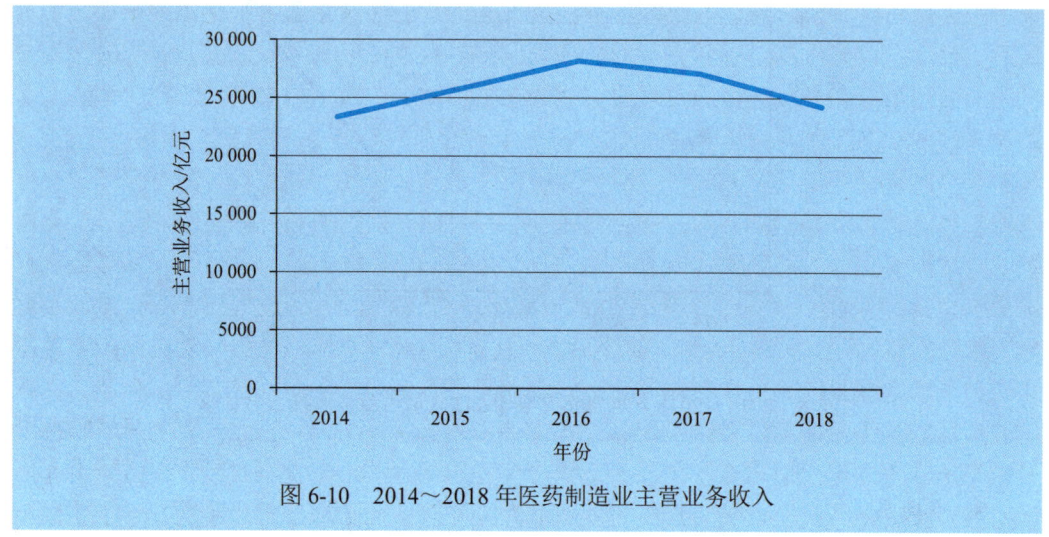

图 6-10　2014～2018 年医药制造业主营业务收入

在制造业转型升级的背景下，医药制造业的利润总额和主营业务收入均处于下降状态，说明该行业仍有很大的提升空间，要不断进行智能化改造，实现技术升级，从而达到技术与效益的双赢。

3）就业人员人数

从图 6-11 可以看到，医药制造业就业人数可以分为两个阶段，2014～2016 年该行业就业人数呈现上升趋势，但上升幅度不断降低，此后便进入急剧下降阶段，至 2018 年就业人数低至 2 075 000 人。随着制造业的智能升级改造，就业人数的下降是大部分制造业行业都面临的问题。

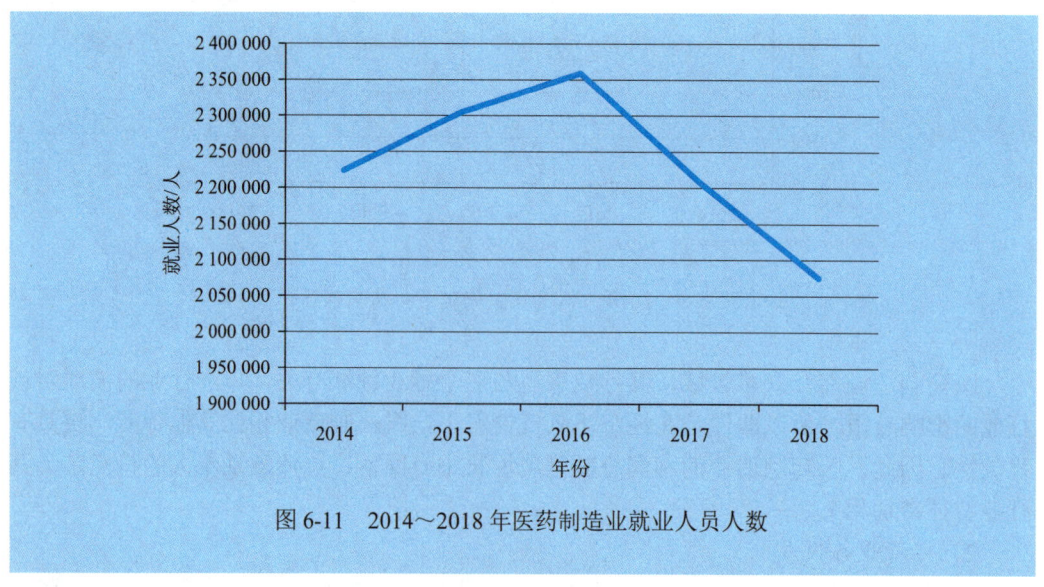

图 6-11　2014～2018 年医药制造业就业人员人数

智能化过程中,很多传统岗位存在被智能机器替代的风险,出于成本考虑,不少企业也乐于接受新技术、新机器对传统行业岗位的改造。而从长期来看,虽然传统岗位被替代,但是智能化可能又会产生新的岗位。就业问题关乎民生,在制造业智能化背景下处理好人的角色问题,也是考验行业竞争力的重要指标。

4)就业人员人均利润率

就业人员人均利润率的提升,说明就业人员的人均贡献提升。由图6-12可知,医药制造业的就业人员人均利润率总体保持稳定的增长趋势,从2014年的107 133.16元/人上升至2017年的150 573.34元/人,且增长率不断提升,从10.05%提升至14.04%,2018年人均利润率有所下降,但是下降幅度小于1%。

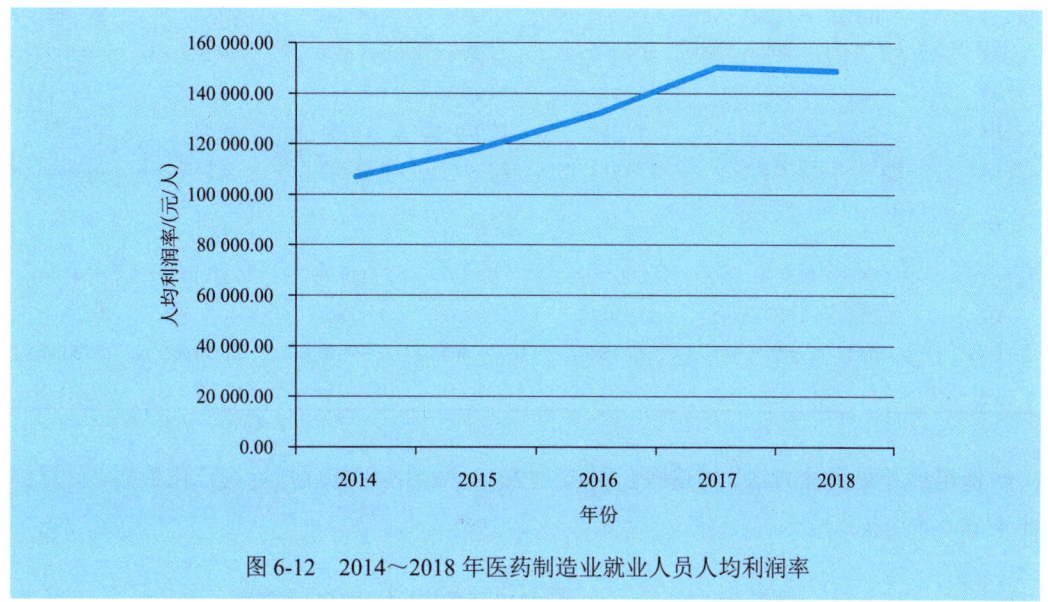

图6-12　2014～2018年医药制造业就业人员人均利润率

该指标增长幅度低于医药制造业的利润总额指标的增长幅度,说明该行业人均利润率的提升主要由近几年利润总额的增加造成。

6.2.2　医药制造业智能化能力综合化评价

医药制造业是关系国计民生的重要产业,是培育发展战略性新兴产业的重点领域。我国医药事业起步较晚,相比国外同业来说,较低的创新能力和知识产权保护的欠缺使我国医药制造业现阶段呈现出特有的竞争态势。近年来该行业成长迅速,从国际市场占有率角度看,中国医药制造业仍有很大发展空间。"十二五"战略规划中对该行业的阐述是加强自主创新,大力发展生物医药,改造提升传统医药,增强产业核心竞争力和可持续发展能力,深化医药卫生体制改革。"十三五"战略规划中重点强调了深化医药卫生体制改革,实行"三医"联动在内的"健康中国",继续拓展"互联网+",增加公共服务供给,分级诊疗以及健全药品供应保障机制。

根据2014～2018年《中国统计年鉴》《中国科技统计年鉴》《中国工业统计年鉴》中医药制造业智能化方面的数据,选取能客观、分层次地反映制造业智能化的12项指标,使用离差最大化方法计算出每个指标的权重。结合各项指标的规范化数值,可得出2014～2018年中国医药制造业科技创新能力的综合评价值。依据各指标的原始数据、规范化数据、权重、智能化综合评价值及其排序结果,对智能化能力做出评价。中国医药制造业智能化能力各项评价指标的原始数据见表6-2。

表6-2 医药制造业2014～2018年各项指标数据表

序号	指标	2014年	2015年	2016年	2017年	2018年
A1	R&D经费内部支出/万元	3 903 161	4 414 576	4 884 712	5 341 769	5 808 857
A2	新产品开发经费/万元	4 079 308	4 279 485	4 896 556	5 886 028	6 520 596
A3	R&D人员数/人	182 530	177 028	187 542	176 801	185 762
A4	R&D人员全时当量/(人·年)	133 902	128 589	130 570	121 517	125 919
B1	专利拥有数/项	12 620	10 019	10 483	10 886	11 494
B2	专利申请数/项	19 354	16 020	17 785	19 878	21 698
B3	新产品开发项目数/项	24 414	22 106	25 320	28 584	31 679
B4	R&D人员占就业人员人数比重/%	8.21	7.68	7.95	8.01	8.95
C1	利润总额/亿元	2382.47	2717.35	3114.99	3324.81	3094.2
C2	主营业务收入/亿元	23 350.33	25 729.53	28 206.11	27 116.57	24 264.7
C3	就业人员人数/人	2 223 840	2 304 800	2 359 200	2 208 100	2 075 000
C4	就业人员人均利润率/(元/人)	107 133.16	117 899.60	132 035.86	150 573.34	149 118.07

运用离差最大化方法,构造医药制造业2014～2018年各项指标规范化数据,计算结果如表6-3所示。

表6-3 医药制造业2014～2018年各项指标规范化数据表

序号	指标	2014年	2015年	2016年	2017年	2018年
A1	R&D经费内部支出	0	0.268 4	0.515 1	0.754 9	1
A2	新产品开发经费	0	0.082 0	0.334 8	0.740 1	1
A3	R&D人员数	0.533 4	0.021 1	1	0	0.834 3
A4	R&D人员全时当量	1	0.571 0	0.731 0	0	0.355 4
B1	专利拥有数	1	0	0.178 4	0.333 3	0.567 1
B2	专利申请数	0.587 2	0	0.310 8	0.679 5	1
B3	新产品开发项目数	0.241 1	0	0.335 7	0.676 7	1
B4	R&D人员占就业人员人数比重	0.414 5	0	0.211 2	0.256 5	1
C1	利润总额	0	0.355 4	0.777 3	1	0.755 3
C2	主营业务收入	0	0.490 0	1	0.775 6	0.188 3
C3	就业人员人数	0.523 7	0.808 6	1	0.468 3	0
C4	就业人员人均利润率	0	0.247 8	0.573 3	1	0.966 5

计算医药制造业 2014~2018 年各项指标权重，综合评价医药制造业各年度智能化能力，计算结果如表 6-4 所示。

表 6-4　医药制造业 2014~2018 年智能化能力及排序比较

序号	权系数	指标	2014 年	2015 年	2016 年	2017 年	2018 年
A1	0.083 4	R&D 经费内部支出	0	0.268 4	0.515 1	0.754 9	1
A2	0.089 2	新产品开发经费	0	0.082 0	0.334 8	0.740 1	1
A3	0.094 4	R&D 人员数	0.533 4	0.021 1	1	0	0.834 3
A4	0.079 7	R&D 人员全时当量	1	0.571 0	0.731 0	0	0.355 4
B1	0.080 2	专利拥有数	1	0	0.178 4	0.333 3	0.567 1
B2	0.079 5	专利申请数	0.587 2	0	0.310 8	0.679 5	1
B3	0.081 7	新产品开发项目数	0.241 1	0	0.335 7	0.676 7	1
B4	0.073 9	R&D 人员占就业人员人数比重	0.414 5	0	0.211 2	0.256 5	1
C1	0.081 3	利润总额	0	0.355 4	0.777 3	1	0.755 3
C2	0.086 8	主营业务收入	0	0.490 0	1	0.775 6	0.188 3
C3	0.078 5	就业人员人数	0.523 7	0.808 6	1	0.468 3	0
C4	0.091 2	就业人员人均利润率	0	0.247 8	0.573 3	1	0.966 5
		评价值 $D_i(w)$	0.348 4	0.234 8	0.588 4	0.560 7	0.726 3
		排序号	4	5	2	3	1

由表 6-4 可知，2014~2018 年医药制造业的智能化能力综合评价值呈上升趋势，这反映出医药制造业智能化水平正逐年提高。结合图 6-13，医药制造业就业人数的整体趋势处于下降状态。总体来说，从 2015 年开始，专利申请数、专利拥有数、R&D 人员占就业人员人数比重及新产品开发项目数评价值不断上升；从 2016 年起，主营业务收入与就业人员人数评价值出现下降趋势；从 2017 年起，利润总额和就业人员人均利润率评价值呈下降趋势，且五年间，R&D 人员数以及 R&D 人员全时当量评价值不断上下波动。就综合评价来说，从 2014~2018 年，医药制造业各方面评价值都有一定程度的提升，应当关注的是就业人员的数量与质量问题及经济新常态阶段如何提高效益的问题。

人才是智能制造时代最宝贵的资源，医药制造业存在着就业人员整体数量下降、科研从业者数量提高不明显的问题。《智能制造工程实施指南（2016—2020）》中也提到要对创新人才、团队等进行系统建设。为此需要建设提供人才供需信息的服务平台，更重要的是加强高校、研究所与企业之间的互动，进一步推动产学研一体化建设，使高校、研究院等机构的知识成果可以有效率地转化为实际生产力。另外，医药制造业的特点之一是涉及的细分行业较多，因此该行业对单一行业剧烈波动不敏感，正因如此，医药制造业的效益分析涉及因素更复杂，该行业要更加重视自身竞争力的评估，遵循市场规律，广泛开展国际交流，拓展国际合作渠道，探索开发并实现智能化改造，在创新中引领时代潮流，在智能化中造福全行业。

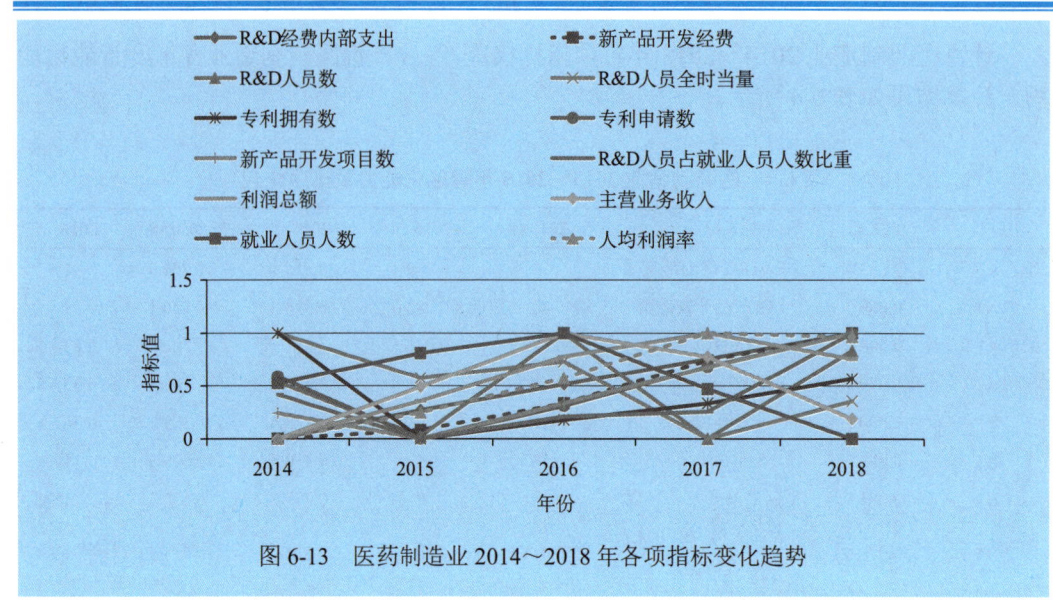

图 6-13 医药制造业 2014~2018 年各项指标变化趋势

6.3 食品制造业

6.3.1 食品制造业智能化评价

1. 基础层

1) R&D 经费内部支出

智能化的高速发展对于传统的食品制造业来说，既能改造产能结构实现升级，也能催生新兴产业实现转型，推动存量提升和增量发展，实现"腾笼换鸟"和"凤凰涅槃"，提高食品制造业的投资收益率。

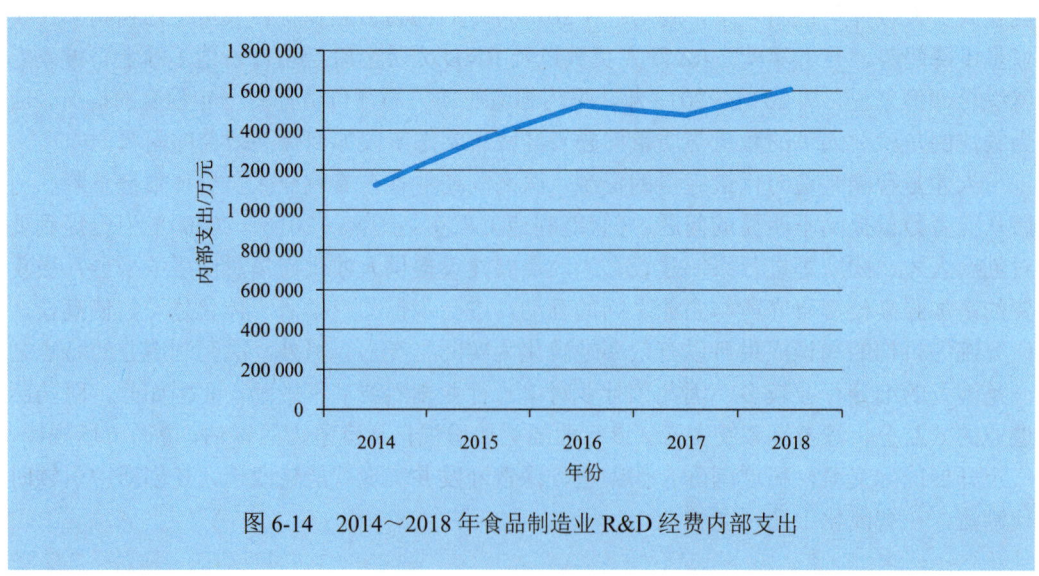

图 6-14 2014~2018 年食品制造业 R&D 经费内部支出

在研发上的大量投入是其创新的基础,从该行业 2014~2018 年的发展情况(图 6-14)来看,除 2017 年外,其他四年 R&D 经费内部支出处于不断上升的趋势,每年的增长率都超过了 8%,2015 年的增长率达到了 20.2%,而 2018 年的增长率仅为 8.72%,2017 年则下降了 3.12%。R&D 经费内部支出总体上升,2018 年的支出高达 1 609 628 万元,是 2014 年该项支出的 1.43 倍。

2)新产品开发经费

从图 6-15 来看,2014~2018 年食品制造业新产品开发经费支出呈现稳定增长趋势,2018 年新产品开发经费支出是 2014 年的 1.34 倍,且 2016 年年增长率超过 14%。

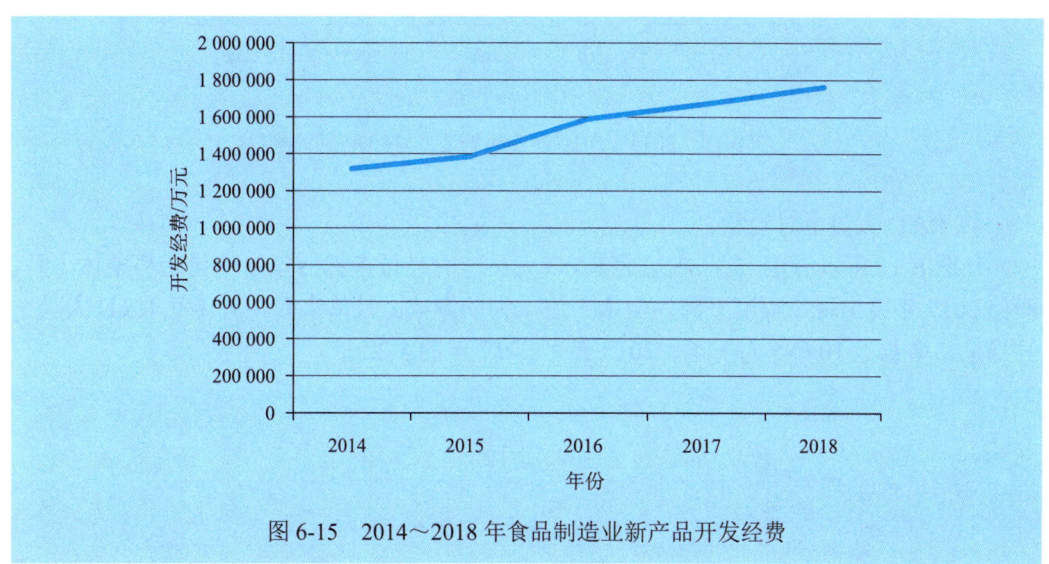

图 6-15　2014~2018 年食品制造业新产品开发经费

该行业涉及的领域较为广泛,包括烘焙食品制造,糖果、巧克力、蜜饯制造,方便食品制造,乳制品制造,罐头食品制造,调味品和发酵制品制造和其他食品制造。在市场需求的快速增长和科技进步的有力推动下,已发展成为门类比较齐全,既能满足国内市场需求,又具有一定出口竞争能力的行业,并实现了持续、快速、健康发展的良好态势。随着全球经济发展和科学技术的进步,食品工业仍然是世界制造业中的第一大产业。虽然与其他行业相比,新产品开发经费支出较低,但是为了适应科技的发展,对该方面的投入还是非常有必要的。

3)R&D 人员数

从图 6-16 可知,食品制造业 R&D 人员数呈现逐步上升趋势,年增长率最低为 2017 年的 2.65%,随后陡然上升至 2018 年的 15.22%。2014~2018 年,该行业的 R&D 人员数增加了约 14 700 人,2016 年起该行业的 R&D 人员总数突破 50 000 人。

科研队伍的不断壮大反映出该行业的从业人员结构正在不断优化,具有强劲的科技创新潜力。

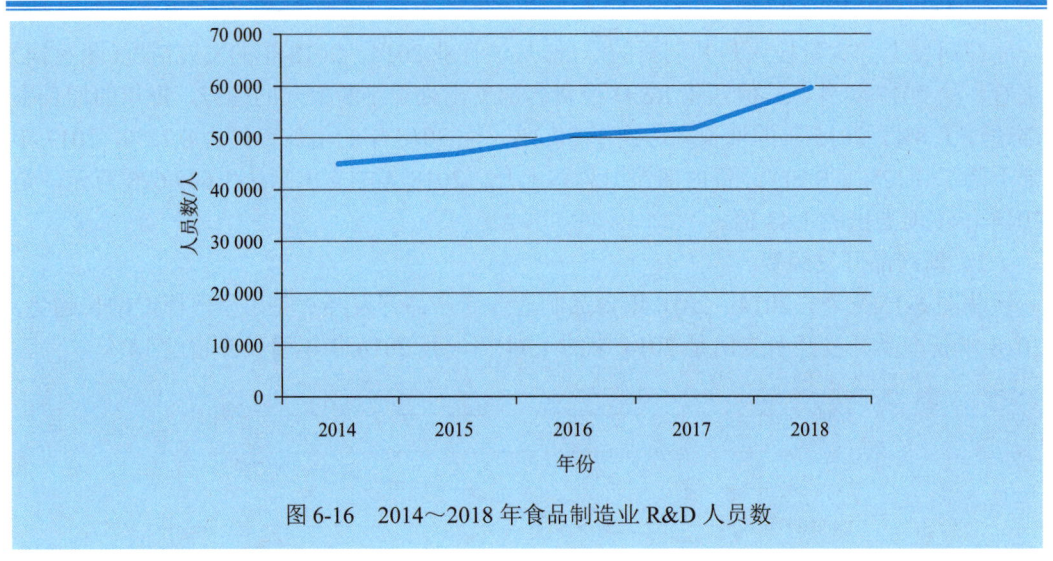

图 6-16 2014~2018 年食品制造业 R&D 人员数

4) R&D 人员全时当量

从图 6-17 可以看出,食品制造业 R&D 人员全时当量指标的年度变化趋势整体上升。即使 2017 年度出现小幅度下降,但未产生太大的影响。具体来看,五年间 R&D 人员全时当量共增长了 10 685 人·年。2018 年是 2017 年的 1.22 倍。

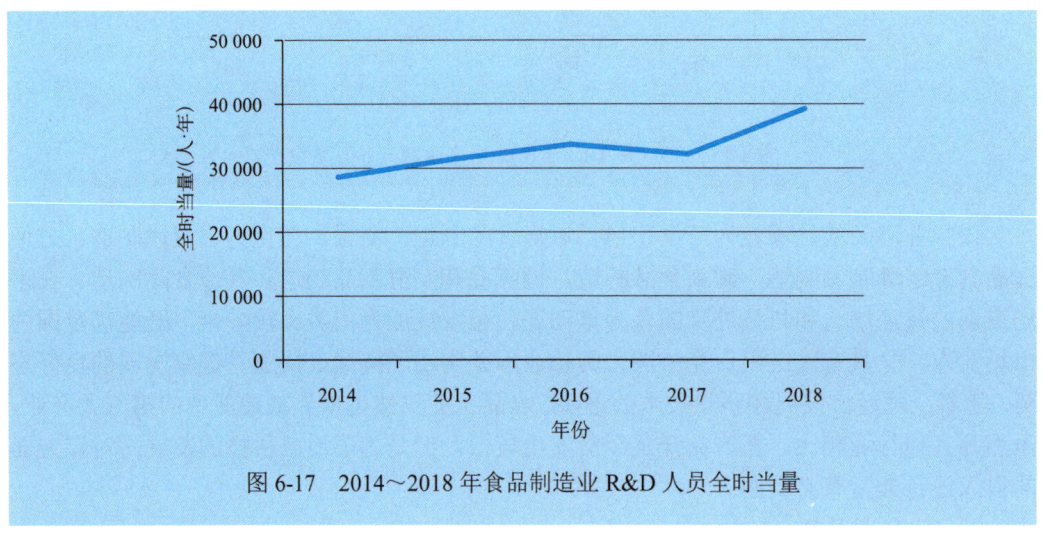

图 6-17 2014~2018 年食品制造业 R&D 人员全时当量

2. 应用层

1) 专利拥有数

2014 年食品制造业专利拥有数为 2752 项,2018 年达到了 4071 项,总数上是 2014 年的 1.48 倍。根据图 6-18,该行业的专利拥有数在 2015~2017 年增长较快,尤其是 2016 年,年增长率为 14.87%,可谓是较高速增长。

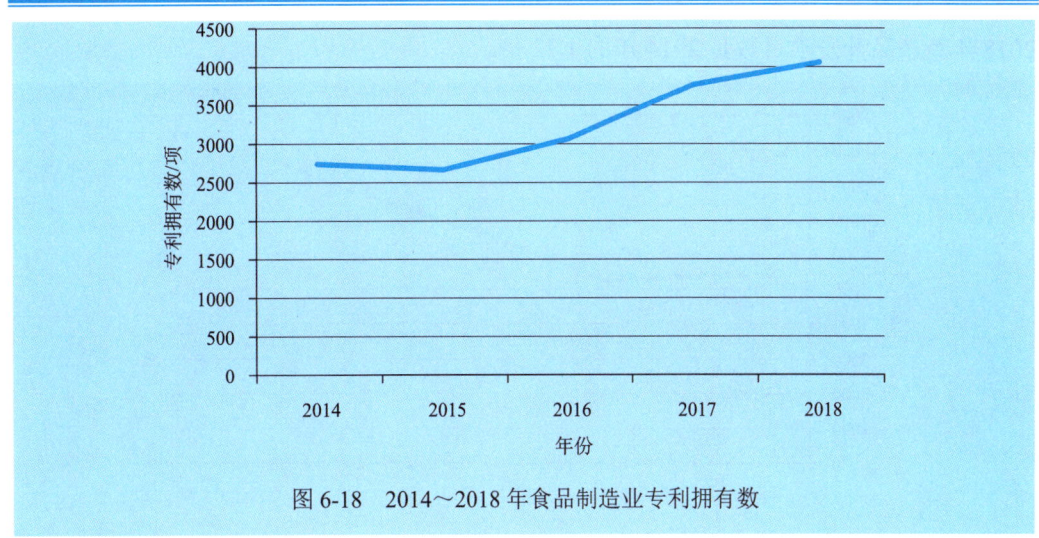

图 6-18 2014~2018 年食品制造业专利拥有数

2014~2018 年专利拥有数的高速增长表明该行业在研发上的大量投入获得了较好的成果。但需要注意的是，拥有专利之后如何提高专利转化率、如何让专利变为产品及如何产业化的问题。

2) 专利申请数

由图 6-19 可看到食品制造业专利申请数在五年中稳定增长，2018 年的专利申请数达到了 2014 年的 1.49 倍，2016 年年增长率最高，达到了 14.92%。

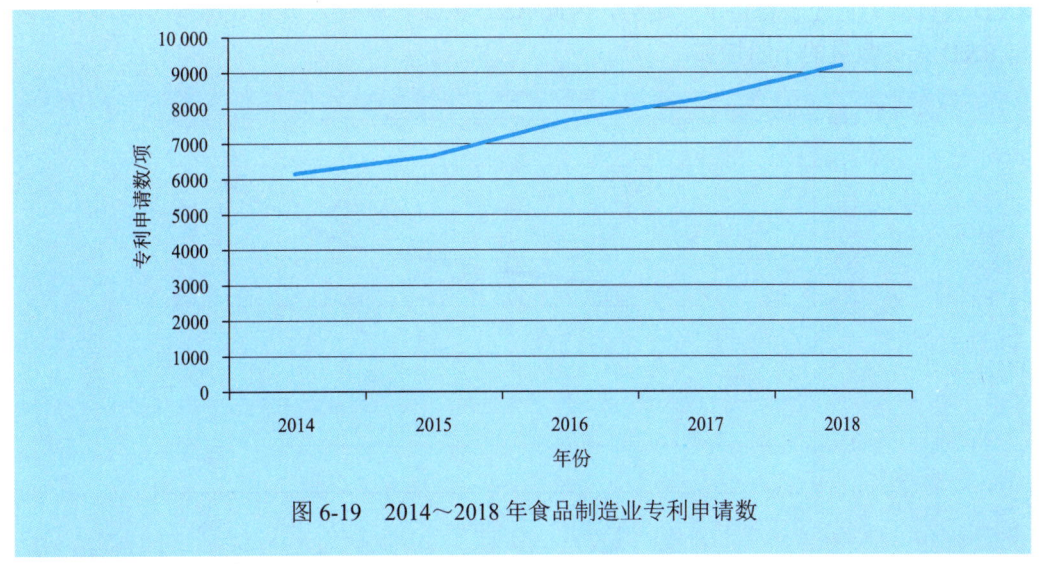

图 6-19 2014~2018 年食品制造业专利申请数

观察该行业专利拥有数和申请数，可以发现从 2014~2018 年，该行业专利拥有数占申请数比重均在 45%左右，且呈上升趋势，这也反映出该行业的专利质量在不断提升。

3) 新产品开发项目数

新产品开发项目数是评估科技产出的指标之一。从图 6-20 可知，食品制造业新产品开发项目数在 2015~2018 年处于快速增长状态，2016 年年增长率甚至达到了 27.24%。

2018年新产品开发项目数是2014年的1.72倍。

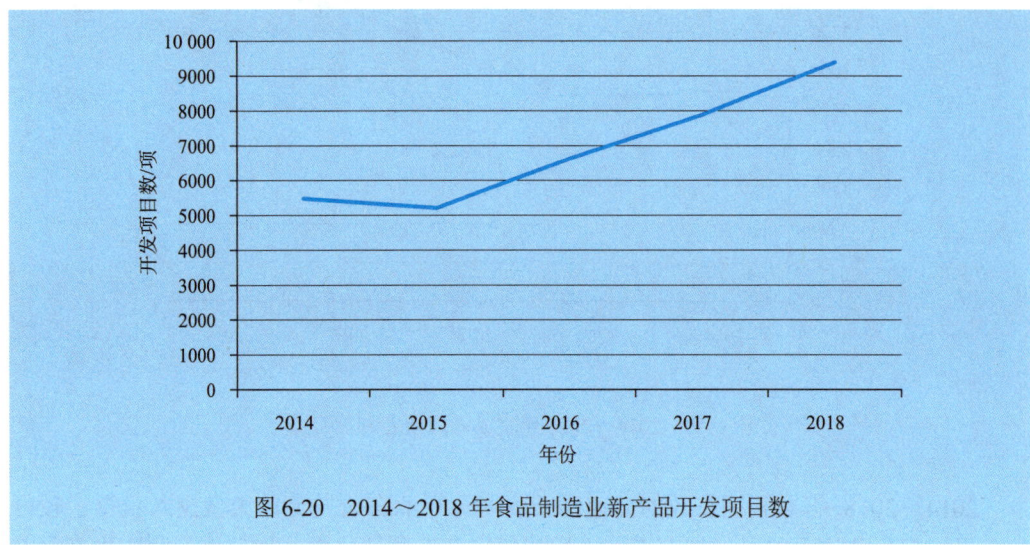

图6-20 2014~2018年食品制造业新产品开发项目数

总体来说,该行业的新产品开发项目数有了明显提升,并且近期趋势良好。

4) R&D人员占就业人员人数比重

从图6-21可以看到食品制造业R&D人员占就业人员人数比重趋势图与R&D人员数趋势图相似,有不断上升趋势,并且2016年后增长趋势更为显著。整体来看,该行业R&D人员数一直处于稳定上升趋势,因此R&D人员占就业人员人数比重的提升主要来自R&D人员数量的不断增加。

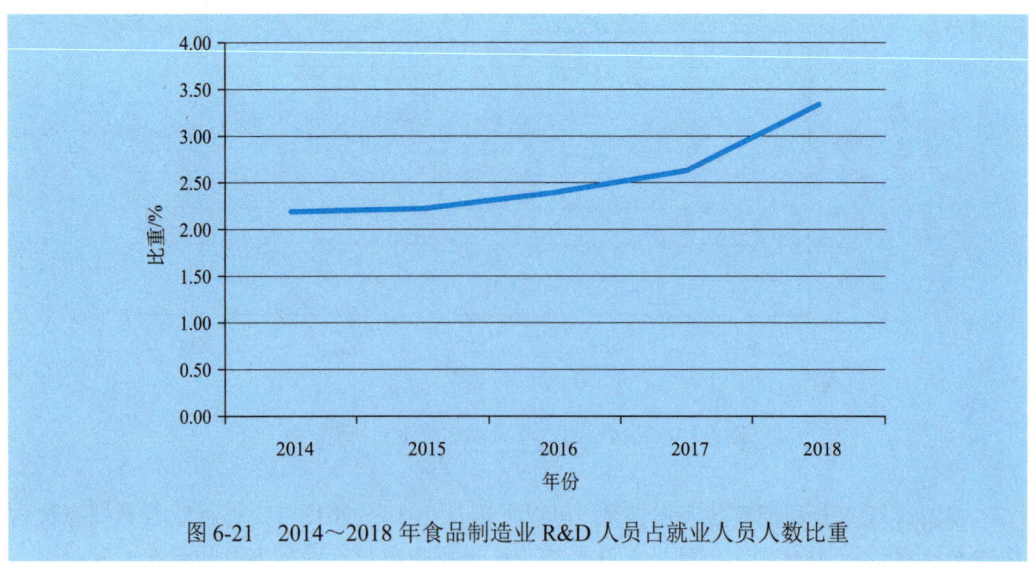

图6-21 2014~2018年食品制造业R&D人员占就业人员人数比重

以上情况说明该行业从业人员的结构正在不断优化,创新人才队伍正不断扩大,指标的提升有利于行业的进一步自主创新。

3. 市场层

1）利润总额

通过图 6-22 可以发现，食品制造业的利润总额在 2016 年之前保持持续稳定的增长，2016 年利润总额为 2083.43 亿元，处于峰值，随后 2017 年利润总额下降，至 2018 年减少了 531.23 亿元，年增长率为–15.67%。

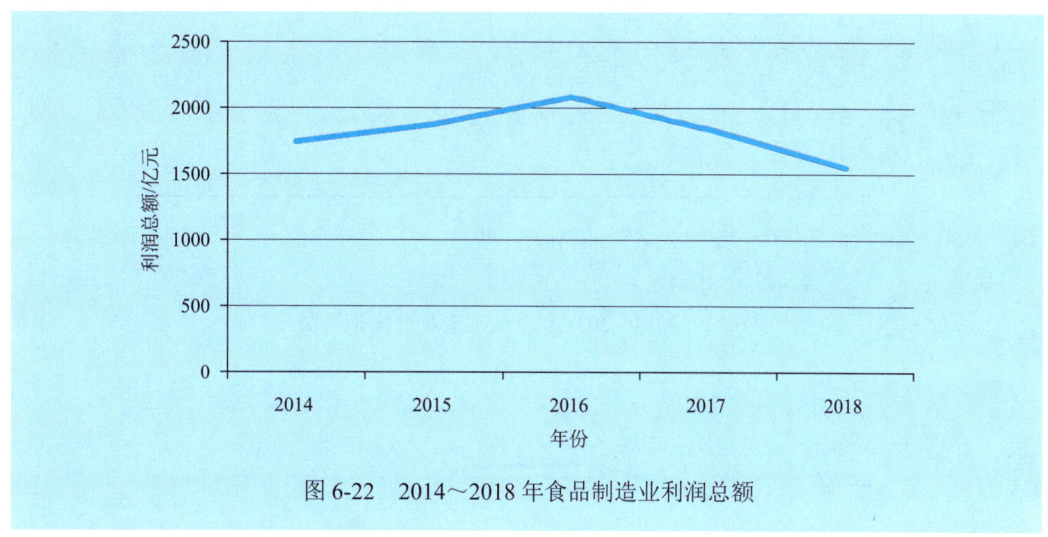

图 6-22　2014～2018 年食品制造业利润总额

在智能化和供给侧结构性改革的大环境下，食品制造业的各项成本每一年都处于上升状态，国家补贴的减少也对利润空间造成一定挤压。

2）主营业务收入

图 6-23 显示，食品制造业主营业务收入最近年度发展趋势与利润总额相似，以 2016 年为分界点，在 2016 年之前保持着稳定的增长态势，从 20 399.89 亿元上升到 23 955.38 亿元，年增长率最高达到了 9.1%，2018 年下降至 18 679.80 亿元，下降幅度为 15.63%。

从国家政策上看，食品制造业涉及不少《中国制造 2025》和国家"十三五"规划中提到的重点领域，比如节能环保领域；从投入（科研经费支出）和产出（专利拥有数）的数据来看，该行业近几年的表现也在持续进步。造成 2016～2018 年该行业主营业务收入下降的原因是多方面的，中国的食品制造业在近几年取得了不少技术上的突破性成就，但该行业的技术壁垒不多，且国际市场仍旧竞争激烈，客户可以选择的替代品也较多。

3）就业人员人数

图 6-24 显示，2014～2018 年食品制造业就业人员人数历经了缓慢上升，以 2016 年为分界点，之后开始快速下降的过程。2018 年的增长率为–9.28%，较 2014 年减少了 270 766 人。

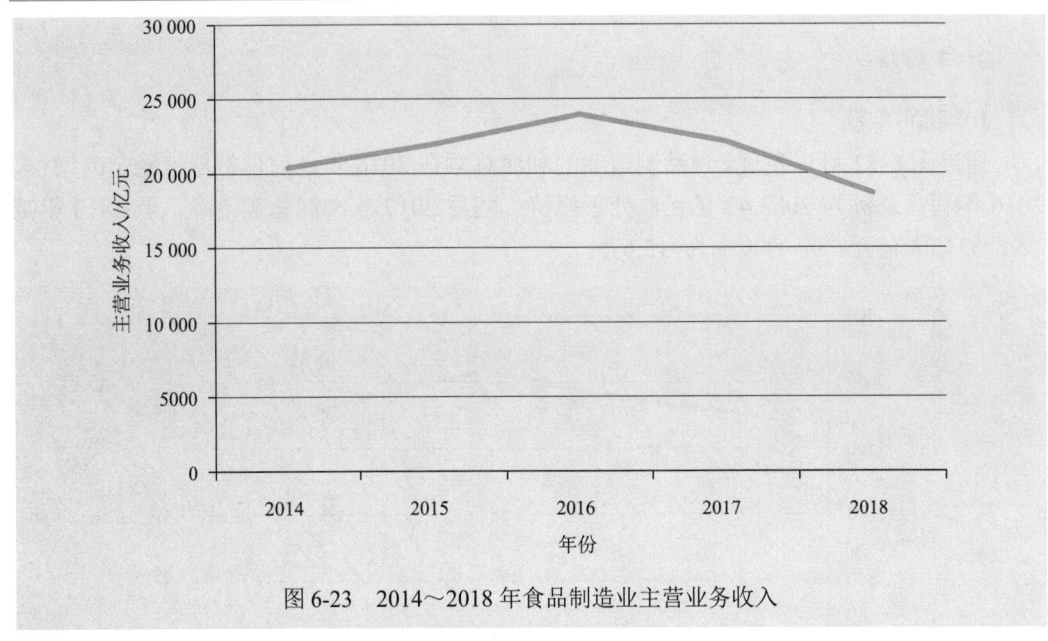

图 6-23 2014~2018 年食品制造业主营业务收入

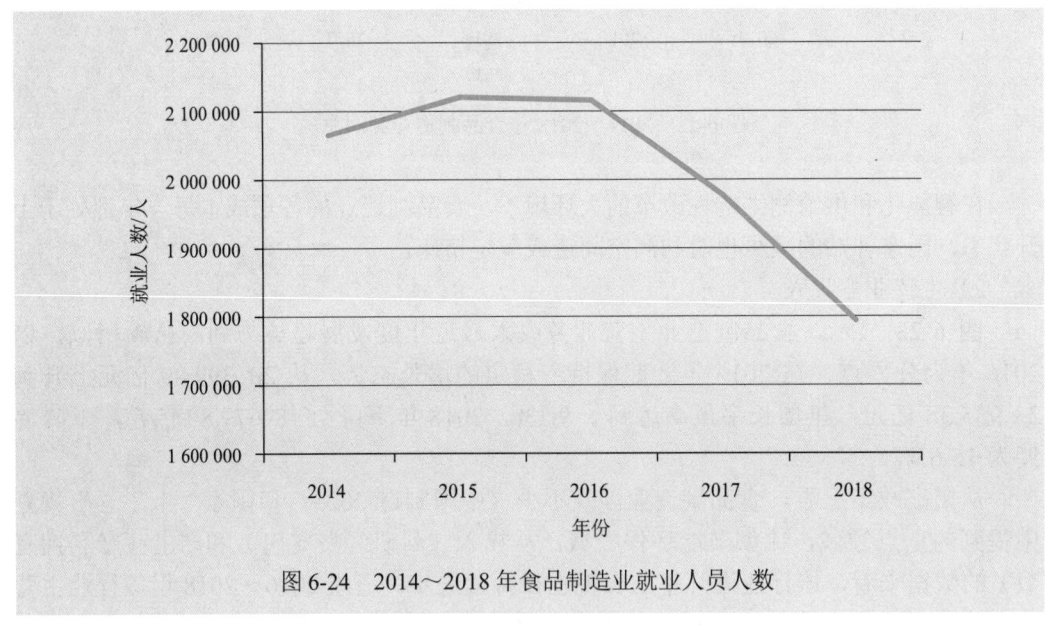

图 6-24 2014~2018 年食品制造业就业人员人数

图 6-24 所表现出的情况可能是由于行业引入智能化改造对一些传统岗位带来一定冲击。从长期来看，智能化给从业者带来的更多是机遇，制造业智能化可以给行业带来新的岗位，从而注入新的活力。在智能化进程中，这个作用也会逐渐凸显。

4）就业人员人均利润率

由图 6-25 可知，2014~2018 年食品制造业人均利润率经历了两次明显波动，2014~2016 年人均利润率从 84 497.71 元/人增加至 98 456.12 元/人；而 2016~2018 年一直保持下降趋势，2018 年的人均利润率跌破 90 000 元/人，但是仍高于 2014 年的值。2018 年的增长率为–7.05%。

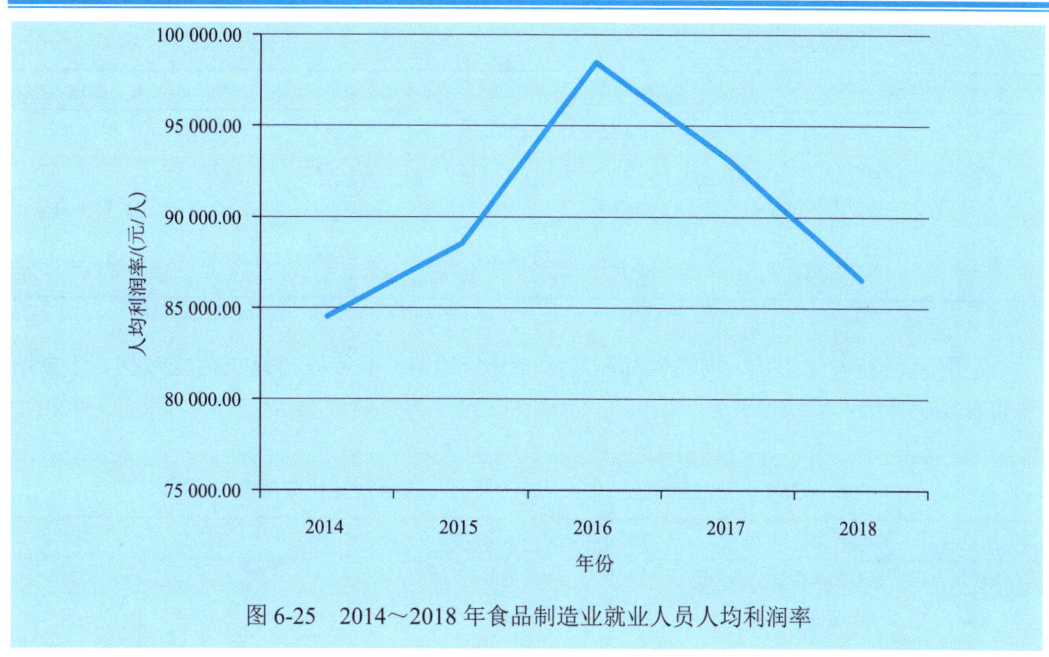

图 6-25 2014~2018 年食品制造业就业人员人均利润率

6.3.2 食品制造业智能化能力综合化评价

食品是生活中不可或缺的，食品制造业是国民经济的基础产业，该行业的稳定良好发展对国民经济具有基础性意义。

根据 2014~2018 年《中国统计年鉴》《中国科技统计年鉴》《中国工业统计年鉴》中食品制造业智能化方面的数据，选取能客观、分层次地反映制造业智能化的 12 项指标，使用离差最大化方法计算出每个指标的权重。结合各项指标的规范化数值，可得出 2014~2018 年中国食品制造业科技创新能力的综合评价值。依据各指标的原始数据、规范化数据、权重、智能化综合评价值及其排序结果，对智能化能力做出评价。中国食品制造业智能化能力各项评价指标的原始数据见表 6-5。

表 6-5 食品制造业 2014~2018 年各项指标数据表

序号	指标	2014 年	2015 年	2016 年	2017 年	2018 年
A1	R&D 经费内部支出/万元	1 126 691	1 354 294	1 528 196	1 480 532	1 609 628
A2	新产品开发经费/万元	1 315 864	1 382 302	1 586 258	1 670 110	1 760 064
A3	R&D 人员数/人	45 176	47 087	50 642	51 986	59 898
A4	R&D 人员全时当量/(人·年)	28 769	31 589	33 886	32 381	39 454
B1	专利拥有数/项	2752	2677	3075	3781	4071
B2	专利申请数/项	6180	6677	7673	8293	9227
B3	新产品开发项目数/项	5471	5201	6618	7877	9383
B4	R&D 人员占就业人员人数比重/%	2.19	2.22	2.39	2.63	3.34

续表

序号	指标	2014年	2015年	2016年	2017年	2018年
C1	利润总额/亿元	1744.68	1876.57	2083.43	1840.69	1552.20
C2	主营业务收入/亿元	20 399.89	21 957.58	23 955.38	22 140.85	18 679.80
C3	就业人员人数/人	2 064 766	2 120 500	2 116 100	1 977 400	1 794 000
C4	就业人员人均利润率/（元/人）	84 497.71	88 496.58	98 456.12	93 086.38	86 521.74

运用离差最大化方法，构造食品制造业2014~2018年各项指标规范化数据，计算结果如表6-6所示。

表6-6　食品制造业2014~2018年各项指标规范化数据表

序号	指标	2014年	2015年	2016年	2017年	2018年
A1	R&D经费内部支出	0	0.471 3	0.831 4	0.732 7	1
A2	新产品开发经费	0	0.149 6	0.608 7	0.797 5	1
A3	R&D人员数	0	0.129 8	0.371 3	0.462 6	1
A4	R&D人员全时当量	0	0.263 9	0.478 9	0.338 0	1
B1	专利拥有数	0.053 8	0.000 0	0.285 5	0.792 0	1
B2	专利申请数	0	0.163 1	0.490 0	0.693 5	1
B3	新产品开发项目数	0.064 6	0.000 0	0.338 8	0.639 9	1
B4	R&D人员占就业人员人数比重	0	0.028 3	0.178 3	0.383 2	1
C1	利润总额	0.362 3	0.610 6	1	0.543 1	0
C2	主营业务收入	0.326 0	0.621 3	1	0.656 1	0
C3	就业人员人数	0.829 3	1	0.986 5	0.561 7	0
C4	就业人员人均利润率	0	0.286 5	1	0.615 3	0.145 0

计算食品制造业2014~2018年各项指标权重，综合评价食品制造业各年度智能化能力，计算结果如表6-7所示。

表6-7　食品制造业2014~2018年智能化能力及排序比较

权系数	序号	指标	2014年	2015年	2016年	2017年	2018年
0.080 7	A1	R&D经费内部支出	0	0.471 3	0.831 4	0.732 7	1
0.090 6	A2	新产品开发经费	0	0.149 6	0.608 7	0.797 5	1
0.079 8	A3	R&D人员数	0	0.129 8	0.371 3	0.462 6	1
0.075 8	A4	R&D人员全时当量	0	0.263 9	0.478 9	0.338 0	1
0.093 7	B1	专利拥有数	0.053 8	0	0.285 5	0.792 0	1
0.086 6	B2	专利申请数	0	0.163 1	0.490 0	0.693 5	1
0.088 1	B3	新产品开发项目数	0.064 6	0	0.338 8	0.639 9	1

续表

权系数	序号	指标	2014年	2015年	2016年	2017年	2018年
0.080 6	B4	R&D人员占就业人员人数比重	0	0.028 3	0.178 3	0.383 2	1
0.076 9	C1	利润总额	0.362 3	0.610 6	1	0.543 1	0
0.079 7	C2	主营业务收入	0.326 0	0.621 3	1	0.656 1	0
0.083 0	C3	就业人员人数	0.829 3	1	0.986 5	0.561 7	0
0.084 5	C4	就业人员人均利润率	0	0.286 5	1	0.615 3	0.145 0
		评价值 $D_i(w)$	0.133 4	0.302 0	0.624 6	0.608 1	0.688 1
		排序号	5	4	2	3	1

根据表6-7,2014～2018年食品制造业的智能化能力综合评价值呈现逐步上升趋势,反映该行业在智能化改造工程上取得了进步。观察图6-26,除就业人员人数利润总额、主营业务收入和人均利润率指标,其余指标评价值的整体趋势都是上升的;并且大部分指标评价值在2015年后实现大幅度的增长,这可能得益于《中国制造2025》、国家"十三五"规划等战略的颁布。2016年后出现回落的指标评价值有主营业务收入、利润总额和人均利润率,说明该行业的经济效益有所下降。

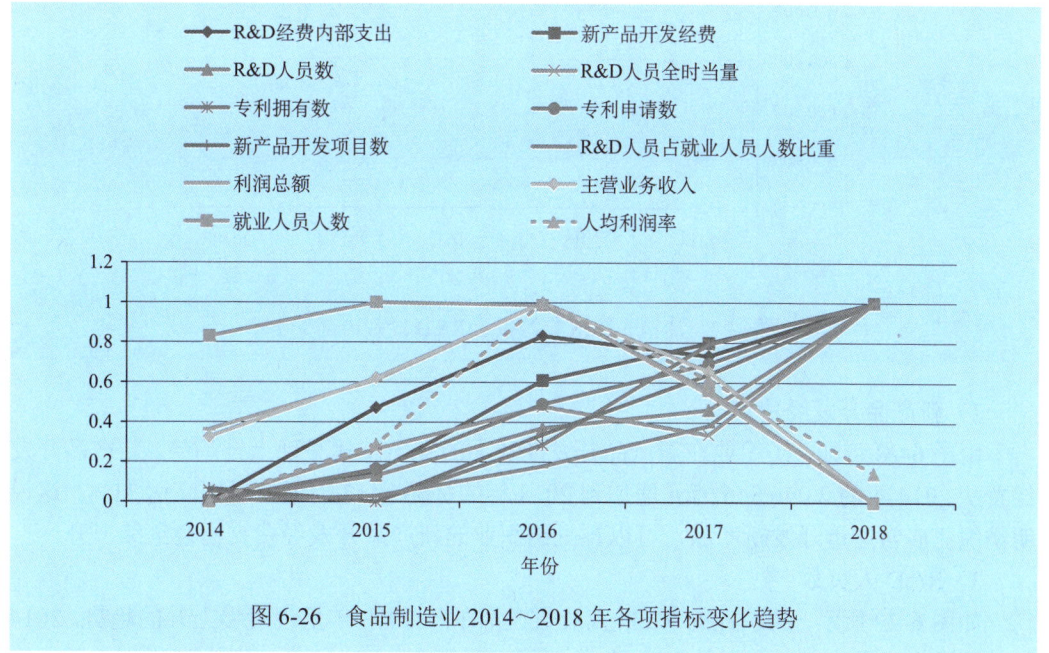

图6-26 食品制造业2014～2018年各项指标变化趋势

总体来说,食品制造业近几年为科技创新进行了大量投入,对专利和新产品研发的投入也取得了较好的成果,但其市场表现评价值仍有波动,该行业要重视市场竞争力问题。"十三五"战略规划提到需要建设智能互联网、大力开展国际性的互联网项目合作,加强实施"走出去"战略,提升国际市场占有率,通过国际交流合作实现创新发展,从而提升国际竞争力。在这个过程中,需要拓展商业运营模式。因为食品制造业不存在太多行业壁垒,所以可以通过大企业带动中小企业的方式形成全产业链战略联盟、产业聚集区等形式的竞争优势。

6.4 纺 织 业

6.4.1 纺织业智能化评价

1. 基础层

1) R&D 经费内部支出

从图 6-27 可以看出,2014～2018 年纺织业的经费内部支出显著增加,从 2014 年的 1 776 979 万元增加到 2018 年的 2 554 381 万元,即 2018 年的研发经费约为 2014 年研发经费的 1.4 倍。这说明纺织业一直都很注重研发创新,可以预见纺织业的研发经费投入在未来会持续增加。

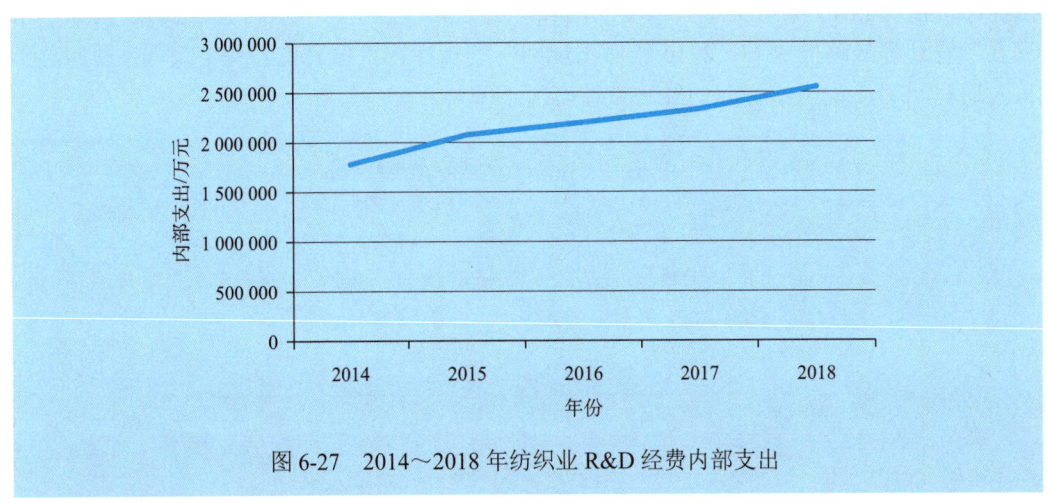

图 6-27 2014～2018 年纺织业 R&D 经费内部支出

2) 新产品开发经费

由图 6-28 可知,纺织业在新产品开发经费上的支出整体呈现上升趋势。新产品开发经费从 2014 年的 2 046 846 万元增加到 2018 年的 2 687 412 万元,增幅高达 31%。这说明纺织业非常注重开发新产品,可以预见纺织业的新产品开发经费支出会继续上升。

3) R&D 人员数

如图 6-29 所示,纺织业的 R&D 人员数在 2014～2018 年呈现缓慢上升的趋势,2014 年的研发人员数为 83 545 人,2018 年的研发人员数为 107 522 人。从上述数据来看,纺织业要进行产业升级,需进一步提高创新能力,增加 R&D 人员的投入。

4) R&D 人员全时当量

由图 6-30 可知,纺织业 R&D 人员全时当量也呈现整体上升的趋势,且 2017 年后上升幅度有所增加,纺织业的创新改革更进一步。

第6章 中国制造业智能化发展：产业研究 95

图 6-28 2014～2018 年纺织业新产品开发经费

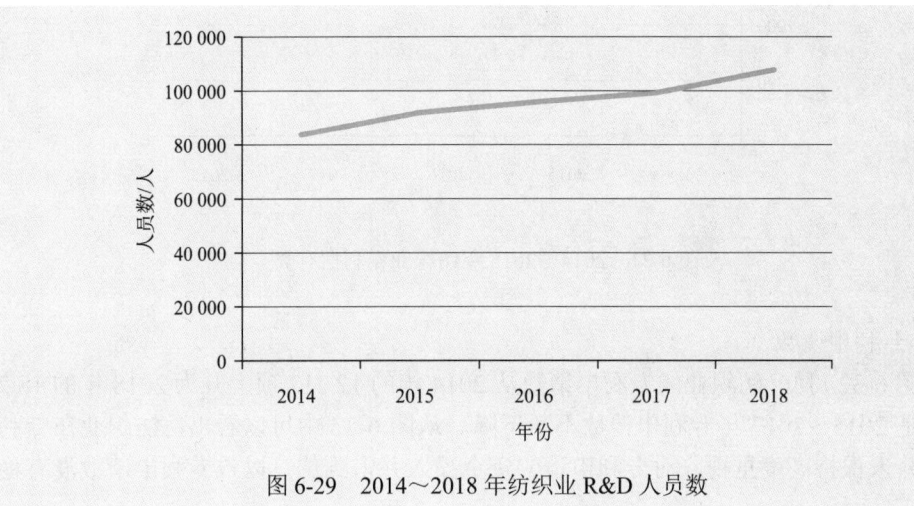

图 6-29 2014～2018 年纺织业 R&D 人员数

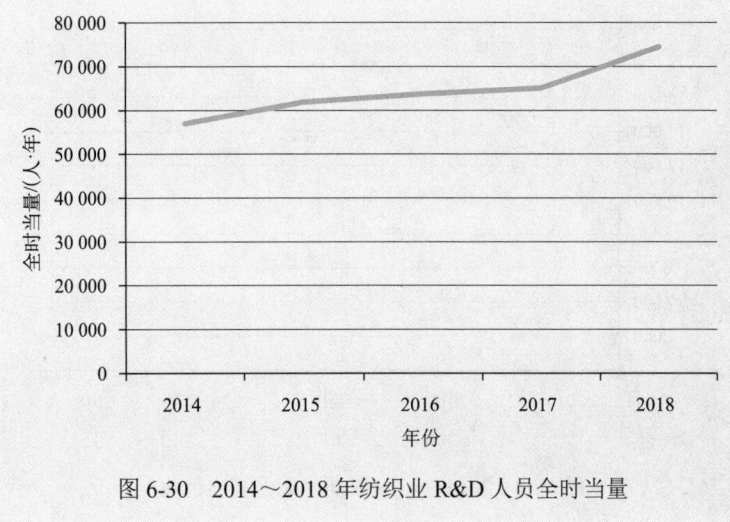

图 6-30 2014～2018 年纺织业 R&D 人员全时当量

2. 应用层

1）专利拥有数

专利拥有数在一定程度上体现了企业的创新产出,是反映单位产出效果的指标之一。通过图6-31可知,2014~2018年纺织业专利拥有数整体呈现上升趋势,2016~2017年有小幅下降趋势,2017年后大幅度增长。

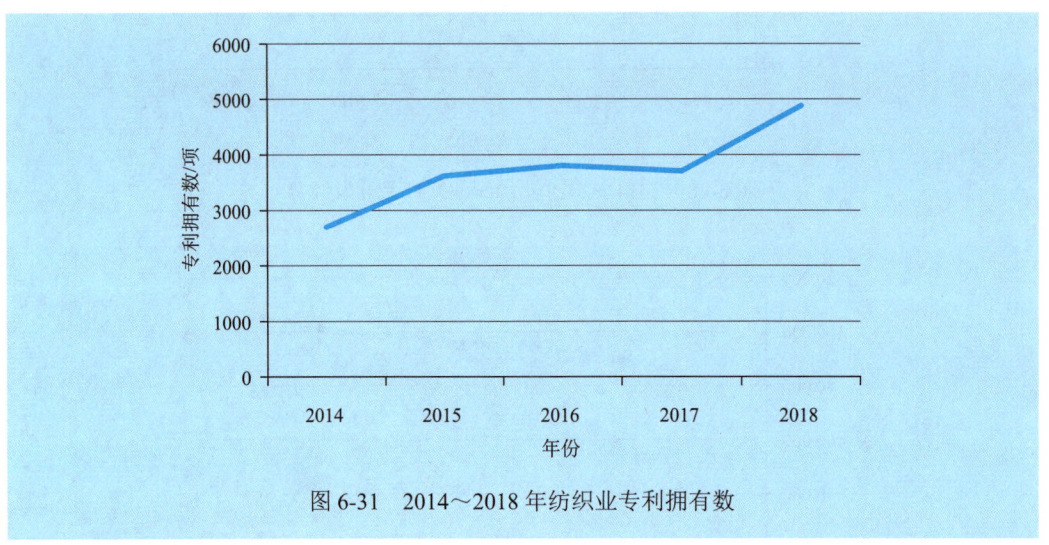

图6-31 2014~2018年纺织业专利拥有数

2）专利申请数

由图6-32可知,纺织业的专利申请数从2014年的12 712项上升为2018年的18 239项,但是2015~2017年专利申请数不断下降。从图6-32中可以看出,纺织业在专利申请方面并未保持高度重视,对专利申请的资金投入并未到位,以致专利申请数没有稳定增长。

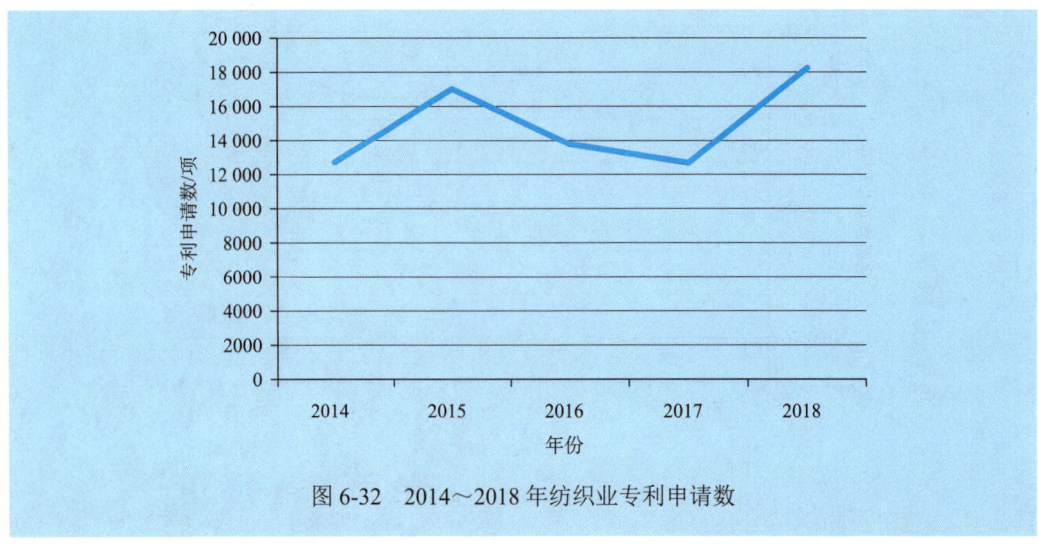

图6-32 2014~2018年纺织业专利申请数

3）新产品开发项目数

由图 6-33 可知，纺织业新产品开发项目数在 2015~2018 年缓慢增长，2014~2015 年处于下降趋势，2015 年之后呈现大幅增长态势。

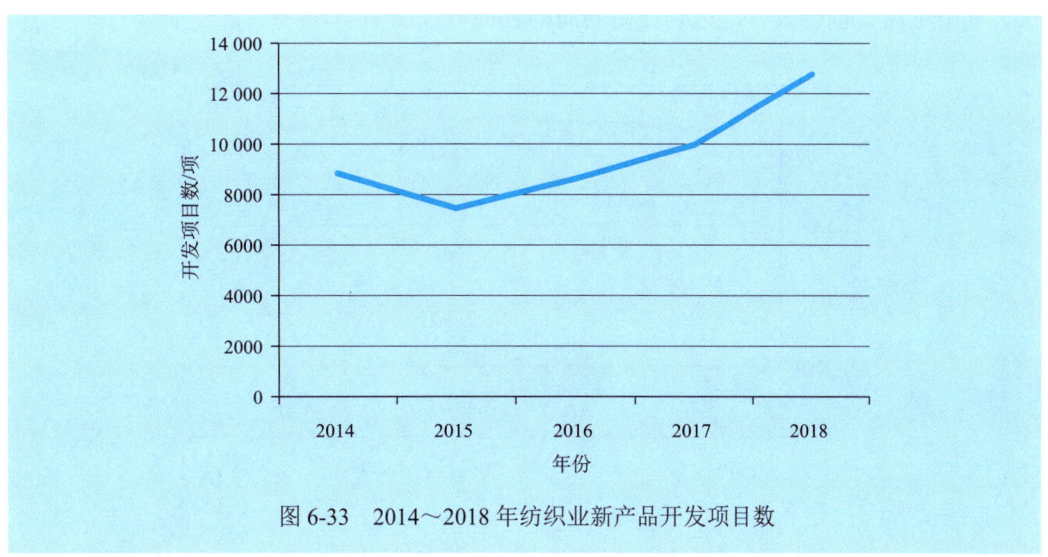

图 6-33　2014~2018 年纺织业新产品开发项目数

4）R&D 人员占就业人员人数比重

从图 6-34 来看，纺织业的 R&D 人员占就业人员人数比重在 2014~2018 年呈现显著上升趋势。与纺织业 R&D 人员数变化趋势较为类似，2014~2017 年稳定增长，2017 年以后增长趋势上升。这说明纺织业整体技术含量提高，整体行业需要更多研发人员。

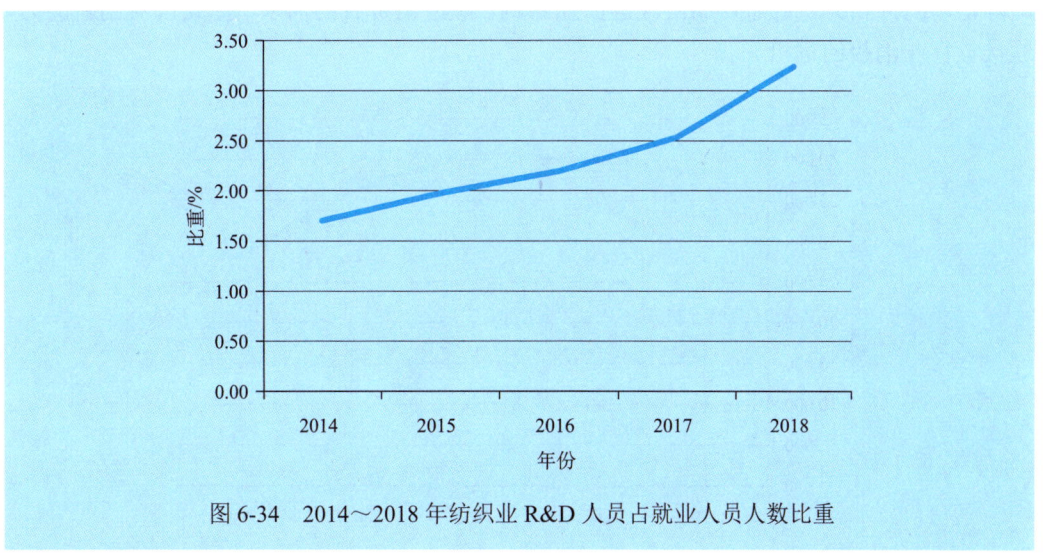

图 6-34　2014~2018 年纺织业 R&D 人员占就业人员人数比重

3. 市场层

1）利润总额

纺织业近年来利润总额呈现下降趋势。从图 6-35 可知，2016~2018 年纺织业的利润总额从最高的 2285.63 亿元下降到了 1265.30 亿元，下降了 1 020.33 亿元，下降幅度达到了 44.6%，在此期间，纺织业经营状况不容乐观，传统纺织业在市场上份额下降，需要及时调整产业结构，降低生产成本，减少库存积压，引进设计人才，满足消费者的需求，其中更需要创新改革，达到提高利润的目的。

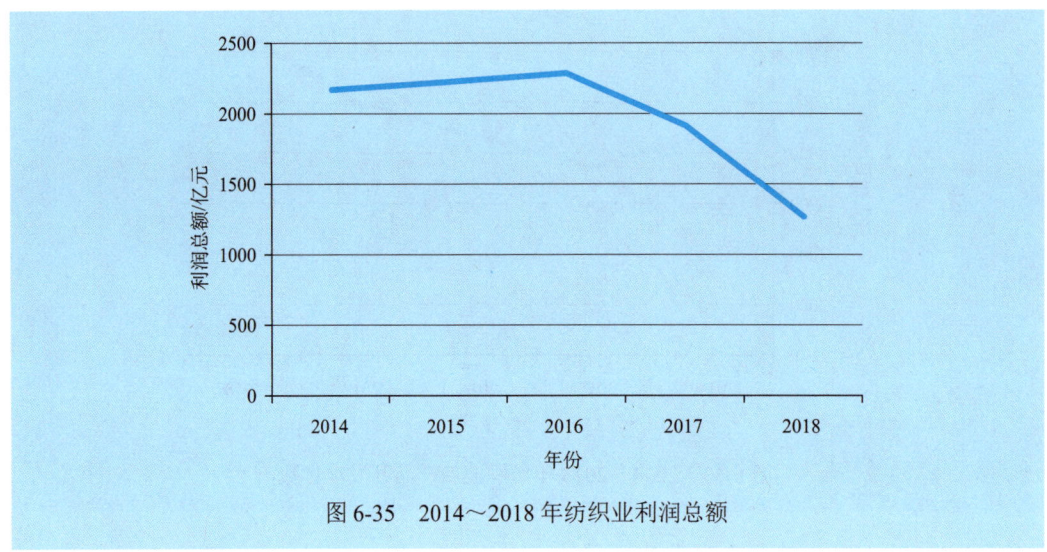

图 6-35　2014～2018 年纺织业利润总额

2）主营业务收入

从图 6-36 可知，主营业务收入的变化与利润总额相近，2016～2018 年主营业务收入大幅度下降，主营业务收入的下降部分导致了利润总额的下降。纺织业除了需要应对国际市场的冲击外，更需要加快改进产业结构，顺应消费者的需求，提高自身创新能力，迎接该行业消极的危机。

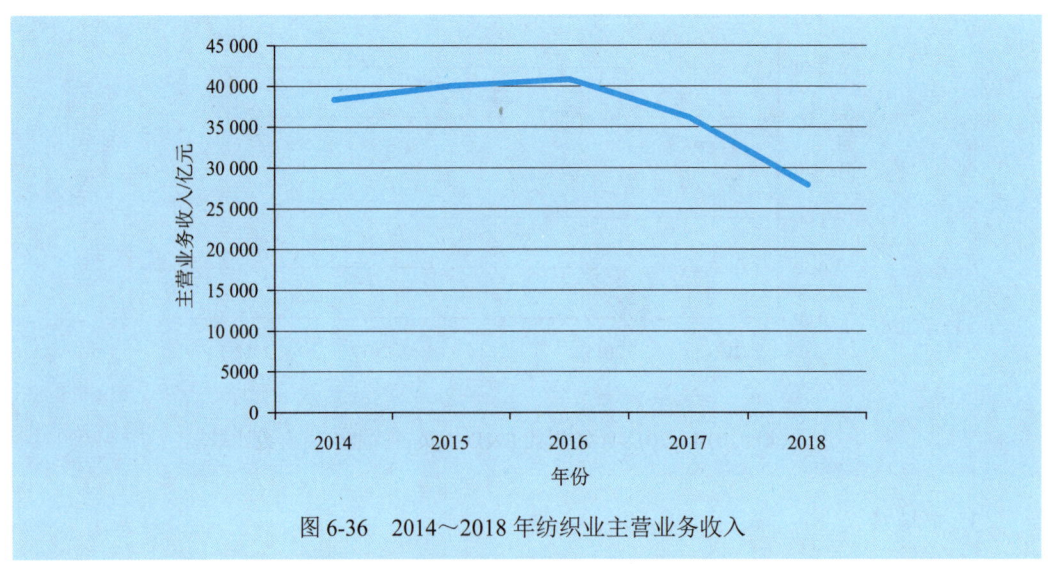

图 6-36　2014～2018 年纺织业主营业务收入

3）就业人员人数

从图 6-37 可以看到，2014~2018 年就业人员人数持续下降。可能的原因是随着智能制造的发展，纺织业的智能化程度提高，很多传统岗位逐步被机器代替。结合前述研发人员占就业人员人数比重逐步增加的趋势，可以预见智能化、科技创新是纺织业发展的主要趋势。

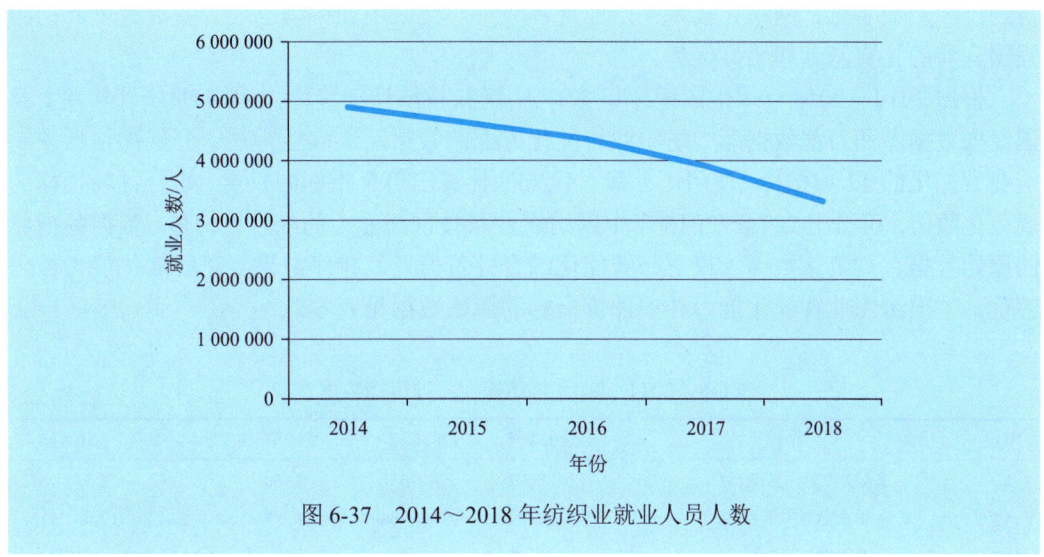

图 6-37　2014~2018 年纺织业就业人员人数

4）就业人员人均利润率

从图 6-38 可看出，2014~2018 年纺织业的就业人员人均利润率先增加后下降，从 2014 年的 44 226.07 元/人下降到 2018 年的 38 134.42 元/人。随着智能化的普及，就业人员逐渐被智能机器替代，如图 6-35 与图 6-37 所示，纺织业就业人员越来越少，利润总额不断下降且下降速度大于就业人员的减少速度，表明了人均利润率下降。

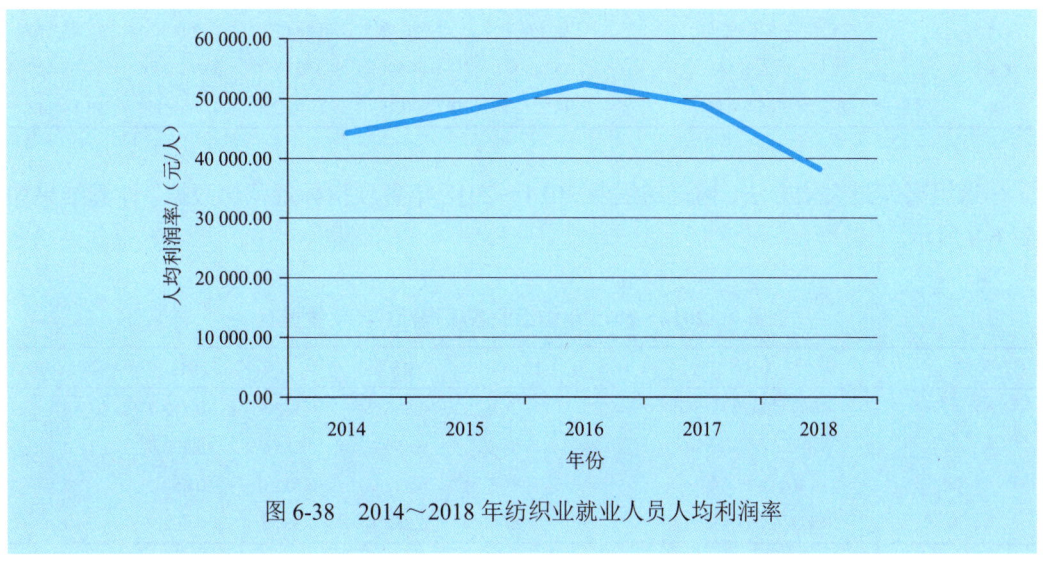

图 6-38　2014~2018 年纺织业就业人员人均利润率

6.4.2 纺织业智能化能力综合化评价

中国的纺织业已传承几千年。改革开放以后,经过几十年发展,中国已经成为纺织产业链最完整、门类最齐全的国家,同时也是世界上最大的纺织品服装生产和出口国。随着"中国智造"和"中国制造 2025",中国纺织业有多项行业关键技术取得进步,并得到推广,数字化、网络化技术在产业链各环节广泛应用使中国已经具备迈进世界纺织强国阵营的扎实基础和明显优势。

根据 2014~2018 年《中国统计年鉴》《中国科技统计年鉴》《中国工业统计年鉴》及国泰安数据库和万德数据库中纺织业智能化方面的数据,选取能客观、分层次地反映制造业智能化的 12 项指标,使用离差最大化方法计算出每个指标的权重。结合各项指标的规范化数值,可得出 2014~2018 年中国纺织业科技创新能力的综合评价值。依据各指标的原始数据、规范化数据、权重、智能化综合评价值及其排序结果,对智能化能力做出评价。中国纺织业智能化能力各项评价指标的原始数据见表 6-8。

表 6-8 2014~2018 年纺织业各项指标数据表

序号	指标	2014 年	2015 年	2016 年	2017 年	2018 年
A1	R&D 经费内部支出/万元	1 776 979	2 076 652	2 199 360	2 331 792	2 554 381
A2	新产品开发经费/万元	2 046 846	2 081 406	2 229 997	2 380 515	2 687 412
A3	R&D 人员数/人	83 545	91 746	95 821	99 136	107 522
A4	R&D 人员全时当量/(人·年)	56 859	61 758	63 636	64 955	74 347
B1	专利拥有数/项	2697	3619	3804	3705	4881
B2	专利申请数/项	12 712	17 017	13 777	12 667	18 239
B3	新产品开发项目数/项	8844	7466	8639	9982	12 781
B4	R&D 人员占就业人员人数比重/%	1.70	1.98	2.20	2.53	3.24
C1	利润总额/亿元	2167.98	2224.26	2285.63	1913.95	1265.30
C2	主营业务收入/亿元	38 294.75	39 986.96	40 844.21	36 114.43	27 863.10
C3	就业人员人数/人	4 902 041	4 644 500	4 362 200	3 911 600	3 318 000
C4	就业人员人均利润率/(元/人)	44 226.07	47 890.19	52 396.27	48 930.11	38 134.42

运用离差最大化方法,构造纺织业 2014~2018 年各项指标规范化数据,计算结果如表 6-9 所示。

表 6-9 2014~2018 年纺织业各项指标规范化数据表

序号	指标	2014 年	2015 年	2016 年	2017 年	2018 年
A1	R&D 经费内部支出	0	0.385 5	0.543 3	0.713 7	1
A2	新产品开发经费	0	0.054 0	0.285 9	0.520 9	1
A3	R&D 人员数	0	0.342 0	0.512 0	0.650 2	1
A4	R&D 人员全时当量	0	0.280 1	0.387 5	0.462 9	1

续表

序号	指标	2014 年	2015 年	2016 年	2017 年	2018 年
B1	专利拥有数	0	0.422 2	0.506 9	0.461 5	1
B2	专利申请数	0.008 1	0.780 7	0.199 2	0	1
B3	新产品开发项目数	0.259 3	0	0.220 7	0.473 4	1
B4	R&D 人员占就业人员人数比重	0	0.176 5	0.320 5	0.540 3	1
C1	利润总额	0.884 7	0.939 9	1	0.635 7	0
C2	主营业务收入	0.803 6	0.934 0	1	0.635 6	0
C3	就业人员人数	1	0.837 4	0.659 2	0.374 7	0
C4	就业人员人均利润率	0.427 1	0.684 0	1	0.757 0	0

计算纺织业 2014～2018 年各项指标权重，综合评价纺织业各年度智能化能力，计算结果如表 6-10 所示。

表 6-10 2014～2018 年纺织业"智能化"能力及排序比较

权系数	指标	2014 年	2015 年	2016 年	2017 年	2018 年
0.082 7	R&D 经费内部支出	0	0.385 5	0.543 3	0.713 7	1
0.087 6	新产品开发经费	0	0.054 0	0.285 9	0.520 9	1
0.082 0	R&D 人员数	0	0.342 0	0.512 0	0.650 2	1
0.077 5	R&D 人员全时当量	0	0.280 1	0.387 5	0.462 9	1
0.074 0	专利拥有数	0	0.422 2	0.506 9	0.461 5	1
0.098 5	专利申请数	0.008 1	0.780 7	0.199 2	0	1
0.080 0	新产品开发项目数	0.259 3	0	0.220 7	0.473 4	1
0.084 0	R&D 人员占就业人员人数比重	0	0.176 5	0.320 5	0.540 3	1
0.081 8	利润总额	0.884 7	0.939 9	1	0.635 7	0
0.081 6	主营业务收入	0.803 6	0.934 0	1	0.635 6	0
0.087 5	就业人员人数	1	0.837 4	0.659 2	0.374 7	0
0.082 8	就业人员人均利润率	0.427 1	0.684 0	1	0.757 0	0
	评价值 $D_i(w)$	0.282 4	0.492 3	0.547 6	0.510 6	0.666 3
	排序号	5	4	2	3	1

由表 6-10 可以看出，2014～2018 年纺织业的智能化水平略有波动但整体呈现显著上升趋势。2017 年纺织业的智能化水平有所下降，但后期恢复较快。可以预见未来一段时间，纺织业的智能化水平呈现稳步上升态势。

由图 6-39 可知，2014～2018 年纺织业中利润总额、主营业务收入、就业人员人数、人均利润率有下降趋势；R&D 经费内部支出、新产品开发经费、R&D 人员数、专利拥有数、专利申请数、新产品开发项目数、R&D 人员占就业人员人数比重代表了纺织业科技方面的投入都处于不断上升的状态，表明纺织业正在顺应时代的潮流，加大对智能化创新的投入，着力于产业结构的改革。随着科技的发展及"互联网+"时代的到来，"互联网+纺织"和"机器换人"将开辟纺织业未来新格局,中国纺织业将进入智能纺织时代。纺织业将从传统的劳动密集型产业转为技术密集型产业、战略性新兴产业。

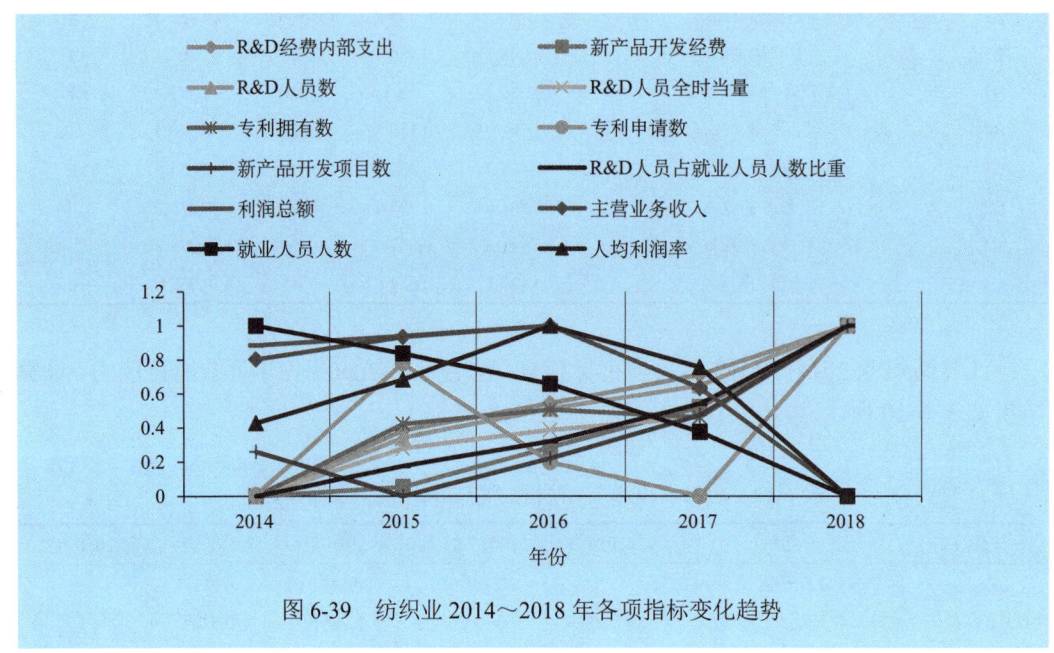

图 6-39 纺织业 2014~2018 年各项指标变化趋势

6.5 本章小结

制造业直接体现了一个国家的生产力水平,制造业作为我国的支柱产业,一直保持较好的发展态势。然而,随着我国人口红利的消失、人工费用的增长,以往依靠人力发展制造业的道路已无法持续。在新时期、新形势下,以工业机器人为代表的智能装备,正为传统制造业的生产方式带来变革,智能化、自动化将是我国制造业发展的新路径。

涉及国计民生的战略产业须由国家严格掌控,其中医药制造业、食品制造业和纺织业是涉及国家安全、人民安康的具有战略意义的典型产业。医药制造业关系国计民生,是国家政策关注的重点,是"中国制造 2025"和战略性新兴产业的重点领域,是推进健康中国建设的重要保障,生物医药更是被"十三五"规划列为战略性新兴产业,尤其是新冠肺炎疫情的发生,生物医药产业迎来新的发展机遇。民以食为天,饮食结构和食品工业化是反映人民生活质量及国家文明程度的重要标志。食品制造业与农业、工业联系密切,承载着提高人民生活水平、带动农业发展、实现工业强国的希望和重托。纺织产业作为国民经济的支柱产业,是战略新兴产业的重要组成部分,具有明显的国际竞争优势,已不是完全意义上的传统产业。本章选择了中国制造业中的医药制造业、食品制造业和纺织业作为重点研究对象。

2014~2018 年,医药制造业的智能化能力综合评价值呈上升趋势,这反映出医药制造业智能化水平正逐年提高。就综合评价来说,2014~2018 年医药制造业各方面评价值都有一定程度的进步,应当关注的是就业人员的数量与质量问题,以及经济新常态阶段如何提高效益的问题。医药制造业要更加重视自身竞争力的评估，遵循市场规律，广泛开展国际交流，拓展国际合作渠道，探索开发并实现智能化改造，在创新中引领时代潮流，在智能化中造福全行业。

2014~2018年，食品制造业的智能化能力综合评价值呈现逐步上升趋势，这反映出该行业在智能化改造工程上取得了进步。总体来说，食品制造业近几年为科技创新进行了大量投入，对专利和新产品研发的投入也取得了较好的成果，但其市场表现评价值仍有波动，该行业要重视市场竞争力问题。国家"十三五"战略规划提到需要建设智能互联网、大力开展国际性的互联网项目合作，加强实施"走出去"战略，提升国际市场占有率，通过国际交流合作实现创新发展，从而提升国际竞争力。在这个过程中，需要拓展商业运营模式。由于食品制造业不存在太多行业壁垒，所以可以通过大企业带动中小企业的方式形成全产业链战略联盟、产业聚集区等形式的竞争优势。

2014~2018年，纺织业的智能化水平略有波动但整体呈现显著上升趋势。纺织业的研发经费、新产品开发经费等逐年显著增加，研发人员投入略有波动，但研发经费增幅远大于研发人员增幅，这说明研发人员的研发效率提高。研发人员人数占全体人员比例逐步提升，体现了纺织业的科技含量的增强。但人均利润率下降，说明科技创新成果目前未得到很好的转化。特别值得注意的是，就业人员人数指标在2014~2018年不断下降。随着科技的发展及"互联网+"时代的到来，"互联网+纺织"和"机器换人"将为纺织业开辟未来发展新格局，中国纺织业将进入智能纺织时代。纺织业将从传统的劳动密集型产业转为技术密集型产业、战略性新兴产业。

综上所述，中国制造业中的医药制造业、食品制造业和纺织业的智能化程度都呈现整体上升态势。

参 考 文 献

国家统计局. 2015. 中国工业统计年鉴2014[M]. 北京: 中国统计出版社.
国家统计局. 2015. 中国科技统计年鉴2014[M]. 北京: 中国统计出版社.
国家统计局. 2015. 中国统计年鉴2014[M]. 北京: 中国统计出版社.
国家统计局. 2016. 中国工业统计年鉴2015[M]. 北京: 中国统计出版社.
国家统计局. 2016. 中国科技统计年鉴2015[M]. 北京: 中国统计出版社.
国家统计局. 2016. 中国统计年鉴2015[M]. 北京: 中国统计出版社.
国家统计局. 2017. 中国工业统计年鉴2016[M]. 北京: 中国统计出版社.
国家统计局. 2017. 中国科技统计年鉴2016[M]. 北京: 中国统计出版社.
国家统计局. 2017. 中国统计年鉴2016[M]. 北京: 中国统计出版社.
国家统计局. 2018. 中国工业统计年鉴2017[M]. 北京: 中国统计出版社.
国家统计局. 2018. 中国科技统计年鉴2017[M]. 北京: 中国统计出版社.
国家统计局. 2018. 中国统计年鉴2017[M]. 北京: 中国统计出版社.
国家统计局. 2019. 中国工业统计年鉴2018[M]. 北京: 中国统计出版社.
国家统计局. 2019. 中国科技统计年鉴2018[M]. 北京: 中国统计出版社.
国家统计局. 2019. 中国统计年鉴2018[M]. 北京: 中国统计出版社.
国家统计局社会科技和文化产业统计司, 国家发展和改革委员会高技术产业司. 2015[M]. 中国高技术产业统计年鉴2014. 北京: 中国统计出版社.

国家统计局社会科技和文化产业统计司, 国家发展和改革委员会高技术产业司. 2016[M]. 中国高技术产业统计年鉴 2015. 北京: 中国统计出版社.

国家统计局社会科技和文化产业统计司, 国家发展和改革委员会高技术产业司. 2017[M]. 中国高技术产业统计年鉴 2016. 北京: 中国统计出版社.

国家统计局社会科技和文化产业统计司, 国家发展和改革委员会高技术产业司. 2018[M]. 中国高技术产业统计年鉴 2017. 北京: 中国统计出版社.

国家统计局社会科技和文化产业统计司, 国家发展和改革委员会高技术产业司. 2019[M]. 中国高技术产业统计年鉴 2018. 北京: 中国统计出版社.

撰稿人：孙　薇　钟　念

审稿人：刘　军

第7章 中国制造业智能化发展：企业研究

7.1 引 言

当前，信息化、网络化、智能化发展已经成为社会经济生活领域的重要组成部分。目前，我国制造业已实现从小到大跨越式发展，建立了相对完备的产业链体系，但仍然受到复杂的国际竞争格局、突发的社会经济事件及产品技术贸易壁垒等问题的较大影响，存在较多发展困境。因此，我国提出了高质量发展要求，通过持续推进智能制造，开展"互联网+"、智能制造试点示范、人工智能、新基建等一系列项目工程，升级完善基础设施，推广应用5G、人工智能、物联网和云计算等有关智能应用的新技术、新模式，鼓励支持企业实现信息化、网络化、智能化转型升级，推动企业优化资源配置，提升研发生产效率，实现企业社会经济效益大发展。

本章将继续开展制造企业智能化发展评价工作，主要对部分制造企业智能化转型发展状况进行分析，剖析智能制造企业发展问题，为制造企业推进智能化发展提供思路，也为政策制定者和企业管理者制定智能制造企业发展规划提供借鉴与参考。为此，本章将继续沿用往年所构建的多维度制造企业智能化发展水平评价指标体系，以智能制造上市公司为研究对象，评价分析智能制造上市公司智能化发展状况，为持续推进制造业企业信息化、网络化和智能化全面深入发展提供科学依据。

7.2 制造企业智能化发展水平的评价体系

制造企业智能化发展成为企业高质量发展的重要方向。为持续推进制造企业智能化发展，本章将继续采用往年所构建的制造企业智能化发展水平评价指标体系，分析智能制造企业智能化发展特征，评价制造企业自身在智能化基础投入、智能化生产应用及智能化效率效益等方面的潜力和优势，支持制造企业更好地实施智能化发展。

7.2.1 制造企业智能化发展评价的相关文献述评

制造企业智能化发展评价的目的是推动企业在产品研发、生产运行和管理决策服务过程中深度融合通信定位、先进传感、网络云计算、虚拟现实和人工智能等各类先进技术，逐步实现企业自动化、信息化和智能化转型升级，以更快更好地提升企业效率效益。

有关制造企业智能化发展评价的研究，已有文献资料都从多维度指标来描述企业智能化水平，体现出制造企业智能化发展过程的复杂性和企业推动智能化转型的差异性。2015年以来，工业和信息化部在评选智能制造试点示范项目时提出多个评选指标，包括项目是否运行、项目技术水平、运营成本、产品研制周期、生产效率等方面，所评选的企业智能化发展具有典型代表性和推广价值；也有不少文献资料从企业制造系统角度来反映企业智能化发展情况（尹峰，2016）；中国电子技术标准化研究院（2019）通过所建立的"智能制造能力成熟度评价模型"，研究了智能制造不同等级的企业多层面关键特征；但考虑到从企业制造系统角度采集和量化数据较为不易，相关研究机构和学者又从企业经济绩效等角度来测评企业智能化发展水平。工信部赛迪研究院等组织在评选"中国智能制造百强企业"活动中采用了竞争力、智造能力、技术创新和发展潜力等评选指标进行综合评价。龚炳铮（2015）提出了一个包括生态环境、发展水平和企业效益三个一级指标的智能制造企业评价指标体系。邵坤和温艳（2017）则以基础设施、创新和绩效产出为基础建立了一种分级的智能制造能力评价指标体系。也有学者采用专家打分法进行企业智能化发展评价研究，如吴珊等（2020）结合"双E能力"，即"开发式创新能力"和"探索式创新能力"，针对制造企业智能化所具有的柔性化、定制化、可视化、低碳化等新特性设计出指标体系，采用国内产业研究领域的资深专家投票评选的方法展开企业智能化评价研究。

综上所述，企业智能制造评价指标体系设计和评价可以从不同的研究视角探索性地描述企业智能制造发展状况，对企业智能制造持续健康发展具有一定基础性指导作用。本章主要研究制造业上市企业智能化发展水平，制造业上市企业智能化发展状况不仅应反映企业智能化发展关键要素，还要符合企业经济持续健康发展要求，还应通过各种渠道受到企业内外相关领域机构人员的极大关注，因此，对制造型企业智能化发展水平的评价，将从智能化发展信息基础层评价、生产应用层评价和效率效益层评价等多个角度来综合考察，以构建出制造业上市企业智能化发展水平评价指标体系。

7.2.2 制造企业智能化发展水平的评价指标体系构建

制造企业智能化发展过程是一个逐步推进的过程，首先应具备一定的智能化发展基础及智能化持续发展所需的人才和资金支持，还应将智能化方式逐步推广应用于产品研发、装备、生产、管理和服务等过程，最终实现制造企业所期望的智能化社会经济效益。为切实反映制造企业智能化发展水平状况，我们构建了多维度的制造企业智能化发展水平评价指标体系。

1. 制造企业智能化发展的信息基础层评价

人才投入和资金投入是制造企业智能化发展的基础条件，没有一定的人才和资金积累难以进行智能制造的顶层设计与产业布局。因此，本指标选取人才投入和资金投入两个二级指标，人才投入的三级指标细分为本科以上人员占比和研发人员占比；资金投入包括固定资产增长率和无形资产增长率。

2. 制造企业智能化发展的生产应用层评价

结合李廉水等（2019）提出的企业智能制造应当具备产品智能化、生产智能化、服务智能化、装备智能化和管理智能化五个方面特征，本章将应用层的评价分为产品、生产、服务、装备和管理五个维度。

3. 制造企业智能化发展的效率效益层评价

制造企业的市场表现需要通过效益层的评价来体现,这里的效益的评价不仅仅是经济效益的评价,还包括社会效益的评价。本章的效率效益层评价选择成本费用利润率、总资产周转率和净资产收益率;而社会效益层评价选择就业增长率。

制造企业智能化发展水平评价指标体系如表7-1所示。

表7-1 制造企业智能化发展水平评价指标体系

一级指标	二级指标	三级指标	计算方法
信息基础层	人才投入	本科以上人员占比	(本科人员+研究生人员)/员工总数
		研发人员占比	研发人员/员工总数
	资金投入	固定资产增长率	(本年固定资产−上年固定资产)/上年固定资产
		无形资产增长率	(本年无形资产−上年无形资产)/上年无形资产
生产应用层	产品智能化	研发强度	研发费用/主营业务收入
	生产智能化	劳动生产率	主营业务收入/员工总数
	服务智能化	第三方评价	外部机构包括券商机构、新闻媒体、学术机构关于本企业智能化话题的提及频率
	装备智能化	专利应用	(实用新型专利申请量+发明专利申请量)/员工人数
	管理智能化	软件应用	软件账面价值/员工总数
效率效益层	经济效益	成本费用利润率	净利润/(成本+费用)
		总资产周转率	主营业务收入/总资产
		净资产收益率	净利润/总资产
	社会效益	就业增长率	(本年就业人数−上年就业人数)/上年就业人数

7.2.3 制造企业智能化发展水平的评价方法

制造企业智能化发展水平的综合评价,需要通过指标归一化、熵权−投影值计算和计算综合评分三个模型来介绍。

1. 指标归一化

构建的综合评价指标体系中指标量级和量纲并非都是统一的,将各指标放在一起综合评价时不能直接进行比较,因此需要对数据进行归一化处理,将指标数据都化为区间[0,1]之间的数字,以消除指标的量级和量纲,便于将各指标放在一起进行比较分析。另外,不同的指标具有不同的属性。有的指标与效益成正相关,即指标值越大,目标效益越大,得分越高;有的指标与效益呈负相关,即指标值越大,目标效益越小,得分越低;还有的指标是中间型的指标,当指标在一个合适的范围时,目标效益较大,得分越偏离这个范围,不论向上偏离还是向下偏离,都会降低效益。对这三类指标应用不同的归一化方法,将指标数据处理成与效益值、得分正相关的结果,便于进行比较分析和综合评价。

常用的指标归一化方法有最大值法、极差变换法（也称极值法）、非线性归一化法、模糊数学法等，各种归一化方法的计算结果一般不影响评价结论。本章针对不同的指标类型分别采用极差变换法和模糊数学法：首先分析指标属性，将指标划分为正向指标、负向指标、区间指标，然后对正向指标、负向指标应用极差变换法进行归一化处理，对于区间指标应用模糊数学法进行归一化处理。其计算公式如下：

1）正向指标

针对正向指标的处理为 $a_{ij} = \dfrac{x_{ij} - m_j}{M_j - m_j}$ （7-1）

2）负向指标

针对负向指标的处理为 $a_{ij} = \dfrac{M_j - x_{ij}}{M_j - m_j}$ （7-2）

式中，$M_j = \max x_{ij}$，$m_j = \min x_{ij}$。变换之后，指标的极大值为1，极小值为0。

3）区间指标

$$A(x) = \begin{cases} 0, & x \leqslant a \\ \dfrac{x-a}{b-a}, & a < x \leqslant b \\ 1, & b < x \leqslant c \\ \dfrac{d-x}{d-c}, & c < x \leqslant d \\ 0, & x > d \end{cases} \quad (7\text{-}3)$$

式中，a、d 为函数的下限和上限，b、c 为适度区间 $[b,c]$ 的两端值。

2. 熵权–投影值计算

指标权重代表了每个指标对评价目标的重要程度，相应的权重与对应的属性值相乘可得到综合评价的得分。综合评价的结论是否合理，关键就在于此，即只有确定最合理、最具说服力的指标权重，才能得到合理、可信的评价结论。层次分析法、德尔菲法、变异系数法、人工神经网络方法、灰色关联赋权法、熵权–投影法等方法经常用于权重的计算。为了更客观地测度权重，本章采用组合赋权法。现有组合赋权主要有两种类型：乘法组合赋权法和加法组合赋权法。在指标数目较多、各指标权重分布较平均时，乘法组合赋权法应用较多，但乘法组合赋权法具有一定的局限性，即乘法具有"倍增效应"。相比之下，加法组合赋权法的应用范围更广泛。

熵值赋权法是一种较为常用的赋值指标权重的方法，能克服主观因素，较为客观全面准确地反映指标数据隐含的信息和规律。熵值赋权法能显著提高指标数据间的对比度和分辨率，有效避免因指标数据差异过小而导致分析评价困难等问题，具有较强的客观性、较高的精确度和科学性，能综合系统地反映指标信息的效用值。熵权的计算方法如下：

1）计算熵权

j 个指标下第 i 个样本值占该指标的比重为

$$p_{ij} = \frac{x_{ij}}{\sum_{i=1}^{n} x_{ij}} (i=1,\cdots,n; j=1,\cdots,m) \tag{7-4}$$

$$e_j = -k\sum_{i=1}^{n} p_{ij}\ln p_{ij}(j=1,\cdots,m; k=\frac{1}{\ln n}>0), \text{若} p_{ij}=0, \text{则} p_{ij}\ln p_{ij}=0 \tag{7-5}$$

计算信息熵冗余度为

$$d_j = 1 - e_j(j=1,\cdots,m)$$

得到各指标的权重为

$$w_j = \frac{d_j}{\sum_{j=1}^{m} d_j}(j=1,\cdots,m) \tag{7-6}$$

2）计算投影值

投影决策方法本质上是一种简单的加法组合赋权法，但与简单的加法组合赋权法又并非完全一致，简单的加法组合赋权法采用得分值作为评判决策方案优劣的标准，而投影决策方法以投影值的大小作为评判决策方案优劣的标准，两者显然具有不同的经济含义。另外，式（7-6）采用的赋权系数也并非原先给定的赋权系数，而是与原赋权系数的平方成正比的一组新的赋权系数，这表明重要指标的赋权系数将得到进一步加强。

首先，定义各评价指标的理想属性值为 $X_j^* = \max x_{ij}$。由理想属性值构成的方案称理想方案，用 A^* 表示。设决策方案 A_i 与理想方案 A^* 之间的夹角余弦为

$$r_i = \frac{A_i \cdot A^*}{\|A_i\| \cdot \|A^*\|} = \frac{\sum_{i=1}^{m} W_j X_{ij} \cdot W_j}{\sqrt{(W_j X_{ij})^2} \cdot \sqrt{W_j^2}} \quad (i=1,2,\cdots,n) \tag{7-7}$$

很显然，夹角余弦 $0 \leq r_i \leq 1$，且总是越大越好；值越大表示决策方案 A 与理想方案 A^* 之间的变动方向越一致。但是，仅靠夹角余弦的大小还不能进行最优方案的决策。因为夹角余弦的大小只能反映各决策方案 A_i 与理想方案 A^* 之间的方向是否一致，不能反映各决策方案模（距离）的大小。设决策方案 A_i 的模为

$$d_i = \sqrt{\sum_{j=1}^{m} W_j Z_{ij}} \quad (i=1,2,3,\cdots,n) \tag{7-8}$$

模的大小与夹角余弦的大小结合能全面准确地反映各决策方案与理想方案之间的接近程度。令

$$D_i = d_i \cdot r_i \tag{7-9}$$

式中，D_i 表示决策方案在理想方案上的投影值大小，投影值越大表示方案越好。

3. 计算综合评分

通过熵权-投影值计算组合投影值。投影值在一定时期内是相对稳定的，但随着智能化发展水平的变化，评估的权重可能会偏移，需要对权重的适用性进行辨识；如果不满

足要求，需重新计算权重值，进而会影响到最终投影值的大小。

7.3 制造上市企业智能化发展水平评价

根据以上论述的评价目标、评价指标和方法，收集整理相应的数据，数据主要从如下渠道获取：①上市企业官方网站，通过官方网站收集企业概况、行业发展动态、业务情况及新闻动态等资料；②百度搜索引擎，通过百度搜索关于制造业上市企业智能化发展方面的新闻媒体报道、专家评论及相关主题报道等；③有关企业智能化方面的报告和书籍；④学术期刊文献，在 CNKI 上以企业名称和"智能"为关键词检索已公开发表的文章；⑤专利数据库（国家知识产权局，http://pss-system.cnipa.gov.cn/）。⑥同花顺金融数据库。基于以上数据，本章主要对工信部智能制造试点示范企业中的制造业行业上市企业的智能化水平进行比较和评价。

样本的筛选过程为：①统计出 2015～2018 年工信部智能制造试点示范企业共计 305 家企业名单和截至 2020 年 5 月 31 日获得的制造业 2483 家上市企业名单；②考虑数据可得性，将上述智能制造试点示范企业名单与上市企业名单进行匹配，若为上市企业，则保留并进行行业分类，否则予以剔除；③结合智能制造企业内涵，最后选择出属于制造业行业和工信部智能制造试点示范的上市企业共 131 家，涵盖了 22 个制造业行业。这些智能制造试点示范上市企业相对其他企业来说，具有一定发展规模、较高的市场认可度、领先的智能制造发展能力，可以成为其他制造企业发展智能制造的标杆。

本节首先对所选择制造业上市企业的信息基础层、生产应用层和效率效益层的各子指标进行单项比较，再分别对三个层面进行综合比较。

7.3.1 制造企业智能化发展信息基础层指标评价

企业智能化发展信息基础层指标包括人才投入和资金投入，是推动制造企业智能化发展的基础条件。较高层次的人才投入和资金投入可以极大地推动高质量的智能化发展，更具有智能化发展潜力。这里由于篇幅限制，仅列出指标分值排名前 30 的制造业上市企业的数据。

1. 人才投入

制造企业智能化发展需要高层次人才。这里采用本科以上人员占比和研发人员占比来反映制造企业智能化发展在人才投入方面的发展状况。如图 7-1 所示，仅列出指标分值排名前 30 的智能制造企业人才投入发展状况。

从这两个指标数据情况来看，制造企业智能化发展在人才投入方面存在如下特点：

一是本科以上人员占比指标数值总体上较高，反映出高比例的高学历员工对推动企业智能化转型发展比较有利。所分析的 131 家上市企业 2019 年本科以上人员占比平均高达 27.11%，该指标前 30 强的平均值更是高达 52.32%，其中，烽火通信（600498.SH）本科以上人员占比达到了 78.22%，其主要从事通信系统设备、光纤及线缆、数据网络产品等主营产品的研发生产及服务。

第 7 章 中国制造业智能化发展：企业研究

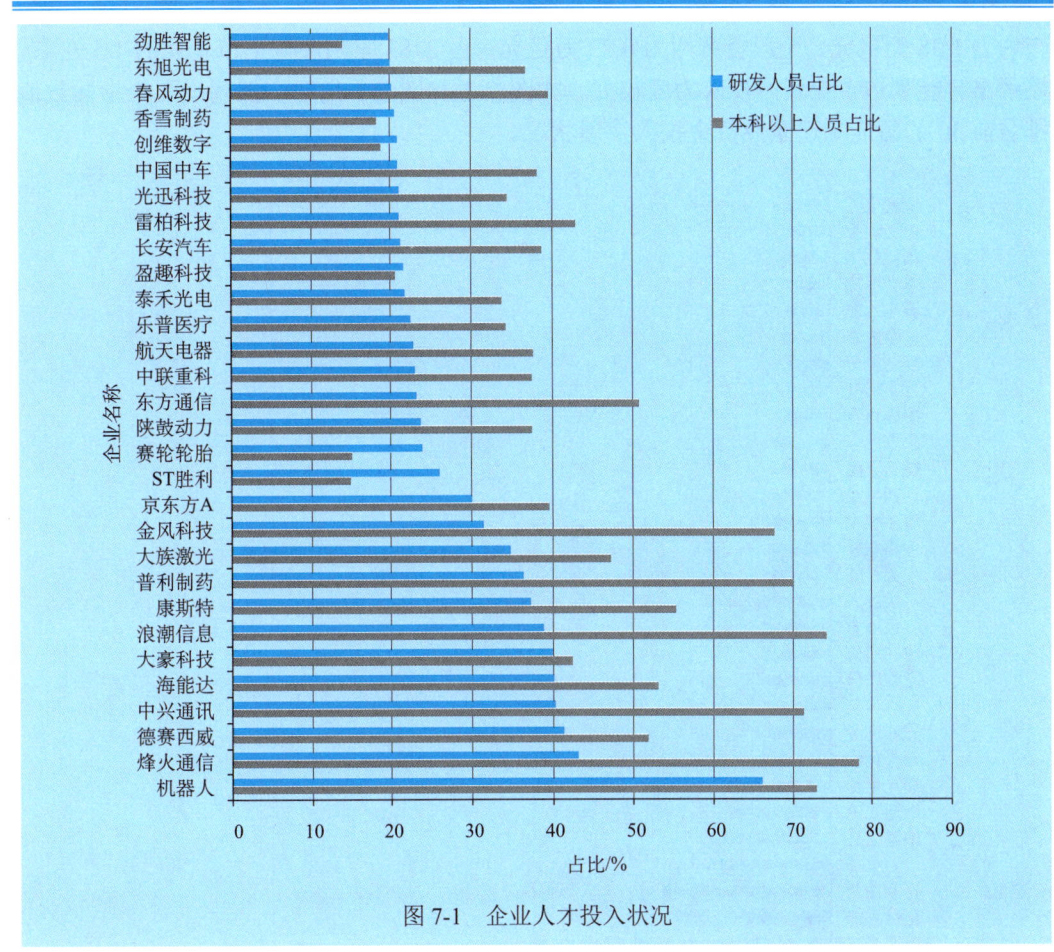

图 7-1 企业人才投入状况

二是智能制造企业研发人员占比与其主营产品的技术属性密切相关。研发人员占比排名前 30 的智能制造企业指标平均值高达 29.19%，几乎是 131 家智能制造业企业平均值的 2 倍（14.91%）。此 30 家智能制造企业所在行业主要集中在计算机、通信和其他电子设备制造业（15 家）及专用设备制造业（4 家）等高新技术行业，其中研发人员最多的公司是机器人（300024.SZ），有 25 969 人，占员工总数的 66.00%，其主营产品包括工业机器人、物流与仓储自动化成套装备、自动化装配、检测生产线、系统集成、交通自动化系统等；2019 年研发人员最少的是广电运通（002152.SZ）1306 人，占员工总数的 5.02%，其主营产品为金融设备及其技术服务。

2. 资金投入

制造企业智能化发展需要持续的资金投入。资金投入采用固定资产增长率和无形资产增长率两个三级细分指标。固定资产增长率越高，说明智能制造企业投资越多；无形资产增长率越高，表示智能制造企业专利权、非专利技术、商标权、著作权、土地使用权、特许权、商誉等的价值越高。本节统计的 2483 家制造业上市企业在 2019 年的固定资产约 6.07 万亿元，无形资产约 1.07 万亿元，而 131 家智能制造企业 2019 年的固定资产约为 1.38 万亿元，无形资产约为 0.23 万亿元，占 2483 家制造业上市企业的 1/5 左右，显示出智能制造企业资产投入力度较大。如图 7-2 和图 7-3 所示，仅列出两个指标数值排名前 30 的智能制造企业资金投入发展状况。

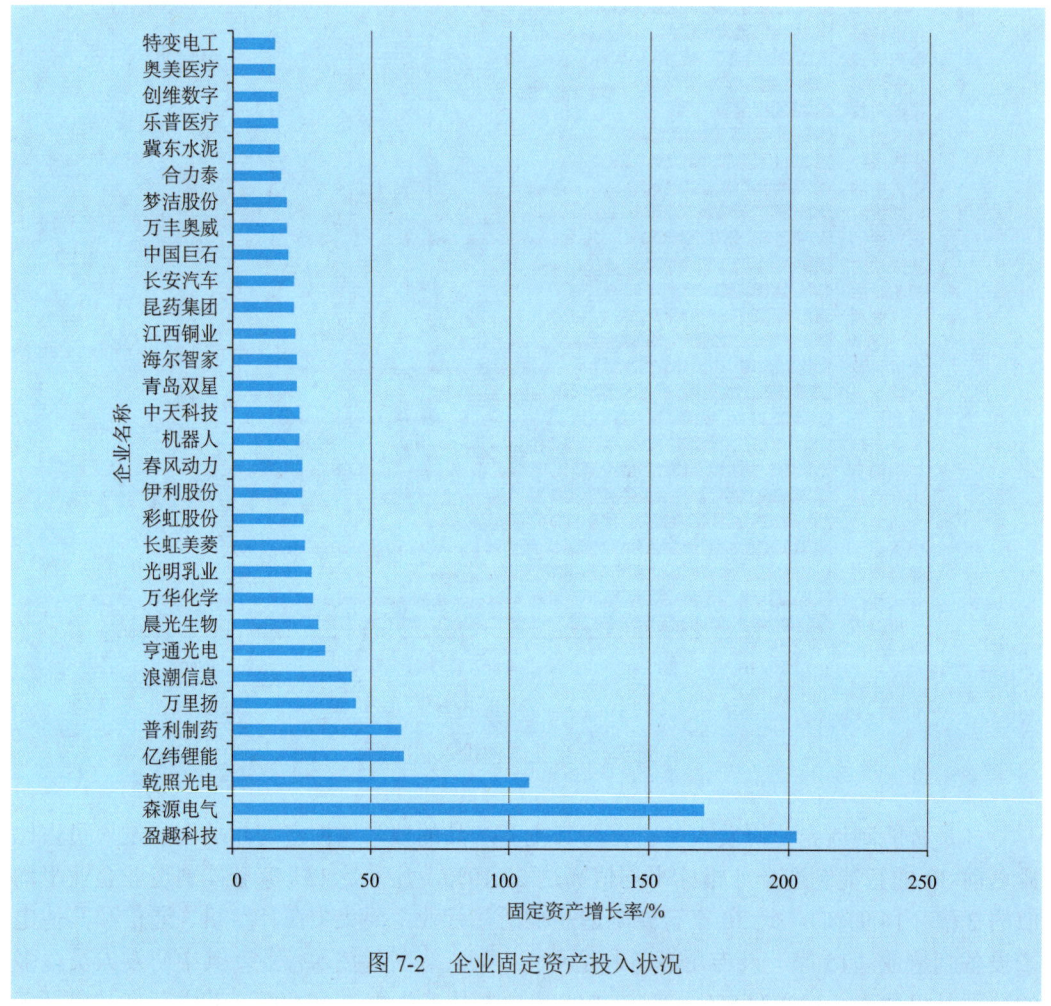

图 7-2　企业固定资产投入状况

从这两个指标数据情况来看，制造企业智能化发展在资金投入方面存在如下特点：

一是智能制造企业固定资产增长率越高，表明其智能化发展投资项目相对越多。2019 年 131 家智能制造企业固定资产增长率平均值达到了 7.85%，而固定资产增长率指标数值前 30 家智能制造企业平均值达到了 40.15%，其中盈趣科技（002925.SZ）和森源电气（002358.SZ）固定资产增长率较高，都超过了 150%，主要反映其在智能制造产业园、智慧工厂生产线及其设备等方面研发投资建设。

二是智能制造无形资产增长率越高，表明其智能化发展无形价值越高，即企业的专利权、非专利技术、商标权、著作权、土地使用权、特许权、商誉等价值扩大。2019 年 131 家智能制造企业无形资产增长率平均值达到了 8.74%，而该指标数值排名前 30 的智能制造企业平均值达到了 46.81%，其中无形资产增长率较高的是普利制药（300630.SZ）。

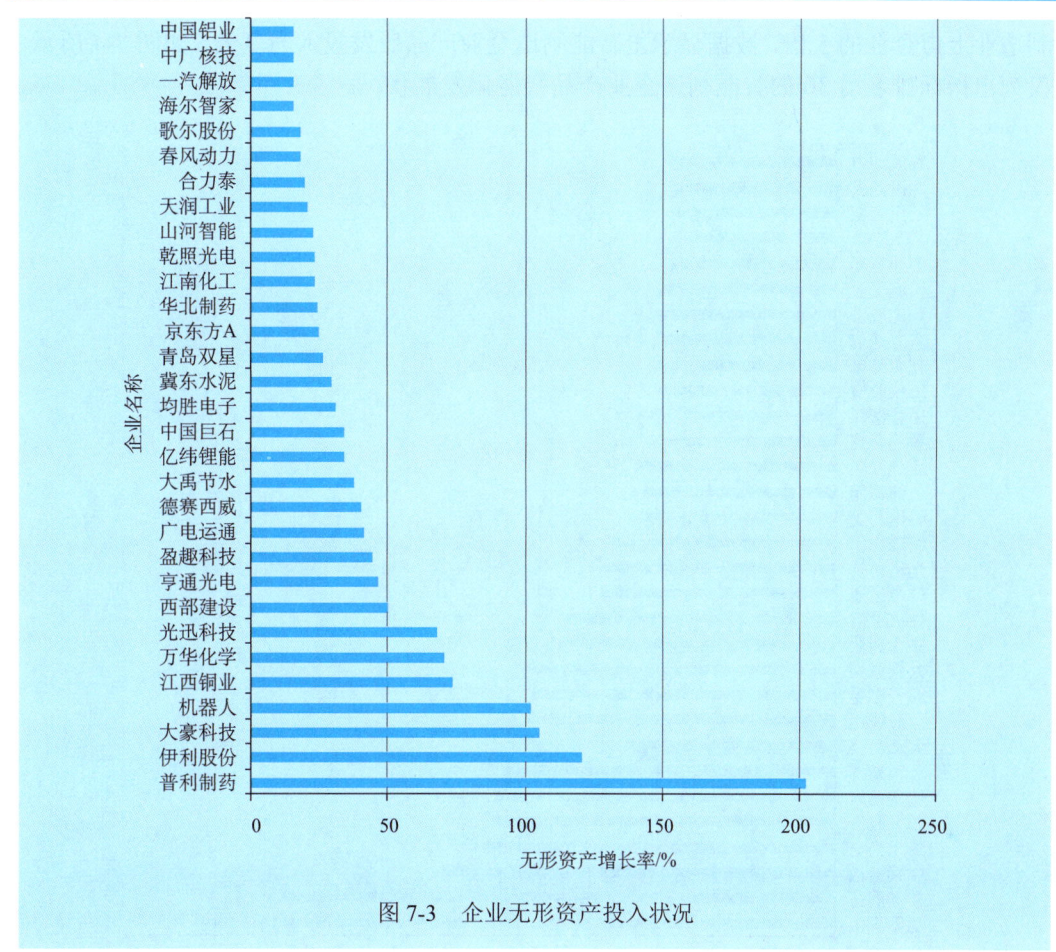

图 7-3 企业无形资产投入状况

普利制药是入选 2015 年智能制造试点示范的企业，2019 年 11 月其生产的地氯雷他定片是国内首个正式通过欧盟 DCP（德国+荷兰）注册审评的药品，其药品研发生产专利权等方面的无形资产价值得到了提升。

7.3.2 制造企业智能化发展生产应用层指标评价

企业智能化发展生产应用层指标包括产品智能化、生产智能化、服务智能化、装备智能化和管理智能化五个方面，可反映企业智能化发展能力，其指标数值越高，企业智能化水平越高。

1. 产品智能化

制造企业产品智能化是企业智能化发展的重要方向之一。对智能制造企业价值链而言，产品智能化水平取决于新产品的研发。这里采用研发强度来反映智能制造企业产品智能化发展状况。其中，2019 年 2483 家制造业上市企业的研发费用总额达到 0.51 万亿元，平均研发费用为 2.05 亿元，其中 131 家智能制造企业研发费用总额达到 0.13 万亿元，占 2483 家制造业上市企业的 1/4 左右，而平均研发费用达到了 9.92 亿元，将近 2483 家制造业上市企业的 5 倍，数据显示出智能制造企业产品研发投入力度大。如图 7-4 所示，仅列出指标排名前 30 的智能制造企业产品智能化发展状况。

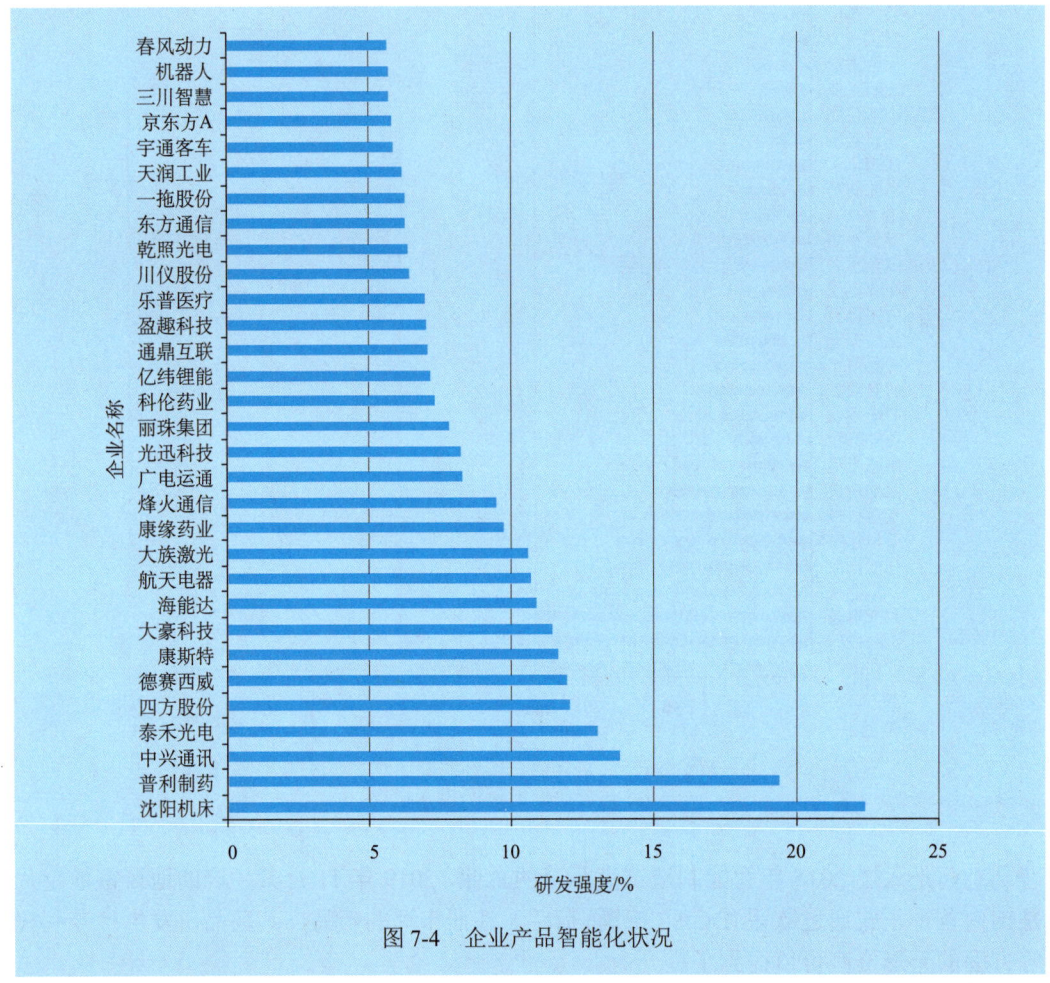

图 7-4　企业产品智能化状况

从这个指标数据情况来看，制造企业智能化发展在产品研发强度方面存在如下特点：

一是智能制造企业产品研发强度普遍保持在 5%左右。其中 131 家智能制造企业产品研发强度平均值为 4.37%，而指标数值排名前 30 的智能制造企业平均值则达到 9.37%，其中有 11 家企业的产品研发强度超过 10%，如沈阳机床（000410.SZ）为 22.41%，普利制药（300630.SZ）为 19.40%，中兴通讯（000063.SZ）为 13.83%等，反映企业智能化发展须保持一定强度的产品研发。

二是产品智能化发展较好的智能制造企业行业集中度高。30 家研发强度较高的智能制造企业所在制造业行业主要集中在计算机、通信和其他电子设备制造业（10 家），医药制造业（4 家），专用设备制造业（4 家），通用设备制造业（3 家），电气机械和器材制造业（3 家），汽车制造业（3 家）和仪器仪表制造业（3 家）这七个行业，其中通用设备制造业行业平均研发强度高达 12.11%，医药制造业平均研发强度也达到了 11.05%，反映出研发强度相对较高的制造企业产品智能化发展水平具有较高行业集中度的特征，也说明多数行业制造企业产品智能化发展创新还有很大潜力可挖掘。

2. 生产智能化

制造企业生产智能化会对生产状况、设备状态、能源消耗、生产质量和物料消耗等信息进行实时采集和分析，有利于高效排产和合理排班，显著提高设备利用率，进而提高劳动生产效率，这里采用劳动生产率来反映智能制造企业生产智能化发展状况。如图 7-5 所示，仅列出指标排名前 30 的智能制造企业生产智能化发展状况。

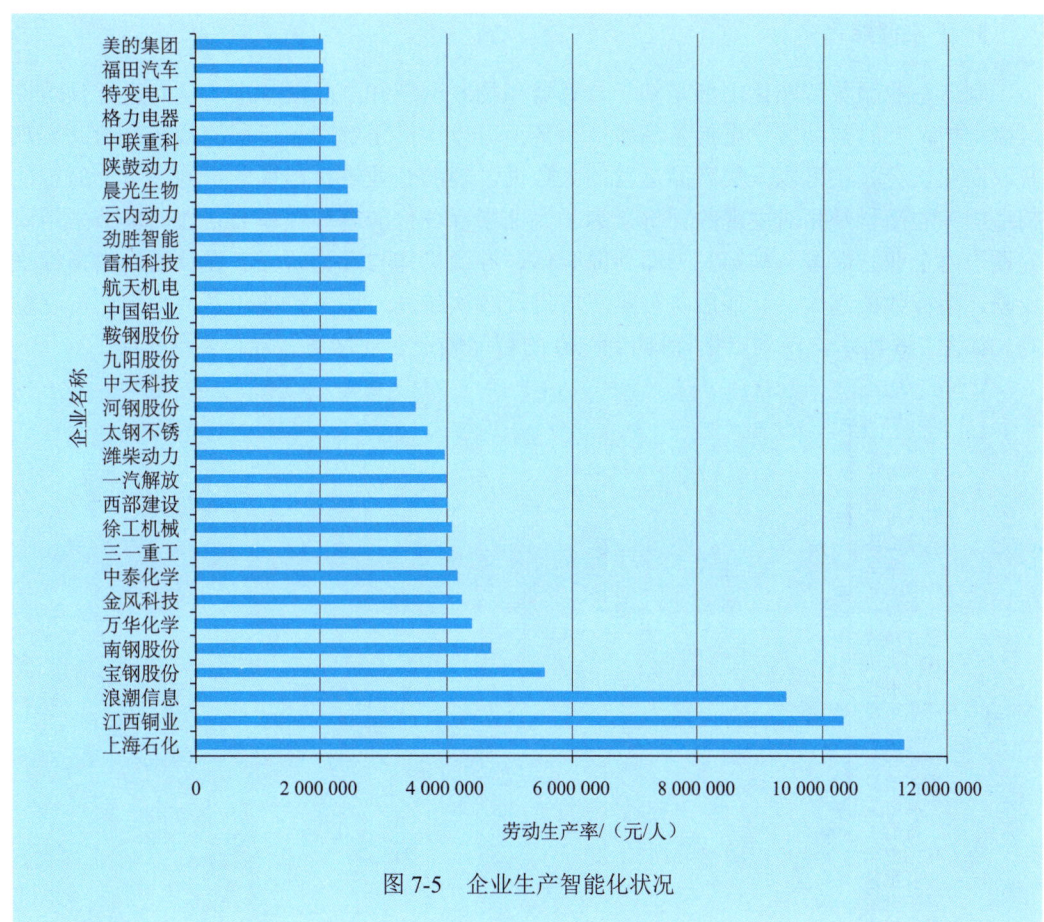

图 7-5　企业生产智能化状况

从该指标数据情况来看，制造企业智能化发展在劳动生产率水平方面存在如下特点：

一是智能制造企业平均劳动生产率水平较高，生产智能化发展已经普遍取得实效。2019 年 2483 家制造业上市企业的平均劳动生产率为 137.16 万元/人，而 131 家智能制造企业的平均劳动生产率为 174.86 万元/人，其中该指标排名前 30 的智能制造企业的平均劳动生产率为 401.59 万元/人，上海石化（600688.SH）和江西铜业（600362.SH）这两家智能制造企业的劳动生产率均超过了 1000 万元/人，显示出智能制造企业通过生产智能化极大提升了生产率，取得了实效。

二是不同行业智能制造企业劳动生产率存在较大差异，生产智能化发展潜力大。

2019年30家智能制造企业主要分布在11个行业中,包括电气机械和器材制造业(6家)、黑色金属冶炼和压延加工业(5家)、计算机、通信和其他电子设备制造业(4家)和汽车制造业(3家)等,而石油加工、炼焦和核燃料加工业企业的平均劳动生产率最高,达到了1130.28万元/人,其次是有色金属冶炼和压延加工业企业的平均劳动生产率为662.81万元/人,11个行业平均劳动生产率标准差为250.45万元/人,差异较大。这些数据反映出制造企业尤其是传统制造企业在生产智能化转型方面还有很大发展潜力,可极大提升生产率。

3. 服务智能化

制造企业服务智能化主要是基于传感器和物联网感知产品的状态,从而进行预防性维修维护,及时帮助客户更换备品备件,甚至可以通过了解产品运行的状态,帮助客户获取商业机会,还可以采集产品运营的大数据,辅助企业进行市场营销的决策。但智能制造服务的衡量是相对主观的评价,为了保证指标评价的客观性和公正性,本节采用研究期限内企业智能服务被第三方即新闻媒体、券商机构与理论研究者提及的频次指标来反映,指标数值越大,智能服务被第三方提及频次越高,服务智能化发展水平认可度越高。如图7-6所示,仅列出指标排名前30的智能制造企业服务智能化发展状况。

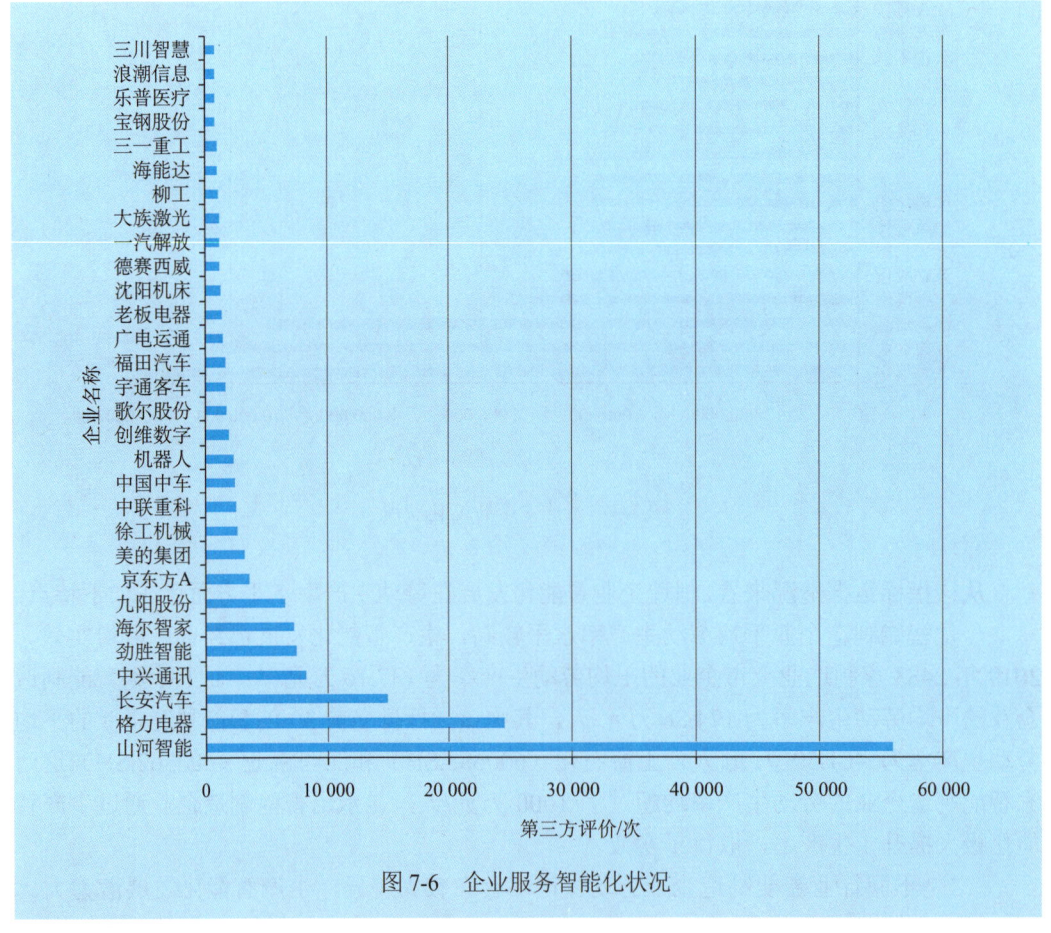

图7-6 企业服务智能化状况

从这个指标数据情况来看，制造企业智能化发展在服务智能化方面的数值差异较大，这是由企业行业智能化影响力、智能产品及服务客户推荐认可的差异所导致的。131 家智能制造企业有关"智能"第三方评价提及的平均频次为 1358.41 次，而排名前 30 的智能制造企业的平均频次为 5497.43 次，其中包含专用设备制造业企业（7 家）、计算机、通信和其他电子设备制造业企业（7 家），电气机械和器材制造业（5 家）和汽车制造业（5 家）等，平均频次最高的行业是专用设备制造业，为 9388.71 次，其次是电气机械和器材制造业，为 8619.40 次，以及汽车制造业，为 4194.20 次等；在智能制造企业层面，山河智能（002097.SZ）、格力电器（000651.SZ）、长安汽车（000625.SZ）等智能制造企业的智能化被提及次数累积达到 10000 次以上；而在 131 家智能制造企业中也有智能化未被提及的企业为*ST 麦趣（002719.SZ）和迎驾贡酒（603198.SH）等；经常被提及的智能制造企业有必要形成可推广借鉴的智能化服务发展模式，持续扩大智能化服务范围和提升智能化服务水平，而较少被提及的制造企业应积极挖掘潜力，提升自身智能化服务能力。

4. 装备智能化

制造企业装备智能化可以推动企业新产品、新技术的研发和生产应用。本节选择研究期内公司百人所拥有的实用新型专利和发明专利数量来反映制造企业装备智能化应用水平。此处仅列出指标排名前 30 的智能制造企业装备智能化发展状况，如图 7-7 所示。

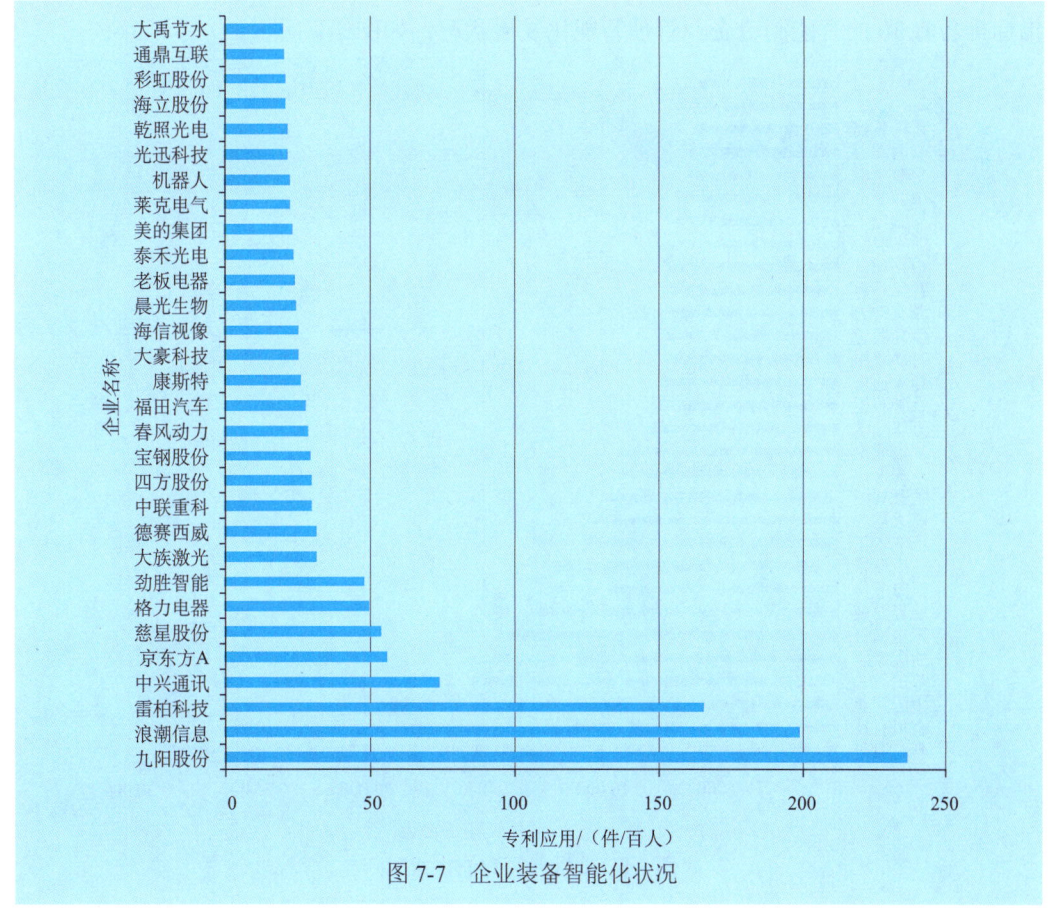

图 7-7 企业装备智能化状况

从这个指标数据情况来看，制造企业智能化发展在装备智能化方面存在如下特点：

一是智能制造企业的智能装备水平普遍不高，需要加强装备智能化的技术研发应用。2019 年 2483 家制造业企业每百人所拥有的专利数量平均值为 13.86 件，而 131 家智能制造企业的平均值为 17.75 件，标准差高达 30.95 件，其中排名前 30 的智能制造企业为 48.22 件，这里仅有 3 家企业的指标数值超过 100 件，包括九阳股份（002242.SZ）237.08 件、浪潮信息（000977.SZ）199.29 件和雷柏科技（002577.SZ）166.06 件；更有 6 家企业的装备智能化指标每百人专利不足 1 件，其中曲美家居（603818.SH）每百人专利仅有 0.06 件。

二是智能制造企业的智能装备水平行业集中度较高。排名前 30 的智能制造企业所在行业主要集中在计算机、通信和其他电子设备制造业（10 家），电气机械和器材制造业（7 家）及专用设备制造业（4 家）等行业，这三个行业的每百人拥有专利数量也是最高的，平均值分别为 66.14 件、58.44 件和 35.19 件。这些数据表明有必要鼓励其他行业和企业提升智能装备产品技术应用水平。

5. 管理智能化

制造企业管理智能化的关键是工业软件，通过工业软件定义产品和生产体系，对生产过程具有决定性作用。不同生产设备之间既能够实现协作生产，还能对外部的环境变化做出及时的反应。本节采用人均软件价值来反映管理智能化水平的高低。此处仅列出指标排名前 30 的智能制造企业管理智能化发展状况，如图 7-8 所示。

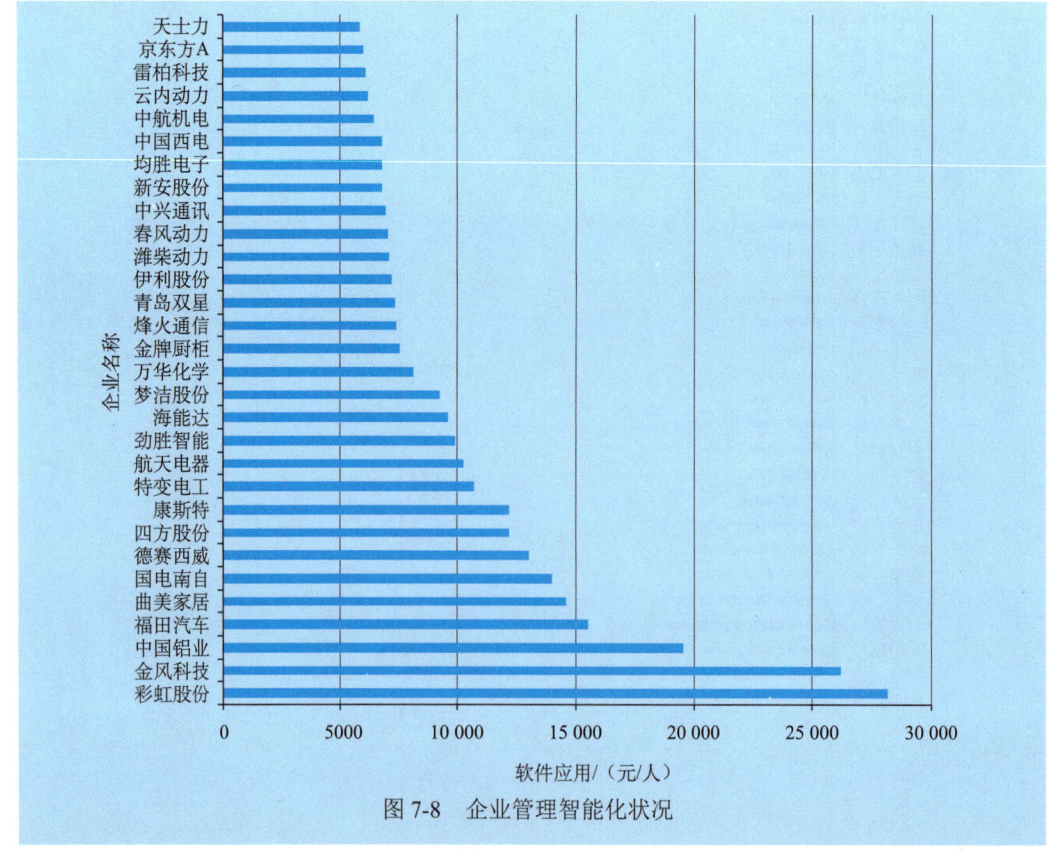

图 7-8 企业管理智能化状况

从这个指标数据情况来看，制造业企业管理智能化发展方面存在如下特点：

一是智能制造企业智能化管理水平高低不同，存在明显差异。2019 年 2483 家制造业企业人均拥有的工业软件价值约为 3243.41 元，标准差达到了 8433.09 元，而 131 家智能制造企业人均拥有的工业软件价值约为 3613.73 元，其中指标数值排名前 30 的企业人均拥有的工业软件价值高达 10 473.16 元，彩虹股份（600707.SH）、金风科技（002202.SZ）、中国铝业（601600.SH）和福田汽车（600166.SH）等智能制造企业人均工业软件价值更是超过 15 000 元。这些数据反映出制造业企业在应用工业软件方面存在很大差异，相当多的制造业企业信息化应用不足，管理智能化发展基础薄弱。

二是管理智能化程度高的智能制造企业主要集中在计算机、通信和其他电子设备制造业，电气机械和器材制造业及汽车制造业等行业。在指标排名前 30 的智能制造企业中，计算机、通信和其他电子设备制造业占 8 家，电气机械和器材制造业占 4 家，汽车制造业占 4 家，反映出这些行业普遍重视信息化、网络化、智能化软件的应用。

7.3.3 制造企业智能化发展效率效益层指标评价

企业智能化发展效率效益层指标包括经济效益和社会效益两个方面，其中经济效益采用成本费用利润率、总资产周转率和净资产收益率表示，社会效益采用就业增长率表示。这些指标数值越高，企业智能化发展所取得的效率效益越大。由于篇幅限制，下面仅列出指标分值排名前 30 的制造业上市企业数据。

1. 经济效益

智能制造提高了制造业企业的劳动生产率，劳动力成本相对于总成本将减少，可以使生产更多地考虑产品和服务市场需求，更贴近客户群，使其在高消费高收入国家进行生产制造变得可行。因此，智能制造将使制造业企业成本费用利润率、总资产周转率和净资产收益率得到有效改善。此处仅列出指标排名前 30 的智能制造企业智能化效率效益发展状况，如图 7-9~图 7-11 所示。

从这三个指标数据情况来看，制造业企业智能化发展在经济效益方面存在如下特点：

一是 131 家智能制造企业相比 2483 家制造业企业而言，取得了更好的智能化经济效益。2483 家智能制造企业的成本费用利润率、总资产周转率和净资产收益率指标平均值分别为 6.21%、62.74%和 0.64%，均低于 131 家智能制造企业的平均值，其数值分别为 7.55%、69.96%和 2.95%。这说明制造企业智能化经济效益已经显现。

二是成本费用利润率和净资产收益率存在较大差异。2019 年 131 家智能制造企业平均总资产周转率为 69.96%，标准差为 34.32%，其中上海石化（600688.SH）总资产周转率达到了 219.88%，资产利用率较高；而成本费用利润率指标平均值为 7.55%，标准差达到了 17.91%，其中普利制药（300630.SZ）成本费用利润率达到了 75.59%，企业经营效益好；净资产收益率指标平均值为 2.95%，标准差为 7.26%，其中盈趣科技（002925.SZ）净资产收益率为 17.90%。这些数据反映出成本费用利润率和净资产收益率的离散程度较大，差异明显。总体上说明这 131 家智能制造企业中有不少企业未能实现预期智能化发展效益，智能化转型还有待加强。

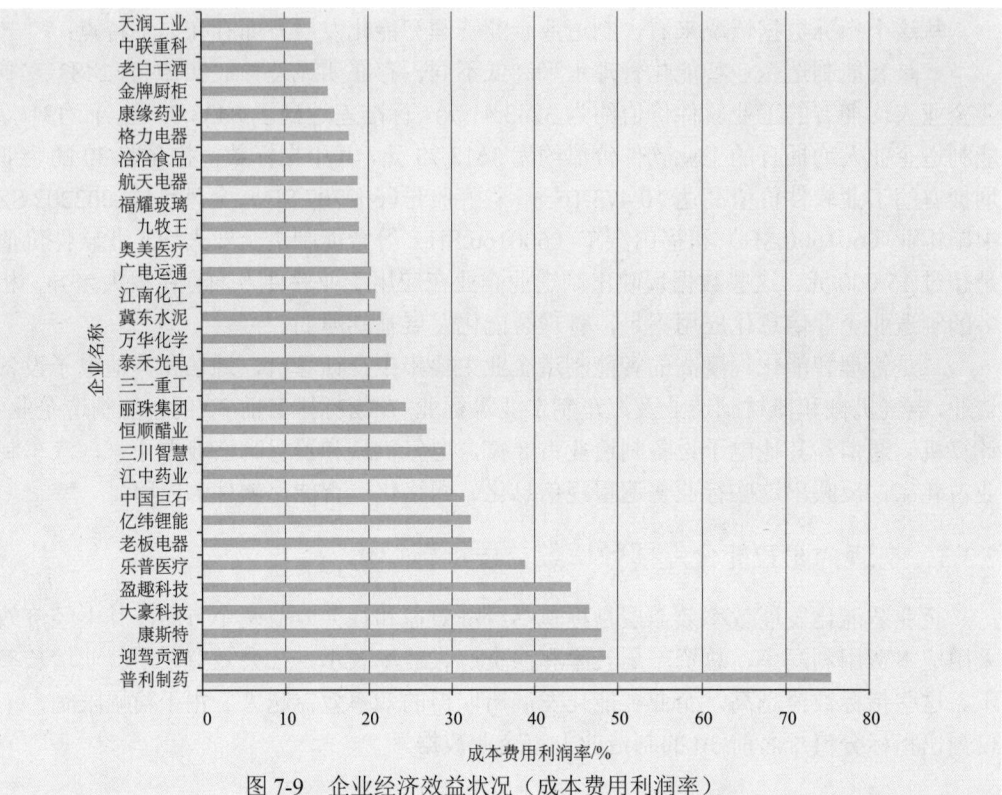

图 7-9 企业经济效益状况（成本费用利润率）

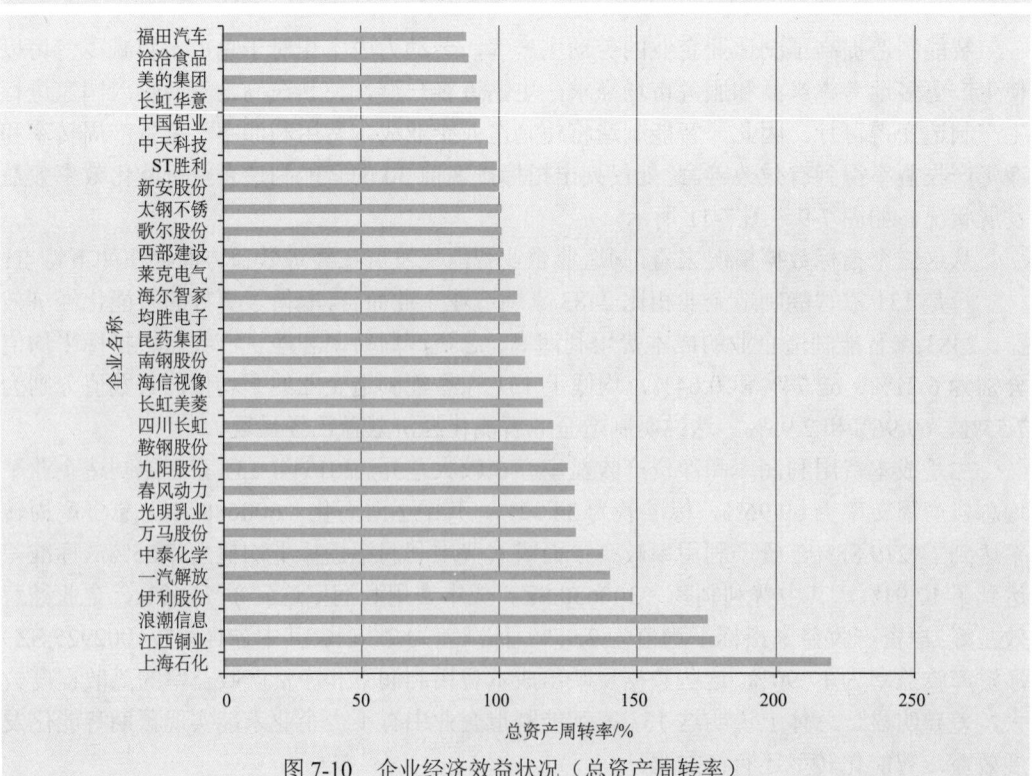

图 7-10 企业经济效益状况（总资产周转率）

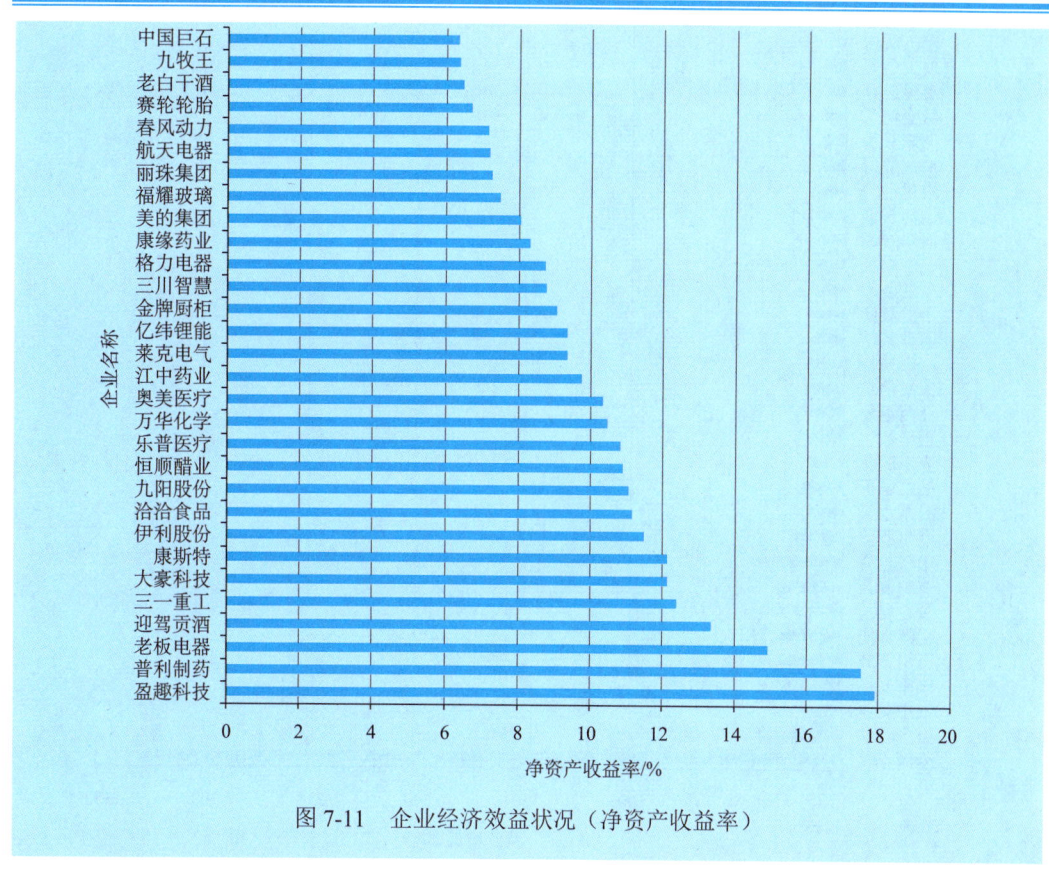

图 7-11 企业经济效益状况（净资产收益率）

三是智能制造企业智能化经济效益具有行业差异性。131 家智能制造企业成本费用利润率指标排名前 30 的企业主要集中在专用设备制造业（5 家），医药制造业（4 家），计算机、通信和其他电子设备制造业（3 家）及电气机械和器材制造业（3 家）等行业；131 家智能制造企业总资产周转率指标排名前 30 的企业主要集中在电气机械和器材制造业（7 家），计算机、通信和其他电子设备制造业（5 家）及黑色金属冶炼和压延加工业（3 家）等行业；131 家智能制造企业净资产收益率指标排名前 30 的企业主要集中在电气机械和器材制造业（6 家），医药制造业（4 家），计算机、通信和其他电子设备制造业（3 家）及专用设备制造业（3 家）等行业。因此，在制造业企业智能化转型过程中应注重行业智能化经济效益特征。

2. 社会效益

制造业企业智能制造最大的社会效益是创造就业，为社会创造更多高技术含量的工作岗位。此外，制造业的工作对整体就业具有显著的乘数效应。在美国的经济环境中，平均而言，每新创造一个制造业的工作岗位将支持其他额外的四个工作岗位，但如果该工作岗位属于先进制造领域，就业乘数将增至 16。这里采用就业增长率指标反映制造企业智能化发展社会效益水平。此处仅列出指标排名前 30 的智能制造企业社会效益发展状况，如图 7-12 所示。

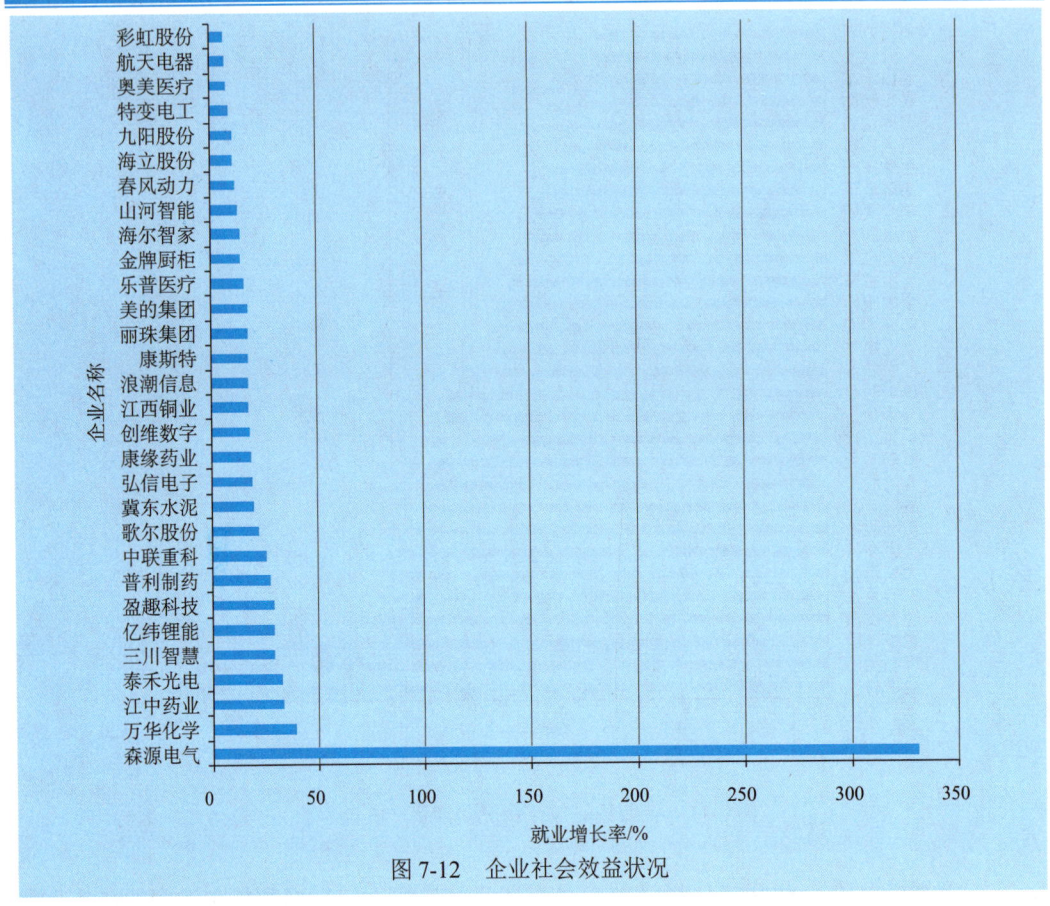

图 7-12 企业社会效益状况

从指标数据情况来看,制造业企业智能化发展在社会效益方面存在如下特点:

一是智能制造企业智能化发展通过发展新模式、新业务、新产品增加了新就业机会,提升了智能制造社会效益水平。131 家智能制造企业就业增长率为 3.09%,排名前 30 的企业就业增长率为 29.59%,其中就业增加最多的是森源电气(002358.SZ),达到 331.27%,主要是由于该企业采用"智能装备+智慧平台+专业运营"三位一体的运营模式,拓展并购垃圾分类新业务,其他就业增长率超过 20%的企业还有万华化学(600309.SH)38.92%、江中药业(600750.SH)33.20%、泰禾光电(603656.SH)32.54%、三川智慧(300066.SZ)29.55%、亿纬锂能(300014.SZ)29.13%、盈趣科技(002925.SZ)29.12%、普利制药(300630.SZ)、中联重科(000157.SZ)25.76%和歌尔股份(002241.SZ)22.53%等。但也有不少智能制造企业因智能化改造升级而减少或合并岗位,出现就业减少状况,如雷柏科技(002577.SZ)和劲胜智能(300083.SZ)等企业出现 2019 年员工就业人数比 2018年减少的情况。这说明制造业企业智能化发展过程中有必要提早加强适应智能化发展变化的人才培育,拓展智能化发展新模式、新业务、新岗位,为智能化发展积蓄力量。

二是智能制造企业就业增长行业集中度高,就业影响差异大。131 家智能制造企业中就业增长率排名前 30 的企业主要集中于计算机、通信和其他电子设备制造业(7家),电气机械和器材制造业(6家),专用设备制造业(5家)及医药制造业(4家)等少数几个行业,其就业增长率均超过了 15%,其中电气机械和器材制造业就业水平增长最快,其平均就业增长率达到了 68.65%；但在 131 家智能制造企业中，23 家计算机、通信和其他电子设备制造业和 13 家汽车制造业的平均就业增长率分别为–5.05%和–5.52%，还有纺织业，皮革、毛皮、羽毛及其制品和制鞋业和金属制品业的就业增长率分别为–10.09%、–12.40%和–14.72%。这说明智能制造企业智能化发展在创造就业、提升社会效益方面须利用自身智能化产品和服务优势优化结构，提升就业影响力。

7.3.4 制造企业智能化发展总体评价

制造企业智能化发展总体评价主要从两个方面展开，一方面制造业企业智能化发展需要从信息基础层、生产应用层和效率效益层三个维度分别展开评价分析，以反映出企业智能化发展不同维度特征状况和所在行业特点；另一方面对制造业企业智能化发展综合三个维度进行总体评价，以反映智能制造企业智能化总体发展水平。

1. 信息基础层评价

信息基础层主要涉及的是人才投入和资金投入情况，主要包含 4 个二级指标。运用熵权-投影法计算出 2019 年 131 家智能制造试点示范企业上市公司的信息基础层投影值，以反映智能制造企业在智能基础投入方面的发展水平。图 7-13 和图 7-14 分别反映出智能制造企业在智能化信息基础层排名前 30 家和后 30 家的投入特征。

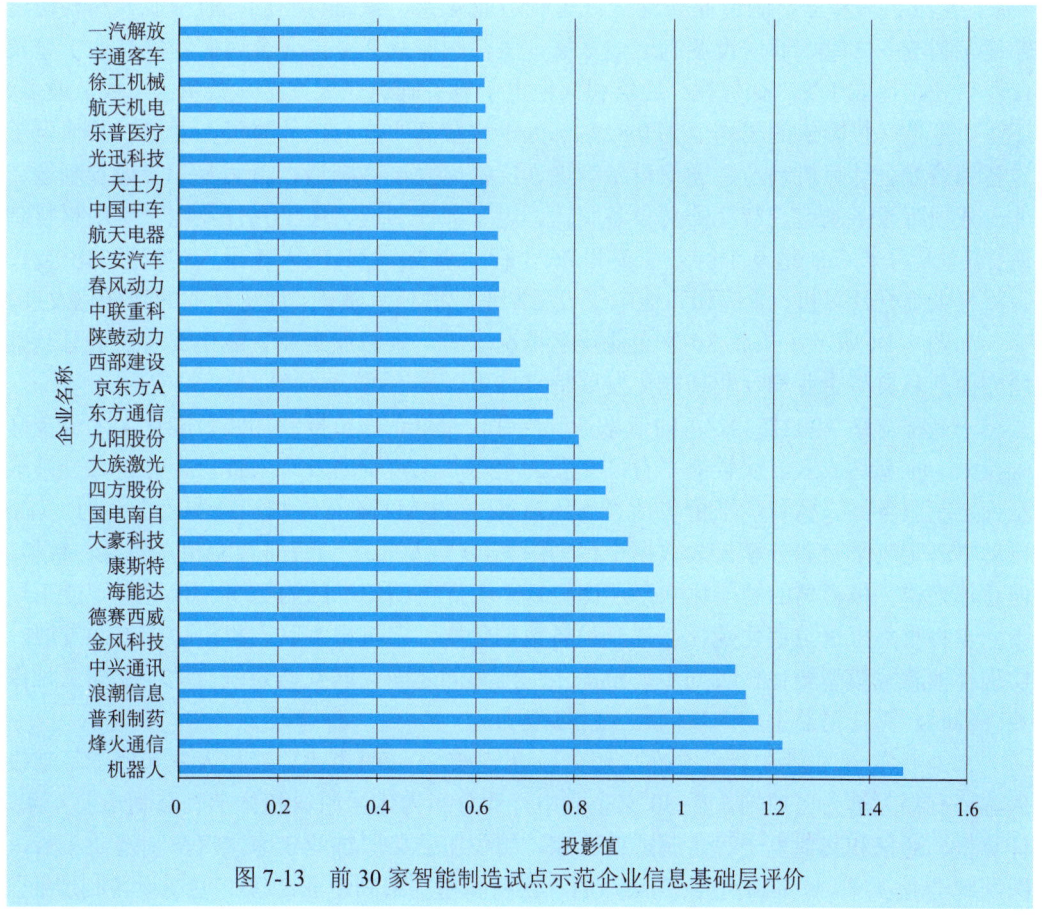

图 7-13 前 30 家智能制造试点示范企业信息基础层评价

如图 7-13 所示，从前 30 家企业排名情况来看，制造业企业智能化发展在信息基础层方面凸显典型企业和行业智能化发展特点如下。

一是机器人（300024.SZ）的信息基础层评价值最高，与其基础投入力度密不可分。机器人（300024.SZ）是从事机器人与数字化工厂产品与服务的高技术企业，其产品主要分为五大系列，包括工业机器人、移动机器人、洁净机器人、服务机器人与特种机器人；该企业前瞻性地加入人工智能技术的研究，将力感知、力控制、传感、人机交互、人机协作等创新技术与机器视觉等人工智能技术相融合，率先研发出一系列新型工业机器人。目前，该企业正处于快速扩张阶段，面向全球领域进行战略布局，公司坚持向海内外招募高端人才，与国内知名高等院所形成人才输送平台，为公司可持续发展提供了支持。截至 2019 年年底，企业共有员工 4559 人，其中技术人员 3009 人，占比 66%。公司高度重视员工的发展，注重员工的日常学习和技能培训，2019 年度组织实施各类培训项目共计 68 项。其中内训项目 53 项，外派学习项目 15 项，累计参训达 6005 人次，总课时累计 26 666 学时。因为在人力资源管理方面的独特经验，2019 年该企业荣获"中国管理模式创新奖""人力资源管理杰出奖""全国模范劳动关系和谐企业"等荣誉称号。

二是前 30 家企业中行业分布主要集中在计算机、通信和其他电子设备制造业等人才和资金密度高的行业。其中计算机、通信和其他电子设备制造业 10 家，专用设备制造业 4 家，电气机械和器材制造业 4 家，汽车制造业 4 家，铁路、船舶、航空航天和其他运输设备制造业 2 家，通用设备制造业 2 家，医药制造业 2 家，非金属矿物制品业 1 家及仪器仪表制造业 1 家。计算机、通信和其他电子设备制造业无论是从数量上（数量最多）还是质量上（投影值的平均值为 0.82）都处于比较高的排名。计算机、通信和其他电子设备制造业含计算机制造、通信设备制造、广播电视设备制造、雷达及配套设备制造、非专业视听设备制造、智能消费设备制造、电子器件制造、电子元件及电子专用材料制造、其他电子设备制造 9 个行业中类和 36 个行业小类。较高的人才投入和较高的资金投入将极大提升计算机、通信和其他电子设备制造业的信息基础，促进行业的智能化发展。

如图 7-14 所示，从后 30 家企业排名情况来看，制造业企业智能化发展在信息基础层方面凸显典型企业和行业智能化发展特点如下。

一是报喜鸟（002154.SZ）的信息基础层评价最低，需要持续加强智能化人才资金基础投入。报喜鸟成立云翼智能平台，主要为全球私人定制店及个人提供全方位、一站式私人定制服务。云翼智能平台包括"一体两翼"，以 MTM 智能制造透明云工厂为主体，以私享云定制平台和分享云大数据平台为两翼，实现从传统制造向智能制造的成功转型。但总体来说，报喜鸟的智能化水平还比较低，工厂自动化率约为 20%。报喜鸟智能工厂下一步将重点推进数字化建模，提升设备数控化率，向机机互联、机机协同方面发展，实现样板款式模型变化秒级同步调整，工厂内车间之间互联互通系统自动调配同工种作业。同时，将在精益生产同步同频上持续发力。

二是后 30 家企业中行业分布比较分散，反映出各行业企业智能化人才和资金基础投入都还有很大潜力可挖掘。后 30 家企业中行业分布为化学原料和化学制品制造业 4 家，计算机、通信和其他电子设备制造业 3 家，纺织服装、服饰业 3 家，汽车制造业 3 家，医药制造业 3 家，食品制造业 3 家，酒、饮料和精制茶制造业 2 家，通用设备制造业 2

家，专用设备制造业1家，皮革、毛皮、羽毛及其制品和制鞋业1家，有色金属冶炼和压延加工业1家，农副食品加工业1家，家具制造业1家，非金属矿物制品业1家及电气机械和器材制造业1家。其中有15家企业信息化基础层评价值低于后30家的平均值，其人才投入和资金投入都需要进一步加强。

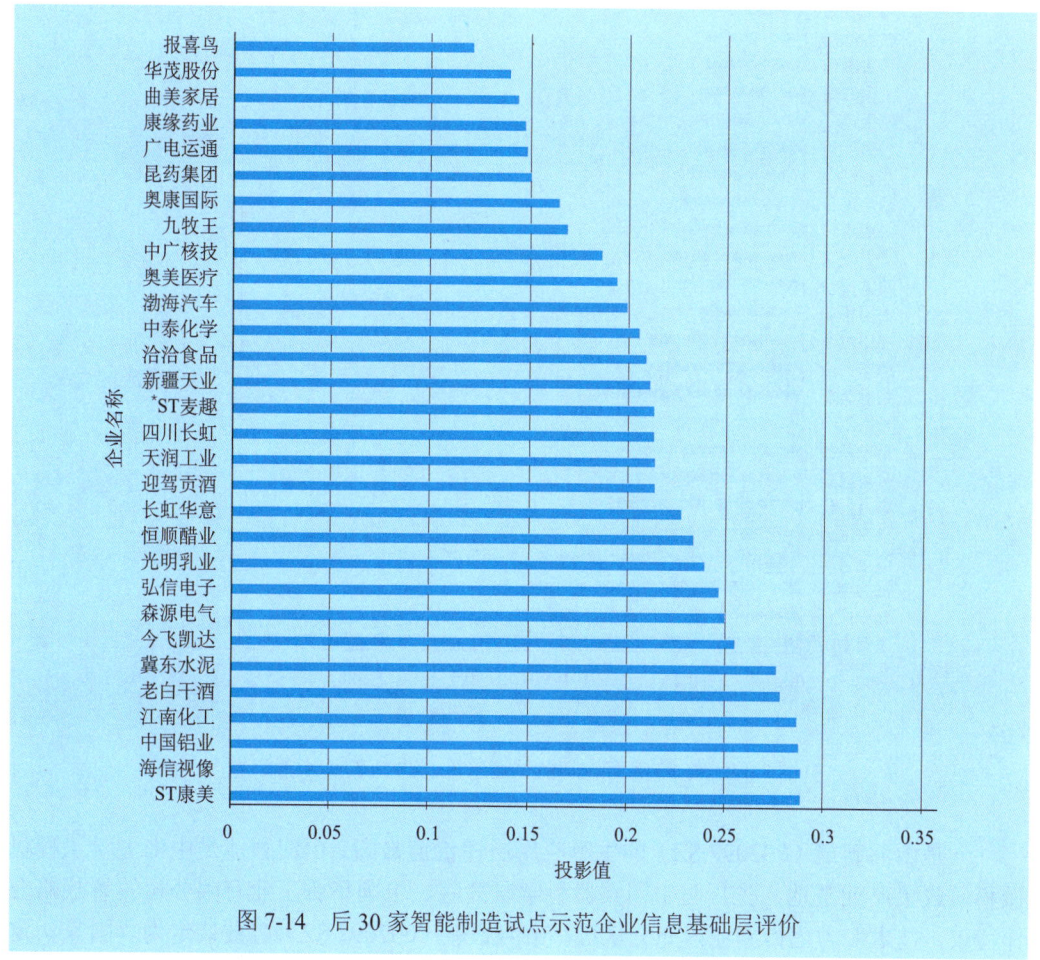

图7-14 后30家智能制造试点示范企业信息基础层评价

2. 生产应用层评价

生产应用层主要涉及产品、生产、服务、装备、管理的智能化，包含五个二级指标，运用熵权-投影法计算出2019年131家智能制造试点示范企业上市公司生产应用层的投影值，以反映智能制造企业在智能生产应用方面的发展水平。图7-15和图7-16分别列出了131家智能制造企业在智能化生产应用层排名前30家和后30家的情况，可集中反映智能化生产应用特征状况。

如图7-15所示，从前30家企业排名情况来看，制造企业智能化发展在生产应用层方面凸显了典型企业和行业智能化发展特点如下。

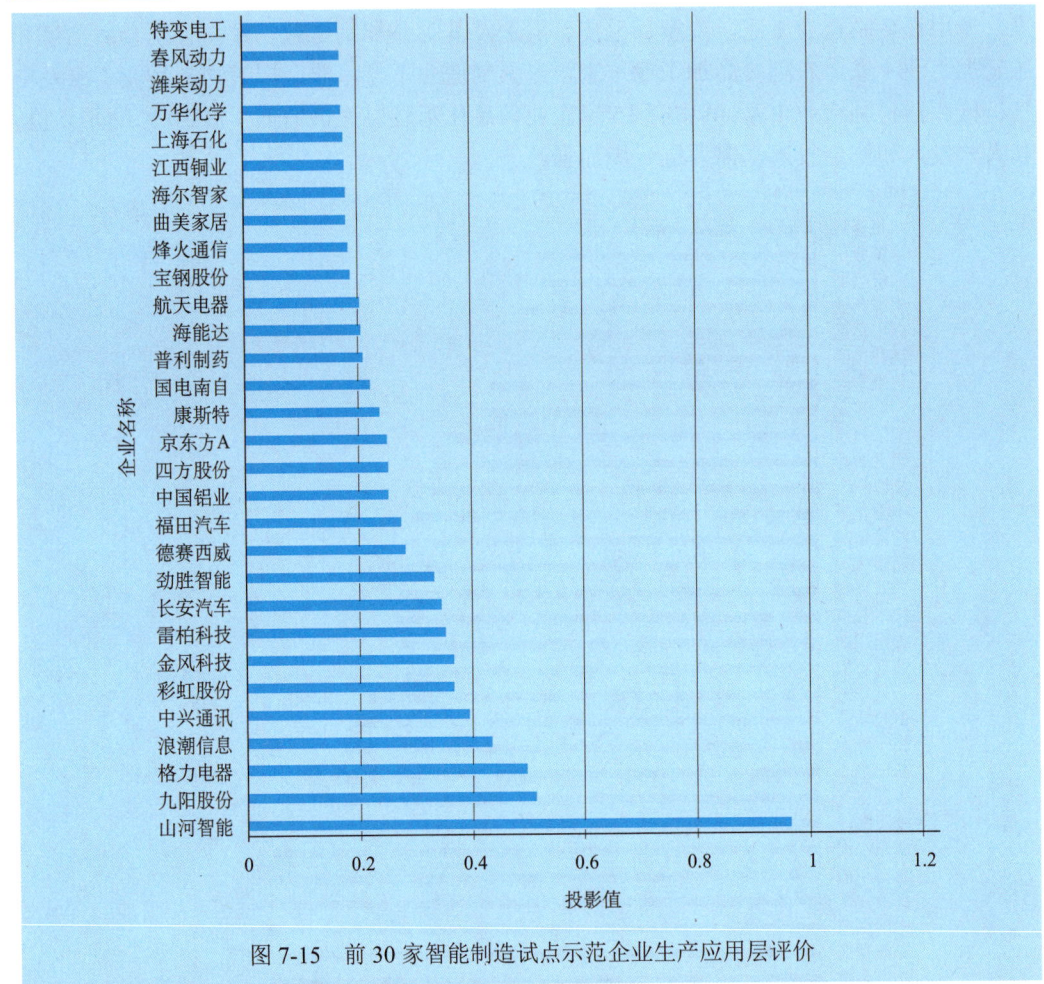

图 7-15　前 30 家智能制造试点示范企业生产应用层评价

一是山河智能（002097.SZ）的生产应用层评价值最高。山河智能是中南大学工程机械科研成果产业基地，先后与中国兵器科学研究院、中国华腾工业有限公司签署战略合作协议，技术实力已得到业内充分认可。山河智能（002097.SZ）曾被认定为"国家认定企业技术中心""国家创新型企业""国家技术创新示范企业""国家工程机械动员中心""中国驰名商标""国家博士后科研工作站""国家国际科技合作基地""工业企业知识产权运用标杆""国家级工程实践教育中心"。公司通过了知识产权管理体系以及 ISO9001（质量管理体系）、ISO14001（环境管理体系）、OHSAS18001（职业健康安全管理体系）等认证，并且针对军方、出口及特种设备等特殊要求，通过了武器装备质量管理体系、武器装备科研生产许可证、装备承制单位资格证、保密资质、CE、特种设备制造许可证、CNAS 实验室等认证。2019 年，公司荣获"国家知识产权优势企业"称号。

二是前 30 家企业中行业分布为计算机、通信和其他电子设备制造业 9 家，电气机械和器材制造业 6 家，汽车制造业 4 家，有色金属冶炼和压延加工业 2 家，黑色金属冶炼和压延加工业 1 家，化学原料和化学制品制造业 1 家，家具制造业 1 家，石油加工、炼焦和核燃料加工业 1 家，铁路、船舶、航空航天和其他运输设备制造业 1 家，医药制造业 1 家，仪器仪表制造业 1 家，专用设备制造业 1 家和装备制造业 1 家。其中有 10 家企业的生产应用层投影值高于前 30 家的平均值，产品智能化、生产智能化、服务智能化、装备智能化和管理智能化表现突出。

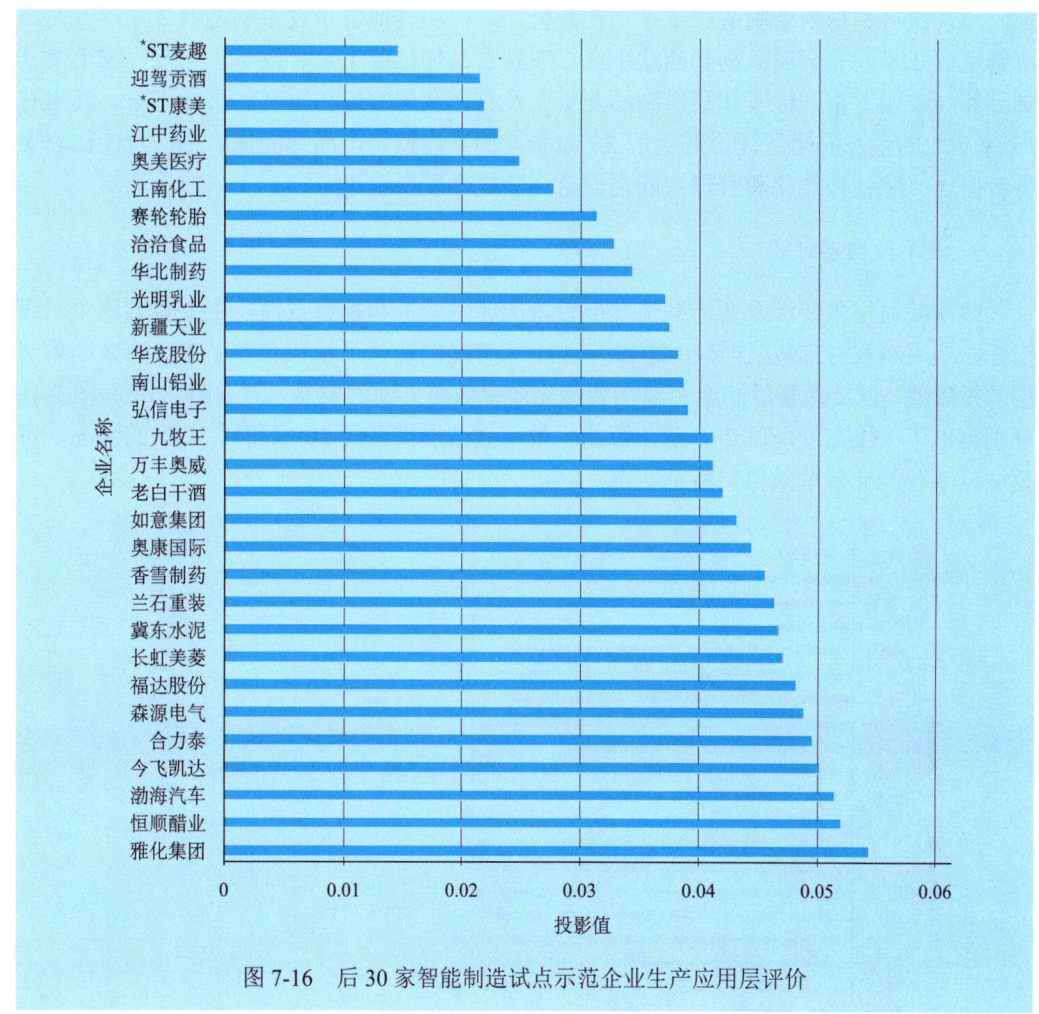

图 7-16　后 30 家智能制造试点示范企业生产应用层评价

如图 7-16 所示，从后 30 家企业排名情况来看，制造企业智能化发展在生产应用层方面凸显典型企业和行业智能化发展特点如下。

一是 *ST 麦趣（002719.SZ）生产应用层评价值最低。*ST 麦趣是新疆地区第一家一次性通过 ISO9001（质量管理体系）、ISO14001（环境管理体系）、ISO22000（食品安全管理体系）认证的食品加工企业。目前通过国家级企业技术中心的建立，企业质量保证能力及产品检测水平、检测项目更加全面。公司目前拥有乳制品生产线、烘焙食品生产线、速冻食品生产线、冷冻饮品生产线，形成了完整的生产布局。在销售方面，公司拥有覆盖全疆的乳制品销售网络。但麦趣尔乳制品、烘焙食品、节日食品、其他产品毛利率降幅分别为 23.44%、10.06%、5.46%、23.19%，2019 年净利润亏损 6946.49 万元，使得公司无暇顾及装备智能化水平。毛利率的下降导致企业的研发强度、研发投入、专利申请等落后于其他企业。

二是后 30 家企业中行业分布为汽车制造业 4 家, 医药制造业 4 家, 纺织服装、服饰业 3 家, 化学原料和化学制品制造业 3 家, 食品制造业 3 家, 电气机械和器材制造业 2 家, 酒、饮料和精制茶制造业 2 家, 计算机、通信和其他电子设备制造业 2 家, 专用设备制造业 2 家, 非金属矿物制品业 1 家, 农副食品加工业 1 家, 皮革、毛皮、羽毛及其制品和制鞋业 1 家, 橡胶和塑料制品业 1 家及有色金属冶炼和压延加工业 1 家。其中有 15 家企业的生产应用层评价低于后 30 家企业的平均值, 产品智能化、生产智能化、服务智能化、装备智能化和管理智能化需进一步提升发展水平。

3. 效率效益层评价

效率效益层主要涉及智能制造发展带来的经济效益和社会效益, 主要包含四个二级指标, 运用熵权-投影法计算出 2019 年 131 家智能制造试点示范企业上市公司效率效益层的投影值, 以反映智能制造企业在智能化效率效益方面的发展水平。图 7-17 和图 7-18 分别列出了 131 家智能制造企业在智能化效率效益层排名前 30 家和后 30 家的情况, 可集中反映智能化效率效益层特征状况。

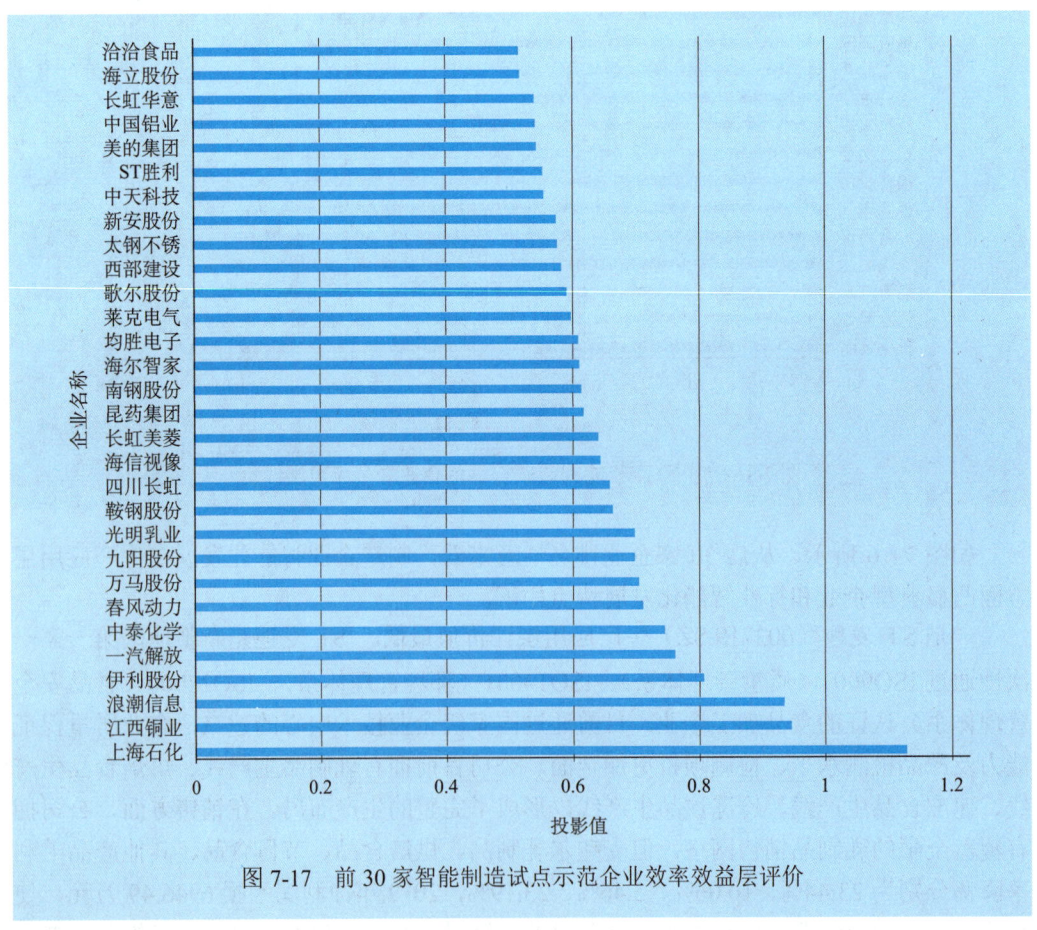

图 7-17 前 30 家智能制造试点示范企业效率效益层评价

如图7-17所示，从前30家企业排名情况来看，制造业企业智能化发展在效率效益层方面凸显了典型企业和行业智能化发展特点如下。

一是上海石化（600688.SH）的效率效益层评价比较高。2019年上海石化（600688.SH）启动40万t/a油品清洁化项目建设，完成1500t/a碳纤维二阶段项目原丝部分中交，以及48K大丝束碳纤维的中国石化论证；积极推动区域合作，加快了与周边上海化工区、浙江独山港化工园区合作的发展步伐，并达成新材料发展共识；加强了新能源领域技术攻关，完成了碳纤维装置技术改进，深化炼厂全流程优化技术应用，着力推进了低硫船用燃料油生产、燃料电池级氢气供应关键技术研究工作；努力做大做强碳纤维产业，与上海市金山区签署碳纤维及其复合材料战略合作框架协议，成立上海碳纤维及其复合材料创新研究院，公司参与开发的"以碳纤维及其连续抽油杆研制为核心的新型高效机采系统"荣获第21届中国国际工业博览会大奖，全年完成专利申请65件，专利授权26项；加快"两化"融合，完成了能源管理系统、自助提货系统、地理信息平台试点、工艺过程信息集成、综合事务平台升级等项目，积极推进了智能仓储、原油调和优化等项目，工厂智能化水平不断提升。另外，上海石化2019年通过技术改造加大节能减排力度，累计综合能源消费量715.00万t标煤，万元产值综合能耗为0.745t标煤（2010年不变价），比上年的0.760t标煤/万元下降了1.97%。同上年相比，全年化学需氧量（chemical oxygen demand，COD）排放下降9.02%，二氧化硫排放下降7.14%，氮氧化物排放下降12.70%，厂区边界挥发性有机化合物（volatile organic compounds，VOCs）平均浓度降低3.83%，外排废水、有控制废气外排达标率达100%，危险废弃物妥善处置率100%。加热炉平均热效率为92.60%，与上年基本持平。

二是效率效益层排名前30的企业行业分布主要是电气机械和器材制造业7家，计算机、通信和其他电子设备制造业5家，黑色金属冶炼和压延加工业3家，化学原料和化学制品制造业2家，汽车制造业2家，食品制造业2家，通用设备制造业2家，有色金属冶炼和压延加工业2家，铁路、船舶、航空航天和其他运输设备制造业1家，农副食品加工业1家，医药制造业1家，石油加工、炼焦和核燃料加工业1家及非金属矿物制品业1家。以石化、钢铁为代表的原材料行业，自动化、数字化、信息化建设起步较早，发展程度较高，效率效益较好。其中有12家企业效率效益层投影值高于前30家企业的平均值，经济效益和社会效益表现突出。

如图7-18所示，从后30家企业排名情况来看，制造业企业智能化发展在效率效益层方面凸显了典型企业和行业智能化发展特点如下。

一是彩虹股份（600707.SH）的效率效益层评价比较低。彩虹股份（600707.SH）2019年实现营收58.60亿元，同比增长203.75%，实现归母净利润0.65亿元，同比增长6.35%，实现扣非后净利润-21.37亿元，同比下降138.37%。2019年公司LCD面板业务，新增三星、LG、VESTEL、TCL王牌、SCBC、小米、兆驰等8家海内外客户。累计产出LCD面板1134万片，销售出货1177万片，产销率103.83%。但LCD面板价格在2019年整体处于下行通道，且价格整体偏低，随着营收规模增长，公司2019年整体经营性亏损扩大。

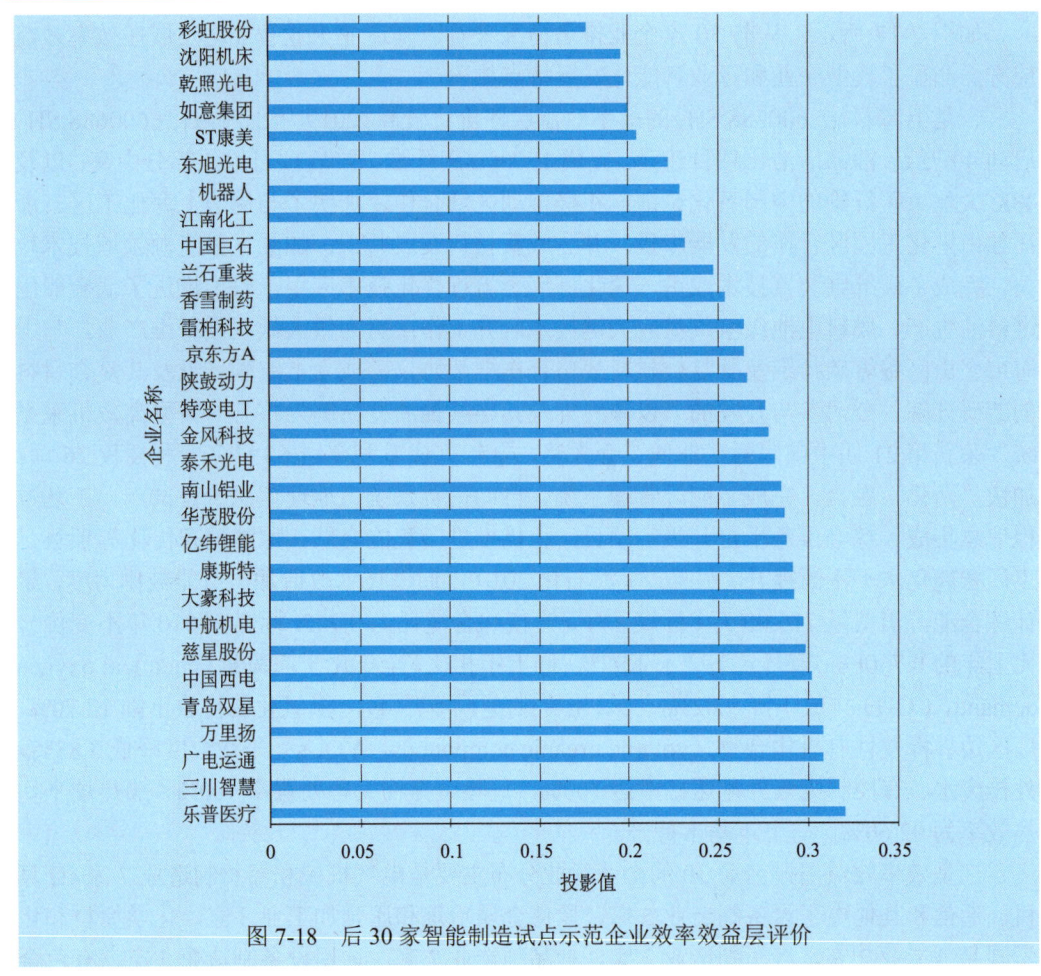

图 7-18 后 30 家智能制造试点示范企业效率效益层评价

二是后 30 家企业的行业分布主要有计算机、通信和其他电子设备制造业 6 家,电气机械和器材制造业 4 家,通用设备制造业 4 家,专用设备制造业 4 家,纺织业 2 家,医药制造业 2 家,仪器仪表制造业 2 家,非金属矿物制品业 1 家,化学原料和化学制品制造业 1 家,汽车制造业 1 家,铁路、船舶、航空航天和其他运输设备制造业 1 家,橡胶和塑料制品业 1 家及有色金属冶炼和压延加工业 1 家。其中有 11 家企业效率效益层投影值低于后 30 家企业的平均值,经济效益和社会效益需进一步改善。

4. 总体评价

综合信息基础层、生产应用层和效率效益层,运用熵权-投影法计算 2019 年 131 家智能制造试点示范企业上市公司综合评价值,以反映智能制造企业智能化发展总体水平。图 7-19 和图 7-20 分别列出了 131 家智能制造企业在智能化发展方面排名前 30 家和后 30 家情况,可集中反映智能化发展总体特征状况。

如图 7-19 所示,从前 30 家企业排名情况来看,制造业企业智能化发展在典型企业和行业智能化发展方面具有如下特点。

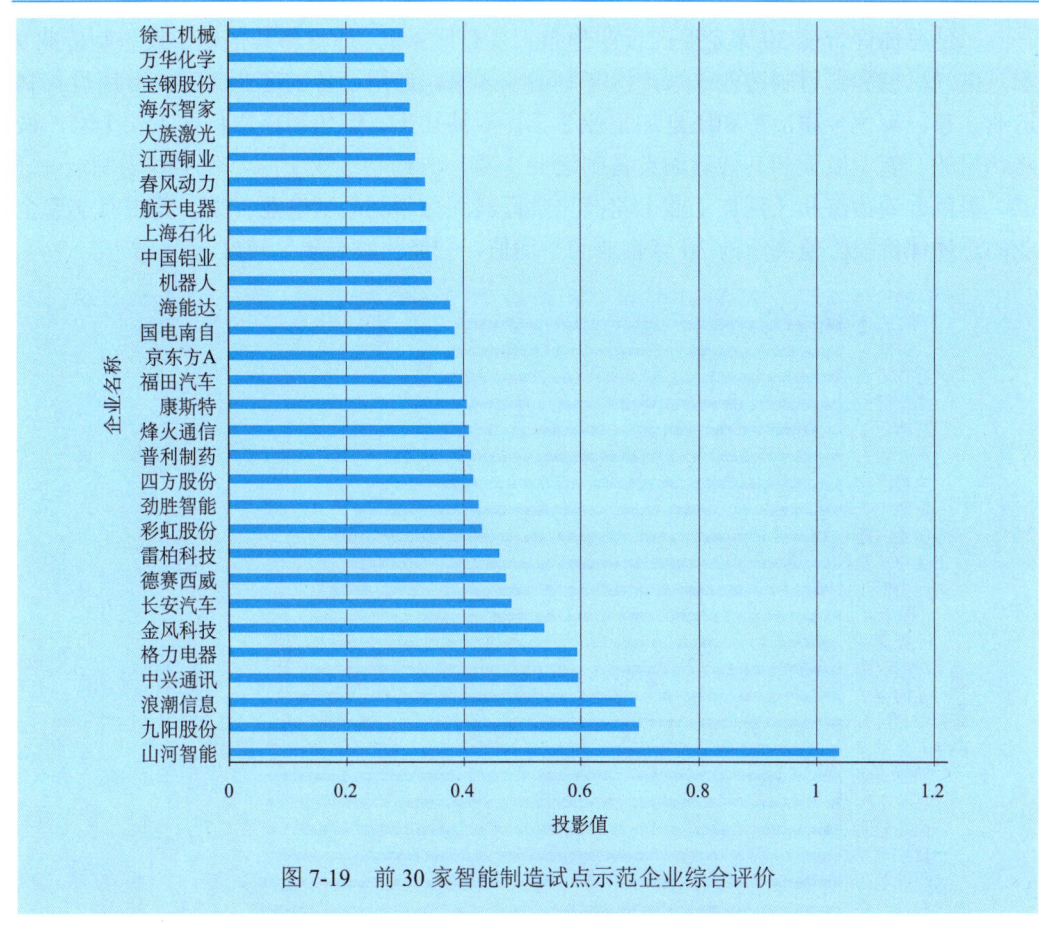

图 7-19 前 30 家智能制造试点示范企业综合评价

一是山河智能（002097.SZ）的智能化水平综合评价最高。山河智能（002097.SZ）是国内最早制造液压挖掘机的企业之一，被誉为"引领中国挖掘机民族品牌的先导者"，位列世界挖掘机企业 20 强。挖掘机产品覆盖 0.8～90t，微、小、中、大型全系列，总体水平处于国际领先地位。其智能化发展水平高的原因主要有：①发展机遇好。公司成立于 1999 年，已深耕工程机械二十多年。2019 年，受益于宏观政策逆周期调节、基建补短板，工程机械行业继续保持增长态势。面对机遇与发展，山河智能市场体量与经营质量都跨上一个新的高度，现为国内地下工程装备（包括旋挖钻机和静力压桩机等桩工机械）龙头企业（旋挖钻机行业三强，静力压桩机行业第一），位居全球工程机械企业 50 强榜单第 34 位、世界挖掘机企业 20 强、世界支线飞机租赁 3 强。②公司经营质量好。公司业绩自 2016 年起步入上升通道。主营业务工程机械产品占比高达 78%，主业突出且毛利率提升，公司盈利能力得以强化。此外，公司现金流情况持续改善，存货及应收账款周转率不断提高，各项经营指标健康向上，经营质量持续提升。③山河智能以产学研一体化为典型特色，依靠"先导式创新"模式，以差异化竞争实现跨越式发展。公司已在地下工程装备、全系列挖掘机、现代凿岩设备、矿业装备、起重机械、液压元器件、军用工程机械和通用航空设备等十多个领域，成功研发出两百多个规格型号，具有自主知识产权和核心竞争力的高品质、高性能工程装备产品。

二是总体评价前 30 家企业的行业分布主要有计算机、通信和其他电子设备制造业 9 家，电气机械和器材制造业 5 家，汽车制造业 3 家，通用设备制造业 2 家，专用设备制造业 3 家，有色金属冶炼和压延加工业 2 家，石油加工、炼焦和核燃料加工业 1 家，铁路、船舶、航空航天和其他运输设备制造业 1 家，医药制造业 1 家，仪器仪表制造业 1 家，黑色金属冶炼和压延加工业 1 家及化学原料和化学制品制造业 1 家。其中有 9 家企业的总体评价投影值高于前 30 家企业的平均值，智能化发展质量较好。

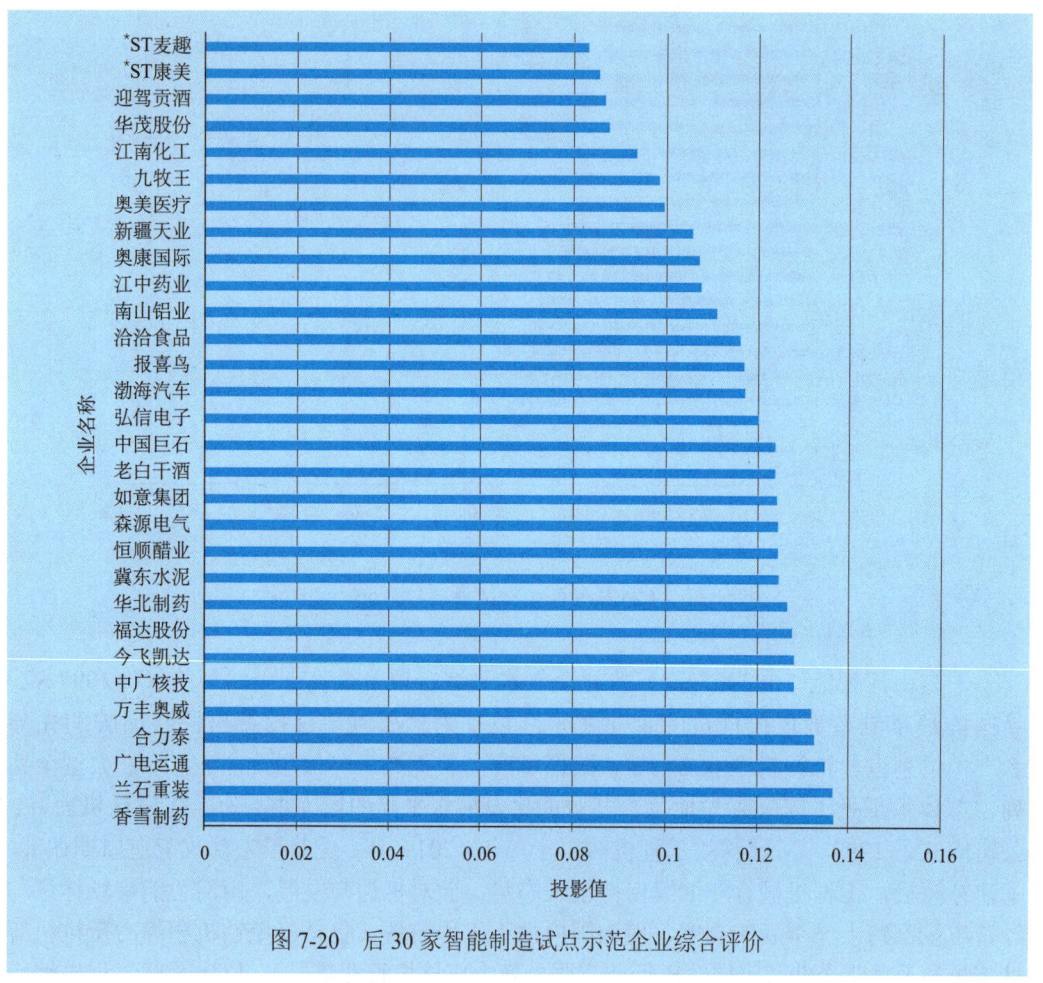

图 7-20　后 30 家智能制造试点示范企业综合评价

如图 7-20 所示，从后 30 家企业排名情况来看，制造业企业智能化发展在典型企业和行业智能化发展方面具有如下特点。

一是 *ST 麦趣（002719.SZ）的智能化水平评价最低。这与公司的经营质量有关。*ST 麦趣以乳制品、烘焙食品制造、分销及烘焙连锁门店为核心业态，并辅以节日食品、冷冻饮品等产品的研发、加工与销售。麦趣尔于 2014 年登陆 A 股市场，主业为乳制品的生产和销售，烘焙食品的连锁经营。麦趣尔曾经享誉新疆，连续多年入围"国饼十佳"。2016~2019 年，公司营收连续实现正增长，净利润则连年下滑；在 2017 年净利润低至 1884 万元后，2018 年曝出了 1.54 亿元亏损，几乎将前四年盈利全部亏掉。

二是总体评价后 30 家企业的行业分布主要有纺织业 4 家，汽车制造业 4 家，医药制造业 4 家，化学原料和化学制品制造业 3 家，非金属矿物制品业 2 家，酒、饮料和精制茶制造业 2 家，食品制造业 2 家，专用设备制造业 2 家，计算机、通信和其他电子设备制造业 2 家，电气机械和器材制造业 1 家，农副食品加工业 1 家，皮革、毛皮、羽毛及其制品和制鞋业 1 家，通用设备制造业 1 家及有色金属冶炼和压延加工业 1 家。其中有 11 家企业的总体评价投影值低于后 30 家企业的平均值，智能化发展质量较差，需要从信息基础、生产应用和效率效益三方面不断优化。

7.4 本章小结

为持续推进制造业企业信息化、网络化和智能化全面深入发展，本章继续沿用往年所构建的多维度制造业企业智能化发展水平评价指标体系，分析评价了制造业企业智能化发展应具备的人才和资产储备基础，体现出企业智能化生产应用发展水平及其智能化发展社会经济效益等情况。本年度报告以智能制造上市公司为研究对象，筛选出了 131 家智能制造企业。

（1）智能化发展信息基础层指标包括人才投入和资金投入。人才投入方面，数据分析反映出高比例的高学历员工对推动企业智能化转型发展比较有利，其中表现好的企业如烽火通信（600498.SH）；智能制造企业研发人员占比主要集中在计算机、通信和其他电子设备制造业及专用设备制造业等高新技术行业，其中表现好的企业如机器人（300024.SZ）；资金投入方面，数据显示总体上智能制造企业资产投入力度较大，其中固定资产增长率高的企业有盈趣科技（002925.SZ）和森源电气（002358.SZ），无形资产增长率高的企业有普利制药（300630.SZ）等。

（2）智能化发展生产应用层指标包括产品智能化、生产智能化、服务智能化、装备智能化和管理智能化。数据分析显示，智能制造企业产品智能化指标中产品研发强度普遍保持在 5%左右，表现突出的企业有沈阳机床（000410.SZ）、普利制药（300630.SZ）和中兴通讯（000063.SZ）等；智能制造企业生产智能化指标平均劳动生产率水平较高，实效显现，表现突出的企业有上海石化（600688.SH）和江西铜业（600362.SH）；智能制造企业服务智能化指标方面，表现突出的行业主要集中在专用设备制造业、电气机械和器材制造业及汽车制造业等，表现突出的企业有山河智能（002097.SZ）、格力电器（000651.SZ）、长安汽车（000625.SZ）等；智能制造企业装备智能化指标方面，表现突出的行业主要集中在计算机、通信和其他电子设备制造业，电气机械和器材制造业及专用设备制造业等行业，表现突出的企业有九阳股份（002242.SZ）、浪潮信息（000977.SZ）和雷柏科技（002577.SZ）等，表现较差的企业有曲美家居（603818.SH）；智能制造企业管理智能化指标方面，表现突出的行业主要集中在计算机、通信和其他电子设备制造业，电气机械和器材制造业及汽车制造业等，表现突出的企业有彩虹股份（600707.SH）、金风科技（002202.SZ）、中国铝业（601600.SH）和福田汽车（600166.SH）等，但数据结果也显示总体上智能制造企业管理智能化发展基础还很薄弱。

（3）制造企业智能化发展效率效益层指标包括经济效益和社会效益。经济效益方面，数据结果反映出智能制造企业经济效益已经显现，但仍具有行业差异性，表现较好的行业主要集中在专用设备制造业，医药制造业，计算机、通信和其他电子设备制造业及电气机械和器材制造业等，表现较好的企业有上海石化（600688.SH）、普利制药（300630.SZ）、盈趣科技（002925.SZ）等；社会效益方面，智能制造企业整体上社会效益水平有所提升，表现较好的行业主要集中在计算机、通信和其他电子设备制造业，电气机械和器材制造业，专用设备制造业及医药制造业等少数几个行业，表现好的企业有森源电气（002358.SZ）等。

（4）智能制造企业总体评价综合了信息基础层、生产应用层、效率效益层的情况。数据分析结果显示机器人（300024.SZ）的信息基础层评价值较高，而报喜鸟（002154.SZ）的信息基础层评价值较低；山河智能（002097.SZ）的生产应用层评价值较高，而*ST麦趣（002719.SZ）的生产应用层评价值较低；上海石化（600688.SH）的效率效益层评价值比较高，而彩虹股份（600707.SH）的效率效益层评价值比较低；智能化发展综合评价最高的企业为山河智能（002097.SZ），最低的企业为*ST麦趣（002719.SZ）；另外，数据结果也显示出不同行业的智能化发展差异比较大，其中智能制造企业总体评价排名前十的企业所在行业包括计算机、通信和其他电子设备制造业有4家，汽车制造业有2家，电气机械和器材制造业有2家，专用设备制造业有1家及通用设备制造业1家。因此，在智能制造后续推进过程中可以根据不同的领域、行业和企业智能化发展转型特点，制定分层分类的智能化解决方案、标准及路线图。

（5）智能制造推进过程中，需要根据不同行业和企业的特点，分类施策、差异化发展。数据显示不同行业和企业间的智能化发展基础参差不齐，因计算机、通信和其他电子设备制造业，汽车制造业，石油加工、炼焦和核燃料加工业信息化建设起步早，基础好，先进企业自动化率较高；因农副食品加工业，皮革、毛皮、羽毛及其制品和制鞋业等行业信息化建设起步较晚，基础薄弱，制约了智能化水平进一步提升。因此，应围绕不同行业的不同基础与需求，分类施策，鼓励企业探索差异化智能制造实施路径。基于不同行业和不同企业的生产特点、实际需求与基础能力等级，结合试点示范企业智能制造实施经验，加快建设具有操作性的行业性智能制造实施指南，加快智能制造应用推广，使制造业企业尽快实现"机机互联""人机互联"，构建"互联网+制造"的网络化发展范式。

参 考 文 献

国家知识产权局. 2020. 专利检索及分析[EB/OL]. http://www.pss-system.cnipa.gov.cn/. [2020-06-02].
龚炳铮. 2015. 智能制造企业评价指标及评估方法的探讨[J]. 电子技术应用, 41(11): 6-8.
李廉水, 石喜爱, 刘军. 2019. 中国制造业40年：智能化进程与展望[J]. 中国软科学, 1: 1-9, 30.
上海证券交易所. 2020. 上市公司2019年度年报[EB/OL]. http://www.sse.com.cn. [2020-06-02].
邵坤, 温艳. 2017. 基于因子分析法的智能制造能力综合评价研究[J]. 物流科技, 40(7): 116-120.
深圳证券交易所. 2020. 上市公司2012-2019年度年报[EB/OL]. http://www.szse.cn. [2019-06-02].

吴珊, 龚业明, 张金隆. 2020. 中国智能制造百强评价及发展研究[J]. 管理学报, 17(2): 159-165.
尹峰. 2016. 智能制造评价指标体系研究[J]. 工业经济论坛, 3(6): 632-641.
中国电子技术标准化研究院,《智能制造》编辑部. 2019. 智能制造: 如何评价企业的智能制造能力成熟度?[J]. 智能制造, 1-2: 24-29.

  撰稿人: 周飞雪 李玮玮
  审稿人: 李廉水

第3部分

专题研究篇

第8章　信息化能否提升传统产业的绩效——基于江苏企业调查数据的经验研究

8.1　引　　言

目前，中国传统产业占规模以上工业增加值的 80%，是中国工业经济的主体。① 因此，对传统制造产业的改造升级关系到推动中国制造业高质量发展的全局。而信息化和智能化又是工业发展的必然逻辑（金碚，2014）。信息技术的发展推动了企业生产效率的提升，以互联网和现代信息通信技术为代表的信息化手段提升了企业的生产自动化和管理自动化，使企业生产管理更为科学和及时有效。一方面，企业在内部管理中依托信息化将生产制造过程中的各个生产环节及价值链上下游集成为一个生产体系，形成不同生产经营部门之间的协作，然后组合搭建不同生产制造模块，即通过信息化重构生产制造过程。另一方面，在重构生产制造的过程中，企业可以应用管理信息系统等对企业的生产、物料、销售流通等环节进行"精细化"管理，使生产设备平稳高效运行，并与其他生产要素合理配置。

其实，国内外已有文献所得结论也表明，宏观层面上广泛采用的信息通信技术为生产率的提升做出了重大贡献，已成为各国经济保持竞争优势的关键因素（郭家堂和骆品亮，2016；孙早和刘李华，2018；茶洪旺和左鹏飞，2017；Bharadwaj and Konsynski，1999；Nakata and Kraimer，2008；Chakravarty et al.，2013）。其实在实践中，党的十九大报告明确提出，要推动互联网、大数据、人工智能和实体经济深度融合。"互联网+"、《中国制造 2025》等政策的制定无不凸显了信息通信技术在提高生产率、推动经济发展方面的作用。然而需要指出的是，信息通信技术与生产率之间的关系仍存在争议，自"索洛悖论"② 提出以来，国内外研究者对其进行了诸多经验分析，但并未得出一致的结论（Acemoglu et al.，2014），在微观企业层面，多数研究认为不存在"索洛悖论"。

当前，中国制造业正处于由大转强、由低端制造向高端制造转型的关键时期。在此背景下，中国政府也提出并积极推动企业采用先进的信息与通信技术，试图借助信息化技术推动企业向智能生产转型，从而提高企业生产效率。2019 年，国务院总理李克强在《政府工作报告》中也强调，要拓展"智能+"，为制造业转型升级赋能。那么，传统制造业企业采用信息化设备或系统后，信息化技术能否真正提升传统制造业企业的绩效，进而促进中国制造业向高质量发展呢？本章将采用 2013 年江苏省工业与信息化厅对传

---

① http://finance.sina.com.cn/roll/2019-11-18/doc-iihnzhfz0109404.shtml。

② "索洛悖论"也被称为"信息技术生产率悖论"，由经济学家索洛于 1987 年提出。

统制造业企业采集的调查数据,尝试对这一问题进行回答。

与已有文献相比,本章的边际贡献主要体现在以下三个方面:①在研究视角上,聚焦在传统制造业企业层面,采用微观数据探讨企业应用信息化设备及 ERP 等信息化软件对企业生产率和利润的影响,拓展了企业信息化影响的研究领域;②与已有文献不同,对企业信息化的界定分为使用信息化设备和应用信息化软件两个层面,分别检验其对企业绩效的影响,从而丰富了理论分析和实证研究;③一方面采用 Heckman 两步法对模型中可能存在的样本选择偏误进行处理,另一方面对企业异质性因素在企业信息化与绩效之间的调节作用进行分析。

8.2 相关文献回顾

已有的与本章紧密相关的文献,主要围绕信息与通信技术在企业的应用及其产生的影响。大部分国内外已有研究发现,企业在信息化方面的投资有助于提高企业生产率,并显示出比非信息化投资更高的总边际回报率。在针对制造业企业的研究方面,Brynjolfsson 和 Hitt(1995,1996,2003)的一系列研究发现,企业在信息化上的投资与其他要素投入配合对企业产出具有重大且颇具统计意义的贡献。而且他们的这些研究突出了互补性资本投资(组织变革和管理实践等)的重要性,并且信息与通信技术和互补性资本投资结合能够产生超额的生产率增长。他们的研究结论也得到了国内学者研究的证实,如汪淼军等(2006,2007)对浙江制造业企业的研究,表明企业信息化需要与人力资本结构、企业组织结构等进行互补才能促进企业生产率的提升。

对于企业信息化为什么可以提升企业效率,国内外研究者进行了广泛的实证分析。早期的文献集中在对发达国家企业数据的实证检验。基于资源基础观理论,Bharadwaj(2000)将信息通信技术视为一种内部资源,实证检验了信息与通信技术对企业绩效的影响,认为具有较强信息通信技术能力的企业比一般企业在财务绩效或企业盈利方面具有较好的表现,进而增强了企业的竞争力,促进了生产率的提升。Timmer 和 Ark(2005)则比较了欧盟和美国之间生产率的差异,认为两者生产率差异的主要来源是信息技术资本的深化和信息技术产品所带来的全要素生产率的增长,这说明美国生产率远高于欧盟的主要原因是信息通信技术的发展。Atrostic 和 Nguyen(2005)发现计算机网络与工厂劳动生产率显著正相关。Ketteni(2009)研究了美国 42 家企业 1984~2001 年信息化与经济绩效之间的关系,结果显示信息化与企业经济绩效确实存在正相关关系,并且这种关系在不同的行业和不同的实践阶段有不同的具体表现。Mithas 等(2012)通过对 400 多家跨国公司 1998~2003 年的档案数据得出的经验进行分析,表明信息化对企业盈利具有积极的影响,但这种影响不是通过降低产品成本而是通过增加企业收入实现的。

在针对中国企业的研究中,叶康涛和孙苇杭(2019)发现,在控制其他因素后,采用会计软件的企业生产率显著高于未采用会计软件的企业,且会计软件性能与生产率显著正相关。企业会计信息利用能力和增长机会强化了这一效应。王可和周亚拿(2019)通过建立信息化建设–信息分享–企业绩效的分析框架,实证分析了企业信息化对绩效的影响,结果发现企业信息化设备建设投入及网站的建立能够促进其与供应链上下游企业在需求、库存、产量等方面信息的分享,并通过这些有价值信息的分享推动企业绩效提升。以国家信息化测评中心"中国企业信息化 500 强"中的制造业企业为研究样本,张辽和吴耸杰(2020)实证检验了信息技术能力影响企业全要素生产率的"增长效应"和"平滑效应"。结果发现信息技术能力提升能够显著改善企业信息分析与决策水平,从而有利于全要素生产率绝对水平的提高,即表现出明显的"增长效应",但也加剧了企业全要素生产率的波动从而未形成明显的"平滑效应"。信息技术能力的增强对高技术密集型制造业企业生产率的提升效果十分突出,但在中技术密集型制造业企业中却表现出显著的"平滑效应"。

不过,也有研究发现,企业信息化并不能促进企业绩效的提升。在国内,代表性的文献是孙健等(2017)利用 1999~2011 年 A 股上市公司的数据进行的分析,他们采用倾向评分匹配和双重差分相结合的方法,研究发现与未实施 ERP 的公司相比,实施 ERP 的公司业绩显著下降。具体来讲,实施 ERP 的公司从实施完成后第二年开始盈利水平和存货周转率显著下降,成本显著提高。这与之前国内的相关研究并不一致。问卷调查的结果进一步表明,企业为了应付上级检查而实施 ERP 及 ERP 实施中的模仿行为可以用来解释这个差异。

通过对国内外已有文献的梳理,我们可以发现,无论是国外还是国内的研究,大多数文献都认为并证实了信息通信技术或信息化水平对企业生产率或经济增长产生重大贡献,但对传统制造业而言,企业信息化能否提升企业绩效,并未得到进一步的证实。

8.3 研究设计

8.3.1 模型构建

借鉴已有研究,并结合本章所使用的微观企业数据,构建如下回归模型检验企业信息化能否提升传统产业的绩效:

$$\text{perform}_{ips} = \alpha_0 + \alpha_1 \text{inform}_{ips} + \alpha_2 X_{ips} + \mu_{ips} \tag{8-1}$$

式中,perform 表示企业的绩效,采用两个指标进行度量,企业劳动生产率(prod)和企业利润率(profit);inform 表示企业信息化变量,也采用两个指标进行衡量,企业是否采用计算机辅助工具(comp)和企业是否应用信息化系统(ictprog);X 为其他影响企业绩效的一系列控制变量;i、p、s 分别表示企业、行业和城市;μ 为随机误差项。

8.3.2 变量选取及描述性统计

首先,关于因变量。对调查问卷中截至 2012 年年底的受调查企业雇佣员工人数和企业销售收入、利润分别进行度量。对于企业劳动生产率,以 2012 年企业人均销售收入的自然对数进行度量;对于企业利润率,以 2012 年企业人均利润率的自然对数进行度量。

其次,关于核心自变量。借鉴王永进等(2017)、何小钢等(2019)的研究,根据调查问卷中"企业是否应用 CAD、CAM、CAPP、CAT 等计算机辅助工具"和"企业基本业务是否应用 ERP、OA、HR、MES、CRM 等信息化系统"两个问题分别设置企业计算机辅助工具变量（comp）和企业信息化系统变量（ictprog）。对于前者，如果企业回答应用了 CAD 等计算机辅助工具，则赋值为 1，否则为 0；对于后者，如果企业回答应用了 ERP 等信息化系统，则赋值为 1，否则为 0。

最后，在考察企业绩效的影响因素时，还纳入了其他紧密相关的控制变量：①企业年龄（age）。企业成立年限的长短对企业绩效具有较大影响，采用"企业成立年份"的自然对数值来度量企业年龄变量。②企业规模（size）。一般而言，企业规模的大小会直接影响企业内信息的传播速度，从而影响企业生产率。在已有文献中，企业规模变量通常由年度销售总额、固定资产总额、企业总资产的对数来表示。基于本章采用的调查数据，以"企业截至 2012 年年底雇用的员工人数"并取自然对数来度量。③企业人力资本存量变量（humcap）。企业员工的人力资本代表企业在技术研发、产品生产及组织管理等方面的能力，这些能力会直接影响企业的生产效率，本章采用受调查企业大专及以上学历员工人数占企业员工总数的比重度量。④私营企业与否（private）。考虑到企业所有制结构的不同，本章根据企业注册资本结构进行度量，如果企业注册资本中私人股份占比超过 50%，则赋值为 1，否则为 0。⑤企业研发强度（rd）。已有文献中一般采用企业 R&D 投入占销售收入的比重来进行度量，本章也遵循这一方法，同时，为了检验企业研发强度与企业绩效之间的非线性关系，还在回归模型中纳入企业研发强度的平方项（rdsq）。⑥企业出口（export）。企业出口可以通过本土产品与国外产品的交流与竞争，促进产品的更新与改进，对生产率产生一定的刺激作用，同时，出口也可以扩大企业产品的知名度，创造品牌效应，促进企业绩效的提升。如果企业产品销往国外市场，就界定为出口型企业，并赋值为 1，否则赋值为 0。

上述变量的描述性统计如表 8-1 所示。此外，本章还在回归模型中纳入了行业虚拟变量（industry，以食品行业为基准组）和企业所在城市虚拟变量（city，以南京为基准组）。

表 8-1 变量的描述性统计

主要变量	样本量	均值	标准差	最小值	最大值
prod	1184	9.427	1.04	4.91	16.767
profit	1184	1.817	1.51	0.233	9.634
comp	1184	0.053	0.59	0	1
ictprog	996	0.026	0.76	0	1
age	1184	2.393	0.57	1	14.862
size	1184	3.378	1.24	0.03	9.626
humcap	1184	0.103	0.17	0.002	0.735
private	1184	0.763	0.12	0	1
rd	1144	0.012	0.17	0	0.102
export	1184	0.243	0.47	0	1

8.3.3 数据来源

本章实证研究所用的数据来自江苏省工业和信息化厅 2013 年对江苏全省属于传统制造行业的企业进行的调查。此次调查采用随机抽样的方式,共发放 1500 份问卷给苏南、苏北和苏中传统制造业企业,回收有效问卷 1300 份,有效率 86.67%。其中,苏南地区 449 家,苏中地区 285 家,苏北地区 566 家。本章依据 2011 年修订的《国民经济行业分类》(GB/T 4754—2011)标准将样本企业分为 21 个行业,在样本企业中,有 1159 家属于纺织及服装业、石油化工业、医药制造业、通用设备业等 11 个行业,占总有效样本的 89.15%。调查问卷涉及的问题包括企业基本经营情况、企业信息化系统及设备应用情况、企业在技术创新及改造等方面的情况。基于研究的目的,本章删去了缺少企业销售收入、利润及员工人数少于 10 人的样本企业。

8.4 实证结果与分析

8.4.1 基准回归结果

在采用截面数据进行回归时,变量之间的多重共线可能会对回归结果产生影响,通过解释变量的相关系数检验,我们发现各变量之间相关系数的绝对值基本上均小于 0.5,而且在回归中进行方差膨胀因子(VIF)检验也表明,各解释变量及所有变量的 VIF 都小于多重共线临界标准(10),这表明我们不必过于担心多重共线问题对回归结果的影响。本章的基准回归结果呈现在表 8-2 中。

表 8-2 信息化对传统产业企业的绩效影响基准回归结果

变量	(1) OLS 人均劳动生产率	(2) OLS 人均利润率	(3) OLS 人均劳动生产率	(4) OLS 人均利润率
comp	0.930***	0.477**		
	(0.194)	(0.199)		
ictprog			1.631***	1.234***
			(0.184)	(0.141)
age	0.010	0.005	0.010	0.006
	(0.008)	(0.009)	(0.011)	(0.005)
size	1.017***	0.022***	0.009	0.013***
	(0.004)	(0.005)	(0.006)	(0.003)
humcap	−0.008	−0.004	0.001	0.005
	(0.007)	(0.009)	(0.009)	(0.005)
private	0.013**	0.033***	0.013*	0.008**
	(0.006)	(0.006)	(0.007)	(0.003)

续表

变量	(1) OLS 人均劳动生产率	(2) OLS 人均利润率	(3) OLS 人均劳动生产率	(4) OLS 人均利润率
rd	0.442	0.229	0.165	0.505
	(0.336)	(0.347)	(0.414)	(0.356)
rdsq	−1.921***	−0.966***	−1.080***	−1.871***
	(0.194)	(0.370)	(0.212)	(0.189)
export	0.009	0.036***	0.029**	0.008
	(0.009)	(0.012)	(0.013)	(0.006)
_cons	−0.082	0.941***	0.507***	0.103*
	(0.093)	(0.105)	(0.119)	(0.060)
city	Yes	Yes	Yes	Yes
industry	Yes	Yes	Yes	Yes
N	1184	1144	1036	996
F	3.138	7.881	5.431	7.871
r^2	0.086	0.078	0.062	0.057

注：括号里为White-robust稳健标准误差；*、**、***分别表示在10%、5%和1%上显著；_cons表示常数项，下同。

从表8-2中可以看出，在控制行业和城市固定效应及其他条件不变的情况下，企业应用计算机辅助系统（comp）和采用信息化系统（ictprog）变量都在1%水平上显著为正。这说明，相对于那些未采用计算机辅助系统及信息化系统的企业，使用了信息化设备的企业人均劳动生产率和人均利润率都能得到显著的提升。本章的这一实证结果与何小钢等（2019）采用世界银行调查数据对中国企业是否存在"信息技术生产率悖论"所得结果相一致，他们的研究认为企业可以依托新兴信息技术实现转型升级。对本章的样本企业而言，采用信息化设备或软件不仅能提升企业劳动生产率，还可以促进企业利润的增加。最终这些都将有助于促进传统产业企业转型升级。

对于其他控制变量，表8-2中第（2）和（4）列的结果表明，控制其他条件不变，企业规模（size）变量与企业人均劳动生产率和人均利润率都存在显著正相关关系。本章认为这与企业生产经营中存在规模效应有关系，在技术水平一定的情况下，随着企业规模的扩大，企业投入的资源也得到充分的使用，从而促进企业生产率和生产效益的提升。

对于企业所有制（private）变量，回归结果表明，相对于国有企业，如果企业属于私营企业，那么企业的绩效将得到显著的提升。本章的回归结果与大多数文献所得结论相符。

对于企业研发强度（rd）及其平方项（rdsq），表8-2中的结果表明，控制其他条件不变，企业研发强度的一次项不显著，但该变量的平方项显著为负，说明企业研发强度与企业人均劳动生产率和人均利润率存在"倒U形"关系。回归结果也意味着，初始时随着企业研发强度的增加，企业绩效也得到显著的提升，但随着研发强度的继续增加，企业投入更多的研发资金时，会对企业经营发展产生一定的不利影响。本章认为这与企业研发的风险程度有关，如果企业研发项目的风险过大，那么企业投入资金就无法得到补偿，从而拖累企业发展。

虽然其他控制变量的系数符号符合预期，但都不具有稳健的显著性，不再赘述。

8.4.2 内生性问题的缓解

表 8-2 中的初步回归结果显示，总体而言，企业应用信息化设备或系统与其人均劳动生产率和人均利润率之间存在显著正相关关系。但是企业应用信息化设备或系统可能存在自选择问题。为了排除样本选择偏差可能对模型造成的影响，进一步缓解模型中可能存在的内生性问题，在表 8-3 中采用 Heckman 两步法来处理存在的样本选择问题。在第一阶段的模型中，本章以企业是否应用计算机辅助工具（comp）或 ERP 等信息化系统（ictprog）作为因变量，将其他控制变量作为自变量，进行 Probit 回归；进而得到逆米尔斯比率（λ）作为控制变量代入第二阶段的回归。

具体回归结果汇总在表 8-3 中，从表 8-3 中的逆米尔斯比率的显著性来看，除第（4）列之外，其他回归结果都无法拒绝不存在样本选择性偏差的原假设，这意味着本章基准回归中存在样本选择问题的可能性较小，从企业应用计算机辅助工具变量及采用 ERP 等信息系统变量的系数看，回归结果与基准回归结果也较为接近，因此验证了结论的稳健性。这再次表明，进行信息化改造或采用信息化设备、软件等将有助于江苏省传统企业的转型升级。这对现阶段大量的纺织、服装制造业和食品制造业企业而言，将是一次脱胎换骨的机遇。

表 8-3 Heckman 两步法回归结果

变量	(1) 人均劳动生产率	(2) 人均利润率	(3) 人均劳动生产率	(4) 人均利润率
comp	0.010*	0.008**		
	(0.005)	(0.004)		
ictprog			0.156***	0.026*
			(0.047)	(0.014)
age	0.026***	0.122	0.127***	0.347***
	(0.005)	(0.375)	(0.013)	(0.131)
size	0.382	0.893***	0.718***	0.326***
	(0.667)	(0.257)	(0.139)	(0.098)
humcap	0.099	0.016	0.163***	0.201***
	(1.003)	(0.055)	(0.051)	(0.048)
private	0.424***	0.637	0.124*	0.031
	(0.132)	(1.122)	(0.069)	(0.257)
rd	−0.060	0.168***	0.487***	0.239
	(0.057)	(0.017)	(0.107)	(0.210)

续表

变量	(1) 人均劳动生产率	(2) 人均利润率	(3) 人均劳动生产率	(4) 人均利润率
rdsq	−0.798***	−0.625*	−0.078***	−0.033**
	(0.242)	(0.347)	(0.018)	(0.014)
export	0.494	0.034	0.011***	0.000
	(2.431)	(0.391)	(0.002)	(0.019)
λ	0.833	0.754	4.023	0.325*
	(1.96)	(0.863)	(7.058)	(0.188)
_cons	5.249	0.301	4.566***	1.697***
	(7.164)	(2.171)	(0.393)	(0.634)
city	Yes	Yes	Yes	Yes
industry	Yes	Yes	Yes	Yes
N	1144	1144	996	996
F	123.247	111.063	63.287	65.568
r^2	0.056	0.054	0.045	0.044

注：括号里为 White-robust 稳健标准误差；*、**、***分别表示在 10%、5%和 1%上显著。

8.4.3 异质性分析

已有文献表明企业的劳动生产率和利润会受企业规模、研发能力和人力资本存量等企业个体特征的影响（Li et al.，2016）。因此本章对模型（1）进行拓展，在回归模型中增加企业个体异质性特征变量（chara）与企业信息化变量的交互项[①]，用以检验在考虑企业自身异质性条件下，信息化对传统产业企业绩效的影响效应。拓展后的回归模型如下：

$$\text{perform}_{ips} = \alpha_0 + \alpha_1 \text{inform}_{ips} + \alpha_2 X_{ips} + \alpha_3 \text{inform}_{ips} \cdot \text{chara}_{ips} + \mu_{ips} \quad (8\text{-}2)$$

式中，chara 分为企业规模变量、企业研发强度变量和企业人力资本存量变量三个特征。具体回归结果呈现在表 8-4 中。

表 8-4 企业信息化对传统产业企业绩效影响的异质性分析

变量	(1) OLS	(2) OLS	(3) OLS	(4) OLS	(5) OLS	(6) OLS
comp	0.422***	0.246**	0.529**			
	(0.116)	(0.098)	(0.207)			
ictprog				0.663***	0.477**	0.536***
				(0.237)	(0.231)	(0.131)

---

① 这里仅列出了企业人均劳动生产率的回归结果。

续表

变量	(1) OLS	(2) OLS	(3) OLS	(4) OLS	(5) OLS	(6) OLS
age	0.008 (0.012)	0.012 (0.011)	−0.001 (0.018)	0.010 (0.034)	0.006 (0.034)	0.007 (0.034)
size	0.013* (0.007)	0.007 (0.007)	−0.004 (0.010)	0.023 (0.018)	0.013 (0.018)	0.022 (0.017)
humcap	0.014 (0.014)	0.020* (0.011)	0.055** (0.027)	0.066** (0.032)	0.083*** (0.032)	0.064* (0.032)
private	0.028** (0.013)	0.004 (0.042)	0.048** (0.023)	0.079*** (0.022)	0.087*** (0.022)	0.077** (0.022)
rd	−0.015 (0.014)	0.010 (0.014)	0.004 (0.022)	0.019 (0.041)	0.015 (0.041)	0.023 (0.041)
rdsq	0.011 (0.020)	−0.035* (0.019)	0.017 (0.031)	−0.120*** (0.043)	0.110*** (0.043)	0.119 (0.043)
export	0.001 (0.001)	−0.003*** (0.001)	0.005*** (0.002)	0.008*** (0.001)	0.008*** (0.001)	0.008*** (0.001)
comp*size	0.002** (0.001)					
comp*rd		0.005** (0.002)				
comp*humcap			0.008* (0.042)			
ictprog*size				0.029* (0.015)		
ictprog*rd					0.399** (0.176)	
ictprog*humcap						0.387** (0.176)
_cons	0.166 (0.439)	1.576*** (0.382)	−0.054 (0.815)	−0.198 (1.640)	0.131 (1.647)	0.167 (1.635)
city	Yes	Yes	Yes	Yes	Yes	Yes
industry	Yes	Yes	Yes	Yes	Yes	Yes
N	1144	1144	1144	996	996	996
F	13.346	18.811	11.798	103.612	82.213	79.685
r^2	0.298	0.330	0.305	0.298	0.330	0.305

注：括号里为 White-robust 稳健标准误差；*、**、***分别表示在 10%、5%和 1%上显著。

表 8-4 第（1）列是纳入企业是否应用信息设备与企业规模交互项（comp*size）的回归，结果发现该交互项系数显著为正。这表明相对于未使用信息设备的传统制造业企业，使用了信息设备的企业规模的扩大对企业劳动生产率产生显著促进作用，可能的解

释是在规模大的企业中，应用了信息化设备所产生的效率提升在规模效应的作用下产生了更大的收益。表 8-4 第（2）列是纳入企业是否应用信息设备与企业研发强度交互项（comp*rd）的回归，结果发现该交互项对企业劳动生产率具有显著为正的影响。这意味着企业信息化设备的使用对研发强度大的企业更有利，本章认为这是由于企业信息化设备的应用可以更有助于企业研发能力的提升，进而使两者共同促进企业生产效率的提升。表8-4第（3）列是纳入企业是否应用信息设备与企业人力资本存量交互项（comp*humcap）的回归，结果表明该变量的系数显著为正。这意味着企业应用信息化设备对拥有较高人力资本存量的传统制造业企业更有利，可能的原因是企业拥有的人力资本存量是企业长久发展至关重要的因素，而信息化水平的提高，可以发挥企业熟练劳动力更大的优势，从而为企业的长期发展提供保障。

表 8-4 第（4）、（5）、（6）列分别是纳入企业应用信息化软件与企业异质性因素交互项（ictprog*size、ictprog*rd、ictprog*humcap）的回归，结果发现这三个交互项的系数都显著为正。企业使用信息化设备与企业异质性因素交互的结果再次得到验证。

综合以上异质性分析，本章认为由于中国私营企业规模、研发强度及人力资本存量的差异，都对信息化与企业绩效的关系产生了调节作用。这也意味着政府在传统产业企业中鼓励企业实施信息化策略时应考虑企业自身的条件与承受能力。

8.4.4 稳健性检验

为了保证表 8-2 中基准回归结果的可靠性，本章还采用如下两种方法进行稳健性检验。

首先，本章按照企业所在城市，将样本企业分为苏南、苏中和苏北三个地区，然后分别采用回归模型（1）进行分析。回归结果呈现在表 8-5 中。结果表明，对于企业是否应用信息化设备变量，控制其他条件不变情况下，相较于未采用信息化设备的企业，采用了信息化设备的企业都将显著促进企业劳动生产率的提升。对于企业是否采用信息化软件变量，结果表明，除苏中地区之外，苏南和苏北地区的传统制造业企业采用了 ERP 等信息化软件后，企业劳动生产率得到了显著改善。将因变量替换为企业利润率后，回归结果与表 8-5 中回归结果一致。

表 8-5 企业信息化对传统产业企业绩效影响的分区域稳健性检验

变量	(1) OLS 苏南	(2) OLS 苏中	(3) OLS 苏北	(4) OLS 苏南	(5) OLS 苏中	(6) OLS 苏北
comp	0.018***	0.023**	0.012*			
	(0.005)	(0.011)	(0.006)			
ictprog				0.028**	0.012	0.013**
				(0.009)	(0.009)	(0.006)
age	0.006	0.023	0.003	0.006	0.002	0.010
	(0.012)	(0.021)	(0.019)	(0.035)	(0.020)	(0.013)

续表

变量	(1) OLS 苏南	(2) OLS 苏中	(3) OLS 苏北	(4) OLS 苏南	(5) OLS 苏中	(6) OLS 苏北
size	0.010*	0.015	0.005	0.015*	0.015	0.010*
	(0.006)	(0.010)	(0.008)	(0.009)	(0.012)	(0.006)
humcap	0.008	0.027	0.011	0.009	0.001	0.012
	(0.011)	(0.026)	(0.013)	(0.019)	(0.022)	(0.012)
private	0.029***	0.013	0.023***	0.029***	0.025*	0.026***
	(0.008)	(0.012)	(0.009)	(0.011)	(0.013)	(0.008)
rd	0.011	0.016	0.032*	−0.002	0.013	0.015
	(0.015)	(0.026)	(0.017)	(0.023)	(0.027)	(0.015)
rdsq	0.003	−0.014	−0.073***	−0.040*	0.012	−0.017**
	(0.017)	(0.026)	(0.020)	(0.022)	(0.027)	(0.007)
export	0.015	−0.010	0.004	0.025	0.023	0.000
	(0.015)	(0.026)	(0.018)	(0.026)	(0.027)	(0.016)
_cons	0.601***	0.023	0.506***	0.642***	0.693***	0.474***
	(0.118)	(0.319)	(0.155)	(0.224)	(0.242)	(0.129)
city	No	No	No	No	No	No
industry	Yes	Yes	Yes	Yes	Yes	Yes
N	432	268	544	432	265	299
F	3.720	1.550	1.831	1.791	1.115	2.428
r^2	0.313	0.345	0.265	0.132	0.224	0.112

注：括号里为 White-robust 稳健标准误差；*、**、***分别表示在10%、5%和1%上显著。

其次，本章按照企业成立年限，将样本企业分为成熟期企业和初创期企业，如果企业成立年限大于全部样本企业成立年限的均值，则界定为成熟期企业，否则就归属于初创期企业。然后分别采用回归模型（1）进行分析。回归结果呈现在表8-6中。结果表明，对于企业是否应用信息化设备变量，控制其他条件不变情况下，相较于未采用信息化设备的企业，采用了信息化设备的企业都显著促进了企业劳动生产率和利润率的提升。对于企业是否采用信息化软件变量，传统制造业企业采用了 ERP 等信息化软件后，对企业劳动生产率产生了显著促进作用，但未能显著提升企业利润率。

表8-6 企业信息化对传统产业企业绩效影响的分生命周期稳健性检验

变量	成熟期企业		初创期企业	
	人均劳动生产率	人均利润率	人均劳动生产率	人均利润率
comp	0.105***		0.056*	
	(0.026)		(0.028)	

续表

变量	成熟期企业		初创期企业	
	人均劳动生产率	人均利润率	人均劳动生产率	人均利润率
ictprog		0.194*		0.076
		(0.102)		(0.092)
age	0.135	0.281**	0.039	0.009
	(0.102)	(0.129)	(0.128)	(0.157)
size	0.040	0.035	0.059	0.109**
	(0.036)	(0.051)	(0.041)	(0.052)
humcap	0.077	0.231**	0.288***	0.320**
	(0.080)	(0.102)	(0.100)	(0.137)
private	0.616	0.486	0.652	0.559***
	(0.392)	(0.437)	(0.415)	(0.102)
rd	−0.106	−0.095	−0.012	−0.078
	(0.086)	(0.117)	(0.103)	(0.137)
rdsq	−0.023*	−0.038	0.032	−0.048*
	(0.012)	(0.031)	(0.026)	(0.026)
export	0.238	0.058	0.053	0.062
	(0.330)	(0.347)	(0.310)	(0.323)
_cons	10.626***	10.661***	11.679***	11.128***
	(0.585)	(0.722)	(0.679)	(0.791)
city	Yes	Yes	Yes	Yes
industry	Yes	Yes	Yes	Yes
N	470	438	674	558
F	13.346	18.811	11.798	103.612
r^2	0.1031	0.1196	0.1679	0.2270

注：括号里为 White-robust 稳健标准误差；*、**、***分别表示在10%、5%和1%上显著。

8.5　结论与政策启示

目前，以智能制造为主导的工业时代已经到来，它不仅是全球性的技术革命，也是中国传统制造业转型升级的必经之路。本章使用 2013 年江苏省工业与信息化厅提供的传统制造业企业数据，采用 OLS 和 Heckman 两步法，实证检验了传统制造业企业信息化对企业绩效的影响。本章的主要研究结论如下：

第一，传统制造业行业企业采用信息化设备或信息化软件后，对企业劳动生产率及利润都有显著促进作用。采用 Heckman 两步法纠正模型中可能存在的样本选择性偏误的回归结果也表明，在其他条件不变情况下，相对于未进行信息化改造的传统制造业企业，进行信息化改造的企业人均劳动生产率和人均利润率水平都能得到显著提升。这在一定程度上证实了中国企业不存在"索洛悖论"。

第二，考虑企业自身异质性特征后，传统制造业企业信息化改造对企业绩效的作用有差异。研究表明，在规模大、研发强度高及人力资本存量多的传统制造业企业中，进行信息化改造会对企业绩效产生更大的促进作用。

第三，稳健性检验表明，基准回归结果不会因样本所在区域、企业成立年限的长短而发生改变。

根据以上研究结论，可以得到以下政策启示：

第一，对传统制造业企业而言，以互联网为载体的信息通信技术极大提升了企业内部沟通交流的效率，有助于企业绩效的提升。因此，推进基于信息化手段的企业经营管理方式或工具在传统制造业企业中的应用，特别是物联网在重要生产管理环节中的应用，可以智能化和信息化的方式提升企业绩效。

第二，从政策的角度而言，推动信息通信技术从消费领域向生产领域拓展，激励传统制造业企业在生产制造过程中提升信息化程度，不仅能改进我国企业各类生产设备的性能，提高资源利用率，还能实现我国传统制造业企业提升效益的目标。

参 考 文 献

茶洪旺，左鹏飞. 2017. 信息化对中国产业结构升级影响分析：基于省级面板数据的空间计量研究[J]. 经济评论, 1: 80-89.

郭家堂，骆品亮. 2016. 互联网对中国全要素生产率有促进作用吗？[J]. 管理世界, 10: 34-49.

何小钢，梁权熙，王善骝. 2019. 信息技术、劳动力结构与企业生产率：破解"信息技术生产率悖论"之谜[J]. 管理世界, 35(9): 65-80.

金碚. 2014. 工业的使命和价值：中国产业转型升级的理论逻辑[J]. 中国工业经济, 9: 51-64.

孙健，袁蓉丽，王百强. 2017. ERP 实施真的能提升企业业绩吗？[J]. 中国软科学, 8: 121-132.

孙早，刘李华. 2018. 信息化提高了经济的全要素生产率吗？——来自中国 1979—2014 年分行业面板数据的证据[J]. 经济理论与经济管理, 5: 5-18.

汪淼军，张维迎，周黎安. 2006. 信息技术、组织变革与生产绩效：关于企业信息化阶段性互补机制的实证研究[J]. 经济研究, 41(1): 65-77.

汪淼军，张维迎，周黎安. 2007. 信息化、组织行为与组织绩效：基于浙江企业的实证研究[J]. 管理世界, 4: 96-104, 129.

王可，周亚拿. 2019. 信息化建设、供应链信息分享与企业绩效：基于中国制造业企业的实证研究[J]. 中国管理科学, 27(10): 34-43.

王永进，盛丹，李坤望. 2017. 中国企业成长中的规模分布：基于大企业的研究[J]. 中国社会科学, 3: 26-47, 204-205.

叶康涛，孙苇杭. 2019. 会计软件采用与企业生产率——来自非上市公司的证据[J]. 会计研究, 1: 45-52.

张辽，吴耸杰. 2020. 信息技术能力对企业全要素生产率的影响——基于"增长效应"与"平滑效应"的比较视角[J]. 中南财经政法大学学报, 2: 57-67.

Acemoglu D, Autor D, Dorn D, et al. 2014. Return of the Solow Paradox? IT, productivity, and employment in US manufacturing[J]. American Economic Review, 104(5): 394-399.

Atrostic B K, Nguyen S V. 2010. It and productivity in U. S. manufacturing: Do computer networks matter?[J]. Economic Inquiry, 43(3): 493-506.

Bharadwaj A S. 2000. A resource-based perspective on information technology capability and firm performance: An empirical investigation[J]. MIS Quarterly, 24(1): 169-196.

Bharadwaj A S, Konsynski B B R. 1999. Information technology effects on firm performance as measured by Tobin's q[J]. Management Science, 45(7): 1008-1024.

Brynjolfsson E, Hitt L. 1995. Information technology as a factor of production: The role of differences among firms[J]. Economics of Innovation and New Technology, 3(3-4): 183-200.

Brynjolfsson E, Hitt L. 1996. Paradox lost? Firm-level evidence on the returns to information systems spending[J]. Management Science, 42(4): 541-558.

Brynjolfsson E, Hitt L. 2003. Computing productivity: Firm-level evidence[J]. Review of Economics and Stats, 85(4): 793-808.

Chakravarty A, Grewal R, Sambamurthy V. 2013. Information technology competencies, organizational agility, and firm performance: Enabling and facilitating roles[J]. Information Systems Research, 4: 976-997.

Ketteni E. 2009. Information technology and economic performance in U. S. industries[J]. The Canadian Journal of Economics, 42(3): 844-865.

Li D, Lu Y, Ng T, et al. 2016. Does trade credit boost firm performance?[J]. Economic Development and Cultural Change, 64(3): 573-602.

Mithas S, Tafti A, Bardhan I, et al. 2012. Information technology and firm profitability: Mechanisms and empirical evidence[J]. MIS Quarterly, 36(1): 205-224.

Nakata C, Kraimer Z M L. 2008. The complex contribution of information technology capability to business performance[J]. Journal of Managerial Issues, 20(4): 485-506.

Timmer M P, Ark B V. 2005. Does information and communication technology drive EU-US productivity growth differentials?[J]. Oxford Economic Papers, 57(4): 693-716.

撰稿人：张三峰

审稿人：刘　军

第9章 创新网络视角下江苏制造业高质量发展的路径研究

9.1 "互联网+先进制造业"战略背景及理论基础

9.1.1 "互联网+先进制造业"的战略背景

我国制造业自改革开放以来取得了巨大成就,但在快速发展的同时,也面临着劳动人口减少、创新能力不足等问题。为了把握新一轮科技革命与产业革命带来的发展机遇,我国于 2012 年首次提出"互联网+"这一概念,具体是指利用大数据、云计算、移动互联等技术,将互联网与其他领域有机结合,促进整个经济社会的发展与变革。其中,"互联网+先进制造业"是制造业智能化的发展趋势。通过人、机、物的互联,构建制造业生产中生产要素间的连接关系,以数据驱动制造业协同发展及智能化进程。

我国是制造业大国,也是互联网大国,2018 年我国工业增加值超过 30 万亿元,继续保持全球第一,如图 9-1 所示。我国高度重视以"互联网+"为核心的新一轮产业与科技革命对经济发展起到的促进作用,提出了一系列相关政策及措施(表 9-1)。我国市场潜力巨大且发展迅速,要想实现制造业智能化发展,就要因地制宜,找寻不同于欧美各国的发展路径。对"互联网+先进制造业"进行深入研究,对我国各省制造业智能化发展具有重要意义。

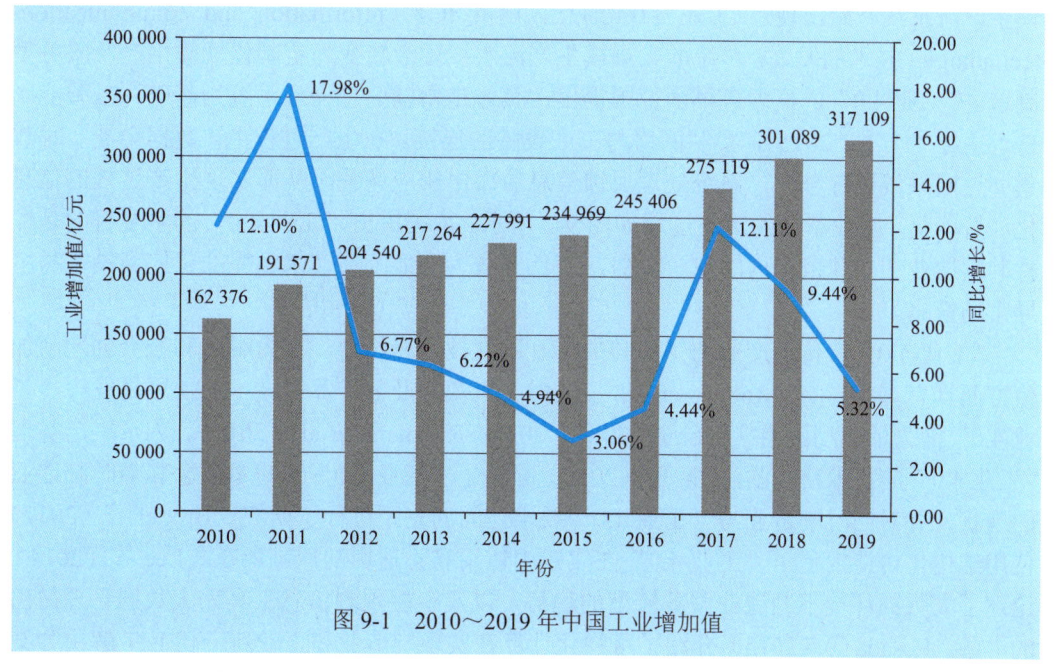

图 9-1 2010~2019 年中国工业增加值

表 9-1　我国"互联网+先进制造业"的发展进程

时间	相关政策及措施
2013 年 8 月	《信息化和工业化深度融合专项行动计划（2013—2018 年）》
2014 年 9 月	工信部系统部署工业互联网研究
2015 年 5 月	《中国制造 2025》
2015 年 7 月	《国务院关于积极推进"互联网+"行动的指导意见》
2016 年 2 月	成立工业互联网产业联盟（AII）
2016 年 5 月	《关于深化制造业与互联网融合发展的指导意见》
2017 年 11 月	《国务院关于深化"互联网+先进制造业"发展工业互联网的指导意见》

9.1.2　"互联网+先进制造业"的相关概念

自 21 世纪以来，信息技术的发展及其与新能源、新材料等产业的融合直接或间接地促进了生产效率的提升（于新东和牛少凤，2011；Brynjolfsson and Saunders，2010）。2008 年金融危机后，世界各国均推出了促进制造业发展的政策，旨在加速传统工业和信息技术的融合，从而促进经济复苏，典型的代表有德国的"工业 4.0"、美国的工业互联网及我国提出的"互联网+先进制造业"，本章将对这些概念进行阐述和辨析。

人类的历史经验证明，每次工业革命都以科技上的重大突破为先导，而科技进步本身也会改变生产方式和生产关系，从而形成新一代的工业革命。在"工业 1.0"时代，蒸汽机的发明促进了纺织、钢铁行业的发展，机器生产逐渐取代了手工生产，出现了现代工厂的雏形。"工业 2.0"时代，电力技术的产生与应用进一步促进了机械化生产，大规模生产流水线开始出现。"工业 3.0"时代，随着 ICT（information and communications technology）技术的发展，传统的大规模生产流水线逐渐转变为定制化规模生产及服务型制造。"工业 4.0"的概念最早由德国提出，具体是指以信息物理系统为基础，以智能制造为主导（李杰，2015），实现网络与工业设备的连接。在生产过程中，数据会被实时收集并返回系统进行分析，系统处理反馈信息后做出相应调整，从而实现生产过程的信息化和智能化。工业革命的演进过程如图 9-2 所示。德国提出"工业 4.0"的主要目的是维持其制造业在全球范围内的竞争优势，确保其成为智能制造技术领先的供应商策略与主导市场策略。

"工业 4.0"将传统产业的优势与尖端互联网技术相结合，在为组织和社会创造附加值方面具有重要影响（Roblek et al.，2016）。大数据及云计算等技术的使用是发挥"工业 4.0"潜力的驱动因素（Schmidt et al.，2015；Rüßmann et al.，2015）。为了提出实现"工业 4.0"的技术路线图，Qin 等（2016）介绍了"工业 4.0"的基本概念和当时制造业的现状，并对当时制造业与"工业 4.0"要求之间的差距进行了研究。Brettel 等（2017）使用结构化访谈揭示了"工业 4.0"在实践中适用和不适用的原因所在。Lee 等（2014）论述了大数据环境下制造业服务转型的趋势，以及智能预测信息工具为大数据管理做出的准备。Posada 等（2015）介绍了可视化计算在实现制造业和工业新一代 ICT 解决方案中起到的重要作用。

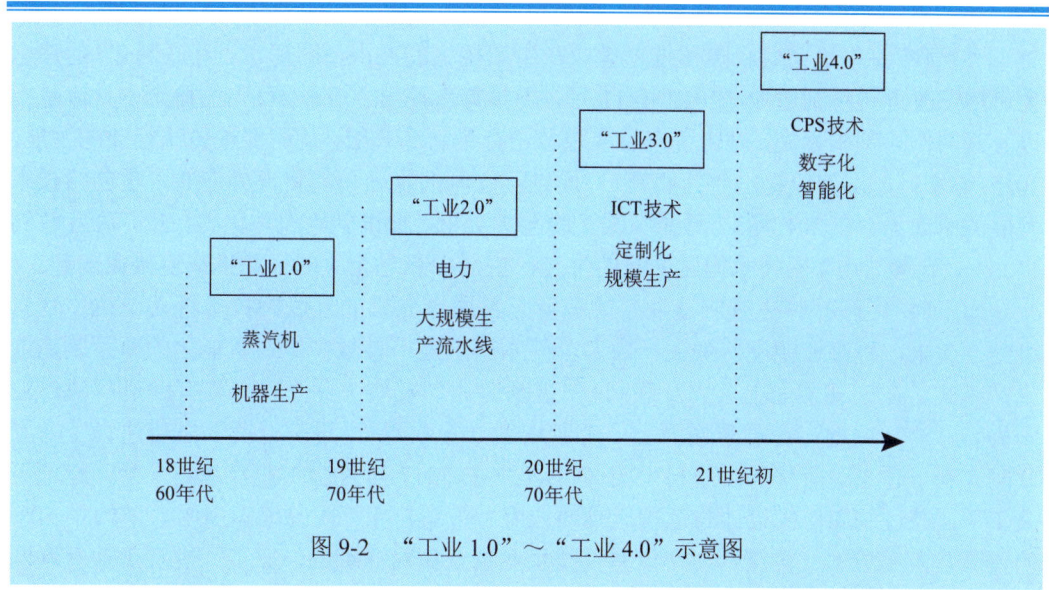

图 9-2 "工业 1.0"～"工业 4.0"示意图

在工业互联网这一概念出现之前，人们口中常说的互联网通常指消费互联网。消费互联网主要的连接对象是人，而工业互联网连接的是工业中的人、机、物，对于制造企业的发展有着重要影响。2011 年，美国提出"利用 21 世纪的智能系统科技以赢得未来"、先进制造业以及相应的制造业创新网络计划。通用电气在 *Industrial Internet: Pushing the Boundaries of Minds and Machines* 白皮书中首次提出工业互联网这一概念（Evans and Annunziata, 2012），具体是指通过大数据、传感网络等技术建立的智能化工业网络。2014 年，美国各界经过讨论达成发展工业互联网的共识。同年，AT&T、Cisco、GE、IBM 和 Intel 五家企业联合宣布成立工业互联网联盟，并在 2016 年与德国"工业 4.0"签署战略合作协议。

工业互联网是工业智能化的"血液循环系统"，是实现人、机器、车间、企业等主体以及设计、研发、生产、管理、服务等产业链各环节的全要素泛在互联的基础（图 9-3）。本章认为，工业互联网既是政策层面的概念，也是技术层面的概念，它是"工业 4.0"及我国"互联网+先进制造业"的重要基础。

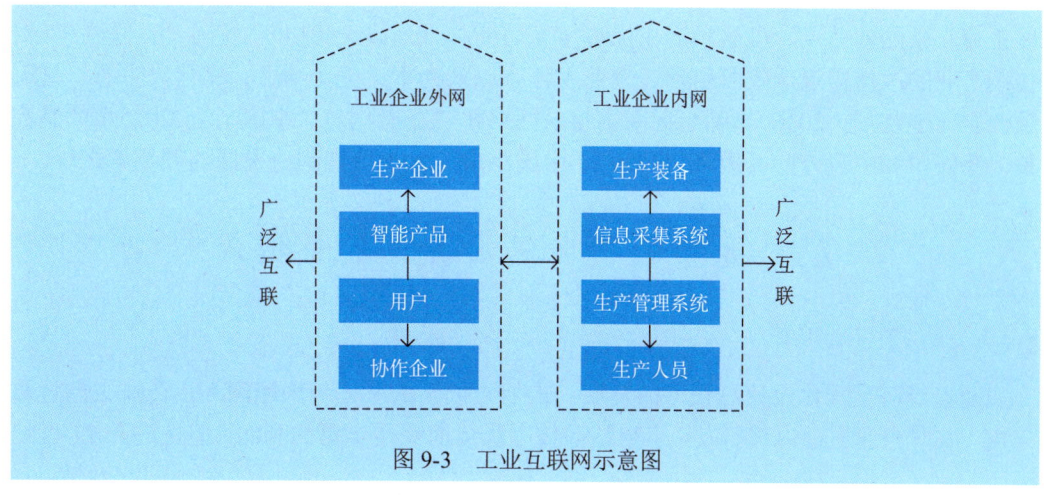

图 9-3 工业互联网示意图

"互联网+"最初对我国传统零售业产生了极大的冲击,同理,"互联网+"的理念也可用于改进传统制造业。2012年11月,于扬首次提出"互联网+"的概念,具体是指以互联网作为基础设施,对传统产品或服务进行更新和升级,从而促进传统行业的发展。2015年4月,邬贺铨提出"互联网+"通过互联网的媒介功能将世界连通,是创新技术发展的驱动力。在2015年7月的中国互联网大会上,腾讯创始人马化腾指出,"互联网+"是一个通过互联网技术构建的新的生态,生活中息息相关的行业将被连接在一起。

本章对"互联网+先进制造业"的理解是,通过先进的互联网技术将人、机、物有机结合起来,提高资源配置和生产效率,其本质上是一种数字化、智能化的新型制造业生产模式。在宏观层面上,"互联网+先进制造业"发展工业互联网将有助于解决产业向外转移这一问题;在微观层面上,企业依据"互联网+先进制造业"思想建设工业互联网有利于建立竞争优势。思科中国(Cisco)在2017年推出工业互联网平台,打造无人工厂,通过制图协同设计与远程运维的云服务方案,完工时长缩短30%,节约了50%的差旅及人工成本。传统劳动密集型科技企业富士康对深圳的一家工厂进行工业互联网改造后,其生产效率提升了约30倍,只需28人就能完成原870人的工作量,综合成本比越南等低成本国家的同类工厂更低。三一重工通过工业互联网实现服务型制造,成本降低了60%,企业利润大幅度提升,3年间的新增利润超过20亿元。

纵观"工业4.0"、工业互联网、"互联网+先进制造业",其核心本质、动机基本相似,区别在于各个制造强国的国情有所差异,因此这些概念在不同的语境下也有着不同的含义。例如,德国"工业4.0"的提出及实施是基于其全球领先的制造技术水平,而美国提出工业互联网的背景是其强大的信息技术产业。通过对国外的"工业4.0"和工业互联网进行分析与比较,可以明确新一代信息网络技术的突破和应用对中国制造业企业生产运营、组织结构和竞争绩效的影响(杨帅,2015;王媛媛,2017;延建林和孔德婧,2015;张伯旭和李辉,2017)。制造能力的智能化升级需要在技术、管理及资源配置等方面进行改革(王钦和张雀,2015;童有好,2015)。政府部门应促进不同部门间的合作,加强对中小企业的扶持力度,不断吸引和积聚高端人才,提高对信息安全的重视,对数字化、网络化、智能化制造等方面进行深入推进(纪成君和陈迪,2016)。在信息化与工业化深度融合的发展新态势下,我国应重点探讨工业互联网的核心要素和应用,分析发展工业互联网的前景、机遇和潜在优势(李培楠和万劲波,2014)。我国"互联网+"对传统产业的改造需遵循政府引导、企业主体、以人为本、虚实结合、完善"生态"这五项原则(李晓华,2016)。制造业数字化、网络化、智能化是"中国制造2025"的制高点、突破口和主攻方向(周济,2019)。中国将成为世界智能制造发展的领导者之一。

9.2 基于创新网络的异业联盟模式

9.2.1 创新网络理论

随着经济全球化及信息技术的发展,人们对创新的研究越来越深入。在过去的近百年内,大型企业通过内部研发,牢牢掌握技术优势而获得丰厚的利润。但是进入21世纪之后，这一通道似乎变得不可行。一方面，随着科技的发展，社会的知识总量在不断增加并且发展速度十分迅猛，同时各类技术越来越精细，技术知识也开始分流，使企业想仅利用内部团队进行研发获得具有绝对优势的技术的可能性大大降低。另一方面，不仅仅是中小型企业开展了创新活动，很多包含大专院校在内的高校和科研机构也主动加入到创新的队伍中来，因此大型企业并不能像以前那样轻轻松松地形成垄断产业，也无法先发制人抢先察觉到先进的技术。信息时代的快速发展使企业可利用成熟的通信、交通等传输技术获得散落在全球范围的创新成果，并在世界各地获取信息和资源。在经济全球化的背景下，企业的创新行为逐步由封闭式转至开放式，构成创新网络，形成一种新的创新模式。这种创新模式可以在原有的基础上通过各类信息传输和共享将行业内外的创新资源进行高度整合，能够将我国行业在创新过程中的需求与全球资源进行比较与结合，充分发挥网络在创新中的作用。

在创新的过程中，创新网络是重点研究内容之一，它可以通过共享为网络成员提供一个互相交流与合作的平台，并在此过程中为各网络成员及时提供知识与信息。其成员包括各类企业、高校、研究机构、政府组织及供应商等。成员之间可以通过知识的传播与共享提升各自的技术创新水平，典型的方法有合作研发、专利授权、技术转让等。此外，创新网络内成员还存在异质性和多样性。为了更高效地达到创新目的，这些企业经常会选择和其他主体合作，例如对科研有着深刻理解的高校机构、对市场分析透彻的金融机构、对社会经济进行调节和引导的政府部门、处于供应链上游的供应商，或者是购买商品或业务的顾客，甚至会在一定情况下与竞争对手进行合作，形成一种混合型的网络。

在创新网络中，企业可以通过交互获得必要的创新资源，并将这些资源与自身知识相结合，提高创新绩效和竞争力。Freeman（1991）将创新网络定义为企业之间为了共享创新资源达成合作共识，并在创新合作过程中不断联系的网络，同时还将创新网络的关系大致分为了直接投资、合资公司、合作R&D协议、合作研究项目、生产分工网络、供应商网络、技术交流协议、技术许可、研究协会等主要类型。紧接着Cooke（1996）又进一步完善了Freeman提出的创新网络关系，认为其基本关系是网络中各个合作方能够进行合作的前提、过程和成果。吴贵生等（2000）提出创新网络是组织间、个人间基于技术创新目的形成的连接关系。李莉等（2020）运用社会网络分析方法针对我国2005～2017年的数据进行了区域化的分析，并利用创新产出的各类数据对其空间关联网络结构进行研究，分析了其演变过程，发现我国的网络密度相较于其他国家较低。

当有着不同特点且分布在不同层次中的参与者们带有相同的创新目标时，便可组成一个属于社会组织范畴之内的创新网络。其成员之间的联系主要基于利益关系，可通过契约或非正式关系维系，有助于关系的持久性与稳定性（沈必扬和池仁勇，2005；Batjargal，2003）。创新网络的维度可分为网络结构、网络关系及网络成员（彭新敏和孙元，2011）。网络结构会对对象之间的知识协作方法及知识流的有效性产生较大影响，并可采用网络的中心度、规模和密度这三种特性来表征。网络关系是指创新网络的成员基于知识共享、传播及情感等因素构建的连接关系。这些连接有利于网络成员接触到更广泛的知识源，获取所需的技术、知识等，因此有助于提升创新绩效（Salman and Saives，

2005)。创新网络中同样存在着类似于社会网络中的强关系，Capaldo（2007）通过案例研究，认为强关系能增强合作伙伴间的信任和互惠性，进而在企业创新的过程中产生积极的影响。创新活动涉及不同特点和不同层次的成员，因此创新活动的复杂程度也会随之增加，并且伴随着信息的高速运转，创新活动具有一定的不确定性（王大洲，2001；李金华，2007）。

创新网络中的企业等主体存在着异质性和匹配性。对于企业来说，异质性可以为企业提供获取信息的新来源，通过与其他企业进行交流实现资源互补，也能够进一步提高整体的创新效率。但对于其合作绩效来说，则会产生一系列的负面影响，比如网络主体各自的能力、知识基础、合作目标、观念、文化、关系位势存在不同，会导致创新绩效与预估结果出现一定的偏差（Corsaro et al., 2012）。创新网络主体的匹配性内涵包括地理邻近性（Reuer and Lahiri, 2014）、网络位置的相似性（Ahuja et al., 2009）、资源相似性与互补性（Rothaermel and Boeker, 2008）等。有学者提出文化和观念的相似性可促进主体间的沟通交流，这将有助于合作关系的建立（Powell et al., 1996）。以上综述的创新网络理论有助于我们认识和理解制造业异业联盟的产生机制。

9.2.2 制造业创新网络描述

随着企业在创新实践过程中对创新范式的网络化运用越来越深入，企业逐渐意识到通过运用创新网络来打破单一企业资源短缺的僵局的重要性。然而，齐昕等（2019）在研究中发现企业对于如何构建创新网络缺乏思考，包括如何利用它来提高自身的双元学习能力方面依然有所欠缺，还不够成熟。网络社群是一个较新的概念，早期美国学者Newman（2006）认为在一个网络中，子网络内部连接紧密，但子网络之间的连接稀疏。而网络社群是指在全局网络中，一些并未重叠但有着紧密关系的节点空间通过集聚形成的一些结构子群。网络社群是属于中观层面的复杂网络结构（魏龙和党光华，2017），在这些社群中，社群成员之间相互连接，且这种连接比外部连接更为密切。

本章采用图论来描述创新网络社群，表示为二元组 $G=\{V,E\}$，V 代表由 n 个节点构成的集合，E 为节点之间边的集合。下面将阐述基于图论的创新网络社群中的相关概念。

节点：代表企业、科研机构，是社会网络的主要构成者，参与社会网络中的活动，与其他节点相关联。节点采用 v_i 来表示，$v_i \in V$。

边：代表网络图中两个节点之间的联系，可表示关注、信任或信息传播关系等。有些联系是双向的，采用无向边来表示。有些联系是单向的，采用带有箭头的有向边表示。根据边的类型不同，可将图分为有向图和无向图两种。本章中 $(v_i, v_j) \in E$ 代表节点 v_i 指向 v_j 的边的集合。用邻接矩阵 $A = (a_{ij})_{m \times m}$ 描述 $G = \{V, E\}$ 如下：

$$a_{ij} = \begin{cases} 1, & (v_i, v_j) \in E \\ 0, & (v_i, v_j) \notin E \end{cases}$$

当 $a_{ij} = 1$ 时，表示 v_i 与 v_j 有直接紧密联系；当 $a_{ij} = 0$ 时，表示 v_i 与 v_j 没有联系。

在一个复杂的创新网络社群里面，我们将 G 分成几个子集群 $G=\{NG_1,NG_2,\cdots,NG_k\}$，其中 $NG_i=\{v_j:<v_i,v_j>\}$ 是一个以 v_i 为中心点的集群。$d_i=|NG_i|$ 定义为以 v_i 为中心点的集群的度。图 9-4 是一个包含 A、B、C 三个集群的创新网络社群的例子。

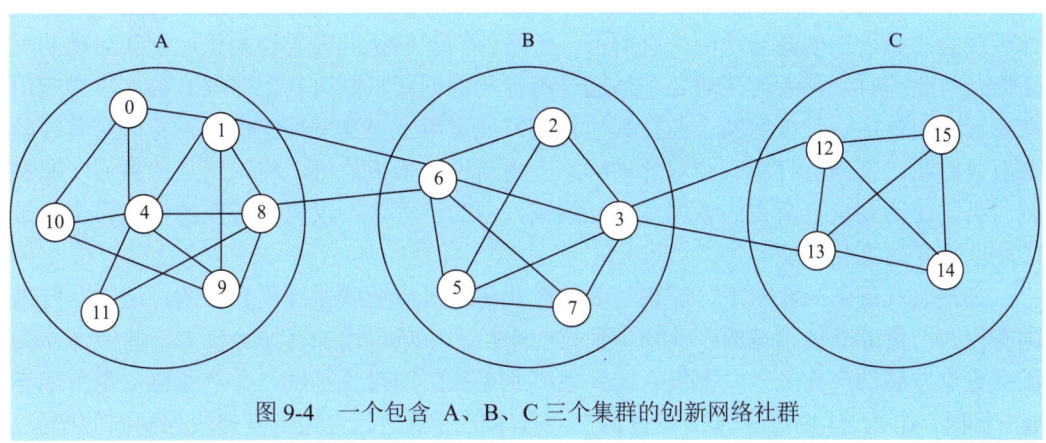

图 9-4　一个包含 A、B、C 三个集群的创新网络社群

创新网络社群结构特征如下：

（1）有向性，成员关系的有向性可表现为一个个体对另一个个体的联系在网络图中是一条有向边。

（2）非对称性，成员的关系有着非对称性。如某成员可以向另一个成员输送信息、知识，另一方只是接受方。

（3）时变性，成员关系并不是固定的，它会随着时间而发生变化。类似于虚拟企业的关系。

（4）传导性，成员的联系是可以传导的。例如 A 与 B 有互动，B 与 C 有互动，则 A 可以通过 B 传导给 C 一定的影响。

目前，学术界关于网络社群规范的概念尚未达成共识，尽管由于研究背景、目的等不同，对网络社群表述不一致，但究其本质来讲，社群是整体网络中的子网络，因异质资源偏好、信任等在空间上呈现抱团现象。网络社群对创新网络的研究提供了新的研究思路。

9.2.3　异业联盟——一种新型创新网络

在科技不断发展与市场竞争越发激烈的环境下，为了生存下去并获得收益，很多主体会在有同一目标的前提下与不同层次和类型的其他主体进行合作，而这种因合作而形成的创新网络也逐步在当下的创新活动中形成一股热潮（石乘齐，2019）。产学研创新网络作为创新网络的主要形式在提升区域的创新绩效过程中起着重要的作用（马艳艳和卢朝阳，2020）。而本章则以异业联盟为对象，从创新网络的角度进行分析，研究企业以其成熟技术和现有知识进行的创新，以期望取得成果。

相较于国内学者，国外的企业管理学者更早地发现异业联盟的优势并将其投入到现实生活中。在异业联盟的发展过程中,国外学者们普遍认为类比思维为异业联盟的成功奠定了基础。作为重要的创新思维方式之一,类比思维在生活中十分常见,人们总是下意识将其运用到解决问题的过程中。而学者们也发现了类比思维的重要性,将其运用到很多行业中,即类比迁移,也就是将已经获得的知识或技能转移到其他领域中,并解决该领域中的问题。在细致观察了企业的行为后,学者们逐渐发现很多企业通过了解行业外领域的知识,在创新活动中大有所得,于是他们开始认同差异性知识对创新活动的重要性。与此同时,学者们还对各主体通过跨行业的创新机制进行了研究。类比思维应用在跨行业创新中,可以帮助企业在其他领域发现可用于自身发展的机会,并借鉴其经验来解决问题,打破自身原有的观念束缚。应用新的技术或思维,将知识从该领域(原领域)类比迁移到自身所在的领域(目标领域)中的过程,不仅突破了新的技术,也突破了企业本身的文化和能力。

在开放式创新的背景下,越来越多的产业想通过异业联盟冲出自身的舒适圈,打破固有模式,借助其他领域的产业知识和技能来扩大市场以增加客源。例如,新能源作为国家重点发展的产业之一,不仅有比其他产业更扎实的投资基础,在产业链上也更加丰富。同时,作为一门新兴产业,新能源产业技术的更新迭代也快于其他较为稳固的产业,创新能力与活跃度更是高于其他行业。这些条件使新能源产业更需要与其他领域的产业相结合,利用各产业之间的异质性产生更多的创新。

9.3 江苏省制造业创新网络发展路径

9.3.1 江苏省制造业的自主创新能力分析

江苏省自改革开放以来一直是制造业大省,2019 年江苏省地区生产总值高达 99 631.5 亿元,其中制造业增加值达到了 44 270.5 亿元,占总产值的 44%,与 2018 年相比提高了 5.9%。制造业法人单位的数量位列全国前三,个体经营户的数量也排在前三;2018 年末,江苏省制造业的法人单位从业人员高达 1439.3 万人,占总体第一;制造业的个体经营户从业人员有 174.4 万人,位列第二。不仅如此,江苏省制造业发展迅速,对全省经济的贡献率几乎都维持在 40% 以上,并且每年的生产总值都呈上升趋势。

自国家实施创新驱动战略以来,江苏省开始在创新驱动方面投入大量精力。2014~2018 年,江苏省对科技创新的投入是逐年增加的,2018 年的全社会 R&D 投入是 2014 年的 1.5 倍。无论是研发人员数量,还是专利授权数,从 2014 年到 2018 年都是上升的趋势,科技进步率也从 59% 提高到 63%,几乎达到世界对创新型国家的要求——科技进步率 70% 以上。相较于 2014 年,江苏省在 2018 年的专利授权数量增长了 53.5%,研发人员的数量也从 68 万人增至 80 万人,全省整体的科技创新水平逐年提高,使得江苏省的经济实力也紧跟其步伐,科技水平的提高对经济增长的影响力与贡献越来越大。

江苏省的制造业在地区生产总值中一直占有较大的比例,作为驱动地区健康发展的核心动力，制造业虽然带动了全省的经济增长，但依然存在着不可忽视的问题。主要表现为制造业在江苏省内尚未形成有效的竞争力，创新绩效能力不足。技术创新不是一味地通过消耗物质来获取新的技术或是通过一些模仿来达到创新的目的。江苏省作为我国东部的发展大省，不仅要在生产总值上遥遥领先于其他省市，为我国的经济发展做出重大贡献，还得为国家的发展大计探路，同时也要为国家创新型建设提供经验。中国科技发展战略研究小组、中国科学院大学中国创新创业管理研究中心在北京联合发布了《中国区域创新能力评价报告2019》（以下简称《报告》）。《报告》显示，广东2019年度区域创新能力再列全国第一，其创新能力效用值达59.49（表9-2）。在评估的五个一级指标里，广东省有3个指标继续占全国第一，分别是企业创新、创新环境、创新绩效。北京、江苏、上海尾随其后。江苏的创新能力还有进步的空间。

表9-2 2019年中国区域创新能力排名（部分）①

排序	城市	创新能力效用值
1	广东	59.49
2	北京	53.22
3	江苏	49.58
4	上海	45.63
5	浙江	38.80
6	山东	33.12

产品创新程度对企业生产效率有着明显的影响，企业的产品创新程度越高，数量越多时，企业的生产效率也越高，即产品创新可以作为企业创新的主要绩效指标。因此，我们以新产品销售收入为对象，比较了全国各地区的创新绩效。

江苏作为制造业大省，尽管有着优越的区域创新能力，在全国名列前茅，但是并没有取得与其身份相符的创新绩效，与排名第一的广东相比，江苏省规模以上企业的新产品销售收入为284 253 830亿元，而广东省高达393 760 563亿元，江苏省仅占广东省的72%，而拥有注册商标数仅占41%，差距很大。相比第五名的浙江省，新产品销售收入也仅高出22%，不仅如此，拥有的注册商标数也比浙江省少了8%。从高技术R&D活动产生的新产品销售收入与出口占比角度看，虽然江苏省的新产品出口量很大，但是相比较其他地区在新产品销售收入中所占比例仍然较低。若想保持和提高江苏省在全国的竞争实力，必须大力发展制造业，不断更新技术，并通过创新改革，促进制造业高质量发展，从而取得明显的经济效益。

下面从两个方面分析江苏省制造业的自主创新能力。

1. 自主创新能力薄弱，过于依赖外资

当某个国家满足科技进步率在70%以上，研发投入占GDP的比例不小于2%且对国

---

① http://www.ttpaihang.com/news/daynews/2019/19110437285.htm。

外技术依存度指标小于30%的时候,这个国家便是世界公认的创新型国家。中国现在的这三个数值分别是40%、1.4%和50%,因此中国整体的创新程度仍然不高。而江苏省作为中国东部的发展大省,在自主创新能力方面也很薄弱,特别是在制造业领域内更是过于依赖外资。在2016~2018年江苏省的统计年鉴中,可以清晰地看到江苏省的外商投资企业在出口贸易中的地位十分重要,通过外商投资所带来的雄厚资金、先进技术和系统管理经验使得外商投资企业在江苏省的出口贸易中碾压其他类型企业。由图9-5和图9-6可看出,在江苏省的出口额中,外商投资企业的出口额远超其他类型出口额,并且出口额几乎一年超过一年,是国有企业的6~8倍。不仅如此,在其细分企业中,外商独资的出口额也远高于其他出口额,图9-6的数据表明其总额近乎是中外合作与中外合资出口

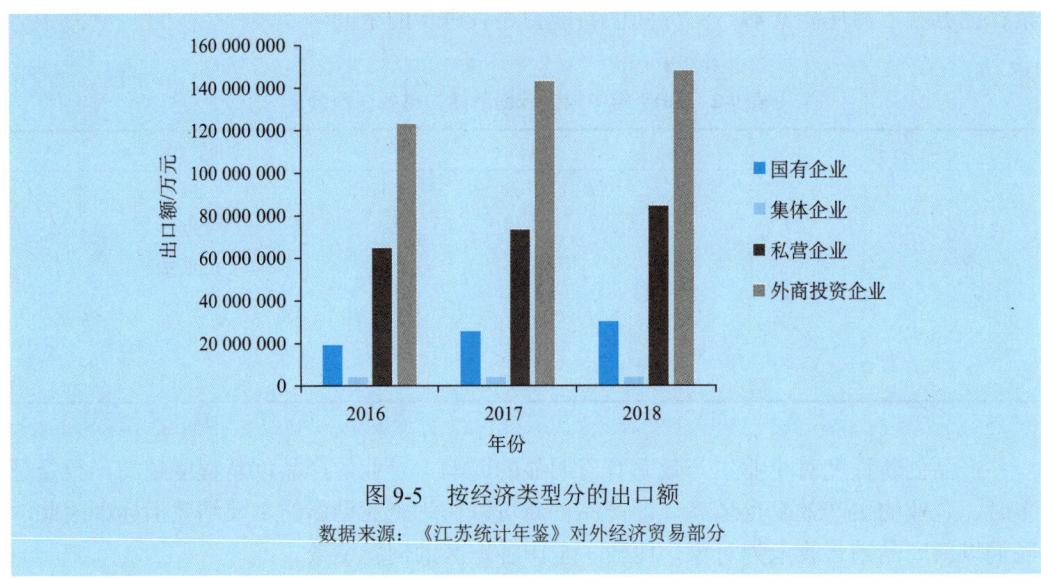

图9-5 按经济类型分的出口额

数据来源:《江苏统计年鉴》对外经济贸易部分

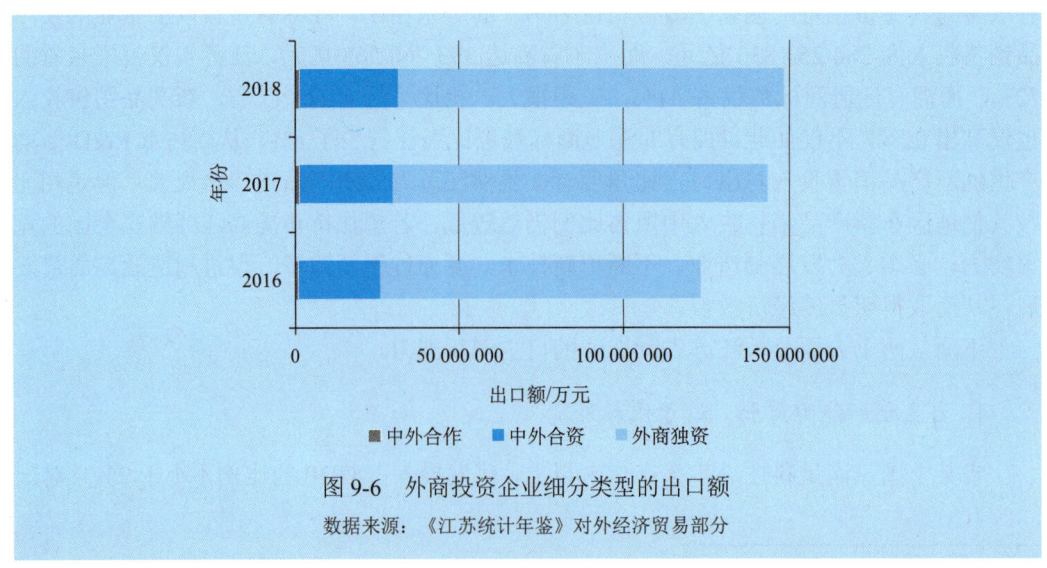

图9-6 外商投资企业细分类型的出口额

数据来源:《江苏统计年鉴》对外经济贸易部分

额总和的 3 倍。正是外资企业带来的独一无二的核心技术，才使得其在出口过程中获得大量收益，而外资企业对关键技术的把控十分严格，以至于江苏省的高新技术企业无法得到进一步的发展。过度依赖外资使企业丢失了一定的竞争意识，本土技术得不到发展，一直处于抑制状态，自然也会缺乏创新动力。

原始创新、集成创新和引进消化吸收再创新，是企业自主创新的三大模式。为了反映江苏省的工业企业自主创新能力，调查找出一系列数据：2018 年江苏省规模以上工业用于引进技术经费支出为 300 241 万元，消化吸收经费支出 55 863 万元，购买国内技术经费支出 140 343 万元，技术改造经费支出 4 022 808 万元。此外，通过 2014~2018 年江苏省规上工业企业技术获取和技术改造情况的数据，可看出江苏省 2014~2018 年引进技术经费支出大体上呈现下降的趋势，与此同时消化吸收经费支出的数额大幅降低，可见江苏省规上工业企业对国外技术的依赖程度正逐步降低。不仅如此，对国内的购买境内技术经费支出与技术改造经费支出也呈现出逐年减少的态势，这也更说明了江苏省的规上工业企业对于已有技术的依赖性正逐步降低。从侧面证明了江苏省工业企业正不断通过投入大量资金，减少对外来技术的依赖，以进一步提升其自主创新能力。

2. 企业逐步成为创新主体

相较于国家和地区，企业才应该作为国家创新体系中最重要的主体，而政府只需在需要的时候起到引导或是调节的作用。企业的主要特性便是在发展的过程中不断进行创新，并获得收益。企业的创新能力将直接影响国家的创新能力，因此江苏省政府着重强调了企业在创新活动中的重要地位，不断投入资金和力量以强化企业在创新活动中的能力，并努力培养出一代领军企业，以期提高企业的自主创新水平。从图 9-7 可以看出，R&D 经费内部支出中企业资金占总资金的大部分，并且比重逐年增加，由 2004 年的 65.67%增加到 2018 年的 76.48%，说明江苏省的企业日益成为技术创新的主体。而政府资金虽然也占有一定比例，却不到企业资金的 1/2，并且在 2004~2018 年的发展过程中，政府资金占总资金的比例整体上呈现逐步减少的趋势。政府在创新驱动中的作用逐年减小，而企业正在占据主导地位。

在任何活动中，资源是不可缺失的。特别是在创新过程中，若能对资源配置进行改良甚至完善，不仅可以减少一定的时间成本，而且可以获得更高的利润。作为创新过程中最重要的主体——企业对于资源配置的要求也越来越高，政府为了提高企业的创新效率，逐渐从主导者变为引导者，一方面通过减免税为企业提供资金的支撑，另一方面为企业的技术创新活动提供更好的基础设施，并将各类创新资源引导至企业周围。截至 2018 年年底，江苏省的科技机构数增至 24 728 个（《江苏统计年鉴》15-1 部分），江苏省科技企业孵化器中在孵孵化器数量高达 695 个，近乎是北京的 5 倍。另外，国家重点实验室数量位居全国前列，共 39 家，其中学科国家重点实验室 22 家，企业国家重点实验室 14 家，军民共建国家重点实验室 2 家，省部共建国家重点实验室 1 家（数据来源：中华人民共和国科学技术部-科技部门户-新闻中心-科技动态-地方科技-江苏）。研究与发展机构也达到了 810 个（《江苏统计年鉴》15-9 部分），县级以上中国科学院所属的研

图 9-7 按资金来源分研究与试验发展（R&D）经费内部支出（单位：亿元）

数据来源：《2019 中国科技统计年鉴》综合部分

究与开发机构有 7 个，隶属于中央部门的机构有 17 个（《江苏统计年鉴》15-3 部分）。而国家重点实验室中，江苏省的科学技术厅也有 2 个（《中国统计年鉴 2019》）。今后江苏省制造业的自主创新将更加注重企业的行为，政府重新回到裁判席，注重引导企业创新，激发企业内生动力进行自主创新。

通过江苏省科技创新主要指标增长情况可以看出，江苏省的科技创新主要指标增长达到了瓶颈。目前，企业自主创新的三大模式中，原始创新占据主流。所谓原始创新是一种内生创新，即由企业自己研发出核心技术，进而获得自主知识产权。但是仅靠企业的内生创新已经不能支撑江苏省的经济发展。

再看江苏省内 13 市的区域自主创新能力比较结果，省内的差异也较大。根据 2018 年江苏省科技统计的数据，全省的高新技术产业主要分布在苏南及沿江地区，苏南五市高新技术产业产值同比增长 10.8%，占全省的 64.09%；苏中三市高新技术产业产值同比增长 14.26%，占全省的 24.15%，而苏南地区的苏州产业产值占全省的 27.94%，比苏中三市的比值都高；苏北五市高新技术产业产值同比增长 5.12%，仅占全省的 11.76%，其中宿迁的产业产值占比仅有 1.27%。究其原因，一方面是区域发展的不平衡，另一方面则是不同区域内企业个体发展规模与行为选择存在差异。

9.3.2 江苏省创新网络特征研究

作为我国的制造业大省，江苏省根深蒂固的传统制造业的生产营销等固有模式一直阻碍着制造业的进一步发展。面对发展迅速的时代，传统的制造业并不能满足时代需求，对于江苏省的经济自然起不到明显的促进作用。因此，制造业新业态的发展迫在眉睫。为了改变传统的生产经营方式，提升制造业的发展水平，需要打破固有的产业边界，与其他领域内的产业相结合,将自身技术"扩散"出去,将新兴技术"吸收"进来。经研究发现,江苏省制造业对于客户的真实需求并不能很好地把控,也不了解如何聚焦客户,即便客户群众多,但由于缺少客户数据也很难满足客户的需求,因此,部分企业尝试将用户与生产过程相结合,将信息技术融入制造业行业中,通过智能化的面对面沟通,将生产的每一个环节与客户联系在一起,利用互联网突破传统工厂的边界,将各类信息吸收融合,提高生产效率,不再独处于信息孤岛。

本节以 2016~2019 年全国(表 9-3)以及江苏省(表 9-4)技术市场增长变化的统计数据为依据研究江苏省创新网络特征。研究从技术市场增长的合同类型和技术交易主体两个方面分析变化,以找出江苏省创新网络特征。

表 9-3 2016~2019 年度全国技术合同交易数据[①]

项目		2016 年	2017 年	2018 年	2019 年
技术合同/项		320 448	367 586	450 304	484 077
成交金额/亿元		11 407.39	13 424.22	17 692.25	22 398.4
成交金额(按照合同类型分)/亿元	技术服务合同	5851.33	6826.17	9633.90	12418.1
	技术开发合同	3479.55	4748.54	5887.86	7177.3
	技术转让合同	1607.85	1400.28	1609.49	2188.9
	技术咨询合同	468.34	449.23	564.43	614.1
成交金额(按技术交易主体分)/亿元	企业法人	9981.24	11 875.28	15 973.50	20 494.0
	高校和科研机构	1056.23	1222.59	1281.34	1413.5

表 9-4 2016~2019 年度江苏省技术合同交易数据[②]

项目	2016 年	2017 年	2018 年	2019 年
技术合同成交项次/项	29 507	37 348	42 703	49 622
成交金额/亿元	729.26	872.92	1152.64	1675.59
技术交易额/亿元	393.67	511.22	819.45	1132.82

根据 2016~2019 年全国技术合同交易数据(表 9-3)可知,全国技术市场合同交易额逐年增长,这与国家政策导向一致。我国技术市场的产生和发展已有近二十年的历史,为了实现科技体制改革,不断提高我国的科技能力,优化科技市场,我国实施了很多措施。其中,实行技术成品商业化使我国技术转变为经济的能力加强;开放技术市场也让更多的技术得到合理的应用,供需更加平衡。这两个措施使我国在进行科技体制改革的过程中得到进一步的发展与突破。无论是应对后金融危机时代更加激烈的国际竞争,或是面临着改革开放后国内更加复杂的市场,还是"弃"旧"求"新,重点培养新兴产业,对传统产业去芜存菁,进行改革升级,都需要加强系统集成,引入大量先进适用技术。

---

① http://www.jsbi.cn/Item.aspx?id=3519。

② https://page.om.qq.com/page/Oa6HXlLh_-Lqvc_MiT8WZcVw0。

技术市场能够将科技成果转换为企业所需的技术,将科技与经济巧妙融合,加快科技成果商品化的进程,进而逐步完善和提高我国科研与经济互相转化的能力。

2016~2019年,技术市场不断地完善自身的体系、突破原有制度,并利用各种政策激励科技人员,鼓励他们积极发挥自身的能力,因此技术要素在这样的背景下配置速度明显变快。技术转移的频率变高,市场发展环境逐步得到改善,有了一定质量的保障,市场规模也进一步扩大。从图9-8中可明显看出合同交易额逐年递增,而同比增长率虽然在2019年有所降低,但总体呈现上升的增长趋势。图9-9显示技术转让金额逐年增加,且在四类合同中占比增加。

图9-8 2016~2019年全国技术市场合同交易额及增长情况

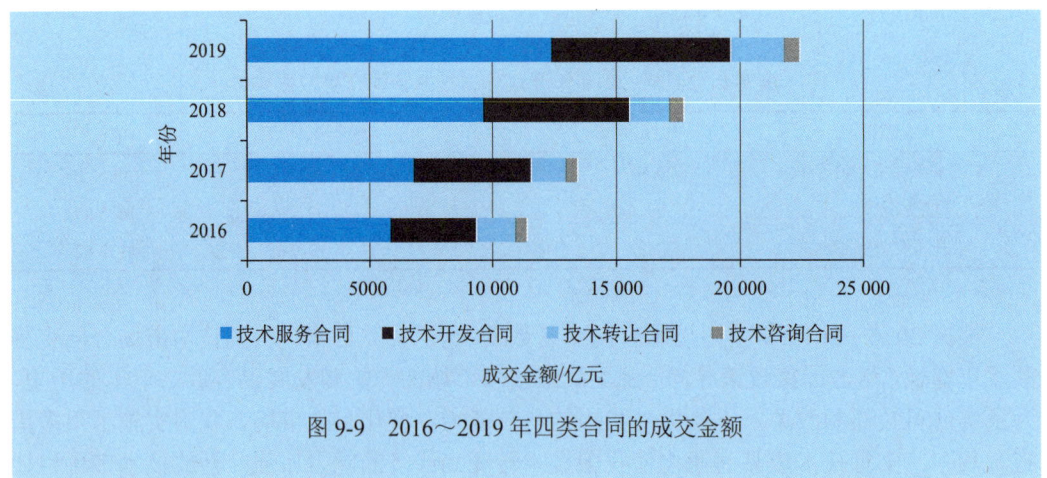

图9-9 2016~2019年四类合同的成交金额

技术市场的交易合同类型分为四类:技术服务合同、技术开发合同、技术转让合同、技术咨询合同。通过签订技术服务合同,委托方可以将不擅长的技术性问题直接转交给服务方,节省大量的时间。技术开发合同则是指当事人根据新产品、新技术、新工艺和新材料及其系统的研究开发所订立的合同(陈伟平,1995)。技术转让专指相对成熟或已经完成的技术在不同主体间的变换。而技术转让合同是指当事人就专利权转让、专利申请权转让、专利实施许可、非专利技术的转让等事宜所订立的合同（郭济兴和董萱，1993）。通过签订技术转让合同，技术权利人可将自己的知识成果转化为实际的生产力，获得一定的收益。而受让人则可减少大量的时间成本，直接获取到亟须的技术，解决研发能力不足的问题，并减少研发失败的投资风险，进而获得收益。正是基于这样一种利益的契机，技术的受让人和技术的权利人为了实施技术而合议（邓毅沣，2010）。这三类交易形式是异业联盟企业选择组织创新网络所采用的主要手段，符合异业联盟的实质，以此为指标可以考核异业联盟在该区域内的成熟程度。技术转让占比份额显示出在该区域内异业联盟的成熟程度，由此可以得出，全国范围内异业联盟的趋势逐渐显现。而技术咨询合同指顾问方以自己的技术和劳动力为委托方提供专业性咨询服务，而委托方须支付报酬的协议。

从交易主体角度分析，企业法人作为交易主体的交易额逐年增加，增长的比例明显高于高校和科研机构，即企业在技术交易中占据的主体地位更加牢固。技术交易主体有两类：一类是单纯的企业之间进行交易，另一类则是现在较为普遍的企业法人与高校和科研机构进行合作交易。当企业作为交易主体时，即企业之间进行联盟，那很可能是一种异业联盟；而第二类则被称为产学研合作。我国的科研资源绝大部分都被分配在高校和科研机构里，因此作为创新最重要主体的企业反而得不到全面且精细的科研资源，此时，产学研合作便发挥了重要的作用。高校和科研机构利用天生的科研优势研究出先进的科技或理论，通过产学研合作将其投入实践，而企业也可节省大量的研究时间和成本，双方通过合作共同实现产业结构升级。虽然我国在产学研合作中投入了大量的精力，但高校与企业之间的合作仍然有所欠缺，对于这样的合作机制没有一个完善的设定，并且产学研合作过程是复杂的，合作各方往往会因为对自身的定位不够准确而处于一种被动的状态等，导致与目标仍然悬殊。论文是高校、科研机构科研投入所带来的成果中的一个重要组成部分，但是论文的高产并不意味着科研有效成果的增长。仅有数量没有质量的科研成果并不能为企业提供合理的建议和帮助，仅有质量没有数量的科研成果也不足以承担起企业的高要求，产学研合作自然也难以达到一个更高的层次。2020年2月23日科技部官方网站发布《关于破除科技评价中"唯论文"不良导向的若干措施（试行）》，强调对于应用研究、技术开发类科技活动，注重评价新技术、新工艺、新产品、新材料、新设备等标志性成果的质量、贡献和影响，"不把论文作为主要的评价依据和考核指标"。因此，以企业为主的创新活动在新的时期体现出不可或缺的活力，企业法人占比份额也可以显示出该区域异业联盟的成熟程度。

江苏省技术交易总体情况分析如下：

（1）2016～2019年江苏省技术市场合同交易额增长率大于全国水平。江苏省2019年的技术合同交易项次数落后于北京、广东，列全国第三，有49 622项，如图9-9所示，技术开发、技术转让和技术专利合同成交额占比较高，合同成交金额排在前三位的产业领域为电子信息、先进制造和新材料，分别为412.91亿元、301.23亿元和207.79亿元，占比分别达到24.6%、17.9%和12.4%，与江苏省重点发展的产业相契合。如图9-10所示，2019年，江苏省技术交易继续呈现高质量发展态势。四类技术合同中技术开发、技术转让合同成交额达1077.91亿元，占比超过60%。涉及知识产权的技术合同成交额

795.74 亿元，占比 47.5%，其中涉及专利的成交额为 379.02 亿元，占比达 22.6%，较上年增长 27.1%[①]。

（2）企业作为创新主体稳步增强。2017 年的数据表明，江苏省企业法人机构输出技术交易额超过吸纳技术交易额，达到 749.91 亿元，占总输出技术交易额的 85.68%。不仅如此，江苏省企业法人机构吸纳技术交易额为 398.14 亿元，占总吸纳技术交易额的 45.61%。由此可见，作为创新主体的企业自主创新能力正稳步增强。

图 9-10　2016～2019 年江苏省技术市场合同交易额及增长情况

9.3.3　核心制造业企业的创新路径选择——异业联盟

虽然不同领域内的知识碰撞能产生新的火花，但和同业联盟相比，异业联盟存在较多信息障碍，无法有效融合信息，而且监督成本较高，很难对贡献值进行计算，因此，成员的协作难度相对较大，具有较强的不确定性。在这样的情况下，企业在组建异业联盟的过程中，会考虑哪些因素呢？本书归纳为以下几点：

一是产业融合程度。企业在产品研发过程中总会遇到自己领域内不能解决的问题，这个时候往往要么用一定的资金召集人才进行自主研发，耗费时间，且不一定能解决该问题；要么耗费大量的资金向行业内已掌握该技术的企业进行购买，获得使用权。在整个行业不断发展的过程中，加快了知识库融合程度，打破了原先的"墙"，相互之间进行信息、技术共享，行业间的技术具有较强的替代性，在其他行业中有更大的机会寻找到解决方案。

同时，由于是不同领域内的企业，二者之间并不存在竞争关系，反而有着共同合作获取利润的关系。通过异业联盟，企业可以减少一定的时间和经济成本，快速获得自身所需的技术或解决方案，由于这是对方所擅长的领域，因此大大降低了失败的可能性，使企业在自主研发过程中的风险明显下降（Enkel and Gassmann，2010）。

二是同质化竞争程度。当同一领域内的其他企业发展迅速，而自身处于末端的时候，就会期望通过跨行业的方式获得帮助。面对整个行业的同质化竞争，处于相对劣势地位

---

① https://page.om.qq.com/page/Oa6HXlLh_-Lqvc_MiT8WZcVw0。

的企业往往会采取跨行业的方式进行合作,增强异质性竞争力,将其他行业的技术和自身发展相结合,让企业具备独特优势。在行业边界外主动寻找新方案、新技术,充分挖掘新需求,使已有市场出现退化现象,对传统企业的垄断地位产生颠覆的效果。

联盟组合中广泛存在着两种主要的合作模式,即开发式合作和探索式合作。开发式合作是为了深化已有知识、完善现有技术及改进现有产品性能等开展的合作活动,而探索式合作是为了探索全新知识、开发全新技术、创造全新产品等开展的合作活动(杨伟明和孟卫东,2018)。联盟合作方式对异业联盟具有重要影响。核心企业通过选择伙伴,能够识别不同类别和数量的资源和知识,明确自身所处环境的优势与劣势,同时明确自身的需求与目标。企业在组建异业联盟的时候合作模式的选择由产业融合程度和同质化竞争程度两个因素决定,可通过以下矩阵来识别异业联盟的模式(图9-11)。

		产业融合程度	
		低	高
同质化竞争程度	低	开发式合作	探索式合作
	高	探索式合作	开发式合作

图9-11 企业最佳异业联盟模式选择

探索式合作通过合作创造出与已有产品有较大差异的技术和产品,可以应对快速变化的外部环境。在同质化竞争程度和产业融合程度的(高,低)组合象限里,企业通过这种方式在众多的同质化产品里脱颖而出,增加了竞争力,可以理解为是一种被市场环境推动的差异化战略。而在(低,高)组合象限里,企业的同质化竞争并不是很大,但是产业融合程度较高,为异业联盟提供了良好的合作基础,企业的这种联盟是引领市场需求、开拓市场的行为,而开拓的市场则有可能激发新的顾客需求或者挤占其他行业的顾客需求。

开发式合作可以提升已有产品的质量,降低成本,进而积极影响企业短期财务绩效。在同质化竞争程度和产业融合程度的(低,低)组合象限里,往往通过给顾客不同于以往的体验,在产品改进的效率方面存在优势,进而促进企业绩效的增长。在同质化竞争程度和产业融合程度的(高,高)组合象限里,不同企业合作程度高,行业壁垒小,通过合作创新,资源可以在企业间高效流通,从而获得更多的财务回报。

核心制造业企业的异业联盟之路通过图9-12描述。市场需求往往是最直接也最有效的推动力。在市场需求的推动下,核心企业通过第三方科技信息共享平台获取技术信息,在平台的协助下,寻求其所在的社区网络中匹配的技术供应方。一旦条件成熟,就可以实现异业联盟。企业之间进行信息、技术、人才的交换,将技术转化为生产力,最终形成商品,回归市场。市场检验成功的异业联盟必然是利润丰厚的联盟。而能让联盟走得长远的则是利润的分配机制。政府税收的政策及其他保障是对异业联盟的必要支撑。图9-12中的各个部分承担着不同的职责,协作分工、互利互惠。

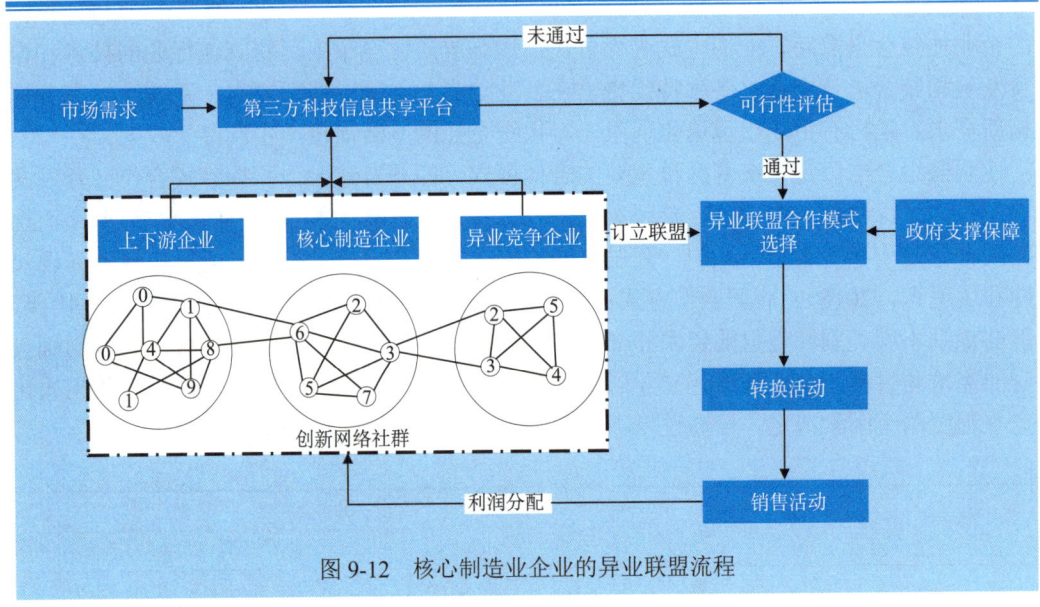

图 9-12 核心制造业企业的异业联盟流程

9.4 江苏工业高质量发展的政策建议

创新网络通常内嵌于某个区域，因此它具有地域性的特征。而创新网络的有效构建对区域创新系统的运行具有决定性作用。在分析了江苏省创新网络的特征后，本节为政府相关部门提供政策指导。

1. 大力发展和完善江苏省技术产权交易市场

长期以来，由于技术供需信息高度不对称，往往供方因为没有较为合适的合作商而导致相关前沿科技无法进行科技成果转化，大量科研成果最终被浪费。而需方因为对科技人才和经验的不了解，导致在相关领域内无法直接接触到最前沿的科技。江苏省对科技产业越来越重视，2017 年初，省内科技厅联合南京市科委一同创立了江苏省技术产权交易市场。该交易市场可以支持从技术成果交易到产业化的整个过程，包含众多服务项目，如知识产权、技术产权交易以及技术咨询、科技金融、检验检测认证、创业孵化等。

技术产权交易在市场发展过程中属于一个新兴的交易模式，在政府大力推广并且由相关企业带头的作用下，行业联动对技术产权交易来说有着非常关键的作用，上下游参与者是否活跃影响着该交易市场是否可以持续健康地发展。在各级政府的战略推动下，技术产权交易与创新型管家战略可以充分有效地结合起来，一方面可以实际解决新研发技术落地难的问题，另一方面又可以解决部分企业在技术前瞻性上的不足，双方各取所需、取长补短，最大限度地将资源利用发挥到极致，努力发展各级的产权交易市场。

利用"互联网+"加速创新要素的开放流通，具体措施如下：

（1）加强省技术交易网络平台的建设。借助互联网平台可以及时共享相关信息，让企业及时掌握相关信息，加强供需双方的科技交流和互动；并通过运用"互联网+"积极推动江苏省技术产权交易平台的建设,建立健全技术交易推广网络平台及技术成果转化优势服务中心,全方位加快技术创新相关项目的发展进程以及增强创新资源的匹配进度。

(2) 推进省技术转移一体化建设。以南京为中心,辐射到省内其他地区,广泛连接各地区已有的技术转移示范机构、创新驿站等可以转换的服务机构,包括某一区域内、某一行业领域内的服务平台,并与省内外、国内外的科学技术进行高效对接融合。

(3) 合理引导科技项目与市场需求对接。在平台的帮助下努力建设科技服务业,以此来吸引创新资源,对接利用国外资源,开展国际技术转移,鼓励地方统筹区域技术转移服务平台资源,加强区域内科技资源共享和科技服务协同。

(4) 利用大数据等做好供需对接分析。运用互联网等搜集数据并探索性建立技术市场数据中心,对技术的配置、供给需求关系进行深度挖掘,同时还可以对热门技术的架构和走向进行分析预测,并利用大数据对信息进行分析进而为技术交易提供一些增值服务。

2. 优先发展先进企业并鼓励其发挥带动效应

经济学家赫希曼在不平衡发展概念中曾提到:对于经济不发达的国家要整合相对匮乏的资源去优先发展"主导部门"。具有成功经验的企业往往都有一套符合自身的经营模式,通过不断地磨合发展进而产生竞争优势。因此政府应通过优先发展先进企业,将制造业的新业态发展起来,从而逐步影响并带动保守企业。这种做法与赫希曼的关联效应理论是相符的,简单来说:在产业间有关联效应的前提下,不论是上级产业的发展扩大,还是下级产业的优先成长,都会互相促进,产生连带效应,使得整条产业链蓬勃发展。其中上级产业主要包括制造品及成品生产企业,而下级产业主要包括农产品、初级产品生产企业。

制造业新业态的发展需要和高新技术相结合,利用高新技术来打破固有的产业边界,充分发挥制造业与高新技术的作用,突破传统的生产经营模式,以获得更多的收益。但我国无论是制造业水平还是信息化水平都与发达国家存在着很大差距,特别是先进制造业的发展仍处于起步阶段,核心技术多数被垄断,工业基础相对于国外较为薄弱,缺乏创新。鉴于以上原因,我国的企业在发展初期往往需要注入更多资金,与此同时,由于人力、物力、资金及经验限制的中小微型企业并没有进行这种活动的能力,因此,政府可以出台相应政策,在给中小微型企业一定的资金支撑和政策保护的同时,还可以在财税等政策上给予大型成功企业一定的优惠,以鼓励先进企业发挥带动效应,主动帮助中小微型企业参与到"互联网+先进制造业"的产业中去。此外,政府的职能要从主导转换为引导,不可让企业对政府产生完全依赖。

3. 实现"互联网+先进制造业"产业区域化

产业区域化就是将相同行业的企业安排在一个区域,并整合相关资源进行集中生产。在我国,"互联网+先进制造业"属于朝阳产业,有很多不确定性因素,因此先进企业带动保守企业十分重要。将"互联网+先进制造业"的先进企业与有意愿进行改革的企业集中在某个具有优势的区域内发展,不仅能使先进企业充分利用资源,获得较高的经济效益,还能通过大规模的联盟带动保守企业发展。将区域经济理论应用到"互联网+先进制造业"中,即在一定区域内将制造业与互联网或其他领域的产业资源进行优化配置和组合。

当"互联网+先进制造业"开始区域化时,资源、市场、技术和环境等会成为其优于独立产业的竞争优势,并随着时间推移不断加强,直至在该区域中成为经济体系的核心。尽管相对于发达的区域中心来说,欠发达区域不存在有利条件,大多数情况下处于依附地位,然而在关联效应的影响下,欠发达区域也会在发达区域的帮助下渐渐追赶上来,并逐步拥有自己的发展优势,进而带领新的处于依附地位的"落后"地区。

4. 税收政策对异业联盟的支持

异业联盟成立初期还存在许多问题,首先各加盟企业之间缺乏信任会影响联盟进一步发展,其次各企业不确定联盟是否能给予理想的利润,再有加盟企业涉及众多行业,由于行业间的天然壁垒导致各企业在寻找合作对象时遇到困难且支出增加。政府作为重要的引导部门,可以通过政策调节来巩固联盟的发展。具体来说,可以设立企业创新奖励制度来提高联盟租金,同时协助各加盟企业更方便快捷地寻找合作伙伴。这两项措施都可以有效地帮助联盟发展,并消除由于联盟内部疏漏而对企业造成的不利影响。

9.5 结 论

单一的产业已经跟不上经济发展的速度,制造业作为生产总值占较大比例的重要产业更不能故步自封,而拥有海量数据的互联网正是帮助制造业改革,突破发展瓶颈的重要工具。本章对创新网络进行了研究,并分析了我国的发展现状,提出了江苏省制造业的提升途径。很多企业即便有意愿通过互联网、大数据等新兴产业联盟进行改革,但往往会因为人力、财力和资源等问题望而却步,而且能够通过与互联网等新兴产业联盟而成功改革并扩大市场的企业寥寥无几。本章通过对江苏省制造业的分析,为江苏省制造业发展提出了建议:优先发展先进企业并鼓励其发挥带动效应;利用异业联盟改变制造业生产模式;注重培育复合型人才;实现"互联网+先进制造业"产业区域化。

随着互联网、人工智能、大数据等新兴产业的兴起,人们开始关注制造业利用互联网进行智能化生产,很多企业将目光投向与新领域内的信息技术相结合的转型方式。通过培育智能制造系统,将互联网新兴技术与制造业相结合,提升企业综合水平,不再仅仅满足于传统的"制造",而是通过转型升级达到"智造"的水平。智能化制造,作为互联网产业与传统制造业的异业联盟,将是未来发展的一条必经之路。

我国制造业大多数仍处于半自动化的状态,而江苏省制造业向智能化的发展也处于起步阶段,但通过政府政策的引导,先进企业优先发展再带动保守企业,努力推动传统制造业与互联网相结合,进而产生产业集群,必能实现"互联网+先进制造业"高质量发展的目标。

参 考 文 献

陈伟平. 1995. 浅论技术开发合同的报价约定[J]. 上海海运学院学报, 4: 102-104.
邓毅洋. 2010. 技术转让合同中限制条款法律效力评析[J]. 湖南社会科学, 2: 82-84.
郭济兴, 董萱. 1993. 第六讲：技术合同的签订与履行[J]. 企业活力, 1: 36-38.
纪成君, 陈迪. 2016. "中国制造 2025"深入推进的路径设计研究——基于德国工业 4.0 和美国工业互联网的启示[J]. 当代经济管理, 38(2): 50-55.
李杰. 2015. 工业大数据：工业 4.0 时代的工业转型与价值创造[M]. 北京：机械工业出版社.
李金华. 2007. 非正式创新网络的演化模型[J]. 科技管理研究, 9: 4-6.
李莉, 林海芬, 程露, 等. 2020. 技术群体耦合对产业创新网络抗毁性的影响研究[J]. 研究与发展管理, 32(1): 101-112.
李培楠, 万劲波. 2014. 工业互联网发展与"两化"深度融合[J]. 中国科学院院刊, 29(2): 215-222.
李晓华. 2016. "互联网+"改造传统产业的理论基础[J]. 经济纵横, 3: 57-63.
马艳艳, 卢朝阳. 2020. 产学研合作创新网络的创新产出效应研究——以东北三省为例[J]. 大连理工大学学报(社会科学版), 41(2): 9-15.
彭新敏, 孙元. 2011. 联盟成员组织学习平衡模式实证研究综述与展望[J]. 外国经济与管理, 33(10): 26-32.
齐昕, 刘洪, 张军. 2019. 制造企业创新网络与双元性学习——基于垂直、水平创新网络的比较研究[J]. 商业经济与管理, 1: 25-34.
沈必扬, 池仁勇. 2005. 企业创新网络：企业技术创新研究的一个新范式[J]. 科研管理, 3: 84-91.
石乘齐. 2019. 基于组织间依赖的创新网络演化模型及仿真研究[J]. 管理工程学报, 33(1): 12-22.
童有好. 2015. 互联网+制造业的路径与机遇[J]. 企业管理, 6: 6-11.
王大洲. 2001. 企业创新网络的进化与治理：一个文献综述[J]. 科研管理, 5: 96-103.
王钦, 张雀. 2015. "中国制造 2025"实施的切入点与架构[J]. 中州学刊, 10: 32-37.
王媛媛. 2017. 美国推动先进制造业发展的政策、经验及启示[J]. 亚太经济, 6: 79-83.
魏龙, 党兴华. 2017. 非对称视角下技术创新网络社群结构涌现及其对双元创新的影响研究[J]. 运筹与管理, 26(10): 188-199.
吴贵生, 李纪珍, 孙议政. 2000. 技术创新网络和技术外包[J]. 科研管理, 4: 33-43.
延建林, 孔德婧. 2015. 解析"工业互联网"与"工业 4.0"及其对中国制造业发展的启示[J]. 中国工程科学, 17(7): 141-144.
杨帅. 2015. 工业 4.0 与工业互联网：比较、启示与应对策略[J]. 当代财经, 8: 99-107.
杨伟明, 孟卫东. 2018. 联盟组合管理、合作模式与企业绩效[J]. 外国经济与管理, 40(7): 32-43.
于新东, 牛少凤. 2011. 全球战略性新兴产业发展的主要异同点与未来趋势[J]. 国际经贸探索, 27(10): 4-11, 61.
张伯旭, 李辉. 2017. 推动互联网与制造业深度融合——基于"互联网+"创新的机制和路径[J]. 经济与管理研究, 38(2): 87-96.
周济. 2019. 智能制造是"中国制造 2025"主攻方向[J]. 企业观察家, 11: 54-55.
Ahuja G, Polidoro Jr F, Mitchell W. 2009. Structural homophily or social asymmetry? The formation of alliances by poorly embedded firms[J]. Strategic Management Journal, 30(9): 941-958.
Batjargal B. 2003. Internet entrepreneurship in an emerging market: Networks and performance of internet startups[C]//Academy of Management Proceedings. Briarcliff Manor, NY 10510: Academy of Management, (1): H1-H6.
Brettel M, Friederichsen N, Keller M, et al. 2017. How virtualization, decentralization and network building change the manufacturing landscape: An industry 4.0 perspective[J]. International Journal of

Information and Communication Engineering, 8: 37-44.

Brynjolfsson E, Saunders A. 2010. Wired for Innovation: How Information Technology is Reshaping the Economy[M]. Cambridge: The MIT Press.

Capaldo A. 2007. Network structure and innovation: The leveraging of a dual network as a distinctive relational capability[J]. Strategic Management Journal, 28(6): 585-608.

Cooke P. 1996. The new wave of regional innovation networks: Analysis, characteristics and strategy[J]. Small Business Economics, 8(2): 159-171.

Corsaro D, Cantù C, Tunisini A. 2012. Actors' heterogeneity in innovation networks[J]. Industrial Marketing Management, 41(5): 780-789.

Enkel E, Gassmann O. 2010. Creative imitation: Exploring the case of cross‐industry innovation[J]. R&D Management, 40(3): 256-270.

Evans P C, Annunziata M. 2012. Industrial internet: Pushing the boundaries of minds and machines[J]. General Electric Reports, 26: 488-508.

Freeman C. 1991. Networks of innovators: A synthesis of research issues[J]. Research Policy, 20(5): 499-514.

Lee J, Kao H A, Yang S. 2014. Service innovation and smart analytics for industry 4.0 and big data environment[J]. Procedia Cirp, 16: 3-8.

Newman M E J. 2006. Modularity and community structure in networks[J]. Proceedings of the National Academy of Sciences, 103(23): 8577-8582.

Posada J, Toro C, Barandiaran I, et al. 2015. Visual computing as a key enabling technology for industrie 4.0 and industrial internet[J]. IEEE Computer Graphics and Applications, 35(2): 26-40.

Powell W W, Koput K W, Smith-Doerr L. 1996. Interorganizational collaboration and the locus of innovation: Networks of learning in biotechnology[J]. Administrative Science Quarterly, 41(1): 116-145.

Qin J, Liu Y, Grosvenor R. 2016. A categorical framework of manufacturing for industry 4.0 and beyond[J]. Procedia Cirp, 52: 173-178.

Reuer J J, Lahiri N. 2014. Searching for alliance partners: Effects of geographic distance on the formation of R&D collaborations[J]. Organization Science, 25(1): 283-298.

Roblek V, Meško M, Krapež A. 2016. A complex view of industry 4.0[J]. Sage Open, 6(2): 2158244016653987.

Rothaermel F T, Boeker W. 2008. Old technology meets new technology: Complementarities, similarities, and alliance formation[J]. Strategic Management Journal, 29(1): 47-77.

Rüßmann M, Lorenz M, Gerbert P, et al. 2015. Industry 4.0: The future of productivity and growth in manufacturing industries[J]. Boston Consulting Group, 9(1): 54-89.

Salman N, Saives A. 2005. Indirect networks: An intangible resource for biotechnology innovation[J]. R&D Management, 35(2): 203-215.

Schmidt R, Möhring M, Härting R C, et al. 2015. Industry 4.0-Potentials for creating smart products: Empirical research results[C]//International Conference on Business Information Systems. Springer, Cham.: 16-27.

撰稿人：蔡　玫
审稿人：李廉水

第10章 长三角智能制造业集聚机制与发展路径研究

10.1 引言

当前,智能化与制造业的深度融合已成为新的、最大的经济增长点,属于数字经济中产业数字化的重要部分。2003年以来,我国数字经济发展中持续增长的部分是产业数字化,2018年中国数字经济占当年GDP的34.8%,其中的27.3%都来自产业数字化,这表明传统产业与数字新科技结合已成为未来经济发展中的重点。目前,长三角地区正在进行智能技术创新和产业转型升级,智能制造有助于加快长三角地区一体化发展。目前,上海是长三角城市群的智能型核心城市;江苏已拥有10余个"互联网+先进制造业"的特色产业基地,制造业不断朝着智能化高质量发展;浙江通过制造业数字化转型,推进智能制造;安徽强化智能装备、智能工厂及工业机器人应用,也在加快智能制造进程。与此同时,长三角地区制造业企业总体及分行业样本已经表现出一定的集聚态势和显著的空间集聚特性。本章将围绕长三角智能制造的集聚机制和发展路径,对长三角智能制造的集聚机制提出假说,运用空间基尼系数等指标对假说进行验证;从标准体系、智能制造链、创新能力、协同发展四个角度研究发展路径,并为长三角智能制造的未来集聚发展提出若干建议。

10.2 文献回顾与述评

10.2.1 长三角制造业发展现状

改革开放至今,我国制造业在产业规模和技术水平方面都取得了极大的提升,而在保持良好发展的过程中也暴露出一些不可忽视的问题,如人口红利比较优势日渐褪去及创新能力匮乏导致产品附加值不高等(李廉水等,2019)。为突破这些限制,《智能制造发展规划(2016—2020年)》中正式提出了"智能制造"这一概念,智能制造成为我国制造业突破发展瓶颈的关键办法。而长三角制造业作为中国制造业的重要组成部分,其发展现状与全国制造业的发展历程密不可分。

长三角制造业的发展依托于其重工业基础,受益于全球化城市上海及长江黄金水道,在外向型经济发展模式的影响下,逐步形成了以重化工业、装备制造业为主,轻工业布局完整、融入全球产业分工的制造业发展体系。具体来说,与珠三角地区相比,长三角制造业受到政策影响,对外开放的经济模式发展得并不深入,更多的是以传统制造业作为竞争优势。而在技术创新方面,长三角制造业总体上处于模仿、引进、消化吸收阶段,主要以低加工成本作为该地区参与全球产业分工的比较优势(郑江淮和戴一鑫,2018)。与全国制造业的发展瓶颈相似,长三角制造业的高质量发展也受到产品技术含量不足、劳动力成本提高的限制。陈清萍（2020）基于对沪苏浙皖全境 41 个城市相关数据的双重固定效应模型分析，提出了长三角制造业未来发展的方向，可以归纳为两个方面：①推动长三角区域协同创新，围绕 G60 科创走廊建设，突破区域行政壁垒，进行关键技术与共性技术的联合攻关；②搭建政、产、学、研、金融和服务中介的交流沟通平台，推动长三角产业集群建设。

10.2.2 智能制造的相关研究

基于强大的自动化生产基础，2011 年美国的先进制造国家战略计划、2013 年德国的"工业 4.0"战略规划、2013 年日本协同式机器人的发展计划、2015 年我国的《中国制造 2025》战略规划均表明智能制造受到社会各界的广泛关注。2017 年我国实施《促进新一代人工智能产业发展三年行动计划（2018—2020 年）》，充分表明智能制造已成为我国制造业转型升级的重要着力点。周济（2012）指出，智能制造包括两个方面的内容：①智能制造将提高产品功能、性能和市场竞争力；②智能制造将深刻改革生产模式和产业形态。下文也将从这两个方面对智能制造的相关研究进行综述。

1. 智能制造将提高产品功能、性能和市场竞争力

人工智能已成为智能制造的关键领域。郭存德（2019）认为，在节能减排方面，发展智能制造，可以有效降低制造业产品所需的能耗、物耗及污染排放水平，促进制造业的绿色化、集约化发展；在提升效率方面，发展智能制造，能够较大幅度地提高工业生产效率，获得较好的经济效益。此外，高煜（2019）认为，人工智能将会降低人工成本，为企业带来巨大的价值创造。

2. 智能制造将深刻改革生产模式和产业形态

刘军等（2019）认为，智能化通过提高技术创新能力，改进生产制造模式，拉动制造业生产效率以及改变需求结构促进中国制造业结构优化。万志远等（2018）将我国制造业的发展现状和特征与美、日、德制造业发展状况进行对比分析，认为我国智能制造发展存在以下三个方面的问题：①自主创新能力不高，产品技术含量不足；②智能制造缺乏统一的企业标准；③工业大数据应用价值未被充分挖掘。这也是本章进一步研究智能制造的集聚机制想要解决的问题所在。

10.2.3 制造业产业集聚机制的相关研究

池仁勇和张宓之（2013）研究认为，技术变革、经济波动、政策效用、核心企业群及要素成本都能够诱发产业集聚。产业的空间集聚是经济活动最突出的地理特征，智能制造要促进产业的高质量发展必须发挥其集聚效应，而针对制造业产业集聚这一研究课题，我国有很多学者进行了大量的研究和探索。马国霞等（2007）以我国制造业二位产业分类部门为对象，利用产业间集聚度方法进行分析，指出"需求"对产业集聚的重要性，并认为形成关系邻近与地理邻近之间循环因果关系的同时，本地市场效应能够促使需求型产业的空间集聚与规模外部经济之间的循环累积效应，在双重循环的影响下，产

业集聚将进一步加强。毛艳华（2004）基于微观企业数据的产业集聚研究分析，认为珠三角地区制造业的集聚特征包括：①集聚程度与行业属性密切相关，技术密集型、资本密集型和劳动密集型等不同产业的集聚程度各不相同；②新增制造业重心正在发生空间上的转移。而这些都可以给长三角制造业的集聚机制研究提供一定的参考。

在针对长三角地区产业集聚的研究上，我国学者也进行了很多有价值的研究。苗建军和徐愫（2020）利用长三角城市群 30 个地级市 2003～2016 年的相关数据进行研究，认为长三角城市群的制造业集聚已形成规模，应重视长三角城市群产业协同发展对土地利用效率的提升作用。徐维祥等（2019）通过研究认为，长三角地区制造业企业总体及行业样本均具有显著的空间集聚特性，同时产业结构是影响制造业企业区位选择的主要因素。杜爽等（2018）比较了京津冀、长三角两大经济圈制造业产业集聚情况，认为产业集聚可以对产业的创新能力起到促进作用，而由于两个经济圈形式、市场化程度和开放程度的不同，两个经济圈的产业集聚对创新经济的推动作用程度有所差异。蓝发钦和黄嬿（2019）通过研究指出长三角制造业集聚不利于相邻城市经济发展，但带动了经济距离相近的城市的经济发展，也指出制造业集聚只能在短期对长三角地区的经济发展起到推动作用，却不能产生长期的促进作用，长三角制造业的产业升级是解决长期发展困境的重要办法。丁显有等（2019）则具体指出长三角制造业集聚发展需要通过长三角城市群的创新协同发展实现，这为后文进一步探索长三角智能制造的集聚机制提供了一种思路和角度。

10.2.4　文献述评

"智能+"时代，制造业与智能化融合发展已成为必然趋势，实现智能制造是传统制造业发展模式和路径转型升级的必经之路。长三角地区作为我国智能制造业发展的先进区，在研发能力、生产模式、信息安全、智能人才等方面比其他地区领先，但要实现其制造业向全球价值链高端攀升，还需要发挥产业集群的集聚效应。综合已有的研究文献可以得出，长三角制造业已经呈现出一定的集聚态势，并且亟须通过智能化推动产业向全球价值链中高端攀升。同时已有的研究资料并没有从集聚机制的角度去进一步探讨集聚效应对智能制造的提升作用。因此，本章基于对上述文献资料的整理，进一步从长三角制造业产业集聚机制及发展路径两个方面对其智能化进行研究。

10.3　长三角智能制造集聚机制理论分析

本章从全球与国内之间价值链的互动关系出发，以长三角三省一市为载体，探讨长三角智能制造的集聚机制。

10.3.1　智能化与制造业的集聚机制

智能化与制造业之间存在技术关联。一是随着产品精密度的提升和制度的完善，工人的作用在降低，智能机器应用于劳动密集型产业中，使产业分工越来越专业化，一些制造企业会把某些环节的业务外包，制造业集聚需要智能化。二是制造业的转型升级、先进制造技术的快速发展加快了智能化在制造业中的应用。

从全球价值链分工的视角来看：一方面，我国享有"世界工厂"的美誉，有着全世界较为发达的制造业，而长三角地区是我国的制造业中心之一，为智能制造提供了成长空间；另一方面，我国长三角地区处于国际产业转移的承接地位，由于专业化分工的精细化以及培育产业竞争优势，他国的跨国公司在长三角设立研发中心，加之本土的研发机构，为智能制造提供了技术支持。制造业企业应用物联网、大数据等技术手段，能够实时获取库存、生产、运营等不同环节的数据，进而能够精准地进行供应链管理、生产管理和财务管理，最大限度地降低成本、提高生产效率及产品质量。此外，智能化技术与生产设备的广泛、深入结合使柔性化的生产得以实现，以规模经济为导向的大规模生产模式正逐步向多品种、小批量、个性化生产模式进化，提升了工业产品的附加值。由此，可以得到：

假说 1 制造业与智能化具有集聚机制。制造业的集聚会导致其对智能化需求的增加；同时，智能化的发展对制造业企业会产生有益的反作用，帮助制造业企业控制成本、提高生产效率、产品质量及产品附加值。因此，制造业发展与智能化普及存在紧密的关联性。

10.3.2 国内需求对智能制造集聚的拉动机制

如果一个国家智能制造程度高，那么国内需求量就高，也可以拉动智能制造的集聚。然而，如果一个国家的智能制造程度低，需要大量进口国外制造的产品，那么该国的智能制造路径将受到阻遏。因此，国内需求扩大，既推动经济增长也促进集群区内产业技术的升级，加快制造业转型升级的步伐，有效地拉动了智能制造的集聚。由此可见：

假说 2 国内需求对智能制造集聚具有拉动机制。长三角地区作为全球价值链与本国产业关联的转换器，在国际产业链中要实现代工企业的角色向自主制造企业角色的转变，不断促进长三角智能制造产业的优化升级，在一定程度上拉动了智能制造的发展和空间集聚。

10.3.3 信息技术对智能制造集聚的驱动机制

智能制造的实现主要依靠计算机软件、电子与信息工程、自动化控制工程等相关的先进信息技术。信息技术水平的提高，可以逐渐降低地理上的互动成本，压缩贸易成本，促进智能制造集聚。通过互联网和大数据等现代信息技术，企业的知识获取和利用速度加快，并通过企业间技术和信息网络的搭建促进了知识和技术的溢出，由此促进技术创新的产生与扩散。新技术被不断地开发与利用，并取代原有的旧产品和旧工艺，加快推动新产品的产生，促进了智能制造的升级；此外，信息技术的发展和创新能力的提升取代了传统生产过程中的部分人力劳动，不断优化生产流程和生产工艺，降低生产成本，提高市场竞争力，从而导致高技术、高生产率部门的不断扩张，高端技术企业的比例不断上升，促进了智能制造产业集聚。长三角地区一直重视国外先进技术的引进、众多高校的智能化专业设置和智能化人才的培养，同时扎实做好高科技产业的孵化和高科技企业的落地等工作，对智能制造的集聚起到驱动作用。因此，地方政府对人工智能项目资金的支持、智能制造产业园区的建立、高层次信息技术人才的吸引机制等均有助于智能制造的发展。由此可见：

假说 3 信息技术有助于智能制造的空间集聚。在信息技术水平不断提升的长三角城市群，在鼓励和重视人工智能等高科技技术的大环境下，信息技术的发展推动了智能化的研发和升级，对整个智能制造集聚有明显的驱动作用。

10.3.4 人口规模等级与智能制造集聚的匹配机制

智能制造属于技术密集型产业，属于高等级产业，应与高等级地区匹配。一般而言，高等级地区具有良好的发展前景和优越的生活条件，因此能聚集具有不同技术背景的高端人才，对于发展智能制造产业来说是重要的优势。同样的，人口规模等级越高、公共基础设施水平越高，会对区域内自由流动的优质要素产生虹吸作用，一方面能够提升居民的福利水平进而强化对高端人才的吸引作用，另一方面能够显著提升城市要素集聚的外部经济性进而产生激励创新的作用。此外，智能制造产业可以通过共享隐性知识来加速相同或相似产业在高等级城市的集聚。在全球价值链与国内价值链之间，长三角地区可以担当好转换器的角色。长三角地区拥有数百所高校，也是高科技英才汇聚之地，有助于引进、消化和吸收国外先进技术，发挥高等级人力资本与高等级产业的匹配效应，促进长三角地区智能制造的集聚。但如果治理能力不能随人口规模的扩大而同步提升，则会导致一系列"大城市病"，从而阻碍地区的持续发展，对智能制造的集聚产生不利影响。由此可见：

假说 4 智能制造集聚与相应地区的人口规模等级存在非线性相关关系。长三角作为我国人口规模等级较高地区，高校云集、人才汇聚、治理有效，皆有助于智能制造迅速发展，从而使长三角的智能制造与其城市群人口规模达到相应的匹配效果。

10.4 长三角智能制造集聚机制统计分析

10.4.1 指标和数据说明

考虑到数据的完整性与可得性，本章利用 2013~2017 年长三角城市群中三省一市的制造业细分行业数据，探究长三角地区智能制造的集聚机制。各细分行业的数据主要来自 2014~2018 年《中国统计年鉴》及长三角地区三省一市的统计年鉴。选取了长三角三省一市与智能制造相关联的 8 个产业作为研究样本，其中的细分行业就业人数采用《中国工业统计年鉴》中的从业人员平均人数。借助 OECD 制造业技术分类标准，选择了金属制品业，通用设备制造业，专用设备制造业，汽车制造业，铁路、船舶、航空航天和其他运输设备制造业，电气机械及器材制造业，计算机、通信和其他电子设备制造业，仪器仪表制造业这 8 项产业指标。

1. 空间集聚程度指标

空间基尼系数 G 是用来衡量长三角智能制造各细分产业空间集聚程度的指标。空间基尼系数的计算公式如下：

$$G = \sum_i (X_i - y_i)^2 \qquad (10\text{-}1)$$

采用总产值指标来衡量地区智能制造业集聚并不能很好地体现出其特点，因此本章采用就业人口数指标进行计算。其中，X_i 为第 i 个省市制造业各细分行业的就业人数占长三角该行业总就业人数的比重；y_i 表示第 i 个省市总就业人数占长三角总就业人数的比重。

2. 集聚效益测度指标

本章采用成本费用利润率作为衡量集聚效益的指标，体现经营耗费所带来的经营成果。企业的成本利润率越高，表明企业的经济效益越好。这里，成本费用利润率使用的是营业利润指标，反映行业经营活动的获利能力。其计算公式为

$$\text{成本费用利润率} = (\text{利润总额}/\text{成本费用总额}) \times 100\% \qquad (10\text{-}2)$$

10.4.2 统计分析

1. 空间集聚程度分析

式（10-1）计算得出的 2013～2017 年长三角三省一市的智能制造 8 项细分产业的空间基尼系数（G）如表 10-1 所示。

表 10-1　长三角三省一市智能制造相关细分产业的空间基尼系数

细分产业	2013 年	2014 年	2015 年	2016 年	2017 年
金属制品业	0.0528	0.0594	0.0604	0.0611	0.0895
通用设备制造业	0.0602	0.0623	0.0592	0.0597	0.0718
专用设备制造业	0.0797	0.0770	0.0756	0.0751	0.1096
汽车制造业	0.0318	0.0314	0.0289	0.0288	0.0332
铁路、船舶、航空航天和其他运输设备制造业	0.1930	0.1472	0.1496	0.1330	0.1611
电气机械及器材制造业	0.0535	0.0522	0.0535	0.0554	0.0961
计算机、通信和其他电子设备制造业	0.1916	0.1796	0.1810	0.1691	0.1681
仪器仪表制造业	0.1251	0.1236	0.1156	0.1177	0.1318

资料来源：根据 2014～2018 年《中国统计年鉴》及长三角三省一市统计年鉴的数据计算得到。

首先，根据表 10-1 可以发现长三角智能制造相关细分产业的集聚程度有明显差异，其中铁路、船舶、航空航天和其他运输设备制造业，计算机、通信和其他电子设备制造业及仪器仪表制造业的空间基尼系数都超过了 0.1，具有较高的集聚性；而汽车制造业从历年数据来看，其空间集聚程度都为最低。

其次，将计算出的 2013～2017 年长三角地区制造业细分产业空间基尼系数绘制成折线图 10-1。从图 10-1 中可以发现，铁路、船舶、航空航天和其他运输设备制造业及专用

设备制造业的空间集聚程度从 2013 年至 2016 年处于不断下降的状态,但 2017 年均大幅回升;计算机、通信和其他电子设备制造业呈现出缓慢的下降趋势。而其余五个智能制造细分产业的集聚程度在四年间都呈现出平稳的动态趋势。

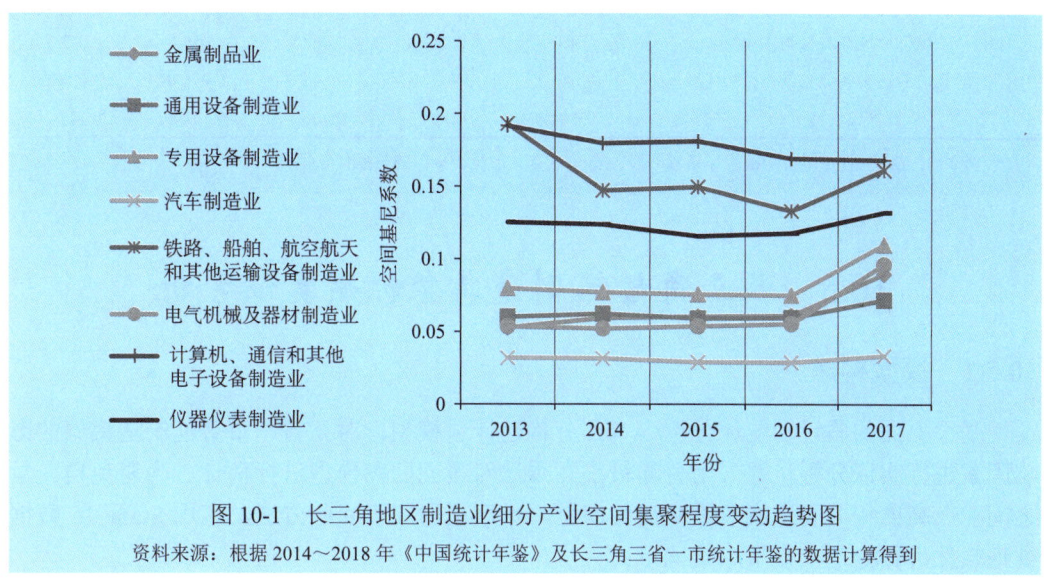

图 10-1 长三角地区制造业细分产业空间集聚程度变动趋势图
资料来源:根据 2014~2018 年《中国统计年鉴》及长三角三省一市统计年鉴的数据计算得到

最后,将长三角三省一市根据经济发展状况及人口规模划分为三个等级:第一等级为上海市,第二等级为江苏省和浙江省,第三等级为安徽省。经过计算得出:2016 年,长三角地区第一、二、三等级省市的智能制造产业就业人数占该等级省市总就业人数的比重分别为 0.097、0.101、0.026;第二等级表现出的空间集聚程度最高,其次是第一等级,最后是第三等级,其中第一等级和第二等级的比值相差不大。初步推断,长三角内部人口规模等级与智能制造集聚程度不相匹配,江苏省与浙江省的集聚程度更高。

2. 集聚效益分析

从表 10-2 可以发现,成本费用利润率最高的是仪器仪表制造业,在 8 个行业中,上海、江苏、浙江及安徽成本费用利润率超过全国平均水平的行业数量分别有 7、6、5 和 7 个,表明长三角智能制造的集聚效益较高;但是浙江的铁路、船舶、航空航天和其他运输设备制造业的成本费用利润率小于零,出现严重亏损,说明三省一市的部分智能制造产业效益存在下滑状态,亟须进行产业改造升级。

表 10-2 2018 年长三角三省一市智能制造产业成本费用利润率

产业	全国	上海市	江苏省	浙江省	安徽省
金属制品业	0.048 7	0.053 3	0.056 3	0.042 8	0.089 7
通用设备制造业	0.070 7	0.071 1	0.088 8	0.077 1	0.078 1
专用设备制造业	0.072 9	0.097 8	0.084 3	0.089 6	0.073 7

续表

产业	全国	上海市	江苏省	浙江省	安徽省
汽车制造业	0.078 9	0.141 7	0.077 1	0.105 0	0.064 5
铁路、船舶、航空航天和其他运输设备制造业	0.060 0	0.018 5	0.093 7	−0.007 2	0.071 1
电气机械及器材制造业	0.061 7	0.081 8	0.063 3	0.054 8	0.072 7
计算机、通信和其他电子设备制造业	0.046 3	0.027 3	0.045 6	0.090 6	0.084 1
仪器仪表制造业	0.104 3	0.134 3	0.106 7	0.134 6	0.123 7

资料来源：根据 2019 年《中国统计年鉴》及长三角三省一市统计年鉴的数据计算得到。

10.5 长三角智能制造集聚机制实证分析

10.5.1 模型构建

基于上面的假设和统计分析，本部分构建计量模型，对三省一市智能制造集聚的影响因素进行实证分析，并采用普通最小二乘法对多元回归模型进行估计。为避免自变量之间存在高度相关而造成多重共线性问题，本章采用逐步回归方法，应用 Stata 15 数据处理软件进行处理，模型形式如下：

$$\mathrm{INT}_i = \alpha_0 + \alpha_1 \mathrm{MIA}_i + \alpha_2 \mathrm{OMD}_i + \alpha_3 \mathrm{INF}_i + \alpha_4 \mathrm{CG}_i + \alpha_5 \mathrm{CG}_i^2 + \varepsilon_i \quad (10\text{-}3)$$

式中，α_0 为常数项；α_1、α_2、α_3、α_4、α_5 为待估计的参数；ε_i 为随机误差项。

10.5.2 变量说明

INT_i 表示第 i 个省（市）的智能制造集聚程度，即 i 省（市）智能制造相关产业从业人数占三省一市总就业人数的比重。

MIA_i 表示第 i 个省（市）的制造业集聚程度，即三省一市各省（市）的工业 GDP 占长三角总工业 GDP 的比重。

OMD_i 表示第 i 个省（市）的外需依赖度，即各省（市）年出口总值占当地 GDP 的比重。

INF_i 表示第 i 个省（市）的信息化水平，即年邮电业务总量占当地 GDP 的比重。

CG_i 表示第 i 个省（市）的人口规模等级，即该省（市）的年末常住人口总人数占长三角三省一市的年末常住人口总人数的比重。同时，为了探究智能制造集聚与人口规模等级的非线性关系，在模型中加入 CG_i 的平方项 CG_i^2。

10.5.3 实证结果

根据表 10-3 的结果，可以发现各因素对长三角智能化集聚程度有着不同的影响，各自存在差异，分别在 1%、5% 和 10% 的显著水平上通过了检验。其中，制造业集聚程度对于智能制造集聚有着较强的解释力，而其余三个解释变量较制造业集聚程度来说影响相对较小，但整体上增强了本章假说的力度。

表 10-3 长三角智能制造空间集聚的影响因素

项目	（1）	（2）	（3）	（4）	（5）
常数项	0.193 1***	0.084 6***	0.082 6***	0.376 8***	0.647 0***
	(0.028 0)	(0.022 8)	(0.032 0)	(0.067 9)	(0.145 5)
MIA	0.227 7***	0.281 5***	0.282 6***	0.928 0***	1.043 2***
	(0.099 6)	(0.063 5)	(0.065 6)	(0.147 5)	(0.151 6)
OMD		0.146 7***	0.146 4***	0.132 2**	0.127 5**
		(0.019 3)	(0.019 8)	(0.041 3)	(0.060 6)
INF			0.043 1**	0.158 3**	0.247 1**
			(0.047 5)	(0.037 8)	(0.090 5)
CG				−1.341 6***	−3.309 0***
				(0.286 9)	(0.987 2)
CG^2					3.398 0**
					(1.638 0)
Ad-R^2	0.097 7	0.637 6	0.627 6	0.764 3	0.784 6

数据来源：国家统计局及 2008～2017 年长三角三省一市的统计年鉴。

注：***、**和*分别表示在 1%、5%和 10%的统计水平上显著，括号内为标准误差；Ad-R^2 表示拟合优度。

从各个变量解释来看，制造业集聚对于智能制造的集聚具有较强的正面影响。近年来，长三角不断发展智能化制造，杭州、苏州、南京的数字经济发展位于全国前列，对智能制造的发展有较强的促进作用。制造业大量集聚在长三角地区，同时智能化、信息化与制造业不断紧密结合，有利于长三角智能制造集聚程度不断加深。

从外需依赖程度看，长三角在进出口方面具有较大的依赖程度。从地域上来看，长三角位于沿海地区，可充分利用其地理资源的优势，不断扩大对外贸易。长三角在我国"总部经济"的优势地位，使其对智能制造的重视程度不断加深，同时与国外智能化产业不断地交流，大量引进世界级信息化、智能化企业，为长三角智能化产业发展添加动力，进一步拉动了智能制造的集聚。

从信息化水平来看，其与长三角智能制造集聚呈正相关关系。长三角的信息智能技术发展在全国名列前茅，软件名城、数字经济名城都在其中；众多高科技产业园及政府的政策扶持，都使智能制造程度加深。信息化水平也在一定程度上拉动了长三角地区智能制造的集聚。

本章在逐步回归检验时，采用了常住人口来计算以反映人口规模等级，表 10-3 中方程（4）显示，人口规模每增加一单位，智能制造集聚程度就降低 1.341 6 个单位。引入人口规模的二次项后，一次项的系数仍然为负，而二次项的系数显著为正，说明人口规模等级对长三角智能制造集聚的影响是非线性的。在人口规模较小时，增加一单位人口规模对智能制造集聚具有负向影响；当达到转折值 0.486 9 后，人口规模的增加对智能制造集聚的影响开始变为正向。国内高端人才流失使长三角地区人口密度虽然很大，但是缺乏高端人才，智能制造不能跟上城市规模扩大的脚步，造成人口规模等级与智能制造集聚不相匹配，长三角智能制造集聚仍有巨大的进步空间。因此，长三角在扩大城市规模的同时,应注重高端人才的引进,根据人口规模等级引进相匹配的人才数量,并且要提高存量人才的质量。

综上所述,制造业集聚程度、外需依赖度、信息化水平、人口规模等级都对长三角智能制造集聚程度有不同的影响,也印证了本章的假说 1、假说 2、假说 3 和假说 4。

10.6 长三角智能制造发展路径分析

10.6.1 建立长三角智能制造的标准体系

建立健全标准体系为长三角智能制造的有序发展提供了框架,制定准确的标准体系能够使长三制造业占据行业的制高点;同时智能化标准框架也为长三角制造业的发展提供了数据信息的高效传递。工信部公布的《智能制造发展规划(2016—2020 年)》,从设计、生产、管理、服务等环节对制造业与智能化融合提出了要求。长三角地区智能制造业发展拥有区位优势明显、政策制定准确、智能产业结构完备的特点。目前,三省一市对于智能制造均有各自的规划,各有特色,但对于长三角整体的规划还有待完善。因此,三省一市应整合发展优势,统筹规划,制定标准体系,推动长三角智能制造的有序发展。

10.6.2 形成长三角制造业完整的智能制造链

对于长三角智能制造的总体发展思路而言,应从长三角地区的制造业发展特色出发,明确智能化发展方向。构建智能设计、智能生产、智能仓储、智能产品到智能售后的完整智能制造链。

第一,长三角制造业的设计智能化。长三角地区拥有众多海内外优秀复合人才,为制造业的设计智能化奠定了基础。制造业设计过程中会面临设计协作效率低、设计参考标准少、设计管理工作流程不规范、支持设计的软件设施不统一等问题,长三角地区应当凭借大数据、互联网等智能化优势与制造业的融合优势,加强其设计智能化。

第二,长三角制造业的生产智能化。一是制造业生产智能化可以提高生产效率;二是智能化的生产方式能够加快制造业生产模式变革。长三角各区域可利用数控机床、工业机器人等数字化生产设备和物联网等智能化技术,使整个生产过程透明、可控、高效,以提高长三角地区的智能制造深度。

第三,长三角制造业的仓储智能化。在智能化时代,长三角地区制造业应该摆脱依赖员工记忆与经验的模式,建立健全的制造业仓储管理系统,最大限度地提高制造业的行业仓储效率,避免数据传递中的延迟问题与数据错误问题,保证原材料及库存商品的先进先出,及时了解各种产品不同的存储状态。

第四,长三角制造业的产品智能化。信息技术为制造业产品提供了技术手段。长三角地区通过智能制造技术可以实现产品的识别、定位和追溯。与此同时,智能化使产品自身拥有存储数据、感知指令及与控制中心通信的能力,逐渐实现制造业的产品智能化。

第五,长三角制造业的售后智能化。优质的售后服务能够得到较高的客户满意度,特别是高新技术产品，较快的更新换代速度需要较高要求的售后服务才能实现产品的实际价值，因此建立较为完整的售后管理软件能够大大提高售后质量，实现长三角地区的售后智能化。

10.6.3　突出长三角智能制造的创新能力

创新资源为传统产业智能化的发展提供动力。从研发资源方面来看，长三角地区有300多所普通高等院校，300多家国家工程研究中心和实验室。上海以上海交通大学和复旦大学为主导的高校及研究机构注重机器人的设计与应用研究；浙江以浙江大学为主导的高校及研究机构致力于智能控制的研究；江苏以南京大学和东南大学为主导的高校及研究机构在人工智能方面取得了丰硕的研究成果；安徽以中国科学技术大学为主导的高校及研究机构致力于自动化及无线电电子方面的研究。三省一市形成智能化优势互补，积极开展产、学、研的合作与交流。

从产业发展来看，目前长三角地区的部分产业已趋向饱和，以安徽的合力股份为例，其根据产品智能化的需求不断创新企业业务，在工业车辆领域实现了无人驾驶、无人化作业，并以用户需求为导向不断转变。同时电子信息产业的发展势头正猛，如江苏南京。因此长三角地区若发挥其创新优势，从产业方面出发，发展具有创新型的产业布局，如江苏南京及浙江杭州的高端装备制造产业特色、安徽的机器人产业、上海的世界级智能制造产业集群（汽车和电子信息），实现智能制造发展的"多头并进"，建立更具特色的产业高地。

10.6.4　实现长三角智能制造的协同发展

《上海市智能制造行动计划（2019—2021年）》着力打造长三角智能制造的"十百千"工程，建设国家级示范性智能制造工厂100家、三省一市相互认可的智能制造工厂1000家、规模以上智能化企业10 000家。在以上海为主导，三省积极响应的大背景下，三省一市相互协作，集聚政府、企业与社会各方的力量，推动协同发展的进程；聚焦三省一市的关键核心技术，提升长三角整体的竞争优势；建设三省一市完整的智能制造体系，作为长三角地区产业经济发展的核心环节。

10.7　优化长三角智能制造的对策建议

（1）推动产业集聚，促进智能制造换代升级。 对于智能制造发展不匹配的地区，在区域规划上将制造业的发展进一步从单一的生产模式向集群发展模式不断转移，不断促进制造业技术创新与设计创新，使制造业产业链不断完善。利用长三角地区的科技资源、科技创新优势，构建智能化、集聚型协作分工的较为完善的产业链体系，形成长三角地区富有特色的智能制造生态圈，促进智能制造换代升级。

（2）深化产业融合，实现制造智能化的协同效应。 随着城市信息化程度的不断提高，有助于提高城市高科技服务水平和效率，这对于智能制造发展具有正面影响。长三角地区有必要不断加快高科技服务产业的发展，以便于高科技服务产业与传统制造业的融合。

而且长三角地区传统制造业与人工智能、工业互联网及大数据等新一代信息技术的融合不应局限于地区的资源条件、规模优势，这样会阻碍制造业的智能化发展。将制造业与智能机器人、工业设计等横向产业融合，实现产业内部与外部的共同创新，能够发挥研发设计、生产制造销售的联动机制，实现制造业与智能化的协同发展，最终得到意想不到的发展结果。

（3）加大开放力度，提升智能制造的竞争力。本章研究表明，城市的外需依赖度与智能制造呈正相关关系，说明对外贸易对长三角地区智能制造升级产生促进作用。长三角地区作为我国的经济发展重点区域，特别是上海的金融中心地位，应不断发挥自身优势，加大智能制造的对外交流，在交流借鉴新技术的同时，不断扩大制造业的对外贸易能力。智能制造表现为制造业企业的核心竞争力，体现了长三角地区制造业在对外贸易中的竞争能力，提升长三角地区制造业的综合竞争力，以实现长三角地区智能制造的快速发展。

（4）注重人才引进，加强智能制造的创新力。智能制造伴随着科技创新的加速，因此人才是必不可少的组成部分。特别是创新人才，已成为一种稀缺资源。智能制造对于人才的要求只增不减，三省一市在建立人才培养机制的同时，也应在政策上出台相关政策，留住人才，同时吸引外部人才的加入。此外，智能化发展使许多生产环节已实现机械化操作，各大企业可以考虑在节约人工成本的基础上用更具吸引力的政策招来更多的技术人才，实现企业的不断创新。

参 考 文 献

陈清萍. 2020. 科技进步、协同创新与长三角制造业高质量发展[J]. 江淮论坛, (2): 103-112.

池仁勇, 张宓之. 2013. 集聚模式、变迁诱因与行业成长性——基于浙江制造业的实证分析[J]. 经济理论与经济管理, (12): 56-67.

丁显有, 肖雯, 田泽. 2019. 长三角城市群工业绿色创新发展效率及其协同效应研究[J]. 工业技术经济, 38(7): 67-75.

杜爽, 冯晶, 杜传忠. 2018. 产业集聚、市场集中对区域创新能力的作用——基于京津冀、长三角两大经济圈制造业的比较[J]. 经济与管理研究, 39(7): 48-57.

郭存德. 2019. 加快制造业智能升级步伐[J]. 人民论坛, (24): 76-77.

高煜. 2019. 我国经济高质量发展中人工智能与制造业深度融合的智能化模式选择[J]. 西北大学学报(哲学社会科学版), 49(5): 28-35.

李廉水, 石喜爱, 刘军. 2019. 中国制造业 40 年：智能化进程与展望[J]. 中国软科学, (1): 1-9, 30.

刘军, 常慧红, 张三峰. 2019. 智能化对中国制造业结构优化的影响[J]. 河海大学学报(哲学社会科学版), 21(4): 35-41.

蓝发钦, 黄嬿. 2019. 长三角产业集聚的经济效益分析——基于静态和动态空间计量杜宾模型[J]. 华东师范大学学报(哲学社会科学版), 51(2): 168-176, 193-194.

马国霞, 石敏俊, 李娜. 2007. 中国制造业产业间集聚度及产业间集聚机制[J]. 管理世界, (8): 58-65.

毛艳华. 2004. 珠江三角洲 IT 制造业的集聚机制与竞争优势[J]. 中山大学学报(社会科学版), 44(5): 6-10.

苗建军, 徐愫. 2020. 空间视角下产业协同集聚对城市土地利用效率的影响——以长三角城市群为例[J]. 城市问题, (1): 12-19.

万志远, 戈鹏, 张晓林, 等. 2018. 智能制造背景下装备制造业产业升级研究[J]. 世界科技研究与发展, 40(3): 316-327.
徐维祥, 张筱娟, 刘程军. 2019. 长三角制造业企业空间分布特征及其影响机制研究: 尺度效应与动态演进[J]. 地理研究, 38(5): 1236-1252.
郑江淮, 戴一鑫. 2018. 长三角制造业转型升级——基于要素偏向、行业异质性与生产率变迁的分析[J]. 暨南学报(哲学社会科学版), 40(5): 15-27.
周济. 2012. 制造业数字化智能化[J]. 中国机械工程, 23(20): 2395-2400.

撰稿人：葛和平
审稿人：程中华

第11章　长江经济带制造业智能化水平评价及影响因素研究

11.1　引　言

长江经济带的发展对于中国整体经济发展来说非常重要，它覆盖了我国 11 个省份，总面积超过 200 万 km^2，生产总值和总人口约占全国 40%。2015 年，提出的"中国制造 2025"，坚持创新驱动、智能转型、强化基础、绿色发展，推动产业结构迈向中高端，加快我国从制造大国转向制造强国。

长江经济带作为中国经济发展的重要组成部分，其工业产业模式仍以劳动密集型产业为主，科技创新能力和产业利润处于较低水平。随着劳动力成本的不断上升，劳动密集型产业的优势地位正在不断弱化，提升产业能力迫在眉睫。当前，制造业智能化是世界各国公认的发展趋势，近几年我国不断推出相关政策以推动制造业的发展。

然而，就目前长江经济带制造业智能化情况来看，各省份制造业智能化水平有所提高，但与发达国家相比仍有较大差距。长江经济带横跨我国东中西三部分，各地区经济发展不平衡，各省份制造业发展程度差异显著，且东部、中部和西部之间的发展水平存在明显梯度，不同地区的制造业智能化水平层次不一。因此，如何准确衡量各省份的制造业智能化水平和探究制造业智能化发展的影响因素对于区域制造业的高质量发展具有重要意义。

11.2　文献综述

"智能制造"一词的概念最早由美国学者 Wright 和 Bourne（1988）在其著作 *Manufacturing Intelligence* 中提出，当时并未受到太多关注。随着人工智能、物联网技术的发展，智能制造一词逐渐引起人们的关注。各学者从不同角度对制造业智能化的概念进行了阐述。周佳军和姚锡凡（2015）从技术基础的视角，提出智能制造技术是在信息技术和人工智能等技术基础上通过感知、人机交互等类人行为操作实现产品设计、制造、管理与维护等两化融合的制造行为。王喜文（2015）从制造环节关联的视角，提出制造业智能化就是工厂内实现"信息物理系统"，工厂间实现"互联制造"，工厂外实现"数据制造"的制造行为。吕铁和韩娜（2015）从系统集成视角，提出智能制造基础是新一代信息技术，以流程节能减排与产品高性能为目标，具有智能感知与执行等功能的先进制造过程、系统与模式的总称。Zhou 等（2018）认为，智能制造是一个不断发展的普遍概念，可以分为三种基本范式：数字化制造、数字化网络化制造和新一代智能制造。新一代智能制造是新一代人工智能技术与先进制造技术的深度融合。

关于制造业智能化水平评价及影响因素的研究，学者们大多从微观和宏观两方面进行探索。其中，李健旋（2020）从宏观层面出发，以 2001~2016 年全国各省级单位的数据为样本，认为技术研发、成本压力和人力资本是促进制造业智能化水平提升的关键因素。而苏贝和杨水利（2018）从微观层面出发，认为产品市场需求、智能技术、智能装备资源、智能交互能力、智能服务平台、智能管理系统是影响产品设计、制造过程、服务及管理智能化的关键因素；环境变化及企业家精神是智能化转型升级的重要保障。也有学者从单个个体出发，研究单个因素对制造业智能化的影响。外国学者 Stadnicka 等（2019）认为人在智能制造系统中起核心作用。人的知识对于创建和改进智能制造系统是必不可少的；他们的动机对于识别和解决问题的原因非常重要。张恒梅和李南希（2019）认为在创新驱动发展战略的背景下，物联网技术与制造业的深度融合，将会形成制造业智能化的新动能。此外，部分学者对制造业智能化转型的路径进行了研究。

综上所述，国内外学者对制造业智能化转型的内涵、影响因素、发展路径等方面做了充足的研究，理论体系已经比较完善。但是，目前针对长江经济带的制造业智能化的研究相对较少，长江经济带作为我国重要的经济带，横跨我国东中西部，对长江经济带制造业智能化进行研究可以更好地促进区域经济的发展。

11.3 制造业智能化水平的评价指标与评价方法

11.3.1 制造业智能化评价指标

根据制造业智能化的内涵分析，本章将制造业智能化水平评价分为三个部分，见表 11-1。第一，智能效益。智能效益是制造业智能化的目标，制造业智能化能否发挥其应有的作用和加速制造业发展进程，主要在于产品的市场盈利能力情况。智能效益要求制造业在智能化的过程中能够及时、快速地获取客户需求，根据不同需求为消费者提供个性化的产品，从而提高企业利润。本章用企业新产品销售收入来衡量智能效益水平。第二，智能创新。创新是企业不断发展的根本动力，在制造业智能化过程中，智能创新占有举足轻重的地位。只有具备良好的创新能力，才能为智能设备和智能效益提供保障。本章用工业企业拥有有效发明专利数来衡量。第三，智能设备。制造企业的核心功能为生产，设备的智能化能够促进生产，因此智能设备是制造业实现智能化的关键一步。企业只有不断地改进设备、提高设备利用率才能在市场上更具竞争优势；只有将智能化的装备运用到生产上才能实现它的价值。本章用研究与试验发展经费内部支出来衡量。

表 11-1 长江经济带制造业智能化水平评价指标

一级指标	具体指标	单位
智能效益	新产品销售收入	亿元
智能创新	工业企业拥有有效发明专利数	项
智能设备	研究与试验发展经费内部支出	亿元

11.3.2 制造业智能化评价方法

本章用熵权法对制造业智能化评价指标进行加权,避免了因主观赋值法带来的人为因素的影响。具体处理过程如下:

1. 标准化

$$X_{ij} = \frac{x_{ij} - \min(x_{1j},\cdots,x_{ij})}{\max(x_{1j},\cdots,x_{ij}) - \min(x_{1j},\cdots,x_{ij})} \quad (i=1,2,3,\cdots,m; j=1,2,3,\cdots,n) \quad (11\text{-}1)$$

式中,X_{ij} 和 x_{ij} 分别为第 i 个样本第 j 项指标的标准化值和原始值。

2. 熵值

$$p_{ij} = \frac{X_{ij}}{\sum_{i=1}^{n} X_{ij}} \quad (i=1,\cdots,n; j=1,\cdots,m) \quad (11\text{-}2)$$

$$e_j = -\frac{1}{\ln n}\sum_{i=1}^{n} p_{ij} \ln p_{ij}; 0 \leqslant e \leqslant 1 \quad (11\text{-}3)$$

3. 熵权

$$D_j = 1 - e_j \quad (j=1,\cdots,m) \quad (11\text{-}4)$$

$$W_j = \frac{d_j}{\sum_{j=1}^{m} d_j} \quad (j=1,\cdots,m) \quad (11\text{-}5)$$

利用各指标的权重分别进行加权,最终得到上述指标相应的量化数值。

11.3.3 长江经济带制造业智能化评价结果

长江经济带作为我国交通经济带的鲜明代表,以长江主航道为轴线,在港口和水路枢纽优先形成经济中心点,之后通过水运实现内外交通、水陆结合的运输体系,使港口城市和内陆腹地建立广泛联系,区域内的人力资源、物力资源、信息资源和资金资源呈现轴向汇聚,形成城市聚集带。然而,长江经济带作为重要的经济带,其经济发展并不均衡。当前,东部沿海地区的经济已经形成一定规模,随着向内陆的延伸经济实力明显减弱。2001 年,加入世界贸易组织(WTO)以来,随着中国制造业规模的迅猛扩张,工业化与信息化融合进程开始在国家推进下得到持续发展,长江经济带制造业智能化进程也步入轨道。

1. 长江经济带制造业智能化总体评价

采用熵权法计算得到各指标权重后,分别对各指标数值进行计算得到 2008~2018 年长江经济带制造业智能效益、智能设备和智能创新的评价值,并在此基础上得到长江经济带制造业总体智能化水平的评价值,反映出长江经济带制造业总体智能化态势,见图 11-1。数据主要来源于各省份统计年鉴、《中国工业统计年鉴》、《中国科技统计年鉴》,由于数据存在缺失值,本章用插值法对缺失数据进行处理。

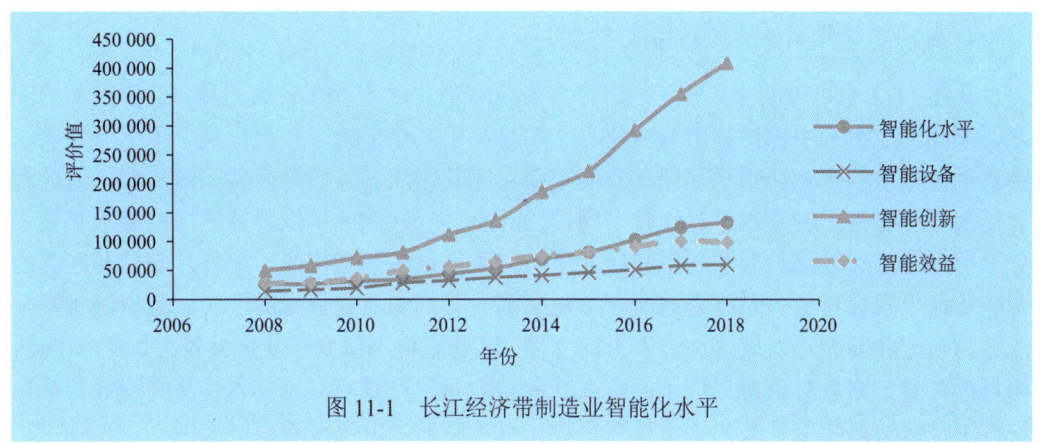

图 11-1 长江经济带制造业智能化水平

沿着时间轴线来看,长江经济带智能化水平、智能设备、智能创新和智能效益都呈现出增长的趋势。其中,智能创新增长尤为显著。2012 年以后智能创新呈现指数式增长态势,这可能是因为互联网规模的扩大和质量的提高,使人们对知识的掌握和获取更加快捷,智能型人才增长明显。同时,国家大力鼓励创新,不但科研人员愿意投入研发工作,高校学生、社会各界人士也积极响应号召,大量发明专利、智能软件不断涌现出来,智能创新能力明显升高。另外,国家积极推进信息化与工业化融合发展,激发了制造业对于智能软件应用日益增长的强烈需求,促使智能创新进入高速提升期,带动了中国制造业智能化程度的显著提升。

智能设备和智能效益有所提高但不尽如人意。智能设备增长缓慢且一直处于较低水平,这充分暴露出长江经济带制造业在核心技术和装备上的短板,智能创新水平的上升并没有带动制造业核心技术和装备的提升。智能化的设备是制造业智能化的集中体现,是人类智力转移的作用对象,智能设备能够替代人力处理生产活动中的各种问题。智能设备的发展通常需要信息技术、物联网技术、通信技术等基础设施的支持支撑。长江经济带东部地区的基础设施相对完善,智能设备有所发展,但中西部地区的基础设施明显落后。长江经济带的制造业经过近二十年的发展已经形成完整的产业链,各方面的设备比较完善,智能设备虽然有利于产业的发展,但智能设备前期投入巨大,且需要相应配套设施和专业人才,为了产业的稳步发展,智能设备通常不会出现较大幅度的变动。

智能创新和智能设备转化为智能效益的成效不明显。制造业智能化是为了谋求经济效益和社会效益,寻求劳动效率的提升和人力的替代,因此智能效益是制造业发展的目标。智能效益的提高会刺激产业进一步发展,同时,智能效益也要依靠智能设备和智能创新。在制造业智能化的背景下,应依靠互联网等基础设施的支撑,构建工业互联网体系,连接产业内外部数据,全方位地了解市场需求,充分地将产业生产能力转化为产业效益。

总体来看，中国制造业智能化进程中，智能创新速度持续在加快，核心技术创新突破的层面不断提高，为智能设备水平的提高奠定了坚实基础；而智能创新的适度超前，既有利于带动中国制造业智能化的效益提升，也有利于引导智能设备的创新发展。

2. 长江经济带制造业智能化省级评价

从图11-2中可以看出，长江经济带各省份智能化水平存在较大差异，处于东部的江苏、浙江、上海和中部的安徽智能化水平明显高于其余中西部省份。从总体上看，长江经济带各省份的智能化水平呈现上升的趋势，尤其是江苏、安徽两省。浙江和上海的智能化水平一直处于较高水平且比较平稳，其原因可能是2008年以后其经济发展水平处于全国前列，拥有较强的智能创新和研发能力，智能设备基础雄厚。此外，安徽和江苏的智能化水平发展迅速，是因为这两个省份是高质量制造业较集聚的地区，且资源雄厚，能够为制造业智能化发展提供强有力的支撑。这些省份不但制造业规模较大、能力较强，而且拥有的丰富教育资源提供了高素质的劳动力和生产效率，比较容易从制造业智能化进程中获得较好收益。其余省份虽然智能化水平较低，但也在稳步增长。

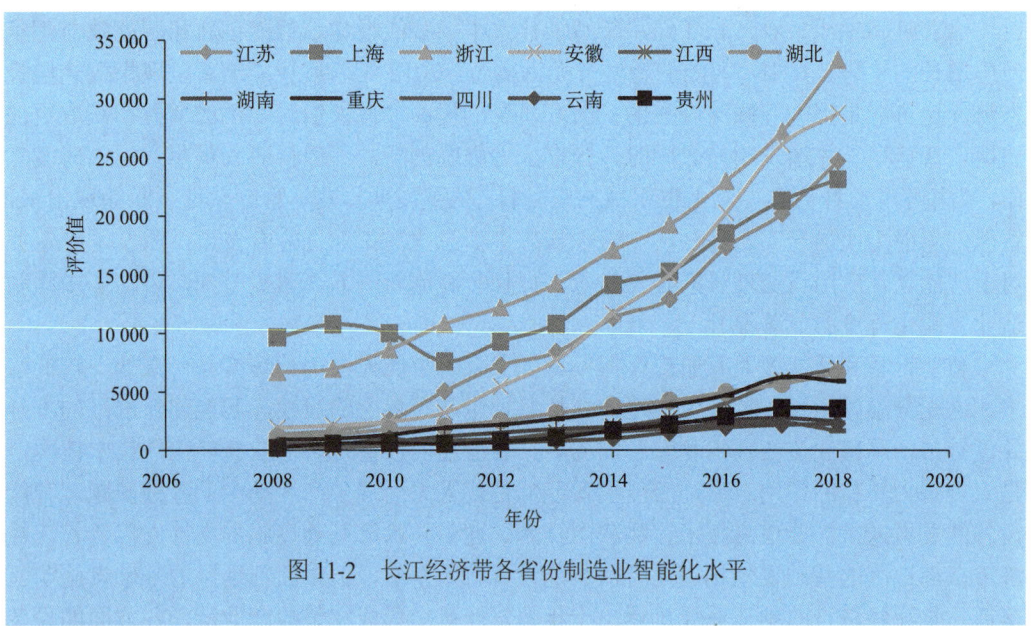

图11-2 长江经济带各省份制造业智能化水平

江西、湖北和重庆处于长江经济带智能化发展的第二梯队。这些省份拥有雄厚的资源禀赋和较好的政策支持，其智能化进程已经启动并处于加速状态，智能创新能力有明显的进步，但智能设备的更新换代和智能效益的转化相对落后。湖南、四川、云南和贵州属于长江经济带智能化发展的第三梯队。这四省由于资源禀赋、基础设施、经济发展和人力资源等因素的制约，其智能化水平相对落后。这些省份的制造业智能化水平的提升还需要从基础条件、智能人才、政策供给、财税支持等多种途径综合推进。

总体来说，长江经济带制造业智能化水平呈现出明显的由东向西逐渐下降的特征。随着近几年各企业对智能化的重视，中西部省份的智能化水平正在不断地提升。

11.4 长江经济带制造业智能化影响因素分析

1. 人力资本投入与智能化水平

在制造业智能化的过程中,人力资本投入是不可缺少的一部分。首先,作为制造业智能化中的人力资本投入与一般的劳动力投入有所区别,一般的劳动力对于脑力投入需求较少,而制造业智能化则更多地需要脑力投入,需要运用技术、知识、经验等来保障智能制造的稳定运行和解决制造活动中的问题。其次,人力资本在边学边干的过程中,会迅速地积累经验以提高劳动产出率,同时提高其在企业中的适应能力,如能够快速地在不同部门、产业间进行转换,为企业节约转换成本,从而促进制造业智能化的转型升级。最后,人力资本通常拥有更加健全的知识体系,能够对先进技术进行充分的研究,将其发展成为自身技术水平的一部分,有效地运用到实际工作中,令生产更加科学,为企业创造出新的产品、新的产业链、新的生产组织,从而降低生产成本,提高企业的竞争力。

2. 外商直接投资(FDI)与智能化水平

一般来说,发展中国家具有丰富的劳动力资源和生产要素,但其资本供给不足,核心技术缺乏。同时,发达国家为了本国制造业进一步发展,会将初级产品的生产通过对外投资的方式转移到境外,这种方式可以促进制造业刚刚起步的地区的发展,其产生的知识和技术的溢出足以支撑制造业的初期发展。然而,随着劳动力资源和生产要素的消耗,资本存量的增加,FDI 带来的初级知识和技术已经无法满足产业智能化转型的需要,过多的 FDI 会导致制造业核心技术和创新能力缺乏。

3. 政府干预与智能化水平

通过市场经济来引导产业发展常常存在"失灵"情况,因此政府干预成为一种调节市场机制的重要手段,从而在一定程度上也会对制造业智能化产生影响。一般来说,财政支出越大,政府对各地区发展的支持作用就越大。众所周知,财政支出对各地区的经济发展水平、基础设施建设、增加就业具有正向作用,但政府大规模的财政支出会扰乱市场自我运行机制,长期下去可能会造成产能过剩、企业对政府的依赖性过大,从而缺乏自主创新的动力,抑制制造业向智能化升级。

4. 产业规模化与智能化水平

智能制造是一项庞大的系统工程,需要多学科、多领域协同参与。长江经济带制造业之间缺乏横向交流与合作,高校及科研院所的创新能力没有得到充分发挥和利用,专业性的科技成果转化为现实生产力的比例偏低。协同创新能力不足,生产性科技服务业不发达,导致智能制造系统解决方案供给能力不足,严重制约了长江经济带制造业智能化的转型升级。通常来说,产业规模化有助于产业之间的横向交流,其成本投入更容易获得规模效应，从而有助于制造业智能化转型。

5. 金融发展与智能化水平

金融产业的发展能够加快地区资本积累的速度，推动该地区各产业的快速发展。制造业的智能化转型需要将大量的资金投入到企业研发、设备更新等活动中，这些活动的风险较大，为了维持正常生产经营活动，企业不会将大量流动资金投入到智能化转型中去。金融产业的发展能够有效地分散企业的风险，即保证企业有充足的流动资金以满足日常需求。若能够获取金融支持，用于购买智能设备和技术，将推动企业的智能化改造。

6. 开放水平与智能化水平

开放水平的提高有利于地区之间的交流，制造业通过出口能够扩大生产规模，产生规模经济效应，从而有能力进行自主创新；通过进口国外先进设备和技术，可以促进制造业生产工艺的提升，推动产业核心技术的研发。另外，中小企业在推动智能化的过程中也具有重要作用。当前中小企业的产品附加值普遍较低，提高开放水平能够提高中小企业产品的效益，只有拥有足够的资金支持，才可能使其加大研发投入，促进制造业智能化水平的整体提高。

11.5 模型构建与数据说明

11.5.1 模型选择

制造业智能化水平的影响因素总体来说受微观和宏观两方面因素的影响，微观因素主要是企业自身发展水平的限制，而宏观因素不但受产业发展的约束，还与经济社会相联系。本章主要探究产业内的人力资本投入、产业规模化水平、FDI、政府干预、金融发展和对外开放水平对制造业智能化的影响。具体模型如下：

$$Y_{it} = \alpha_0 + \alpha_1 HR_{it} + \alpha_2 FDI_{it} + \alpha_3 GI_{it} + \alpha_4 IS_{it} + \alpha_5 FD_{it} + \alpha_6 OL_{it} + \varepsilon_{it} \quad (11-6)$$

式中，Y 为被解释变量，表示制造业智能化水平；HR_{it}、FDI_{it}、GI_{it}、IS_{it}、FD_{it}、OL_{it} 分别表示 i 省份 t 年的人力资本投入、外商直接投资、政府干预、产业规模化水平、金融发展和对外开放水平；α_0 为常数项；α_1、α_2、α_3、α_4、α_5、α_6 为解释变量的回归系数；ε_{it} 为随机扰动项。

11.5.2 变量说明

被解释变量为制造业智能化水平，主要从智能创新、智能设备和智能效益三个层面对智能化进行综合评价。解释变量包括人力资本投入、外商直接投资、政府干预、产业规模化、金融发展和对外开放水平。人力资本投入是制造业发展的重要因素，对制造业的研发能力和生产效率具有重要影响。本章用制造业人均工资来衡量人力资本投入；FDI 是制造业引进技术和资本的重要方式，仅凭丰富的资源禀赋难以有效地促进制造业的发展，FDI 产生的知识和技术溢出是早期制造业发展的重要因素，FDI 用实际利用的外商投资额来表示；政府通过财政拨款、专项扶持、税收减免等手段促进企业提升创新能力，从而提高制造业智能化水平，因此，用政府一般公共预算支出占 GDP 的比重来表示政府干预；在制造业中，大中型制造企业在成本投入方面能够获得足够的财力支持，从而具有较强的研发能力，相对于小型企业来说对制造业智能化产生的影响较大，用大中型工业企业占规模以上工业企业的比重来表示产业规模化水平；资本是经济发展的重要因素之一，尤其对于资金需求量巨大的制造业而言，金融业越发达，越可以为制造业的研发投入、技术引进等提供资金支持和分散经营风险，本章用金融机构存贷款总额来表示金融发展；自改革开放以来，长江经济带各省份的对外开放水平不断提高，与各国的交流日益密切，先进知识和技术的引进对制造业智能化产生重要影响，本章用进出口总额来表示对外开放水平。

11.5.3 数据描述

本章选取长江经济带 11 省市 2008～2018 年的数据为样本。数据主要来源于各省份统计年鉴、《中国工业统计年鉴》、《中国科技统计年鉴》，由于数据存在缺失值，用插值法对缺失数据进行处理。处理后数据的描述性统计如表 11-2 所示。

表 11-2 描述统计

指标	样本数	最小值	最大值	均值	标准差
智能化水平	121	236.84	82 864.63	8187.829 1	13 147.268 31
人力资本投入/元	121	17 643.00	323 131.00	45 940.856 1	29 278.584 49
FDI/亿美元	121	1.74	357.60	102.890 0	77.232 38
产业规模化水平/%	121	38.79	76.83	61.922 1	8.593 28
金融发展/亿元	121	8306.20	255 436.98	71 629.846 9	54 151.664 38
政府干预/%	121	10.29	40.06	22.173 2	7.225 70
对外开放水平/亿美元	121	23.07	6640.43	1352.869 7	1842.018 59

11.6 实证结果分析

根据 Hausman 检验结果，p 值（0.017 8）小于 0.05，所以固定效应模型更加稳健，因而选择固定效应模型进行分析。本章采用固定效应模型进行回归分析，结果如表 11-3 所示。

（1）人力资本投入对制造业智能化的影响不显著。这可能是由于自改革开放以来，长江经济带制造业的发展主要以劳动密集型和资本密集型为主，低成本优势一直以来是经济发展的主要动力。制造业智能化转型使人才需求从初级人力资本需求向高级、专业人力资本需求转变。上海、浙江、江苏和安徽等地区经济发达，生活水平较高，导致大量人才尤其是高级人才涌入这些城市，使中西部地区缺少高素质劳动力，虽然为了吸引和留住高端人才而加大人力资本投入，但收效甚微。

表 11-3 面板数据的回归结果

指标	智能化水平	智能设备	智能创新	智能效益
人力资本投入	0.009 1	0.000 2	0.014 5	0.003 8
	(0.552 7)	(0.597 0)	(0.397 9)	(0.640 3)
FDI	−7.904 0***	−0.089 8***	−15.702 6***	−0.775 0
	(−4.426 9)	(−2.232 7)	(−4.004 4)	(1.196 1)
产业规模化水平	0.751 1	0.030 8*	3.194 7	0.688 4**
	(0.667 4)	(1.487 1)	(1.292 5)	(11.165 5)
金融发展	0.250 7***	0.005 1***	0.558 3***	0.085 3***
	(9.738 2)	(10.820 8)	(9.874 0)	(9.132 0)
政府干预	−6.749 1***	−0.084 0*	−14.940 1***	−1.289 9
	(−2.413 1)	(−1.633 3)	(−2.432 2)	(−1.270 9)
对外开放水平	3.382 7**	0.131 0***	4.391 8	1.707 7***
	(1.872 9)	(3.942 5)	(1.107 2)	(2.605 5)
R^2	0.886 6	0.953 8	0.866 8	0.939 9

(2) FDI 对制造业智能化有显著的负向影响。一方面,FDI 主要是以投资初级产品的加工类为主;另一方面,外资企业会设置技术壁垒。中国制造业初期的发展主要依靠 FDI,这使得中国制造业主要以初级产品的加工生产为主。随着中国制造业资金的充足,FDI 已经不再是制造业发展的动力。而且,由于国外企业的技术垄断,使得制造业无法进一步发展。因此,FDI 成为阻碍制造业发展的因素。

(3) 产业规模化对制造业智能化有正向影响但不显著。智能化发展需要企业前期投入较多的人力、物力,且研发周期长,资金在短期内无法回流。即使研发成功,正式投入使用也需要巨大的财力支撑,真正产生效益需要很长时间。所以,小型企业可能无法承担这么巨大的投入。只有当企业达到一定规模,才有能力进行智能化转型。

(4) 金融发展在 1%的水平下显著促进制造业智能化的发展。金融产业的发展能够合理地将金融资源分配到制造业各个领域,为制造业智能化提供足够的资金支持,通过优化信贷结构,降低制造企业的融资成本,从而促进制造业智能化转型。

(5) 政府干预在 1%的水平下对制造业智能化水平具有显著的抑制作用。政府干预抑制制造业发展的主要原因在于政府通过加大财政支出,出台相关政策,促进制造业提升装备、改进生产流程等,从而使制造业向智能化转型。但这会导致企业过度依赖政府,缺乏自主创新意识。因此,政府干预会抑制制造业智能化的发展。

(6) 对外开放水平对制造业智能化有显著的正向影响。对外开放水平的提高可以使各个企业接触到许多的智能化相关最新资讯,各种经验知识相互碰撞,可以使企业不断提高其智能化水平。

11.7 结 论

本章从智能创新、智能设备和智能效益三个方面评价了长江经济带制造业智能化水平，在此基础上，探究了人力资本投入、FDI、产业规模化、金融发展、政府干预和对外开放水平对长江经济带制造业智能化的影响。研究发现：FDI、金融发展、政府干预和对外开放水平对制造业智能化有显著影响，人力资本投入和产业规模化对制造业智能化的影响不显著。基于此结论，为促进长江经济带制造业智能化的发展，提出如下建议：

（1）在创新方向上，创新发展模式，推进数字智能化建设，实现制造过程数字化、生产过程可视化、管控信息化。过去那种主要依靠资源要素投入、规模扩张的粗放发展模式已经无法满足进一步的发展需要，而开发核心技术，掌握自主创新能力，是当前制造业智能化的发展方向。

（2）在政策方式上，加大金融政策对智能化企业的扶持力度，尽可能帮助企业降低转型成本。当前制造业智能化转型成本高是阻碍智能化转型的因素之一，金融产业的发展能够为制造业智能化转型提供足够的资金支持，有利于降低转型风险。

（3）在发展方向上，注重制造业智能化转型与其他产业融合。智能化转型升级需要传统制造模式与互联网、大数据、云平台等信息技术的融合发展。传统制造业的经营思路过于依赖自身的资源条件、规模优势，局限于行业内部就阻碍了外界优势资源和力量的介入，使行业难以得到质的飞跃。通过产业间的相互融合，不仅有利于制造业智能化水平的提高，而且对其他产业的发展也有促进作用。

参 考 文 献

李健旋. 2020. 中国制造业智能化程度评价及其影响因素研究[J]. 中国软科学, (1): 154-163.
吕铁, 韩娜. 2015. 智能制造：全球趋势与中国战略[J]. 人民论坛·学术前沿, (11): 4-17.
苏贝, 杨水利. 2018. 基于扎根理论的制造企业智能化转型升级影响因素研究[J]. 科技管理研究, 38(8): 115-123.
王喜文. 2015. 智能制造：新一轮工业革命的主攻方向[J]. 人民论坛·学术前沿, (19): 68-79, 95.
张恒梅, 李南希. 2019. 创新驱动下以物联网赋能制造业智能化转型[J]. 经济纵横, (7): 93-100.
周佳军, 姚锡凡. 2015. 先进制造技术与新工业革命[J]. 计算机集成制造系统, 21(8): 1963-1978.
Stadnicka D, Litwin P, Antonelli D. 2019. Human factor in intelligent manufacturing systems-knowledge acquisition and motivation[J]. Procedia CIRP, 79: 718-723.
Wright P K, Bourne D A. 1988. Manufacturing Intelligence[M]. Reading, Mass: Addison-Wesley.
Zhou J, Li P, Zhou Y, et al. 2018. Toward new-generation intelligent manufacturing[J]. Engineering, 4(4): 11-20.

撰稿人：唐德才　王路霞
审稿人：刘　军

第12章 不同所有制的智能制造试点企业创新效率及其决定因素

12.1 引　言

制造业作为国民经济发展的基础和重要支柱，面临发达国家在工业化与发展中国家同类竞争的"双向挤压"、资源与环境约束等问题，亟须重塑中国制造业新优势（谢康等，2018）。随着全球数字技术和制造技术的加速融合，智能制造已成为制造业高端化发展的必然途径，但我国高端智能装备及核心零部件技术仍严重依赖进口且面临技术封锁的困境（张米尔和田丹，2008；吴晓波等，2009），对我国经济发展和巩固全球地位构成了巨大的威胁。提高智能制造试点企业自主创新能力，是当前推动智能制造生产的首要问题。

根据资源依赖理论，企业所有制结构的不同，使制造业在智能化的推动过程中呈现显著的系统性差异。国有企业作为国民经济的主体，受政府的管理和领导，凭借其股权性质的"先天优势"，更容易掌握私营企业难以得到的土地、资金、原材料等政府支持和资源禀赋（Qian，1994）。但同时国有企业也存在产权责任不清晰、行政性垄断和政治身份导致的控制权缺失等"先天劣势"（董晓庆等，2014）。不同所有制的智能制造试点企业创新效率有何异质性？决定其创新效率的影响因素是什么？智能制造作为落实制造强国战略的重要举措，其创新能力的提升既存在资源投入不足的瓶颈制约，又受到资源配置机制的刚性束缚，因此，针对该问题的研究具有一定的必要性和迫切性。

12.2 文献综述

目前，关于企业创新效率的测算方法，一部分学者采用随机前沿分析（stochastic frontier analysis，SFA）的参数方法（肖文和林高榜，2014），在对投入产出效率进行分析时，以经济学理论为基础，运用模型设定的方式定量分析各研究对象的效率差异（乔元波和王砚羽，2017）；另一部分学者采用数据包络分析法（data envelopment analysis，DEA）的非参数方法（陈珊，2019；钱忠好和李友艺，2020），由投入产出数据客观地计算各指标的权重，避免因参数模型设置错误导致的估计偏差。但是这两种方法都没有排除非管理性影响的外部环境因素和随机干扰因素，使得各研究对象处于不同的外部环境下，测算的效率与其真实水平存在一定的偏差。本章借鉴陈伟等（2020）及彭树远（2020）的研究方法，采用三阶段 DEA，剔除非管理性因素的影响，更真实地反映智能制造试点企业的创新效率。

关于不同所有制企业创新效率的研究，主要集中于中国企业的整体层面和行业异质性视角。研究发现，无论是对中国规模以上工业企业还是新兴产业进行定量研究，多数国有企业的创新效率普遍低于包括私营企业在内的其他所有制企业（彭树远，2020；钱丽等，2019）。但由于国有企业改制之后，经济效益有明显且持续性的改善及市场机制的完善（白重恩等，2006；范建双等，2015），二者之间的差距正在逐渐缩小，尤其在2014～2015年后，国有企业的创新效率具有强劲的追赶效应和增长效应，表现出超过其他所有制企业的势头（陈元志和朱瑞博，2018）。但也有少部分学者认为国有企业的创新效率高于私营企业（李政和陆寅宏，2014；李春涛和宋敏，2010）。

关于企业创新效率的影响因素研究，从创新资源的投入角度来看，冒佩华等（2011）认为科研人员对企业的创新效率具有重要的正向作用，但是王义新和孔锐（2019）通过对36个工业细分行业的科技创新效率进行测度，发现由于科技活动人员投入存在冗余现象，对技术创新效率具有负向作用。在企业规模与创新效率的研究中，一部分学者认为大规模企业具有分摊研发成本、降低创新风险的优势，企业规模对提高技术创新效率具有显著的正向影响（Gayle，2001）；另一部分学者发现企业规模与创新效率之间存在着"倒U形"关系，超过一定程度的企业规模将抑制企业的创新效率（聂辉华等，2008）。在政府干预与创新效率的研究中，一些学者认为政府补贴降低了企业研发成本和投入风险，在一定程度上激励了企业加大科研投入力度，有利于提高企业的自主创新能力（Czarnitzki and Hussinger，2004；陆国庆等，2014；卢方元和李彦龙，2016）；但另一部分学者认为由于政府决策层远离技术发展前沿，对市场研发活动的资助具有时滞性，且对企业内部的研发支出造成了挤出效应，使政府补贴的预期效果大打折扣（李爽，2016；冯宗宪等，2011）。

综上所述，已有研究为我们正确认识企业创新效率提供了丰富的研究基础。但总体来说，智能制造作为当前制造业发展的重要趋势，其创新效率相比其他行业或企业有其自身的特点，然而现有文献对这一微观视角的研究仍然较少，对不同所有制智能制造试点企业创新效率的分析更是少有。基于此，本章在现有研究的基础上，聚焦2015～2018年我国工业和信息化部公布的智能制造试点示范项目的企业，并将其划分为"国有企业"和"私营企业"两种类型。采用三阶段DEA的方法，从非管理性因素的视角，排除外部环境因素和随机干扰因素，更真实地测算不同所有制企业智能制造的创新效率及其影响因素。

12.3 研究方法与实证模型

12.3.1 剔除非管理性因素的智能制造试点企业创新效率

系统科学理论告诉我们，智能制造试点企业的创新活动由企业内部对创新行为的管理性因素及企业外部的非管理性因素综合决定。如图12-1所示，企业创新活动的管理性影响因素是指由企业自身主导的内部因素，主要包括企业组织运营与管理和企业创新资源配置；非管理性影响因素指不受企业自身控制，却对企业的创新活动产生影响的变量，主要包括外部环境变量和随机干扰项（李宏宽等，2020）。

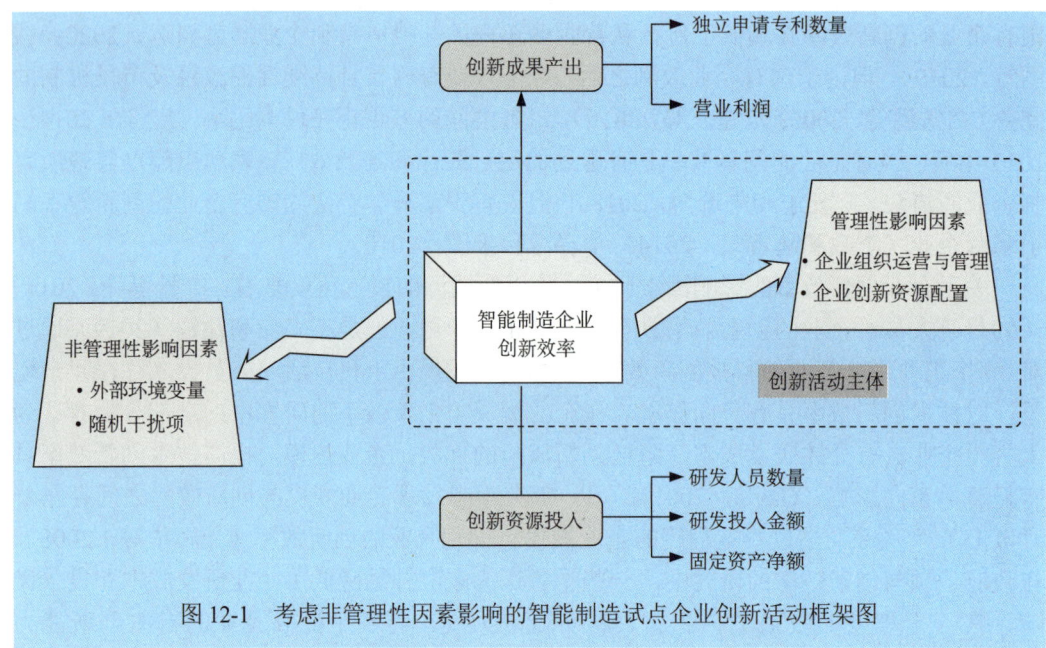

图 12-1　考虑非管理性因素影响的智能制造试点企业创新活动框架图

创新效率是指智能制造试点企业目前达到投入最小化或产出最大化的程度，旨在通过资源利用、技术开发和生产管理等多方面，综合评价企业技术创新活动的真实水平。传统的 DEA 模型通过投入和产出直接分析技术创新效率，忽视了投入产出冗余导致的非管理性因素对效率值的干扰。如果我们在考察不同企业的创新效率时，不剔除外部环境因素和随机干扰项等非管理性因素的影响，就可能由于选择研究对象的不同，使被考察对象处于不同的环境和运气中，进而影响估计结果的真实性和准确性（杨青峰，2014）。因此，为了如实反映智能制造试点企业的技术创新水平，本章采用三阶段 DEA 模型，在剔除非管理性影响因素的基础上，进一步测算智能制造试点企业的创新效率值。

12.3.2　模型与方法

1. 三阶段 DEA 模型

第一阶段：采用传统的 DEA 模型测算初始效率。

从投入要素和产出要素的角度进行分析，采用可变规模报酬的 BCC 模型。在 CCR 模型的基础上，将技术效率（technical efficiency，TE）进一步分解为纯技术效率（pure technical efficiency，PTE）和规模效率（scale efficiency，SE）。考虑在智能制造试点企业的自主创新过程中，希望用最少的投入要素，实现产出最大化，因此本章选择投入导向的 DEA-BCC 模型，见模型（12-1）：

$$\min\left[\theta - \varepsilon\left(\sum_{j=1}^{m} S^- + \sum_{j=1}^{s} S^+\right)\right]$$

$$\text{s.t.} \sum_{j=1}^{n} X_j \lambda_j + S^- = \theta X_j$$

$$\sum_{j=1}^{n} Y_j \lambda_j - S^+ = Y_j \quad (12\text{-}1)$$

$$\sum_{j=1}^{n} \lambda_j = 1$$

$$S^+ \geqslant 0, \ S^- \geqslant 0, \ \lambda_j \geqslant 0, \ 0 \leqslant \theta \leqslant 1$$

在计算智能制造试点企业创新效率时，将每一个企业看作是一个决策单元（decision making unit，DMU）。假设有 n 个智能制造试点企业，记为 $\text{DMU}_j(j=1,2,3,\cdots,n)$，每个 DMU 有 m 个投入指标，投入的权重表示为 $v_i(i=1,2,3,\cdots,m)$；有 s 个产出指标，产出的权重表示为 $u_r(r=1,2,3,\cdots,s)$；DMU 的投入向量和产出向量分别表示为 $X_j=(x_{1j},x_{2j},x_{3j},\cdots,x_{mj})^\text{T}$ 和 $Y_j=(y_{1j},y_{2j},y_{3j},\cdots,y_{sj})^\text{T}$；$\theta$ 表示 DMU 的效率值；ε 表示非阿基米德无穷小，即一个小于任何正数但是大于 0 的数，一般情况下取值为 10^{-6}；S^- 和 S^+ 分别表示投入指标和产出指标的松弛变量；λ_j 表示投入和产出的权重系数。

第二阶段：利用随机前沿分析模型，剔除非管理性影响因素。

第一阶段利用传统 DEA 模型测算的效率值，是考虑了随机干扰项和外部环境因素影响下的智能制造试点企业创新效率值。为了真实反映智能制造试点企业的技术创新水平，本章利用 SFA 模型剔除非管理性因素的影响，将第一阶段所得到的各投入的松弛变量作为被解释变量，外部环境变量作为解释变量，SFA 模型如下：

$$S_{ij} = f(Z_j;\beta_i) + V_{ij} + \mu_{ij}$$
$$(j=1,2,3,\cdots,n;i=1,2,3,\cdots,m) \quad (12\text{-}2)$$

式中，S_{ij} 是第 j 个决策单元第 i 项投入的松弛值；Z_j 是外部环境变量；β_i 是外部环境变量的系数；$V_{ij}+\mu_{ij}$ 是混合误差项，V_{ij} 表示随机干扰，μ_{ij} 表示管理无效率。其中 $v \sim N(0,\sigma_v^2)$ 是随机误差项，表示随机干扰因素对投入松弛变量的影响；μ 是管理无效率，表示管理因素对投入松弛变量的影响，假设其服从在零点截断的正态分布，即 $\mu \sim N^+(0,\sigma_\mu^2)$。

为了使所有的决策单元处于相同的外部环境中，应剔除外部环境因素和随机干扰因素对效率测度的影响，调整公式如下：

$$X_{ij}^A = X_{ij} + \left[\max\left(f(Z_j;\hat{\beta}_i)\right) - f(Z_j;\hat{\beta}_i)\right] + \left[\max(v_{ij}) - v_{ij}\right]$$
$$(j=1,2,3,\cdots,n;i=1,2,3,\cdots,m) \quad (12\text{-}3)$$

式中，X_{ij}^A 是调整后的投入；X_{ij} 是调整前的投入；$\left[\max\left(f(Z_j;\hat{\beta}_i)\right) - f(Z_j;\hat{\beta}_i)\right]$ 是对外部环境因素进行的调整；$\left[\max(v_{ij}) - v_{ij}\right]$ 表示将所有决策单元置于相同外部环境水平下。

第三阶段：利用调整后的 DEA 模型测算效率值。

针对各个决策单元调整后的投入产出变量，再次运用传统 DEA 模型测算效率值。

此时的效率值剔除了外部环境因素和随机干扰项的非管理性因素，更加真实有效。

2. Tobit 回归模型

为了进一步分析智能制造试点企业创新效率的影响因素，本章以第三阶段的效率值为因变量，各影响因素为自变量，建立多元线性回归模型。由于智能制造试点企业的创新效率值在[0,1]之间，具有截断性。如果用 OLS 来估计，将使参数估计结果有偏差。因此，采用面板 Tobit 模型，对其运用极大似然估计，能有效处理因变量数据受限的问题，具体形式如下：

$$y_{it}^* = x_{it}'\beta + \varepsilon_{it} \tag{12-4}$$

$$y_{it} = \begin{cases} y_{it}^*, & (y_{it}^* > 0) \\ 0, & (y_{it}^* \leq 0) \end{cases} \tag{12-5}$$

式中，y_{it}^* 为因变量；x_{it}' 为自变量；β 为回归参数；$\varepsilon_{it} \sim N(0,\sigma_\varepsilon^2)$ 为扰动项。当 $y_{it}^* > 0$ 时，效率值 y_{it} 取值为 y_{it}^*；当 $y_{it}^* \leq 0$ 时，效率值 y_{it} 受到约束，取值为 0。

12.3.3 变量与数据说明

1. 投入与产出变量

智能制造试点企业的生产是一个复杂的多投入与多产出系统，具有知识密集型和资本密集型特点。从投入要素看，智能制造试点企业的创新活动涉及人力、物力和财力等多项投入。根据周亚虹等（2012）的相关研究，本章以企业的研发人员数量、固定资产净额和研发投入金额分别作为企业在人力投入、物力投入和财力投入的代理变量。从产出要素看，智能制造试点企业的创新产出主要包括技术研发成果和创新成果转化。本章以独立申请专利数量及营业收入来衡量。独立申请专利数量是评价智能制造试点企业自主创新能力的关键，反映了企业的发明与创新活动成果。营业收入则在一定程度上评估了智能制造试点企业自主创新成果转化为市场价值的能力。

对投入与产出指标的"同向性"进行检测的结果表明，各投入与产出指标之间的 Pearson 相关系数显著为正（表 12-1），说明本章选取的投入与产出指标符合 DEA 模型中投入与产出之间"同向性"的要求。

表 12-1 投入与产出指标"同向性"检验结果

指标	研发人员数量	研发投入金额	固定资产净额
独立申请专利数量	0.452 8*	0.424 8*	0.208 7*
营业收入	0.721 9*	0.855 4*	0.518 7*

*表示在 10%的水平上显著。

2. 非管理性影响的外部环境因素

外部环境变量应满足"分离假设",即对智能制造试点企业创新效率产生影响,却不受企业的主观控制(Simar and Wilson,2007)。智能制造作为促进工业向中高端发展和建设制造强国的重要举措,其技术创新活动具有基础性、高投入性、高风险性和长周期性特征(Hirshleifer et al.,2012)。本章基于智能制造试点企业技术创新活动的特征,从所有制结构、宏观经济环境、基础设备投入、政策干预、市场结构、对外开放水平六个方面提出影响智能制造试点企业创新活动的外部环境变量。

(1)所有制结构。组织依赖理论认为,组织的发展离不开外部资源的支持(Pfeffer,1972)。智能制造试点企业在进行技术创新活动时,企业内部并不具备政策支持、研发资金和基础设备、市场结构的洞察等所有的创新条件,需要依靠外界的资源禀赋(Choi et al.,2011)。相对于私营企业,国有企业更容易获取上述资源,减少企业创新的外部风险,提高创新表现(Jensen et al.,2007)。本章采用虚拟变量,国有企业赋值为1,私营企业赋值为0。

(2)宏观经济环境。地区经济发展水平不仅是智能制造试点企业进行技术创新的需求因素,还从研发经费投入和创新成果转化等方面对企业的技术创新活动产生重要影响。而我国各地区的经济发展水平存在较大差异,企业的外部宏观经济环境具有异质性,本章选择企业所在省份的地区生产总值作为代理变量。

(3)基础设备投入。智能制造是基于新一代信息技术的生产方式,通过智能装备实现生产过程自动化,利用信息化和通信手段实现设备与数据的互联互通,最终实现智能化生产。这决定了智能制造的技术创新活动以信息化为关键基础,具有基础性和高投入性特征。本章选择企业所在省份的互联网宽带接入端口数量来衡量基础设备投入。

(4)政策干预。企业进行智能制造的高投入性和高风险性增加了其技术创新活动的试错成本,而政府在一定程度上的政策干预会降低企业智能制造的风险。考虑政府对企业智能制造的政策干预体现在税收补贴、知识产权保护、智能制造项目的研发经费补贴等方面,而各地区对智能制造试点企业的政策支持力度具有差异性,难以直接量化,因此本章选择企业所在省份的政府科学技术支出作为政策干预的代理变量。

(5)市场结构。由于智能制造创新活动的高风险特征,企业更倾向选择风险小、效益回收周期短的创新项目。市场化程度越高,意味着政府的干预能力和范围越小,行政性资源配置的扭曲概率会大大降低,能够充分发挥市场对资源的优化配置作用,有利于企业所倾向的风险小、效益回收周期短的项目得到充足的资金保障,提高企业的创新效率(方军雄,2007)。本章选择企业所在行业的企业数量衡量市场结构。

(6)对外开放水平。企业智能制造需要一定的技术创新能力作为基础,对外开放具有"技术溢出效应",有利于企业通过进出口向国际市场中的竞争对手学习和模仿先进技术,在"贸易中学"、在"互动中学"、提高企业二次创新和原始创新能力(Lin et al.,1998),开发更多具有自主知识产权的新产品,实现技术跨越式追赶。本章选择企业所在省份的进出口总额来衡量对外开放水平。

3. 管理性影响的企业内部因素

通过三阶段 DEA 测算的智能制造试点企业创新效率，剔除了随机干扰项和所有制结构、宏观经济环境、基础设备投入、政策干预、市场结构及对外开放水平等方面的非管理性外部环境因素的影响。为了进一步分析智能制造试点企业创新效率的影响因素，本章从企业组织运营与管理和创新资源配置两个方面进行讨论。

（1）企业组织运营与管理。企业组织运营与管理主要包括企业年龄（age）、企业规模（scale）及企业盈利能力（pro）三个方面。通常意义上，企业年龄越大，生产经营的经验越丰富，越有利于提高企业的创新效率，采用公司成立时间表示企业年龄的大小。一般认为，企业规模越大，越有利于形成规模经济，以提高分摊成本的优势和应对潜在风险的能力，提高技术创新效率。同时，大规模企业意味着资源禀赋和创新条件相对小规模企业更有优势，采用企业的总资产来衡量企业规模。企业进行智能制造自主创新的根本目的是把技术研发成果转化为经济收益。企业盈利能力越强，表明企业的资产利用率越高，不仅增强了企业对技术创新成果的变现能力，而且减少了企业的融资依存度，提高了银行借贷获取资金的能力，采用企业的净资产收益率衡量企业的盈利能力。

（2）企业创新资源配置。企业创新资源配置变量主要包括企业研发经费投入（funds）及政府补贴（gov）。智能制造试点企业的技术创新活动需要庞大的资金支持技术研发。一般认为，研发经费的投入有利于提高智能制造试点企业的创新效率，采用研发费用与企业营业收入的比值表示企业研发经费投入力度。智能制造进程中，企业技术创新的试错成本和风险较高，而政府的税收优惠、研发经费补贴等政策支持能够有效降低企业的研发成本和投入风险，对智能制造试点企业的创新效率具有重要的影响，采用政府补助项目的总金额来衡量政府补贴。

12.3.4 样本选择与数据来源

本章以 2015~2018 年我国工业和信息化部公布的智能制造示范试点项目企业为研究对象。考虑到上市公司披露的财务数据可信度和可获得度更高，选择其中国内 A 股上市的企业为典型样本，剔除数据缺失严重的企业，剩余 94 家有效目标企业。以国泰安数据库公布的上市公司 2018 年股权性质为依据，将智能制造试点企业划分为国有企业 43 家，私营企业 51 家。所有原始数据来源于国泰安数据库及中国研究数据服务平台，对各变量的描述性统计见表 12-2。

表 12-2 各变量描述性统计

类型	变量名称	指标内容	均值	标准差	最小值	最大值
投入指标	研发人员数量	科研人员数量/人	1875.39	3546.39	19.00	25 541.00
	研发投入金额	研发资金投入总金额/亿元	8.24	17.22	0.03	159.22
	固定资产净额	固定资产净额/亿元	98.86	212.95	0.18	1542.22
产出指标	独立申请专利数量	有效专利总数/个	103.39	299.40	0.00	2644.00
	营业收入	营业收入总额/亿元	308.79	898.60	0.98	8876.26

续表

类型	变量名称	指标内容	均值	标准差	最小值	最大值
非管理性影响的外部环境因素	宏观经济环境	地区生产总值/亿元	41 569.20	24 563.60	6790.32	99 944.70
	基础设备投入	互联网宽带接入端口数量/万个	3523.67	1911.70	470.24	8149.07
	政策干预	政府科学技术支出/亿元	237.94	199.11	25.74	1034.71
	市场结构	所在行业的企业数量/个	15 654.85	7250.18	3318.00	35 122.00
	对外开放水平	进出口总额/万亿美元	2664.11	2696.43	48.26	10 844.65
	所有制结构	国有企业为1，私营企业为0	0.46	0.50	0.00	1.00
管理性影响的企业内部因素	企业年龄	公司成立时间/年	19.18	8.21	6.00	78.00
	企业规模	总资产/亿元	3.40E+10	7.60E+10	2.20E+08	7.20E+11
	企业盈利能力	净资产收益率/%	0.08	0.11	−0.77	0.43
	企业研发经费投入	研发费用/企业营业收入/%	4.41	5.83	0.01	88.56
	政府补贴	政府补助项目的总金额/亿元	1.80E+08	4.40E+08	4.75E+05	3.58E+09

12.4 实证分析与结果

12.4.1 智能制造试点企业创新效率几何：基于不同所有制结构的角度

（1）第一阶段，仅考虑投入与产出变量，由于智能制造试点企业目前并没有达到最佳生产规模状态，因此采用传统数据包络分析的 DEA-BCC 模型来分析智能制造试点企业的技术效率、纯技术效率和规模效率，测算结果见表 12-3。在不剔除非管理性因素影响下，我国智能制造试点企业的技术效率均值为 0.327。其中，国有企业的综合技术效率为 0.334，私营企业的技术效率为 0.370。可以发现，私营企业的创新效率高于国有企业，但整体上，我国智能制造试点企业的技术创新效率水平较低，仍有超过 60% 的提升空间。从技术效率的分解效率来看，我国智能制造试点企业的纯技术效率为 0.424，规模效率为 0.865。其中，国有企业纯技术效率的均值为 0.390，规模效率的均值为 0.891，而私营企业的纯技术效率为 0.453，规模效率为 0.842。可以发现，国有企业和私营企业的规模效率值均大于纯技术效率值。这说明规模效率在智能制造试点企业的创新效率中占主导地位，纯技术效率不高是制约技术效率整体提升的主要原因。为了提高分析结果的真实性和可靠性，需要进一步剔除各智能制造试点企业所处的不同外部环境和随机干扰项对效率值的影响。

表 12-3 调整投入前后智能制造试点企业创新效率

年份	效率值	不剔除非管理性因素影响前			剔除非管理性因素影响后		
		全样本	国有企业	私营企业	全样本	国有企业	私营企业
2015	技术效率（TE）	0.308	0.298	0.317	0.181	0.240	0.130
	纯技术效率（PTE）	0.386	0.355	0.412	0.537	0.559	0.519
	规模效率（SE）	0.835	0.884	0.794	0.345	0.437	0.267

续表

年份	效率值	不剔除非管理性因素影响前			剔除非管理性因素影响后		
		全样本	国有企业	私营企业	全样本	国有企业	私营企业
2016	技术效率（TE）	0.359	0.354	0.363	0.276	0.345	0.217
	纯技术效率（PTE）	0.436	0.408	0.459	0.565	0.583	0.550
	规模效率（SE）	0.854	0.885	0.828	0.453	0.544	0.376
2017	技术效率（TE）	0.465	0.430	0.494	0.287	0.314	0.264
	纯技术效率（PTE）	0.532	0.494	0.563	0.642	0.662	0.625
	规模效率（SE）	0.888	0.896	0.881	0.427	0.465	0.395
2018	技术效率（TE）	0.283	0.256	0.305	0.191	0.227	0.160
	纯技术效率（PTE）	0.343	0.305	0.376	0.586	0.600	0.573
	规模效率（SE）	0.881	0.898	0.866	0.328	0.388	0.277
均值	技术效率（TE）	0.352	0.334	0.370	0.234	0.282	0.193
	纯技术效率（PTE）	0.424	0.390	0.453	0.583	0.601	0.567
	规模效率（SE）	0.865	0.891	0.842	0.328	0.388	0.277

（2）第二阶段，如表12-4所示，以第一阶段传统DEA模型计算出的研发人员数量、研发投入金额和固定资产净额三个投入指标的松弛变量作为被解释变量，以所有制结构、宏观经济环境、基础设备投入、政策干预、市场结构和对外开放水平六个外部环境变量为解释变量。通过构建SFA模型，剔除非管理性影响的外部环境变量和随机干扰项对投入松弛变量的影响，并对原始投入进行调整。由表12-4中的SFA模型估计结果可知，三个SFA模型的γ值约为1.00，并且在1%水平下通过显著性检验，说明外部环境变量的选择较为合理。同时，在三个SFA模型中，LR单边检验结果通过了1%的显著性检验，说明在考察智能制造试点企业的创新效率时，剔除非管理性因素的外部环境变量的影响是合适和必要的。

在分析外部环境变量对投入变量的影响时，当外部环境变量的系数为正数时，表明增加该环境变量值会导致投入松弛的增加，意味着创新资源的利用程度降低，不利于智能制造试点企业创新效率的提高。

所有制结构对三项投入的松弛呈正相关关系，其中研发人员数量和研发投入金额通过了1%的显著性检验。这说明国有性质的智能制造试点企业会导致研发人员和研发金额投入松弛的增加，意味着其内部的研发人员和研发资金未得到充分使用，从而对企业创新效率产生不利影响。我们认为，该现象的主要根源是"委托-代理"问题（朱有为和徐康宁，2006；Zhang，1997）。我国国有企业的管理者采取行政任命的方式，国有企业的实际控制人更倾向选择短期内风险小、效益高的投资项目，对于长周期、高投入、高风险的创新项目缺乏动力（李春涛和宋敏，2010）。相反，私营企业更关注投资项目的长期竞争力和利润最大化，与国有企业相比，更有利于创新效率的提高（曾铖和郭兵，2014）。

宏观经济环境对研发人员数量和研发金额的投入松弛显著为正，而对固定资产净额的投入松弛显著为负，表明研发人员和研发金额的投入冗余度随着地区经济发展水平的

表 12-4　智能制造试点企业创新效率外部环境因素的 SFA 模型估计结果

松弛变量	研发人员数量	研发投入金额	固定资产净额
所有制结构	6.635***	0.199***	1.931
	(5.599)	(3.657)	(1.460)
宏观经济环境	3.045***	2.315***	−1.142***
	(3.320)	(4.841)	(−1.306)
基础设备投入	−2.785***	−2.280***	0.494
	(−2.861)	(−4.265)	(0.572)
政策干预	−12.151***	−1.073***	−3.594***
	(−9.309)	(−4.820)	(−3.737)
市场结构	0.240	0.939***	−2.394***
	(0.304)	(7.351)	(−3.441)
对外开放水平	9.060***	0.771***	3.436***
	(12.833)	(3.869)	(6.905)
常数项	−129.672***	−25.329***	−19.167***
	(−129.818)	(−16.686)	(−19.19)
σ^2	842.861***	90.390***	309.073***
γ	1.00***	1.00***	1.00***
log 值	−376.5	−265.48	−324.34
LR 单边检验	59.75***	77.70***	69.80***

注：括号内为 t 统计值；***分别表示在1%的水平上显著。

提高而增加，经济发展水平越高的地区，固定资产的投入松弛越小，越有利于智能制造试点企业创新效率的提高。

基础设备投入对研发人员和研发金额的投入松弛呈显著的负相关关系，对固定资产的投入松弛未通过显著性检验。这说明智能制造基础设备的增加会使研发人员和研发金额的投入松弛减少，有利于智能制造试点企业创新效率的提高。

政策干预对三项投入的松弛均呈现显著的负相关关系，表明政策干预有利于减少投入松弛的增加，提高创新资源的管理和利用程度，对智能制造试点企业的创新效率具有积极的影响。

市场结构对研发人员的投入松弛没有显著的相关关系，与研发金额的投入松弛之间具有显著的正相关关系，对固定资产的投入松弛具有显著的负向作用。这说明市场化程度越高，企业的研发金额投入松弛度越高，企业的研发投入没有得到有效配置，不利于智能制造试点企业创新效率的提高。相反，随着市场化程度的提高，固定资产的投入冗余度减少，节约了创新资源，有利于提高智能制造试点企业的创新效率。

对外开放水平对企业的研发人员、研发资金和固定资产投入松弛具有显著的正相关关系，表明智能制造试点企业所在地区的对外开放水平越高，其投入松弛程度越高，对创新资源的有效利用度越低，不利于智能制造试点企业创新效率的提高。

从上述分析可看出，由于外部环境因素对投入松弛有不同程度的影响，使得各个智能制造试点企业处在不同的环境之中。因此，有必要剔除非管理性因素的影响，对投入变量进行调整，使其面对同样的外部环境。

（3）第三阶段，将剔除非管理性因素影响后的投入变量和原始产出变量，利用 DEA-BCC 模型继续测算智能制造试点企业的技术效率、纯技术效率和规模效率，测算结果见表 12-3。剔除非管理性因素影响后，我国智能制造试点企业的技术效率均值为 0.234，纯技术效率为 0.583，规模效率为 0.328。与剔除前相比，技术效率和规模效率明显降低，纯技术效率明显提高。这表明，规模效率不高是制约技术效率提高的主要原因。同时，智能制造试点企业的管理与技术要素对创新效率的作用明显增强，我国智能制造试点企业的发展并非简单依赖于规模经济，而是主要通过管理与技术要素来驱动发展（陈升等，2019）。以往的研究虽然关注了智能制造试点企业的创新效率，但并没有深入分析主导技术效率提升的主要原因是纯技术效率或是规模效率（楼旭明和徐聪聪，2020）。本章不但对技术效率进行了分解分析，而且发现剔除非管理性因素的影响，会对结果的稳定性产生影响。在不考虑非管理性因素的影响时，纯技术效率不高是制约技术效率提升的主要原因，而剔除之后，规模效率较低是智能制造试点企业创新效率不高的主导因素。

从所有制结构来看，剔除非管理性因素影响后，国有企业的技术效率均值由剔除前的 0.334 降低为 0.282，纯技术效率由剔除前的 0.390 提高到 0.601，规模效率由剔除前的 0.891 降低为 0.388；而私营企业的技术效率由剔除前的 0.370 降低为 0.193，纯技术效率由剔除前的 0.453 提高为 0.567，规模效率由剔除前的 0.842 降低为 0.277。由此我们可以发现，剔除非管理性因素的影响后，国有企业的创新效率高于私营企业。可能的原因：一是国有企业体制改革。国有企业通过简政放权、政企分开、强化监管等措施，不断完善企业制度、治理结构和国有资产监督管理体制，有效约束了国有企业获取行政垄断及特权的寻租行为，使国有企业的市场活力和竞争力大为增强（张晨和张宇，2011）。二是社会主义市场机制的完善。国有企业在社会主义工业化中承担着技术模仿、扩散和超越的战略任务。智能制造作为以信息技术为主导的新一代科技革命，为了应对更多不确定的创新风险，通过市场经济体制改革，一方面把国有企业作为市场竞争的主体，引入激励机制、信息传导机制和风险分散机制；另一方面利用政府对智能制造国有企业趋向性的技术资源投入和固定资产投资控制，以提高资本的边际产出，改善资本动态配置效率，使国有企业的创新效率表现出了强劲的追赶效应（许召元和张文魁，2015；刘元春，2001）。

12.4.2　是什么决定了智能制造试点企业的创新效率

通过对智能制造试点企业创新效率的分析，剔除了非管理性因素的影响，将进一步分析影响智能制造试点企业创新效率的内部管理性因素。本章根据剔除非管理性因素影响后的技术效率和企业内部的管理性影响因素，构建相应的线性回归方程，具体模型设定如下：

$$TE_{it} = \beta_0 + \beta_1 \ln age_{it} + \beta_2 \ln scale_{it} + \beta_3 \ln pro_{it} + \beta_4 funds_{it} + \beta_5 \ln gov_{it} + \varepsilon_{it} \quad (12\text{-}6)$$

式中，i 和 t 分别表示 i 企业在第 t 年的指标值；因变量 TE_{it} 为智能制造试点企业的技术创新效率值；β_0 为常数项；$\beta_1 \sim \beta_5$ 为各影响因素的待估系数；ε_{it} 为随机扰动项。

表 12-5 中分别报告了 Tobit 模型和归并最小绝对离差法（CLAD 估计法）的解释变量系数和估计结果。通过 White test 和 Skewness Kurtosis tests，我们发现 Tobit 模型在一定程度上存在异方差和非正态性。而方程 3 的 CLAD 估计法，能够解决扰动项不服从正态分布或存在异方差的问题。因此，主要对方程 3 的估计结果进行分析。

表 12-5 智能制造试点企业内部管理性影响因素的估计结果

自变量	方程 1 Tobit	方程 2 Tobit	方程 3 CLAD
常数项	−1.267 8***	−1.157 2***	−0.926 0***
	(−3.59)	(−3.65)	(−11.39)
企业年龄	0.041 5	0.033 8	0.052 9***
	(0.70)	(0.63)	(3.79)
企业规模	0.040 2**	0.044 4***	0.027 0***
	(2.49)	(2.80)	(5.44)
企业盈利能力	0.125 9*	0.180 8**	0.176 1***
	(1.67)	(2.19)	(4.32)
研发投入金额	−0.000 4	−0.001 0	−0.000 5**
	(−0.26)	(−0.62)	(−2.32)
政府补贴	0.021 3**	0.012 9	0.015 5***
	(2.15)	(1.21)	(3.35)
控制时间	是	否	否
控制个体	是	是	否
N	340	340	340

注：括号内为 t 统计值；*、**、***分别表示在 10%、5% 和 1% 的水平上显著。

从表 12-5 中我们可以发现，企业年龄对智能制造试点企业的创新效率产生显著的正向影响，说明企业的经营年限越长，其管理经验和品牌效应越具优势，有利于激发企业的创新动力和效率。

企业规模与智能制造试点企业创新效率呈显著的正相关关系，表明大规模的智能制造试点企业相对于小规模企业，其创新效率更高，与"熊彼特假说"的结论一致。根据陈林等（2019）的研究，可能的原因是大规模企业具有较为充足的研发资本、科研人才和专利技术等创新资源的积累，同时企业内部有完善的组织制度和运营管理经验；而小规模企业受创新积累和经济基础薄弱的限制，其技术创新活动的吸收能力较弱，不利于企业创新效率的提高。

企业盈利能力对智能制造试点企业的创新效率具有显著的正向作用，表明当企业的盈利能力越强，其自主创新效率越高。智能制造试点企业的创新效率主要在于技术成果的转化能力，企业盈利能力增强，有利于将技术创新成果应用于生产制造中，将其转化为经济效益。

研发投入金额对智能制造试点企业的自主创新效率具有显著的负向作用。这说明研发投入存在经费对接和落实精准度不高、资源配置不合理的现象，没有得到有效利用和管理。这进一步验证了我国智能制造试点企业的创新效率要通过管理与技术要素来驱动发展，并非简单地依赖于规模经济。

政府补贴对智能制造试点企业的创新效率具有显著的正向作用。企业智能制造的自主创新活动具有高成本、高风险特征，政府对企业的智能制造示范项目进行补贴，投入大量的资金支持，能够有效降低企业的研发成本和投入风险，激励企业加大科研投入力度，提高自主创新效率。

12.5 结论及对策建议

12.5.1 研究结论

本章利用三阶段 DEA 模型，剔除非管理性因素影响的外部环境因素和随机干扰项，从不同所有制结构的视角出发，对比分析我国智能制造国有企业和私营企业的创新效率，并在此基础上对其影响因素进行研究，结论如下：

（1）在剔除非管理性因素的影响后，我国智能制造试点企业的技术效率均值为 0.234，纯技术效率为 0.583，规模效率为 0.328。与剔除前相比，技术效率和规模效率明显降低，纯技术效率明显提高，规模效率不高是制约技术效率提高的主要原因。

（2）从不同所有制结构的视角来看，在剔除非管理性影响的外部环境因素和随机干扰项后，发现国有企业的创新效率高于私营企业，可能的原因是国有企业体制改革和社会主义市场机制的完善。此外，国有企业和私营企业的技术效率和规模效率均有明显下降，而纯技术效率有明显提升，说明我国智能制造试点企业的发展并非简单依赖于规模经济模式，而是主要通过管理与技术要素来驱动发展。

（3）构建 SFA 模型分离外部环境因素、随机干扰项和管理无效率等因素对智能制造试点企业创新效率的影响，发现国有性质的智能制造试点企业会增加研发人员和研发金额投入松弛，对企业创新效率产生不利的影响。宏观经济环境、市场结构和对外开放水平对企业研发人员和研发资金的投入松弛具有正向作用；相反，基础设备投入和政策干预则对其具有负向作用。宏观经济环境、政策干预、市场结构对固定资产投入松弛具有负向作用，而对外开放水平与固定资产投入松弛之间具有正向作用。

（4）从智能制造试点企业创新效率的影响因素来看，企业年龄、企业规模、企业盈利能力和政府补贴对智能制造试点企业的创新效率具有积极影响，而企业研发投入金额则对智能制造试点企业的自主创新效率具有显著的负向作用。

12.5.2 对策建议

（1）企业内部应加强对创新资源投入要素的监督和管理。一方面，智能制造试点企业应有效监督和管理企业研发经费的支出，优化创新投入要素的配置模式，提高利用效率，以促进企业自主创新效率的提升。另一方面，应进一步完善内部激励机制的动态性，突出对科研人才的培育和引领。企业智能化转型以科研人才的产出效率为重要基础，应当科学组建高水平的研发团队，健全企业内部的激励机制，激发研发人员的创造力，提高自主创新效率。

（2）保持合理的企业规模。一方面，智能制造试点企业通过加强企业的分工与合作，依托科技创新平台实现创新资源的有效整合，充分发挥创新投入要素的潜力，提高自主创新效率，形成规模效应。另一方面，智能制造试点企业应进一步优化组织结构，完善内部的管理体系，加强公司治理，防止出现由于企业规模过于庞大而抑制自主创新效率的现象。

（3）政府应加强对智能制造试点企业创新活动的支持和引导。一是在政策环境方面，实施创新驱动发展战略，制定激励政策，加大政府资金对智能制造领域相关企业的扶持，同时政策决策层应加强对技术发展前沿的了解，为智能制造试点企业升级发展提供精准的政策保障，激发制造业企业创新主体的积极性和主动性。二是在制度环境方面，完善相关法律法规，提高自主知识产权保护力度，营造良好的市场竞争环境和创新氛围，依法维护企业自主创新的经济利益；对智能制造试点企业实行低息贷款，加强银行信贷资金和风险投资对企业自主创新项目的保障和支持。

参 考 文 献

白重恩, 路江涌, 陶志刚. 2006. 国有企业改制效果的实证研究[J]. 经济研究, 41(8): 4-13, 69.

陈林, 万攀兵, 许莹盈. 2019. 混合所有制企业的股权结构与创新行为——基于自然实验与断点回归的实证检验[J]. 管理世界, 35(10): 186-205.

陈珊. 2019. 科技金融对我国高技术产业区域创新效率影响分析[J]. 经济问题探索, 3: 166-172.

陈升, 王京雷, 谭亮. 2019. 基于三阶段 DEA 的我国创新型产业集群投入产出效率研究[J]. 经济问题探索, 9: 148-157.

陈伟, 魏轩, 李金秋, 等. 2020. 上市公司社会网络位置与研发效率研究——基于三阶段 DEA 模型的方法[J]. 管理评论, 32(3): 97-109.

陈元志, 朱瑞博. 2018. 不同所有制企业技术创新效率的比较研究——面向大中型工业企业和高新技术企业的实证分析[J]. 管理世界, 34(8): 188-189.

董晓庆, 赵坚, 袁朋伟. 2014. 国有企业创新效率损失研究[J]. 中国工业经济, 2: 97-108.

范建双, 虞晓芬, 赵磊. 2015. 中国国有、私营和外资工业企业地区间效率差异研究[J]. 数量经济技术经济研究, 32(6): 21-38.

方军雄. 2007. 所有制、市场化进程与资本配置效率[J]. 管理世界, 11: 27-35.

冯宗宪, 王青, 侯晓辉. 2011. 政府投入、市场化程度与中国工业企业的技术创新效率[J]. 数量经济技术经济研究, 28(4): 3-17, 33.

李春涛, 宋敏. 2010. 中国制造业企业的创新活动：所有制和 CEO 激励的作用[J]. 经济研究, 45(5): 55-67.

李宏宽, 何海燕, 单捷飞, 等. 2020. 剔除非管理性因素影响的我国集成电路产业技术创新效率研究：基于广义三阶段 DEA 和 Tobit 模型[J]. 管理工程学报, 34(2): 60-70.

李爽. 2016. R&D 强度、政府支持度与新能源企业的技术创新效率[J]. 软科学, 30(3): 11-14.

李政, 陆寅宏. 2014. 国有企业真的缺乏创新能力吗——基于上市公司所有权性质与创新绩效的实证分析与比较[J]. 经济理论与经济管理, 2: 27-38.

刘元春. 2001. 国有企业宏观效率论——理论及其验证[J]. 中国社会科学, 5: 69-81, 206.

楼旭明, 徐聪聪. 2020. 智能制造企业技术创新效率及其影响因素研究[J]. 科技管理研究, 40(4): 1-7.

卢方元, 李彦龙. 2016. 政府支持有助于提升高技术产业 R&D 效率吗?[J]. 科学学研究, 34(12): 1800-1806, 1829.

陆国庆, 王舟, 张春宇. 2014. 中国战略性新兴产业政府创新补贴的绩效研究[J]. 经济研究, 49(7): 44-55.

冒佩华, 周亚虹, 黄鑫, 等. 2011. 从专利产出分析人力资本在企业研发活动中的作用——以上海市大中型工业企业为例证[J]. 财经研究, 37(12): 118-128.

聂辉华, 谭松涛, 王宇锋. 2008. 创新、企业规模和市场竞争: 基于中国企业层面的面板数据分析[J]. 世界经济, 31(7): 57-66.

彭树远. 2020. 我国省域全要素能源效率研究——基于三阶段全局 UHSBM 模型[J]. 经济问题, 1: 11-19.

钱丽, 王文平, 肖仁桥. 2019. 产权性质、技术差距与高技术企业创新效率[J]. 科技进步与对策, 36(12): 105-114.

钱忠好, 李友艺. 2020. 家庭农场的效率及其决定——基于上海松江 943 户家庭农场 2017 年数据的实证研究[J]. 管理世界, 36(4): 168-180, 219.

乔元波, 王砚羽. 2017. 基于三阶段 DEA-Windows 分析的中国省域创新效率评价[J]. 科学学与科学技术管理, 38(1): 88-97.

王义新, 孔锐. 2019. 价值链视角下规模以上工业企业科技创新效率及关键影响因素研究——基于 DEA—Tobit 两阶段模型[J]. 科技管理研究, 39(3): 136-142.

吴晓波, 马如飞, 毛茜敏. 2009. 基于二次创新动态过程的组织学习模式演进——杭氧 1996~2008 纵向案例研究[J]. 管理世界, 2: 152-164.

肖文, 林高榜. 2014. 政府支持、研发管理与技术创新效率——基于中国工业行业的实证分析[J]. 管理世界, 4: 71-80.

谢康, 廖雪华, 肖静华. 2018. 突破"双向挤压": 信息化与工业化融合创新[J]. 经济学动态, 5: 42-54.

许召元, 张文魁. 2015. 国企改革对经济增速的提振效应研究[J]. 经济研究, 50(4): 122-135.

杨青峰. 2014. 剥离环境因素的中国区域高技术产业技术效率再估计——基于三阶段 DEA 模型的研究[J]. 产业经济研究, 4: 94-102.

曾铖, 郭兵. 2014. 产权性质、组织形式与技术创新绩效——来自上海微观企业数据的经验研究[J]. 科学学与科学技术管理, 35(12): 128-139.

张晨, 张宇. 2011. 国有企业是低效率的吗[J]. 经济学家, 2: 16-25.

张米尔, 田丹. 2008. 从引进到集成: 技术能力成长路径转变研究——"天花板"效应与中国企业的应对策略[J]. 公共管理学报, 5(1): 84-90.

周亚虹, 贺小丹, 沈瑶. 2012. 中国工业企业自主创新的影响因素和产出绩效研究[J]. 经济研究, 47(5): 107-119.

朱有为, 徐康宁. 2006. 中国高技术产业研发效率的实证研究[J]. 中国工业经济, 11: 38-45.

Choi S B, Lee S H, Williams C. 2011. Ownership and firm innovation in a transition economy: Evidence from China[J]. Research Policy, 40(3): 441-452.

Czarnitzki D, Hussinger K. 2004. The link between R&D subsidies, R&D spending and technological performance[J]. ZEW-Centre for European Economic Research Discussion Paper: 4-56.

Gayle P G. 2001. Market concentration and innovation: New empirical evidence on the Schumpeterian hypothesis[J]. CiteSeerX.

Hirshleifer D, Low A, Teoh S H. 2012. Are overconfident CEOs better innovators?[J]. The Journal of

Finance, 67(4): 1457-1498.

Jensen M B, Johnson B, Lorenz E, et al. 2007. Forms of knowledge and modes of innovation[J]. Research Policy, 36(5): 680-693.

Lin J Y, Cai F, Li Z. 1998. Competition, policy burdens, and state-owned enterprise reform[J]. The American Economic Review, 88(2): 422-427.

Pfeffer J. 1972. Size and composition of corporate boards of directors: The organization and its environment[J]. Administrative Science Quarterly, 17(2): 218-228.

Qian Y A. 1994. Theory of shortage in socialist economies based on the soft budget constraint[J]. The American Economic Review, 88(5): 145-156.

Simar L, Wilson P W. 2007. Estimation and inference in two-stage, semi-parametric models of production processes[J]. Journal of Econometrics, 136(1): 31-64.

Zhang W. 1997. Decision rights, residual claim and performance: A theory of how the Chinese state enterprise reform works[J]. China Economic Review, 8(1): 67-82.

撰稿人：程中华　张梦娜
审稿人：李廉水

第 13 章　智能化背景下制造型企业创新能力提升策略研究

13.1　创新驱动与制造业创新能力构成要素

13.1.1　我国制造业创新驱动发展思路

制造业是实体经济的根基,是强国之本、立国之基。中华人民共和国成立70多年来,特别是自改革开放以来,我国的制造业得到了快速持续发展。工业增加值1952年为120亿元,2018年增加到305 160亿元,年均增长率达11.0%。2010年,我国制造业的规模首次超过美国,时年我国占世界制造业产出的19.8%,略高于美国的19.4%。2018年中国制造业创新大会上,TCL集团董事长李东生指出:经过改革开放40年的发展,中国制造业已经具备了相当雄厚的实力,形成了一整套门类齐全的完整工业体系,配套的工业产业链齐备,还具有世界上最强的新技术落地量产能力、群体性的产业创新能力、多样化的工业应用能力等。

《中国制造 2025》正式推出以后,在一定程度上为我国传统制造业转型升级,追赶科技革命创建了良好的制度环境。2019年,我国政府工作报告明确提出:"围绕推动制造业高质量发展,强化工业基础和技术创新能力,促进先进制造业和现代服务业融合发展,加快建设制造强国。"制造业的创新驱动成为我国实现经济稳定增长的重要引擎。同时,现实社会中,制造业正与新一代人工智能技术深度融合,实现传统制造向智能制造转变,助推经济高质量发展(师博,2020;马相东,2020)。

目前,与西方先进工业国相比,我国制造业产业链仍然存在严重的"卡脖子"短板,原始创新能力短板突出、底层基础技术和基础工艺能力不足、关键核心技术缺乏。发展模式仍然粗放,存在科技型大企业数量偏少、创新资本与人才资源短缺、自主研发进展缓慢、核心技术缺乏、创新载体建设薄弱等问题。特别是关键核心技术的缺失使我国制造业发展安全受到潜在威胁。以芯片产业为例,从产成品看,中高端芯片对外依存度过高,如手机中光通信领域的光模块,高速($\geqslant$25Gbps)光芯片与电芯片全部依赖进口(刘文强和孟凡达,2019)。我国依赖技术后发优势而做出的实用主义选择,随着后发优势削弱,该研发路径难以支撑制造业高质量发展需要,亟待加快转变步伐。同时,我国制造业发展也面临着要素成本上升、落后产能过剩、全要素生产率提升乏力等一系列问题,传统的管理模式、生产方式再也无法满足快速的市场变化与日益个性化、多样化的市场需求。

随着生产要素条件发生变化,我国致力于调整自身在国际产业分工中的地位,从制造大国向制造强国的转变过程中,原始创新能力短板急需补齐。基础研究是提升原始创新能力的主战场,要重视基础层研发投入。特别是与美国、德国和日本等发达工业国家相比,我国制造业在核心关键技术、高端装备、精密零部件等方面还存在很大短板,整体竞争能力还不够强大。急需强化基础技术研究，提升原始创新能力。在此基础上，注重创新人才培育、强化新产品开发、推动创新载体建设，等等。21世纪将是先进制造技术获得大发展和广泛应用的时代。"中国制造2025"战略旨在促进制造业基于创新驱动实现转型升级，推动制造业由全球价值链的低端陆续走向高端，最终提高制造业的生产效率与全球竞争力。

要瞄准世界科技前沿，强化基础科学研究及前瞻性技术研究，促进原创成果的重大突破。研发内容从技术跟踪、引进、消化向竞争性、引领性技术探索转变。在系统架构能力、资源整合能力及创新载体的组织变革能力提升的基础上，逐步强化自主创新、原始创新工作。要加快推进制造业技术创新（包括生产技术的创新），努力解决产业发展中存在的关键性技术问题。对于制造业企业来说，其生产技术的创新，特别是基础原材料生产技术的创新，是企业产品质量的关键，也对整个国民经济高质量发展有重要的影响。同时，要利用新技术成果，加快培育发展高端制造业，并对传统制造业进行技术改造，促进传统制造业向产业链高端迈进。

要注重汇聚高端创新资源，促进创新资源开放共享。将有限的创新资源集中在关键的具有比较优势的创新领域内，持续产出并及时转化应用全球重大原创性、引领性研究成果。结合技术、业务及产品创新，重点推进一批新兴制造业项目，发展壮大一批相关的龙头企业。要顺应信息化、智能化和大数据的时代发展步伐，深化互联网融合创新思路，探讨信息化融合下传统制造业的创新发展模式。发挥人工智能在制造业转型升级中的作用，实现制造业质量变革、效率变革和动力变革。随着信息化与制造业的深度融合，一系列具有广阔前景的新兴增长点不断涌现，对于引领制造业升级将产生重要作用。

此外，创新体系的建设也是制造业高质量发展的基石。制造业创新系统是指在一定系统内相互分工与协作的企业、研究机构和高等院校等构成的创新组织体系；是指在一定范围内各类创新资源和要素的有机结合体系。该体系由一系列要素构成，明确这些要素及其相互作用关系，是构建企业创新系统的首要问题。概括地说，要以价值创新为核心，以战略创新为先导，以组织创新和文化创新为保证，以产品创新、营销创新、工艺创新为基础，通过企业资源的有机整合来支持整个创新活动，实现价值管理目标。

13.1.2　制造型企业创新能力构成要素

创新能力是制造型企业的核心竞争能力，必须注重提升制造业的整体创新能力。熊彼特认为，创新是指把新的生产要素和生产条件的"新组合"引入生产体系，包括引入新产品和新生产方法、开辟新市场、获得原材料或半成品的新来源等。创新被认为是各创新主体、创新要素交互作用下的一种复杂涌现现象。从创新过程来看，先由基础研究与应用研究得到设想或新的思想，然后经过研究开发出模式、样品或实验数据，再经过中试过程，最后生产出新产品投入市场，并在营销中取得创新的效益。从熊彼特对创新定义的角度理解，创新能力就是企业家对生产要素重新组合的能力，是企业创新素质的直接体现。创新能力的构成要素较多，涉及创新文化建设、创新系统构建、创新组织管理、创新内容组成、创新活动开展、创新成效评价及创新激励等各方面内容，也包含了与创新相关的各方面支撑要素。其中，创新内容包含技术创新、产品创新、制度创新、组织创新、管理创新等。

制造型企业创新能力的研究，主要关注企业创新能力要素、相关产业政策、创新环境评价、创新效率差异及影响机制、高新技术产业全要素生产率、高新产业集群等领域。概括起来看，现有制造型企业创新能力的研究主要表现为三方面：一是创新能力构成要素分析，包括表征指标、评价模型及测量量表的设计等；二是创新能力影响因素分析，包括企业内部文化、管理方式、领导者风格、资源、组织架构，以及外部网络、产业战略、金融环境、科技环境和政策法律环境等；三是创新能力提升思路分析，包括环境营造、机制完善、平台打造、人才建设、知识产权保护、产业技术联盟构建等。

范太胜（2003）和方建国（2010）认为，制造型企业创新能力主要由组织管理能力、资源能力、研发能力、生产能力和营销能力组成。陈思洁和宋华（2017）认为，可从产业内部资源整合能力、产业结构更新能力、创新扩散能力等分析制造业的动态能力。杨静武（2007）认为，开放式创新条件下，企业的创新能力可以分解为吸收能力、转换能力、扩散能力等方面；也可从创新投入能力、创新产出能力、创新营销能力、创新管理能力和技术创新要素转换能力等方面建立企业创新能力要素体系。创新投入能力根据市场机制的需求信号不断做出调整，创新产出能力根据市场需求不断提升其技术和知识的产品化和市场化，创新支撑能力也会根据市场需求和供给的变化不断调整，使得制造业的产品和服务与市场的需求一致。包括各类创新平台和载体的构建、科技创新基础条件提供、政策支持及服务等在内，都是创新支撑能力的重要体现。

此外，Barton（1992）认为，企业创新能力由技术人员的技能、技术系统的能力、管理系统的能力及企业的价值观等组成。Burgelman 等（1988）采用支持企业创新战略实现的一系列组织资源来综合反映企业创新能力。傅家骥（1998）则认为企业创新能力由创新资源投入能力、创新管理能力、创新倾向、R&D 能力、制造能力、营销能力及它们的组合效率——创新产出能力等组成。王今朝（2008）归纳总结出类似的几个方面来表征企业的创新能力，即信息资源管理能力、创新决策能力、资源投入能力、研究开发能力、生产开发能力、市场开发能力及创新管理能力等。

概括来看，制造型企业创新能力主要包含产品基础研究和共性技术的开发能力、新产品设计能力、新产品生产能力及市场营销推广能力，或者企业创新投入、实施、管理、成果开发及其扩散应用能力（王今朝，2008；尤功胜和韩海波，2011）。一些条件相同或相近的企业，其创新成效却大相径庭，许志晋等（1997）指出，造成这种差别的一个重要原因是不同企业在创新能力方面存在着差异。

制造型企业创新能力的构成要素包含多个方面。例如，对于创新能力较强的企业来说，通常其创新包含的内容丰富，形态更为多样，涉及的领域也更为广泛；创新链和产业链紧密耦合，科技活动投入大，研究经费较多（用 R&D 经费投入占企业销售收入的比重来衡量），注重创新资源投入，能贴近市场需求进行创新，注重新技术、新产品的研发应用；重大科技成果方面呈现协同效应，依靠技术创新获取市场竞争优势和持续发展；形成制造业技术储备，形成合理专利布局，构建知识体系，减少由于技术短板造成的企业发展风险；企业从事研发和技术服务的人员比例高，企业承担科技计划项目数量多（可以测度一个企业的创新产出能力）；企业拥有自主知识产权和知名品牌，具有较强国际竞争力,等等。

楼旭明和徐聪聪(2020)认为,技术创新效率可从一个侧面反映制造业企业的创新能力。在衡量技术创新效率的指标选取上,目前国内学者多从劳动力和资本两个角度来选取投入指标,而将专利申请授权数、净利润和新产品销售收入(新产品销售收入表示研发创新的经济产出)作为产出指标(韩东林等,2016;代明等,2016)。楼旭明和徐聪聪(2020)从人力、财力、物力三个方面出发,选取投入指标,其中人力投入方面,以研发人员数量为代表;财力投入方面,用研发经费支出和无形资产来表示;物力投入方面,选择企业的固定资产来衡量。产出指标的选取从企业创新活动的成果及其经济效益出发,一方面用专利申请数量表示无形知识的产出,因考虑到专利授权数量受外界因素影响较大,故采用专利申请数量而非授权数量来表示;另一方面经济方面的产出,选择总营业收入和净利润来共同反映技术创新能力及公司盈利能力(表 13-1)。

表 13-1 智能制造企业技术创新效率评价指标体系

一级指标	二级指标	单位
投入	无形资产	万元
	研发经费支出	万元
	研发人员数量	人
	固定资产	万元
产出	专利申请数量	件
	总营业收入	万元
	净利润	万元

需要指出的是,企业技术性收入比率也可以有效反映企业的创新能力和技术实力。该指标是指企业技术性收入和高新产品产值的总和占企业年度总收入的比例。制造型企业合理有效的要素投入结构是其创新效率较高的主要原因。企业在加大研发投入的同时,应合理调节资源投入结构,把企业资源集中投入到技术创新潜力大的领域,提高创新资源的使用效率,可以形成企业自身的技术优势和成本优势,有效提升企业的创新效率(陈忠谊和阮爱清,2020)。

13.2 智能化与传统制造向智能制造转型

13.2.1 制造业智能化发展概述

2013 年,德国政府在汉诺威工业博览会上正式提出"工业 4.0"的概念。"工业 4.0"的核心是信息物理的深度融合。这一概念的提出,体现了人类对智能化社会的实践和追求。在美国,"工业 4.0"的概念更多地被"工业互联网"取代,强调将虚拟网络与实体连接,形成更具有效率的生产系统。在英国,"工业 4.0"战略叫作"高价值制造"战略,主要措施包括推出以 22 项"制造业能力"标准为投资依据的一系列资金扶持措施,开放知识交流平台等。"中国制造 2025"的目标是实现"制造大国"向"制造强国"迈进，核心是实施智能制造工程，推进制造业的智能化。表 13-2 给出了四次工业革命的比较情况（韩江波，2019）。

表 13-2 四次工业革命比较一览表

名称	工业革命 1.0	工业革命 2.0	工业革命 3.0	工业革命 4.0
时间段	1760~1860 年	1860~1950 年	1950~2010 年	2010 年至今
时代标志	蒸汽时代	电气时代	信息时代	智能时代
产业技术	纺织机、蒸汽机技术	电力、内燃机技术	信息和通信技术	智能制造技术
产业理念	依靠蒸汽动力实现生产装备机械化	依靠电力、流水线进行大批量生产	依靠电子、信息技术实现生产自动化	依靠互联网、无线通信技术塑造信息-物理融合
产业范式	单位生产方式	流水线大批量生产方式	流水线混合生产方式	快速小批量定制化生产方式
代表模式	博尔顿-瓦特制（英国）	福特制（美国）、丰田制（日本）	温特制（美国）	"工业 4.0"（德国）、工业互联网（美国）、"中国制造 2025"（中国）
产业目标	机械化社会	电气化社会	自动化社会	智能化社会

当前，以智能化、数字化、网络化为重要特征的新一轮产业革命正在加速发展。作为新一轮技术浪潮的基础，数字化、智能化为新经济的发展提供了契机，并推动了企业价值链的重塑。智能化已成为全球热点，企业引入智能化发展战略，更加注重生产者个人对于信息的学习和反应及人机互动的能力。如今制约企业发展的根源不再是信息资源、机器设备或者计算能力的限制，而是如何最有效率地运用这些资源与技术。因而，智能化应运而生。

智能化是指利用数字技术，将分散、孤立的设备、产品与生产者、企业等以产业链、价值链等方式连接起来，形成联动发展。王喜文（2013）指出，"工业 4.0"将实现物联网、数据网和服务互联网的无缝连接。要通过数字化、网络化最后达到智能化的目标。对于我国来说，充分运用大数据智能，可以有效改造并提升传统制造业，对推动制造型企业转型升级及促进经济社会高质量发展，对推动"中国制造"向"中国创造""中国智造"转变都具有重要意义。

制造型企业在自动化的基础上要做到数字化，即生产设备、生产管理数字化，再把设备和设备之间通过网络连接起来，即网络化，最后加入人工智能，实现智能化。随着物联网、人工智能、大数据、云计算等技术的不断发展，以及"工业 4.0"的推行与变革，越来越多的企业开始加速推动智能化转型，并加快促进物联网与制造业实体经济的融合发展。在一系列智能科技的推动下，传统制造型企业的生产及运作方式在不断向智能化和自动化转变。

从全球范围看，制造业的生产方式正快速向"智能制造"模式转变。智能制造是生产制造活动的全面升级，将对制造自动化这一理念内涵进行更新与延伸，并将柔性化管理与智能化技术相融合。整体来看，我国工业智能化发展起步较晚，尽管出现了一批智能化发展型企业，但至今仍处于初级阶段。截至 2018 年，我国只有不到 20%的企业进入了智能制造应用阶段，50%以上的企业智能制造收入贡献率低于 10%，60%的企业智能制造利润贡献率低于 10%。截至 2019 年，国家层面批准的国家级智能制造类试点项目共 816 个，地方层面则兴建了一批智能制造类产业园区，共 537 家。总体上，还存在着智能化程度不够、各类企业智能化发展水平参差不齐等问题。

"智能+制造"是智能制造的表现形式，个性化生产是智能制造的基本特征。"智能制造"这一概念最早由美国学者 Wright 和 Bourne 在其著作 *Manufacturing Intelligence* 中提出，他们将智能制定义为机器人应用制造软件系统技术、集成系统工程及机器人视觉等技术，实行批量生产的系统性过程。

总的来说，智能制造是指将物联网、大数据、云计算等信息技术与制造过程中的设计、生产、管理及服务等各个环节深度融合，其载体是智能工厂，核心是关键制造环节的智能化，信息网络是其支撑基础。智能制造不仅仅是"制造"环节的智能化，也是将研发、生产、供应、销售、服务的制造全链条都串联起来的全面智能化。智能制造有助于制造业整体质量、效率和效益的全面提升。2019 年人工智能赋能实体经济产业规模接近 570.1 亿元（图 13-1）。

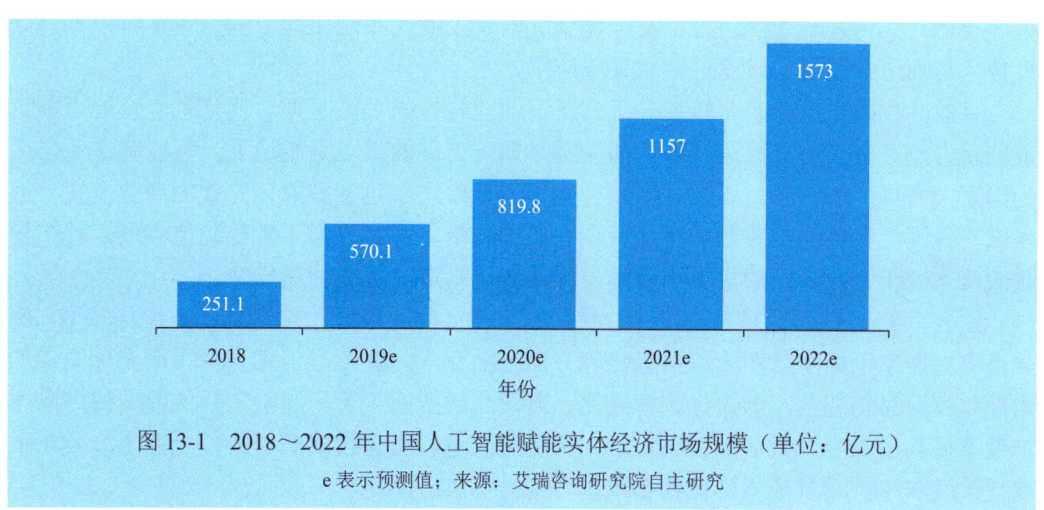

图 13-1 2018～2022 年中国人工智能赋能实体经济市场规模（单位：亿元）

e 表示预测值；来源：艾瑞咨询研究院自主研究

智能制造是新一轮工业革命的主导，也是未来制造业发展的必然趋势。2015 年，我国出台了《中国制造 2025》战略规划，根据规划，未来十年中国制造业将把智能产品制造和制造工艺智能作为制造业的主攻方向，努力推动"中国制造"向"中国创造"转变。党的十九大报告提出"加快建设制造强国，加快发展先进制造业，推动互联网、大数据、人工智能和实体经济深度融合"。智能制造和人工智能已成为各国抢占的科技经济制高点。

目前，我国人工智能总体水平跻身全球第一方阵。我国的智能制造产业与新一代信息技术的联系越来越紧密，并且我国智能制造科研创新正努力将越来越多的核心技术结合起来，从而推动智能制造的智能模式的实现（王雅薇等，2020）。当然，我国智能制造实体产业尚处于研发向应用转化阶段，还缺乏足够成熟的科研创新技术支持更广的实践应用。要持续强化科技创新优势、海量数据优势、巨大市场优势、企业积极推动的有机结合，加强战略层面的智能制造产学研发展模式，将科研创新机构的平台优势与制造业实体产业的实践经验优势有机结合，进一步拓展"智能+"，更科学有效地推动我国智能制造产业真正实现智能化，更好地推进我国制造业智能化升级。

13.2.2 推动传统制造向智能制造转型

智能制造面临着新机遇、新挑战。全球正处于新一轮工业革命的浪潮，过去 10 年，人工智能、云计算、大数据、物联网和 5G 通信等新技术几乎同步实现了突破，这些新技术正在成为引领创新的强大动力。当前，人工智能和智能制造已成为各国抢占的科技经济制高点。在全球产业结构新一轮调整中，谁能在智能制造上走在前面，谁就能拥有更强的竞争力，从而在未来的竞争中占据优势。

用智能化为制造业赋能，有助于提升企业核心竞争力，实现企业高质量发展。发展智能制造正是中国制造由大到强的必由之路。我国要紧随全球信息化、数字化、智能化的发展趋势，大力实施"人工智能+制造""互联网+制造"，使其成为制造业转型升级的新动能。要借助数字经济发展构筑新平台、新模式，将数字化的知识和信息作为关键生产要素，强化其产业渗透力。要强化物联网及工业互联网赋能重点产业集群，推进信息技术与制造业发展的深度融合和集成应用。

目前，我国正处在产业转型升级、新旧动能转换的关键时期。两化融合发展正向集成创新阶段突破，处于迈进智能化的关键时期。突破的重点是制造业，智能制造业已成为国家大力推广的方向。要大力发展智能制造新模式，包括智能化时代的商业模式。近年来，我国已将各类财政专项引导资金中的技改资金重点投向了智能制造领域，并在税收政策上给予企业不同的优惠和激励，推动传统制造向智能制造转变。

结合"工业 4.0"的推行与变革，我国越来越多的企业开始加速推动智能化转型。例如，奥克斯家电集团从物流、信息化等方面全面介入，在生产设备方面采用全球先进的自动化和信息化装备，全力打造智能化、自动化的智能工厂。智能工厂的投产使产品生产效率提高了 30%。工信部数据显示，智能化改造和运营模式革新可使企业生产效率平均提升超 30%，运营成本降低约 20%。

实现智能制造，网络化是基础，数字化是工具，智能化是目标。企业实施智能制造首先要着眼于前瞻性布局，树立正确的智能制造全局观，应用系统思维及时调整制造模式，推动发展变革；其次要着眼于抢占智能制造发展的制高点，深入推进"智能+"，为传统制造业转型升级赋能；最后要明确当前及未来的制造装备升级、企业互联网化、企业上云等方向，在合适的时间逐步实施智能化提升，不断提升竞争优势。

国内外的智能制造评估体系过于庞杂和多样，导致制造企业在智能化转型中缺乏统一标准，如在跨系统、跨平台协作时，企业之间会出现信息不对称或技术不兼容等难题。要逐步解决这些难题。对于制造设备，要制定标准化的接口规范、通信协议、语言规范，这样才能在逐步实施的智能制造中不断延伸拓展。要注重对生产设备的信息化改造，设立智能车间和智能工厂试点，摸索出一批适合我国产业发展特点的智能制造整体解决方案。

有学者指出，我国制造业智能化转型过于强调智能生产和智能制造，而忽略了智能管理和智能设计环节，导致某些先进智能技术无法落地，或者落地后应用不畅。要进一步完善智能制造发展的政策体系和工作机制,完善智能制造的设计生产流程、生产模式及管理体系。在企业智能制造逐步拓展的过程中,要能够将物联网、大数据、云计算、移动互联网、信息物理系统(CPS)等智能技术和管理手段引入企业管理。由此,为制造业智能化发展提供有力支撑。

要用以信息化为核心的智能制造替代以往的生产模式,实现生产活动的真正创新。积极支持企业应用大数据技术对生产制造、供应链管理、产品营销、服务环节等进行智能化改造。要以人工智能为核心,在设计、研发、生产、销售及服务等制造业各环节,将云计算、大数据、物联网、5G等新一代信息技术与先进制造技术相结合,实现智能制造业的集群式创新、融合发展与突破。

13.3 智能制造与企业创新的关联性分析

13.3.1 制造业智能化与企业创新紧密相关

智能制造基于数字化、网络化、智能化等新一代信息技术,贯穿设计、生产、管理、服务等制造活动的各个环节,具有信息深度自感知、智慧优化自决策、精准控制自执行等功能,是先进制造过程、系统与模式的总称。从制造技术层面来看,智能制造是一种跨界融合。智能制造不仅涵盖信息技术与制造技术的融合,还包括新兴产业与传统产业的融合以及制造业与服务业的融合。

国家制造强国建设战略咨询委员会主任周济认为,智能制造是覆盖产品全生命周期的创新优化大系统,主要涵盖四个层次:产品创新、生产能力创新、产业模式创新和制造系统集成创新。产品创新、生产能力创新、产业模式创新和制造系统集成创新成为主要方向,智能化则成为关键。要以新理念、新思路强化制造业创新体系建设,完善有利于创新的政策体系和制度环境,推动跨领域、跨行业协同创新。要围绕智能制造、人工智能等重点领域,以产业链为基础,形成水平创新链和垂直创新链共进,以企业为创新网络的节点,支持企业、政府、高校院所合作共建高水平产业创新网络。

在智能制造产业发展过程中,西方发达国家以一个"串联式"的发展过程,即从数字化、网络化到智能化的顺序发展来推进。我国发挥后发优势,走一条"三化"并行推进的智能制造创新之路。为突破智能技术的封锁,我国以全新的发展理念,寻求自主研发的发展道路,并采用系统思维及时调整制造模式,推动发展变革,保持和提升竞争优势。

目前,我国企业在运营智能制造方面差异较大,处于不同阶段的企业应发挥后发优势,坚持"创新引领",直接利用互联网、大数据、人工智能等最先进的技术,推进先进信息技术和制造技术的深度融合,推进企业IT系统与自动化系统的信息集成,促进互联网与制造业深度融合。在制造业与互联网融合创新方面,发挥先进制造业优势,重点在龙头制造企业、软件企业、互联网企业、运营商等行业和领域建设一批具有当地特色的工业互联网平台。

同时,注重实现制造业的定制化生产及在线增值服务等,进而促进制造业的智能化转型升级(张恒梅和李南希,2019)。强化传统制造业与横向产业(如智能机器人、3D

打印、智能传感设备、工业设计等）的合作，实施自主创新与引进吸收并举战略，有利于借助外部的创新力量和成果，形成先进技术、设计研发与生产制造的联动机制。深刻理解智能制造的发展特征与规模，有效集成国内标准化资源，牢牢把握制造资源碎片化、在线化及再重组的契机，渐渐增强新技术、新产业、新业态、新商业模式的创新能力。

智能化制造并非简单利用机器替代人工，而是涉及整个供应链的协同，包括智能化设计、智能化服务等。将人工智能技术与智能制造结合在一起，通过研发、生产、管理、服务等方面的创新，让企业变得更加"聪明"。要打破制造业企业之间的行业信息壁垒，加快数据结构、传感器网络、射频识别、网络接口、信息安全等标准的制定步伐，促进制造业各行业之间形成信息资源共享。

核心技术对于我国制造业的智能化转型发展具有重要支撑作用，尤其是传感器、射频识别（RFID）、机器视觉等物联网技术和装备共同支撑着产品生产制造的全生命周期，即企业生产过程、服务过程的优化控制与智能处理。要将人工智能技术与智能制造结合在一起，实现机器视觉、模式识别、深度学习、智能感知等方面基础性技术的突破。目前，我国已经具有多项自主知识产权的新型传感器、智能控制系统及工业机器人等可应用于装备制造中的智能技术。

需要指出的是，互联网技术是实现制造业智能化的动力引擎（互联网技术、云计算、大数据及宽带网络等大量技术构成的广义互联网），唯有依靠互联网这一动力引擎，方可陆续完成传感器设备的信息感知，这可被看成是智能制造的关键基础。

此外，智能产品的研发不仅需要技术创新的参与，还与设计创新密不可分。其中，技术创新主要为智能产品的实现提供原理、硬件等技术支持，是智能产品实现的基础。要加快突破一批关键共性技术，支持制造业关键工艺技术研发和产业化，鼓励制造业加快智能制造改造升级。通过全面提升企业创新能力，培育发展新动能，进而全面提升制造业智能化水平。

13.3.2 创新在制造型企业智能化转型中的作用

格力电器董事长、总裁董明珠指出："中国制造要走向世界，必须解决的核心问题是创新能力。创新是企业唯一的出路。"创新能力是制造型企业的核心竞争能力，对企业智能化发展及发展方式转变至关重要。企业应该把创新放在首位，不断推进技术创新、工艺创新、营销创新、管理创新及服务创新等，通过实施创新变革，大幅提升生产效率和资源综合利用率，大幅降低研制周期、运营成本和产品不良率等，充分挖掘和调动企业的内生动力。由此，不断提升智能制造水平，以更好地适应智能化发展的要求。

制造业智能化转型过程中，首先实现传统产业的自动化，再由自动化生产逐步过渡到智能化生产。其基础是生产的信息化与数字化，但目前我国大多数制造业企业还处于机械化与电气化阶段，信息技术的储备与能力不足，尤其缺乏自主可控的关键核心技术。同时，中低端技术制造行业中，多数企业的智能制造主要围绕产品生产展开，而基于工业大数据并能提供个性化研发设计和深度附加服务的企业相对较少，导致产品同质化和低端竞争现象严重。

此外，研发智能装备前期投入大、见效周期长，加上人才、政策等支持因素欠缺，因而一些企业的智能制造发展依旧侧重于技术追随和引进，缺乏原始创新和自主创新。再者，目前我国智能制造新兴业态、新兴模式发展迟缓，层级不高，比较优势不突出，传统制造业智能化改造力度不大，转型升级、创新发展效果不明显。

应该说，相较以往的产品制造系统，智能制造强调更加高度的自主创新能力，其对知识创新活动的要求也日益提升。企业应明晰企业发展中的创新作用路径和机理，针对不同环节出现的问题，有目标地培养自主创新能力。在推进制造业智能化发展的过程中，技术创新与商业模式创新都是极其重要的方面，应同等关注。通过创新驱动战略，进而提高制造业整体的智能化转型能力。

智能制造的核心特征是制造系统的"高度智慧化"。因此，走好科技创新这步先手棋，对于制造业抢占发展先机、赢得发展优势极为关键。制造业已成为科技创新的竞技场和主战场。通过加强基础理论、基础应用的研究，以及引领或紧跟国际技术发展的方向，实现前瞻性、原创性的研究，在核心技术层面形成突破，有助于培育本土领军企业和自主知名品牌，有助于企业在产业链全链条上获得竞争优势，有助于制造业的整体智能化发展。

智能制造不仅是简单地将原材料进行加工从而转换成产品，更重要的是一种知识创造、共享和更新的过程。智能制造技术在现代制造业中的应用必将与技术和创新相结合，实现制造业的发展与进步。要立足原始创新，提高我国制造业对智能化产业链的影响力，引领智能产品潮流的发展等。要依靠技术领先优势，制订智能行业的技术标准，提高对行业发展的控制力。

要瞄准产业发展制高点，开展相关核心技术、关键装备、核心部件、控制系统、基础材料、软件系统、生产工艺等方面的攻关，抢占产业发展的技术主导权。通过强化核心智能技术的研发，大力研发智能制造软件、硬件系统及相应的集成产品，推进新一轮大规模技术改造和设备更新。针对智能制造产业的关键性技术进行科研攻关，尤其要注重智能机器人技术的研发，重点把握工业机器人、编程、协同调度、参数精确识别等关键技术。

要支持重点行业在重大关键领域自主可控和创新发展。智能制造的推进和应用，应该首先关注共性问题，通过解决关键共性难题，可以加速智能制造的推动工作在企业落地的务实性、有效性。要加大智能装置与部件的研发和产业化，突破智能制造关键基础共性技术，推进智能装备产业示范应用。在装备智能制造业当中，信息化技术与生产技术相结合，能够产生创新的技术，将这种创新的信息化生产技术应用到装备制造业当中，能够大大提升人力资源的利用率及企业装备智能制造能力。

近年来，我国智能机器人、高档数控机床等关键产品和装备不断有创新突破，制造业与互联网的融合在不断深化，新模式、新业态快速涌现。智能相关技术的融合应用创新也在不断加强。例如，强化工业互联网、智能机器人、智能物流等新一代技术的融合应用，加快建设智能装备制造产业集群。至2019年，我国智能型企业专利申请总数超过1.6万件，位居世界第二位。智能产业快速发展，尤其是近年来我国机器人行业水平得到快速提升。创新对制造业的智能化发展起到了有效的促进作用。

13.4 智能制造企业创新能力提升策略

13.4.1 强化智能化驱动下的制造业自主创新

智能制造企业必须围绕产业链部署创新链，着力实施一批重大科技项目的研究，力争取得一批突破性的重大科研成果。制造业大范围、高强度、集成化的创新研发，将成为推动和支撑未来制造业发展的核心动力。要推进产学研协同攻关，集中优势力量开展研发工作。通过组织并遴选骨干企业、科研院所和高等院校的优秀团队合作开展技术创新，以增强消化吸收核心功能部件中关键技术的效能，进而加快研发一批具有自主专利权的智能装备新产品，不断提高生产智能化程度及自动化的灵活性。

推进智能制造产业化创新。针对智能制造产业的关键性技术进行科研攻关，支持重点行业在重大关键领域自主可控和创新发展的相关核心技术、关键装备、核心部件、控制系统、基础材料、软件系统、生产工艺等方面开展技术攻关。立足原始创新，提高我国制造业对智能化产业链的影响力。

制造业高质量发展的基础是产品创新。产品研发是智能制造的源头，可以实现产品关键智能技术的突破。智能控制技术、无人操控技术及高可靠性技术是产品应用当中的关键，包括共性的关键制造技术。要集中力量实现这些技术的攻关突破，坚持把技术改造和新产品开发结合起来，改善现有产业链的薄弱环节，促进产业从中低端向中高端跃升。

要明确创新研究方向，强化创新项目研究。智能制造企业要围绕自身发展战略的重点，制订创新项目研究计划，建立跨部门的创新项目研究综合团队，建立创新沟通信息平台，推动创新项目的协作研究，并加强项目研究过程的管理与控制。要将企业的重大创新需求纳入相关科技计划项目指南，鼓励和支持有条件的企业承担国家重大科技项目，并结合项目特点，按照"一企一策"原则制定管理、投入和知识产权分享机制。重视创新成果的知识产权积累和保护，对科研人员创业持开放包容态度，以严格的绩效考评机制为前提处置知识产权问题。

13.4.2 推进智能制造企业开放合作创新

哈佛商学院教授亨利·切斯布洛（Henry Chesbrough）最早从企业层面提出"开放式创新"概念，将其定义为"有目的的知识流入和流出以促进内部创新，同时扩大外部创新的应用市场"。陈钰芬和陈劲（2008）指出，开放式创新是以创新合作者为基准的多主体创新，要注重吸纳更多的创新要素。Christensen等（2005）从资源角度进行了分析，认为开放式创新是创新资源在企业与其创新合作者之间的流动与整合。Lichtenthaler（2011）从知识视角加以分析，将开放式创新定义为企业在整个创新流程中，遍布于其边界内部和外部，系统地进行知识探索、记忆和开发。

亨利·切斯布洛指出，企业在期望发展技术和产品时，应该像使用内部研究能力一样借用外部的研究能力，也应该可以使用自身渠道和外部渠道共同拓展市场。创新资源的广泛散布性使任何一个组织都难以独自担当创新的角色，它们必须相互开放内部创新资源与流程，加强合作。要强化企业与外部组织的联系，识别、连接与利用外部创新资源，将其作为创新过程的组成部分和有效途径，致力于打造"无组织边界"的开放创新生态圈，这已成为企业创新活动的必然要求（王露露和徐拥军，2017）。

开放创新工作中，其合作方将涉及企业价值链上下游的企业（包括客户、政府相关机构等）打造成各类合作方协同创新的有机体系，促进各方面的创新要素向企业快速集聚。在开放创新过程中，尤其要邀请客户直接参与，真正了解客户的需求，进一步明确创新的方向，确保创新合作各方的利益最大化（王茂祥和苏勇，2019）。要构建协同合作、资源优化、利益共享、多方共赢的开放式创新生态圈，实现单一组织无法实现的共同价值创造。例如，IBM 公司自 2003 年起就开始进行全球创新资源的整合，把创新活动扩展到公司范围之外，与各类相关合作方进行协同创新，构建了 IBM 创新生态系统（图 13-2），成功地促进了企业从硬件销售商向解决方案提供商转型。

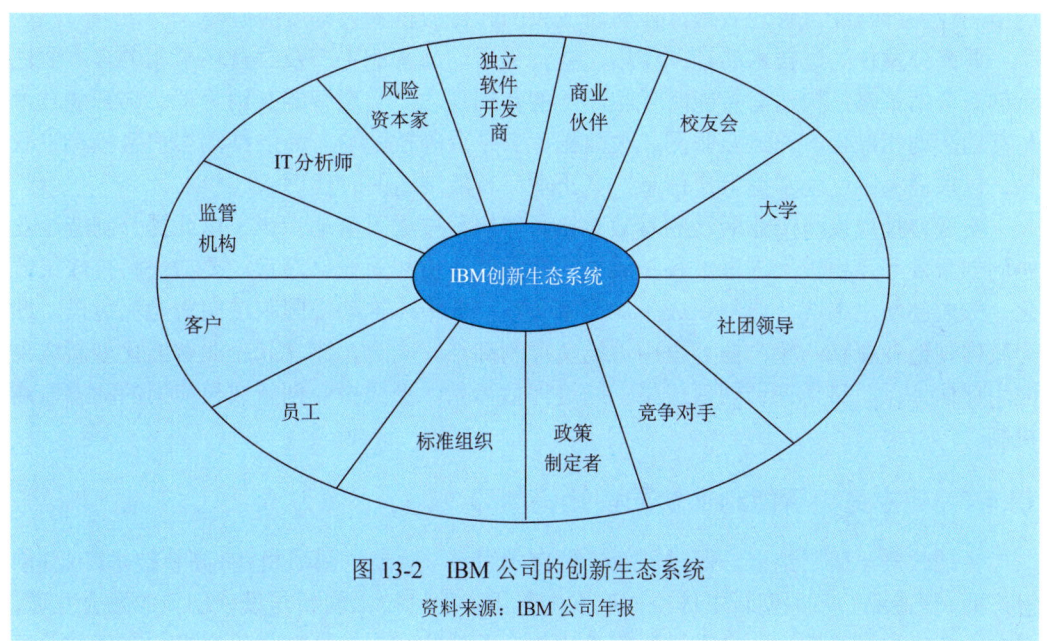

图 13-2　IBM 公司的创新生态系统
资料来源：IBM 公司年报

在当今知识经济时代，开放式创新模式越来越受到关注（陈钰芬和陈劲，2008）。实现开放合作创新，将创新工作延伸到企业价值链的上下游，建立与不同合作伙伴的创新合作模式，可有效整合和利用社会资源（苏勇等，2019）。要促进企业、大学和研究机构等的强化合作，将创新活动分散进行，利用互补资源开发新技术、新产品。要建立和提供平等开放的信息平台，供员工充分交流创新成果，并相互启发、碰撞思想、激发创意。要建立网上合作研究中心，实现人才、信息、设备等资源共享，提高整体的研发力量和水平。

总的来说，开放式创新是多组织合作的复杂性协同创新。企业要主动融入全球价值链体系中，成功地与供应链实现对接，与全球范围内的研发、生产、销售、服务等合作伙伴开展合作。要加强和学术机构的交流，深化产学研合作，利用好外部专家资源，开展合作创新。尤其要主动与具有技术优势或其他资源优势的大学和研究机构等合作，更好地获取及整合外部创新资源，实现与外部的合作创新，有效提升企业的创新绩效。

13.4.3 促进智能制造企业创新研发成果应用

积极支持企业智能技术创新成果的应用。创新课题实施完成后，其成果首先应进行小规模的试用，根据市场的检验与反馈，对其存在的问题进行改进，然后再大规模推广。应制定标准化推广模式，促进创新成果在企业内外部更大范围的共享，以确保产生更大的经济与社会效益，使创新力真正转化为生产力。同时，需注重对创新成果应用过程中的二次创新，深挖成果价值，推进智能化科技成果更广泛的应用。

企业要加强与国内外高校院所的合作，充分挖掘各类资源，搭建科技成果转化的联系桥梁。推动科研院所技术创新成果走向车间和工厂，解决制造业技术供给不足的难题，使创新成果服务于生产制造、供应链管理、产品营销、售后服务等各环节，提高智能制造型企业生产与经营管理效率，使科研成果的转化力得到大幅度提升。

要充分发挥先进技术的辅助作用，将营销活动与智能生产及经营环节相融合。要注重创新营销策略，构建与智能时代相匹配的营销理念，实现智能营销管理。将智能技术与营销活动相融合，通过互联网、大数据、云平台等技术与产品的终端客户直接产生联系，以求最大限度地掌握客户信息，真正适应智能制造的时代诉求。

实现科技成果与产业活动的有效对接，加快科技成果落地步伐，以此提升制造企业协同创新效率，积极推进重大科技成果的产业化应用和商业化经营。要加快科技成果转化，形成创新生态链。让创新成果加速落实到产业中，推动中国制造向智能化迈进，助力我国制造业在新一轮产业竞争中占据全球制高点。同时，建立起企业智能化创新成果应用评估体系，科学评价创新成果。通过评估体系，形成企业创新成果应用的动态监测机制。

13.4.4 建立完善智能制造协同创新机制

推动政产学研用结合，促进创新资源自由组合。营造"科研机构+高新技术产业+创意产业+制造业"多种创新主体协同研发的氛围，促进技术创新与设计创新的融合互通。目前，各主要经济体均非常重视研究机构与产业界的合作。高校与研究机构在基础前沿理论探索方面具有研发优势，但应用基础研究，特别是基础工艺研究需要大量的试错与经验积累，这方面企业的研发优势凸显。应从体制机制与政策层面促进企业积极参与基础科学的研究。

要建立以企业为主体，以市场为导向，产学研深度融合的科技创新体系。发挥企业、高校和科研院所的优势，通过平等协商，建立联合开发、资源共享、风险共担、优势互补、利益共享的创新合作体系，提高创新投入的回报率。持续深化"产学研"结合，坚持"产"为主导，即企业为主导。在政策引领下，培育一批掌握核心技术、善于集成创新资源的智能制造领军企业。要紧跟智能制造前沿技术，推动产学研各方在智能制造领域的深度交流，并加强与国外先进技术方的交流。实现产学研一体化，培育产业技术研究院等新型研发机构，建设制造业创新中心，积极吸纳优质资源，推进跨行业跨区域协同创新，构建智能协同创新体系和产业生态体系。

发挥企业创新主体作用，让更多具有创新意识并且有创新能力的企业作为智能制造业创新发展的主导者，并以主导者为核心，协同高校、科研机构等多个领域共同参与。组织建设一批创新企业和产业技术联盟，统筹推动技术、产品、业态和模式创新，完善创新链条，弥补原始创新与应用创新、应用创新与产业化之间的短板。注重将行业外部的高新技术成果最大可能地引入进来，形成传统制造业与高新技术产业协同创新的模式。

13.4.5 建立完善智能制造创新管理体系

注重培育创新文化，不断丰富创新文化的内涵。形成智能制造业鼓励创新、宽容失败的氛围及相对自由宽松的研发生态。建立贴近市场化的创新方向选择机制和鼓励创新的风险分担、利益共享机制，健全创新风险分担机制。营造透明、公平、法制的营商环境，加速优化创新环境，促进创新要素的合理流动和高效布局，促进智能制造企业展开公平竞争。

注重学习型组织的建设。学习型组织的核心和标志就是创新，应建立与智能制造企业组织创新相应的学习机制。企业既要通过培训及自我学习等，提升内部学习能力，又要注重利用外部学习网络（如政府部门支持、高校职业教育、社会学习平台等）进行学习，注重内外部的协同学习，全面提升创新能力（图 13-3）。要对企业高层领导、中层管理者和基层员工进行创新理论和方法的分层培训，提高全员创新技能，推动员工用创新思路开展工作，用创新思维处理问题。要倡导员工终身学习，并善于从问题中学习，通过案例分析会等形式，提高员工解决问题的能力。

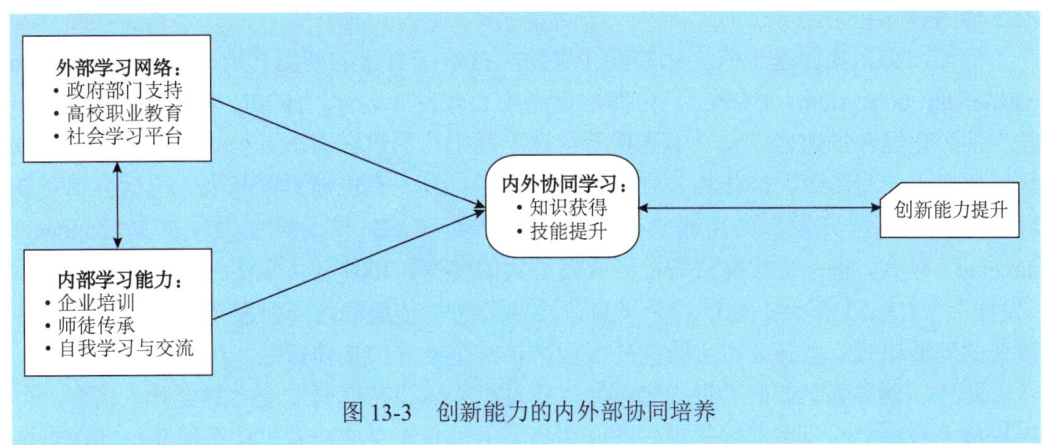

图 13-3　创新能力的内外部协同培养

在产学研合作创新中，各合作主体之间及相关机构之间要加强学习和交流，共享信息和知识，促进信息的扩散和反馈。要构建产学研之间的信任机制，促进合作成员在相互信任的基础上，更好地分享组织中的各种知识，加速知识与技术的交流与转移。通过信息交流、知识共享和相互学习，为合作创新提供有利的条件。

构建形式多样的创新激励制度。完善智能化科技成果的长效激励机制，激发智能制造企业创新的内生动力。例如，建立物质奖励和精神激励相结合的激励体系，并进一步丰富精神激励内容，完善创新荣誉体系；可推行即时激励方法，即时肯定员工在工作过程中的创新行为,激发员工创新激情。构建能够有效激励研发主体、研发团队和转化机构三方合作的知识产权收益分配机制。

强化创新综合管理,从组织、制度、流程、资源、协同等方面构建完整的创新管理体系。形成适应现代企业制度和创新要求的管理体制和机制,以及适应智能制造企业创新要求的组织流程体系。完善创新管理的组织架构,明确各级组织的创新管理职能。通过有效组织创新过程和实现跨职能协同,降低创新中的不确定性,提升创新的效率和质量。

此外,要抢抓"中国制造2025"发展机遇,在智能制造领域建立若干制造业创新中心,强化创新载体建设;加强创新项目研究的过程管理,确保创新活动按一定规范推进;注重创新成果的专利申报,以此获得产品创新的自主知识产权。要在培育核心技术、自主品牌、专利成果上下更大功夫,不断提升制造业技术动态创新能力,提升智能制造企业可持续的自主创新能力。

13.4.6 注重智能制造科技创新平台建设

目前,我国科技创新平台的力量总体还比较薄弱,对智能制造业创新的支撑力度还不够强,因此需要构建开放式的创新平台。该平台可与国家相关的基础平台、行业创新平台、区域创新平台等公共技术创新平台进行对接,并与这些平台之间进行互动(包括协同合作、交易支撑和技术扩散等)。智能制造企业可借助开放创新平台,协调自己与众多相关组织之间的关系,打造与产品开发者、创新人员、客户及成果应用者等的共同社区,并加强与国家、区域及行业等创新平台的合作。此外,技术知识交流平台对于制造业创新及转型升级尤为重要。政府应当制定适时、适地的政策,促进制造业内部知识交流平台的建立和完善。

例如,海尔集团基于模块化的设计思路,打造了自己的创新开放平台(Haier open partnership ecosystem,HOPE),由海尔创新中心开发并运营。HOPE相当于海尔"黑科技"的孵化器和加速器,它一端连接着全球不同用户的潜在需求,另一端连接着世界顶级的研发人员与资源,能让相关领域的研发资源自发、有机地集聚起来。宝洁公司革新性提出"联系与开发"的新概念,倡导将宝洁的R&D模式转变为C&D(connect+develop)模式,进一步实现从研发到联发方式的转变。2007年,宝洁公司创建了"联系+发展"(C&D)平台。借助这个平台,宝洁公司把传统的内部研发模式变成了一种开放式的创新模式,敞开公司实验室的大门,接纳全世界的集体智慧。

此外,要加强企业研发机构建设,以研发机构建设带动研发能力的提升。培育一批工程技术研究中心及重点实验室。通过实施大中型骨干企业研发机构全覆盖行动,以此支持制造业骨干企业和行业领先企业创建高水平创新平台。企业也可与高校采取共建重点学科、重点实验室、高级科技人才培养基地等形式,建立更加紧密、优势互补的战略合作关系。引导建立跨企业运作的研究基地,整合优质资源,形成基础工艺研发平台、工程技术中心等自成一体的研究系统,促进企业与国内外高校院所的全面合作。鼓励企业通过创新平台参与研发活动,拓展企业的对外研发合作。创新平台也可整合技术需求端的企业资源,通过产权等利益分配机制的构建,实现多企业技术合作攻关、多团队竞争参与的多对多技术合作模式。

13.4.7 注重智能制造企业创新人才建设

为了实现智能制造业的长足发展,要加大智能制造人才培养力度。目前我国的智能制造产业相关科研人才资源还较为紧缺(李宝虹等,2019)。要注重培养智能制造企业创新人才,包括高精尖人才,特别是从事核心技术研发的创新人才。要结合开放式创新,面向全球集聚智能制造创新创业人才,培养具有交叉学科知识和国际视野的创新人才和团队。创新人才要具有持续创新意识、逆向思维能力及坚忍顽强的品格等特质。

企业应以长远发展理念为战略思想,建立智能制造专业人才体系,让更多的高素质人员投入到智能技术的研发与应用中。要不断优化自身人才队伍结构,培养一批智能制造科技领军人才、创新带头人、高素质技能人才、高水平经营管理人才。培育企业高层管理者的企业家精神及员工的工匠精神。

企业领导者要发挥好自己在企业中的核心作用,为员工创造自由、舒适的工作环境,努力培养和造就创新型科技人才,推动大量具有主动创新意识的知识型员工快速成长。要善于激发、调动并保护员工的创新热情,要把一线员工培养成企业创新的生力军,增强其创新能力,培养其良好的创新思维,使他们围绕基层工作存在的问题积极开展各类创新活动。

推进校企合作和产教融合,培养智能制造所需人才。既要鼓励高校拓宽人工智能专业教育内容,形成"人工智能+X"复合专业培养新模式,还要建立适应智能经济和智能社会需要的终身学习和就业培训体系。加大高校人才的系统化培养力度,深化产教融合、校企合作,大力发展职业教育,支持智能制造企业技能人才培育。随着智能制造技术的深入应用,复合型高技术人才的不足也成为制约智能制造发展的瓶颈,应更加注重对交叉学科的复合型专业技术人才的培养。

在智能制造生产中,通过对关键技术的研发及对互联网软件系统的自主学习等,培训和遴选人才,以此增强人才的自主学习能力、实践经验、环境适应能力等,并为企业可持续转型提供强有力的支持。

13.4.8 健全智能制造企业创新保障体系

增加创新资源投入,提高创新资源整合能力。合理配置创新资源,强化创新资源管理,确保创新相关的人、财、物各项资源的落实,确保创新工作有序开展。引导企业加大创新资源投入,并多渠道筹措和增加创新投入,包括研发资金、知识、智力的投入,提高研发支出占企业运营收入的比重,促进创新要素向企业集聚。

近年来,科研投入总体逐年增加,但 R&D 经费支出增长率却在下降。同时,在创新投入方面并未找准方向,缺乏长期且有针对性的研发计划,创新能力低,资源利用效率不高,掌握的核心关键技术少,产业结构不合理,生产成本高,融资困难等问题还存在。后续,应以财政资金投入为主,吸纳企业及其他社会资金,构建长期稳定的资金预算支持,加大创新投入力度,更好地支撑智能制造企业的创新活动。

要拓宽政府支持研发的财政资金投入渠道。政府通过投资,既可以给制造业发展和集聚提供资金支持,也能促进制造业创新。要明确高成长性中小企业的专项支撑政策及资金投入体系，并落实制造业创新项目的配套支撑措施，推动科技领域的创新突破和成果转化，增强制造业发展后劲（陈旭升和李云峰，2020）。

研发投入是企业创新能力提升的核心因素。然而，相似的研发投入和资源禀赋却会形成迥异的技术创新能力。其中，制度（包括正式制度和非正式制度）的保障是其差异化形成的重要因素之一（苏勇等，2013）。要制定合理有效的制度，确保在较大程度上减少技术外溢，使创新主体的投入与产出相匹配，进而促进企业创新能力的有效提升。

要从制造业价值链全流程（制造环节是关键）入手，设计相关政策措施，完善有利于创新的政策体系和制度环境。制定智能制造业与信息产业统一的标准体系，建立跨领域新产品认证制度，推进融合产品市场化。加大规划引导和统筹力度、加大政策支持力度、加大体制机制改革创新力度。进一步健全组织保障机制，研究完善有吸引力的财政补贴和税收优惠政策，着力优化制造业智能化的政务服务环境，积极推进传统制造业智能化转型升级等。

要进一步完善企业管理体制、管理流程、资金投入、人才培养等影响企业技术创新成功的相关制度，在政策引领下培育一批掌握核心技术、善于创新的领军企业。对于智能制造的带头企业，政府部门应给予更大力度的政策扶持，鼓励企业积极创建高水平的智能制造示范基地。要营造良好环境，为新兴智能产业提供早期市场机会和配置创新资源。行业主管部门应向企业提供更多的智能制造咨询和培训机会，全面普及智能制造知识。

要全力推进软件和信息服务、科技服务、专业服务和金融服务等高端服务业加快发展，更好地支撑智能制造业实现高质量发展。建设集创新文化交融、创新成果交流展示、创新服务于一体的创新服务综合体。注重完善有利于智能产业发展的基础配套服务，重点提升网络设施支撑能力、核心技术创新能力、产业融合引领能力等。引导和鼓励企业运用信息化、智能化手段加快制造业改造升级，更好地在全球制造业竞技平台上抢占国际资源。健全法律制度保障，完善有助于智能制造发展的法律制度保障体系。

良好的知识和技术环境是新知识和新技术产生、传播和保护的基础，是制造业创新的前提条件。要维护好新知识和新技术产生、运用和推广的环境及知识技术保护的环境。要加强重点领域关键核心技术知识产权储备，构建产业化导向的专利组合和战略布局，支持组建知识产权联盟。要搭建知识产权公共服务平台，完善知识产权制度体系，注重知识产权的保护和运用。在产学研合作的创新成果方面，要建立共同创新成果的知识产权协同保护机制，合作各方应协同做好关键技术的保密工作，防止知识产权的流失或被侵犯，切实保障合作各方的利益。

参 考 文 献

陈思洁, 宋华. 2017. 从企业动态能力到产业动态能力[J]. 现代管理科学, 8: 66-68.
陈旭升, 李云峰. 2020. 制造业技术创新动态能力与高质量发展——基于创新引领视角[J]. 科技进步与对策. 37(6): 92-101.
陈钰芬, 陈劲. 2008. 开放式创新: 机理与模式[M]. 北京: 科学出版社.
陈忠谊, 阮爱清. 2020. 温州高新技术制造业企业创新能力评价[J]. 技术与创新管理, 41(1): 12-17.

代明, 刘可新, 陈俊. 2016. 中国高技术产业研发创新效率研究[J]. 中国科技论坛, 1: 5-10.
范太胜. 2003. 企业动态核心能力——技术创新能力的框架模型构建[J]. 科技进步与对策, 20(9): 85-87.
方建国. 2010. 基于动态能力观的企业技术创新能力研究——以我国高新技术产业上市公司为例[J]. 科技进步与对策, 27(16): 72-77.
傅家骥. 1998. 技术创新学[M]. 北京: 清华大学出版社.
韩东林, 徐晓艳, 陈晓芳. 2016. "中国制造 2025"上市公司技术创新效率评价[J]. 科技进步与对策, 33(13): 113-119.
韩江波. 2019. 我国智能制造发展的案例对比与路径创新研究[J]. 技术经济与管理研究, 1: 87-94.
李宝虹, 刘科研, 李傲红. 2019. 我国智能制造技术人才缺乏问题研究[J]. 黑龙江科学, 10(5): 110-111.
刘文强, 孟凡达. 2019. 变革研发机制提升制造业创新能力[J]. 中国国情国力, 7: 30-33.
楼旭明, 徐聪聪. 2020. 智能制造企业技术创新效率及其影响因素研究[J]. 科技管理研究, 40(4): 1-7.
马相东. 2020. 人工智能的双重效应与中国智能经济发展[J]. 中共中央党校(国家行政学院)学报, 24(2): 59-66.
师博. 2020. 人工智能助推经济高质量发展的机理诠释[J]. 改革, 1: 30-38.
苏勇, 李群, 王茂祥. 2019. 企业开放式创新的主要模式与支撑体系[J]. 技术经济与管理研究, 1: 35-39.
苏勇, 马文杰, 韩自然, 等. 2013. 制度对区域技术创新的影响[J]. 技术经济, 32(12): 40-45, 95.
王今朝. 2008. 基于创新过程的企业创新能力评价指标体系构建研究[J]. 商场现代化, 22: 99-100.
王露露, 徐拥军. 2017. 海尔创新平台知识管理模式研究[J]. 现代情报, 37(12): 52-58, 63.
王茂祥, 苏勇. 2019. 企业开放式创新的系统化管理及平台构建[J]. 科学管理研究, 37(6): 100-104.
王喜文. 2013. 工业 4.0: 智能工业[J]. 物联网技术, 3(12): 3-4, 6.
王雅薇, 周源, 张蒙. 2020. 基于文献计量分析的我国智能制造科研创新发展研究[J]. 科技管理研究, 40(5): 158-164.
许志晋, 凌奕杰, 宋凤珍. 1997. 企业技术创新能力的模糊综合评判[J]. 科学学研究, 15(1): 105-110.
杨静武. 2007. 开放式创新模式下的技术创新能力研究[J]. 财经理论与实践, 28(2): 98-102.
尤功胜, 韩海波. 2011. 企业创新能力评价指标体系构建研究[J]. 云南科技管理, 24(5): 10-11.
张恒梅, 李南希. 2019. 创新驱动下以物联网赋能制造业智能化转型[J]. 经济纵横, 7: 93-100.
Barton D L. 1992. Core capability and core rigidities: A paradox in managing new product development[J]. Strategic Management, 13(1): 474.
Burgelman R A, Kosnik T J, Poel M V D. 1988. Toward an innovative capability audit framework [C] // Burgelman R A, Maidique M. Strategic Management of Technology and Innovation, Irwin: Homewood: 31-44.
Christensen J F, Olesen M H, Kjaer J S. 2005. The industrial dynamics of open innovation evidence from the transformation of consumer electronics[J]. Research Policy, 34(10): 1533-1549.
Lichtenthaler U. 2011. Open innovation: Past research, current debates, and future directions[J]. Academy of Management Perspectives, 25(1): 75-93.

撰稿人：王茂祥
审稿人：刘　军

第14章 核心企业主导下智能制造创新生态系统的构建
——基于华为的案例研究

14.1 引言

作为新一轮产业技术变革的最显著标志,智能制造使得制造业的经济功能愈加凸显,成为重塑全球产业竞争格局,提升国家和企业竞争优势的着力点。中国是全世界唯一拥有联合国产业分类中全部工业门类的国家,这种复杂的工业体系决定了中国必须要在自身的基础和特点上建立自己的智能制造战略。但随着"逆全球化"和市场竞争的加剧,单个制造业企业仅依靠自身资源已难以应对市场终端客户的多样化和个性化需求,其能否成功不仅取决于自身的技术突破,还需要依赖相关合作伙伴的能力与意愿,进而通过互补性协同、创新链协作和采用链整合等快速提供面向客户的解决方案(Adner and Kapoor,2010;王宏起等,2016)。同时,数字化、工业互联网、人工智能、5G 技术等新兴技术的涌现,平台型组织等组织模式的变革,共享经济等市场趋势的兴起,使得制造业技术创新和管理方式变革所面临的环境更加复杂、模糊,充满不确定性和波动性。在这一背景下,"生态系统"作为一种新范式,成为当前创新与战略管理的热点议题(王伟楠等,2019)。创新生态系统源于经济全球化、环境动荡性的背景下对竞争本质的认识,全球竞争模式一般沿着单个企业竞争→供应链竞争→创新集群竞争→创新生态系统竞争的路径进行(范洁,2017)。一个健康的创新生态系统将商业战略由简单的联合作业向协同、系统的合作转变,从产品竞争向平台竞争转变,从企业独立的发展向共生演化转变,这意味着企业竞争优势的提升越来越依赖其所处的创新生态系统。2018 年世界经济论坛的产业与商业主旨议题倡导"为塑造新的商业生态系统服务,帮助企业与政府领导者做好应对第四次工业革命的准备",主张通过创新生态系统的打造引导组织与产业适应新兴技术创新和社会转型变革。那么,对制造业企业而言,通过构建智能制造创新生态系统以应对环境的变化和获取竞争优势,不失为一种有效的途径。

14.2 文献回顾

当前对智能制造创新生态系统的研究还较少,但已有的对创新生态系统的内涵、理论框架、影响因素、演化路径、绩效评价及系统中核心企业的概念、特征和功能等的相关研究可以作为有效的指引,从而为智能制造的发展提供新的策略。

14.2.1 创新生态系统

Moore 是第一个系统而又科学地论述企业生态系统的学者，1993 年他用生态系统类比企业竞争提出了商业生态系统（business ecosystem）概念，将之定义为企业与其他组织结成的松散网络，围绕产品或服务的生产相互合作、相互竞争和共同演化，以实现价值创造。"生态系统"概念的提出体现了研究范式的转变，即由关注系统中要素的构成向关注要素间、系统与环境间的动态过程转变（Moore，1993）。早期的相关研究主要集中于商业生态系统、创新生态系统、价值创造、开放式创新等彼此高度聚合的四个关键聚类（梅亮等，2014）。商业生态系统聚类以 Moore（1993）的研究为基础，是生物生态系统概念向组织管理领域的最早延伸，主要关注竞争的主题。创新生态系统以 Adner（2006）的研究为核心，分析系统内个体或其他行为主体的联系与协同，侧重于战略角度。开放式创新聚类以 Chesbrough（2006）的研究为基础，主要聚焦于研发层次。价值创造聚类以 Kapoor 和 Lee（2013）的研究为主，认为企业创造价值的能力依赖于生态系统中生产互补性产品或服务的组织，切入点为系统运行的目标与绩效。从理论基础上看，战略管理理论、新制度经济学理论以及创新管理理论是主要支撑，研究方法主要是案例研究。随着文献的大量涌现，以 Kapoor 和 Lee（2013）、Adner 和 Kapoor（2016）、Adner（2017）、Kapoor（2018）等为代表的文献不断深化创新生态系统的概念与战略、价值创造与价值获取、平台视角的系统结构与演化，以及系统中的服务主导逻辑与竞合等相关主题的研究，且定量研究方法已经出现。国内学者也围绕着创新生态系统的战略，结构、网络和平台，自组织和成长，演化和治理，价值创造/共享及商业模式，竞争/合作，绩效，风险，动态能力等主题展开了大量的研究（陈衍泰等，2018）。

就实践层面而言，在国际范围内，很多发达国家皆把发展创新生态系统看成是推动产业创新、提高国家及地区竞争力的重大战略。2003 年美国总统科技顾问委员会（President's Council of Advisors on Science and Technology，PCAST）在其咨询报告中首次提出"创新生态系统"的概念。2004 年美国竞争力委员会（American Council on Competitiveness，CoC）指出要在企业、政府、研究者与工人之间建立一种新关系，形成 21 世纪的创新生态系统。随后各个国家的高级智囊都开始将创新生态系统作为国家竞争力塑造的基础模块。比如日本国家科技政策研究所（National Institute of Science and Technology Policy，NISTEP）等提出将产业结构发展的技术政策转为基于生态概念的创新政策。随后，2005 年法国开展"竞争极"创新生态系统计划，德国的电信产业构建了开放性创新生态系统，欧洲创新计划中提到的数字生态系统技术和荷兰的创新生态系统评估等开始实施。2011 年在中国召开的第四次"创新圆桌会议"讨论了创新生态系统的内涵、结构、特征和功能，以及有关政策启示等。

由此可见，创新生态系统的构建受到各国政府、产业及企业的重视，也是国际学术界的研究热点。大多数学者认为，创新生态系统的建立主要以特定行业的某一核心技术为基础，通过互补者、供应商、渠道商和焦点企业间的链接，具有共同利益目标的成员能够进行协作和交互，利用知识协同、社会认同、内外部资源互动等获得显著的价值提升；通过系统内子系统的相互作用，合力推动产业主导设计（dominant design）快速定位，深度影响甚至引导产业发展（汤临佳等，2019）。但是在对系统要素构成的结构分析上，却存在不同的观点。

14.2.2 智能制造创新生态系统

智能制造创新生态系统的要素构成和结构分析相关文献较少，只能参考对创新生态系统的研究。综合来看，对创新生态系统的要素分解或结构布局的认识主要有以下几个维度：一是根据对最终创新或系统的实际贡献度来划分。Moore（1993）认为企业创新生态系统由核心生态要素、完整生态要素、系统环境要素构成。Iansiti 和 Levien（2004）则进一步定义了核心层成员的四大角色，即系统中心、系统统治者、核心能力贡献者和市场专注者，并且这些角色随着时间推移也可能相互转化。陈健等（2016）则认为创新生态系统是一个包含能够通过某种方式为共同目标做出贡献的任何组织的系统，涵盖多种能够决定核心企业及其客户和供应商命运的组织群落、机构和个人，如竞争者、互补者、监管和协调机构、金融机构、标准制定机构、司法部门、教育和研究机构等。二是根据在创新或系统中承担的功能来界定。Carayannis 和 Campbell（2006）提出政府、企业、科研、用户、自然五重螺旋创新生态系统，进而细分为包括企业、科研组织和用户的核心主体，包括政府、中介机构、金融机构、孵化机构等的辅助主体，以及包括政治环境、经济环境、法律环境、文化环境和自然环境等的创新环境三大部分。吴航（2014）认为创新生态系统由创新主体系统和创新环境系统两个子系统构成，前者主要包括参与创新的产业、创业型大学、科研院所、政府机构和各类中介服务机构。后者是支撑系统，主要营造有利于创新发展的技术、经济、文化和社会环境。欧忠辉等（2017）认为创新生态系统是由核心企业共生单元、配套组织共生单元在一定的共生环境中，通过各种共生模式在所形成的共生界面上从事价值创造和价值获取等共生活动的复杂系统。三是根据系统中成员间的相互关系来界定。Adner 等（2006，2010）将创新生态系统的内涵属性定位于供给端、组织端和需求端的协同。Nambisan 和 Zahra（2011）从创新网络的角度出发，认为企业创新生态系统是一个由以核心企业为中心辐射到所有供应商、制造商、科研机构、中介、金融服务、竞争者和顾客等创新主体围绕某种创新进行协同合作而形成的、松散互联且相互依赖的网络系统。四是从动态或整体的角度界定系统构成。Ghemawat（2007）认为创新生态系统是由资源、能力和连通性（connectivity）组成的，因此创新生态系统的构成可以抽象为两个维度，即创新主体、主体间的关联。韩进等（2020）认为生态系统概念内涵主要体现在系统要素、系统结构、系统过程三个层面上。汤临佳等（2019）将智能制造创新生态系统的主要内容架构划分为行为层、规则层和资源层等。其中，行为层由各类创新主体构成，是创新的主力军；规则层由政府部门主导，协同行业协会、技术中介等辅助，支持智能制造战略发展；资源层则由政府政策、金融基础等无机因素构成，为创新提供稳定适宜的环境。

不论从哪个维度看，生态系统涉及的主体都较为广泛，其清晰地将互补资产的生产方和需求方包含在内，这种全系统视角成为其区别于产业集群、价值链、创新网络、产业网络等概念的重要特征。刘钒和吴晓烨（2017）认为构建创新生态系统需要注意三种架构：一是技术架构，即基于共享技术资源平台的原则决定创新生态系统中的可能成员；

二是活动架构,即定义可能围绕核心平台出现的创新生态系统结构与协调机制;三是价值架构,即描述技术架构和活动架构之间相互作用的动态结果。

综合文献分析,结合具体实践观察,本章认为智能制造创新生态系统具备明显的"中心-外围-环境"结构,具体由三个层面构成:一是中心-行为层,主要包括核心企业、供应商、互补企业、中小企业、消费者;二是外围-支持层,主要包括三大系统,即由大学、科研院所、研究中心等构成的知识系统,由政府、产业联盟、行业协会等构成的制度系统,由金融机构、投资机构、中介机构、孵化机构等构成的服务系统;三是环境-作用层,主要包括技术、经济、政治、文化等宏观环境。具体主体及主体间关系如图 14-1 所示。

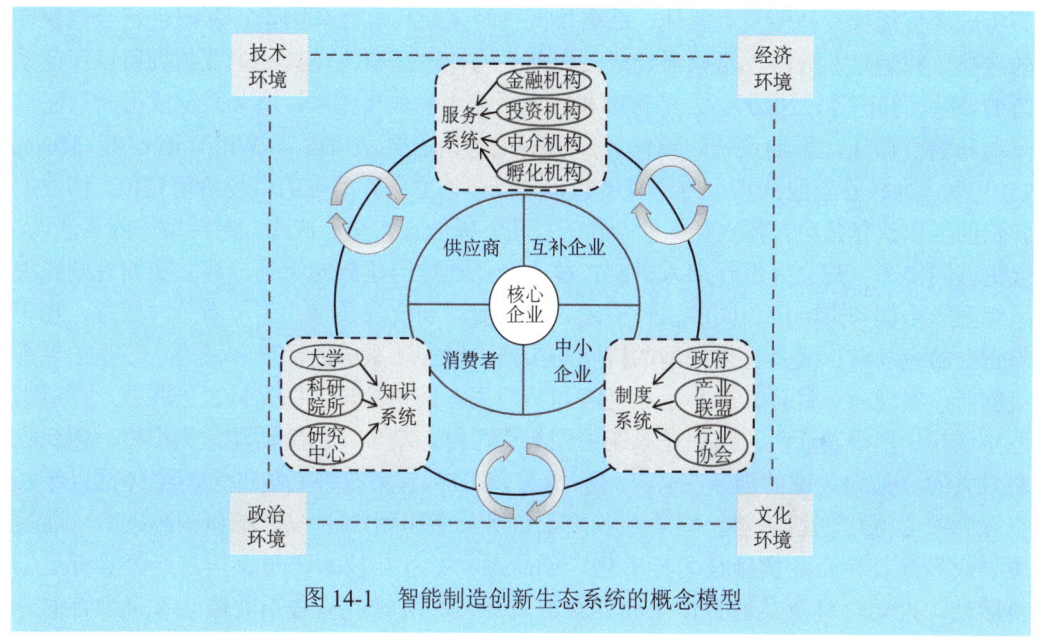

图 14-1 智能制造创新生态系统的概念模型

智能制造创新生态系统中心层是实施技术创新和寻求商业成功的主体,由核心企业及其直接合作者构成,共同为客户提供智能制造解决方案。核心企业处于主导地位,在合作伙伴选择、价值创造和价值分配过程中起主导作用。外围层多属于配套组织,处于辅助地位,通过技术支持、资金支持和政策支持等提供配套价值,形成"中心-外围-环境"的创新生态圈。同时,随着经济、技术、政治和文化环境的变化,中心层和外围层之间以及它们与环境的相互作用均处于变化之中,影响着系统的共生演化。

14.2.3 核心企业及其功能

在创新生态系统的构建和演化过程中,诸多学者着重关注其中一类企业的角色,即核心企业(core firm),他们认为核心企业是系统的中心节点,其他利益相关组织围绕核心企业进行开放互动和协同演化。创新生态系统中的核心企业尚缺乏统一科学的概念界定,在文献中的称谓有中心企业(hub firm)、领导企业(leading firm)、焦点企业(focal firm)、平台企业(platform firm)等。国内外学者一般从规模、技术、资源等方面来判别创新生态系统中的核心企业。如 Nambisan 和 Baron（2013）认为，领导企业通常都是创新生态系统组织中规模最大的企业，拥有关键而独特的技术或资源。但更多的研究表明，创新生态系统中的领导企业并非规模最大或资源最丰富的企业，而是能够通过正式或非正式的组织安排，智慧地将自身影响力作用于与其有直接或间接交易的主体，积极有效地促进和引导生态系统发展的指挥者。或是通过控制系统的技术架构或品牌建设，集成核心资源或特殊渠道，定义标准化界面，提供其他参与者用以提高自身绩效的服务、工具、技术或进入某一平台的规制手段，从而成为管理和协调生态系统的核心力量（陈健等，2016）。核心企业往往是系统的治理主体，在系统内承担着重要的功能：一是构建系统，明确合作伙伴的准入和运行规则。创新生态系统通常认为由核心企业主导并建立，其考虑成员优势互补性及兼容性、战略协同性及文化相容性等因素，从而进行合作伙伴的选择，并适时地战略性重构系统成员内部结构，选择和决定其他企业的去留以保证系统的绩效（韩进等，2020）。二是管理和协调系统中的成员关系，调节系统成员间的能量流动和物质循环，影响系统的整体运行和演化（包宇航，2018）。Williamson 和 Meyer（2012）认为核心企业从六个方面有效管理创新生态系统：准确的市场价值定位，构建差异化的合作伙伴角色，刺激互补性合作方投资，降低合作交易成本，保持系统的灵活性，促进共同学习、建立并运行准入机制。核心企业通过构建共同愿景，建立契约规则或关系规则等协调和影响成员间的信任关系、知识流动和资源共享，调节系统内信息、物质与资金的流动与分配及整体战略的协同与实施，以实现系统的治理和发展。三是主导系统创新，实现商业目标。核心企业能够和其他生态系统参与主体保持直接联系，并适当地协调其生产研发活动，因而是系统中创新资源投入最多，创新活动最为积极，创新收益最大的且最为关键的创新主体（蒋石梅等，2015）。系统中其他的创新主体都以核心企业为中心进行创新活动，核心企业由于自身具备丰富的创新资源和核心技术，通过领导众多互补性企业实施技术标准化、创新激励、互补技术研发、信息交流等开展创新活动，推动自身及其他合作主体的新能力开发。同时，核心企业能够整合独特的产业技术及配套组织的新知识和服务，进而形成满足客户需求的整体解决方案。四是化解创新生态系统风险，提高系统绩效。周大铭（2014）认为创新生态系统中存在企业融合、核心资源流失、机会主义、外部环境及创新单元风险等。韩进等（2020）认为成功构建创新生态系统需要核心企业消除三大创新风险：首创风险、技术依赖风险及终端整合风险。核心企业通过建立自己的服务、工具、技术、价值网络平台，使生态系统的其他组织成员参与并获得价值回报，同时强化生态系统总体的创新与生产率提升（梅亮等，2014）。

基于上述功能，核心企业处于系统的战略中心，对系统进行有效的治理，是整个系统中最为关键的角色，也是不可替代的核心成员（包宇航，2018）。实践中，苹果、Google 等核心企业纷纷构建了创新生态系统，联合系统其他成员创造了单一企业无法创造的价值。

14.3 案例介绍

14.3.1 案例选取依据

对创新生态系统的研究中,现有文献的主流研究方法是案例研究,如 Rohrbeck 等(2009)对德国电讯公司的研究,Li(2009)对思科的案例研究,Adner 和 Kapoor(2010)对美国空中客车公司的案例分析等。Yin(2014)指出案例研究方法通过采集数据与资料,研究一定情境下的现象特征,以深入分析现象的本质。它有利于摆脱现有文献和过去经验的束缚,适用于构建新的理论框架。因此,本章也采用案例研究方法。根据案例选取的典型性要求,本章选择华为投资控股有限公司(以下简称"华为")作为研究对象。原因之一是华为属于ICT行业,ICT技术以往在制造行业里属于业务支撑角色,但现在云计算、物联网(internet of things,IoT)、大数据、机器学习、人工智能等ICT新技术正助力制造业数字化转型,在由智能工厂、智能物流、智能服务所组成的智能制造领域中扮演着业务主角。原因之二是华为是当前全球领先的ICT基础设施和智能终端提供商,是行业领导者,具有核心企业的特征和能力,有能力构建智能制造创新生态系统。案例数据的收集以二手资料为主,主要来源一是华为公司网站上所包含的价值主张、公司治理、历年年报、可持续发展等信息和公司内部刊物《营赢》《ICT 新视界》《华为技术》《华为人》等;二是行业调研机构及财经媒体等关于华为的分析报告和相关新闻报道;三是关于华为的相关学术研究文献。对这些资料进行整理分析时,注重进行三角验证以保证数据的可靠性。

14.3.2 案例背景

华为创立于1987年,从成立之初就聚焦于创新,从1999年开始设立海外研发中心,之后陆续在瑞典、英国等多个国家成立研发中心。随着大数据、人工智能、云计算等技术的兴起,到2011年,华为已经建设了20个云计算数据中心,并整合成了"2012实验室"。近年来,华为对构建无线未来技术发展、行业标准和产业链积极贡献力量。2013年起,作为欧盟5G项目主要推动者、英国5G创新中心(5GIC)的发起者,华为发布了5G白皮书,积极构建5G全球生态圈,并与全球20多所大学开展紧密的联合研究,在全球9个国家建立5G创新研究中心。到2016年,数字业务云服务平台累计引入超过4000家合作伙伴,聚合超过60万条数字内容和应用。华为联合500多家合作伙伴为全球130多个国家和地区的客户提供云计算解决方案,共部署了超过200万台虚拟机和420个云数据中心。至2019年,华为约有员工19.4万名,业务遍及170多个国家和地区,服务30多亿人口。目前,全球已有700多个城市、228家世界500强企业(含58家世界100强企业)选择华为作为数字化转型的伙伴,涉及10多个大类行业,覆盖智慧城市、智慧园区、交通、电力、金融、制造、互联网、教育、医疗、石油和天然气、零售等诸多领域。

在业务方面,从2010年开始,华为的业务主要集中于运营商业务、企业业务和消费者业务这三大板块。其中，华为企业业务坚持"平台+AI+生态"战略，与合作伙伴一起为政府和企业客户提供无处不在的连接、无所不及的智能，并基于华为数字平台，融合云计算、物联网、大数据、AI、5G 等多种新 ICT 技术，构建数字世界底座，支撑客户数字化转型。当前已有 500+ AI 项目实践，旨在创新解决方案，使企业完成智能化转型。其中在制造领域，主要包含个性化需求、创新研发、计划与分析、数字化生产和售后服务。从表 14-1 可知，企业业务和消费者业务已逐渐成为华为的业务重点，这意味着促使各行各业智能转型已成为华为业务新的增长点。

表 14-1 2010～2019 年华为三大业务的收入及其增长变化

业务类型	项目	2010年	2011年	2012年	2013年	2014年	2015年	2016年	2017年	2018年	2019年
运营商业务	金额/百万元	145 800	150 145	160 093	166 512	192 073	232 307	290 561	297 838	294 012	296 689
	同比/%	—	2.98	6.63	4.01	15.35	20.95	25.08	2.50	−1.28	0.91
	占比/%	79.87	73.63	72.70	69.66	66.65	58.81	55.71	49.34	40.77	34.55
企业业务	金额/百万元	5834	9164	11 530	15 263	19 391	27 609	40 666	54 948	74 409	89 710
	同比/%	—	57.08	25.82	32.38	27.05	42.38	47.29	35.12	35.42	20.56
	占比/%	3.20	4.49	5.24	6.39	6.73	6.99	7.80	9.10	10.32	10.45
消费者业务	金额/百万元	30 914	44 620	48 376	56 986	75 100	129 128	179 808	237 249	348 852	467 304
	同比/%	—	44.34	8.42	17.80	31.79	71.94	39.25	31.95	47.04	33.95
	占比/%	16.93	21.88	21.97	23.84	26.06	32.69	34.47	39.30	48.37	54.41
其他	金额/百万元	0	0	199	264	1633	5965	10 539	13 586	3 929	5 130
	同比/%	—	—	—	32.66	518.56	265.28	76.68	28.91	−71.08	30.57
	占比/%	0.00	0.00	0.09	0.11	0.57	1.51	2.02	2.25	0.54	0.60
总收入	金额/百万元	182 548	203 929	220 198	239 025	288 197	395 009	521 574	603 621	721 202	858 833
	同比/%	—	11.71	7.98	8.55	20.57	37.06	32.04	15.73	19.48	19.08

从表 14-1 可以看出，2010 年运营商业务占收入总量的 80%左右，2017 年已经下降到 50%以下，到 2019 年占比仅近 35%。与此同时，围绕智能转型的企业业务和智能终端的消费者业务的合计占比却从 2010 年的约 20%上升至 2019 年的近 65%，合计收入额更是高达 5570 亿。可见，华为的业务重点已逐步转移到智能领域。

14.3.3 华为的智能制造实践

作为一家典型的 ICT 企业，华为认为数字化转型是智能制造的基石，仅 2018 年，打造"数字化华为"的投入就超过 20 亿美元。通过华为云对外开放华为自身数字化转型过程中积累的技术、经验、能力，助力政企客户实现数字化转型和智能化升级。当前，华为已经走到了智能制造的前沿，在发展理念上，从生产者驱动转向消费者驱动；在管理模式上，采用精益管理模式；在生产实践中，从智能单机到智能工厂，从数据、软件的综合集成到统一的工业互联网。松山湖南方工厂的发展体现了华为智能制造的实践。松山湖南方工厂是华为的制造体系基地和制造服务的大平台，通过核心产品自制，协同深圳总部和海外区域供应中心，并与全球顶尖公司合作，承担华为全球生产供应与物流交付的职能。通过打造具有响应、质量、交付、工程服务、成本等内部综合优势以提升产品制造核心能力、提供优质交付服务，并满足全球客户的多样化需求。

华为的 SAP HANA（high-performance analytic appliance）数据平台解决方案在智能制造的关键应用业务场景包括定制化需求管理、大数据质量预警、智能云诊断和预测性维护等。在客户需求管理环节，利用企业业务网上订单功能，实现简单便捷地与客户沟通，让渠道客户直接进行配置、下单，并借助可视化 IT 平台实现订单状态的可跟踪、可管理。在生产制造环节，松山湖制造基地基于华为 SAP HANA 方案开发了全球制造支持与指挥中心 Dashboard，利用全闪存基础设施加速内存计算，车间生产报表生成时间从 6 分钟降至 40 秒，且报表生成成功率从平均 2 天失败 1 次大幅提升为全程无中断。如华为手机生产线上所有的焊接、检测等流程，都是由人工智能产线完成的，且能够实时在线检验，进行质量控制，柔性制造能力不断加强。在销售环节，企业业务供应链向客户提供端到端的供应方案，设定了具有竞争力的产品货期（lead time，LT），并集成到订单履行系统，简化订单处理节点，缩短订单处理周期，实现订单按照 LT 规则有序运作。依托可视化平台在订单冻结前通过邮件自动提醒，确保客户界面信息及时传递和实现。订单承诺异常时通过可视化系统自动触发邮件通知客户，并明确原因和改善对策。华为在自身实践中不断注入智能制造后，逐渐开始向各行各业输出智能制造能力。2019 年 9 月，华为面向全球发布企业服务战略 2.0，基于华为自身数字化运维实践，为客户提供统一运维服务解决方案，构筑行业运维体系与标准。

14.4 智能制造创新生态系统的构建——以华为为例

在外部技术范式发生急剧变化时，积极构建智能制造创新生态系统能够为核心企业带来持续的行业竞争优势，对系统内部的其他企业来说，则能够获取更多创业机会和互补性资源，从而更好地抵御技术和市场的不确定性因素。创新生态系统的构建是成员通过密切的交互活动而建立起来的制度、组织结构等系统资源，包括创造和重构价值链，而核心企业是创新生态系统的领导者。已有对创新生态系统的研究也多以特定核心企业为视角，总结其主导的创新生态系统的构建、演化与治理。因此，智能制造创新生态系统的构建也将在核心企业的主导下完成。

14.4.1 智能制造创新生态系统的要素与结构

根据前文构建的智能制造创新生态系统的概念模型，中心-行为层主要包括核心企业、供应商、互补企业、中小企业和消费者。但在以华为主导的智能制造创新生态系统中，华为将前三者统称为合作伙伴。华为定义合作伙伴为"销售华为产品的任何一方，以及向华为提供产品或服务的任何一方"。在企业业务领域，华为长期坚持与合作伙伴开放合作、共享利益。截至 2019 年年底，华为企业业务合作伙伴数量超 28 000 家，其中销售伙伴超 22 000 家，解决方案伙伴超 1200 家，服务伙伴超 4200 家。华为联合生态伙伴，提供领先创新的数字平台解决方案，以及构建数字平台的技术和产品，帮助客户打造开放、灵活、易用、安全的数字平台，使客户实现数据融合、业务协同与敏捷创新，助力客户数字化转型成功。以客户为中心，基于客户需求和技术领先优势持续创新，构建共赢生态。特别是对制造业企业而言，在发展趋势和竞争压力的驱动下，当前普遍关注智能制造，但面临两方面困难：一是工业领域应用复杂，快速迭代的新技术增加了数据处理的复杂性；二是工业领域积累的大量数字资产还未被感知、利用、收集和处理。这些困难对于传统的制造业企业来说，缺乏足够的技术和资源来解决，或者并不符合成本收益原则。因此，华为通过搭建平台汇聚生态，在上层汇聚众多的合作伙伴，面向中国所有的工业体系，提供各种行业应用，赋予制造业网络化、数字化、智能化的能力。华为企业业务通过"Leading New ICT"的业务策略，打造一个"开放、弹性、灵活和安全"的平台，在统一分布的平台上，实现云端和终端畅通连接。华为将 IT 和 CT 融合，可以将车间、机器人等不同的数字化机器进行联网，实现机器的互联互通，形成机器群体的数字化、网络化、智能化、集约化、柔性化的生产模式。通过"云—管—端"的协同，将物联网和行业相融合，创新贯穿从生产流程、业务流程到商业模式的全链条，将各部件连接成网络，实时获取相关的信息，用信息实现价值流的优化。通过 ICT 技术实现互联互通，促进物理实体世界和数字虚拟世界的深度融合，让连接产生效益和智能，真正将制造业逐步推向智能化，支撑企业向智能化升级。

华为将自身的智能制造实践输出，建立起智能制造的工业平台，实现"打造平台、构筑生态、赋能客户"。华为联合全球合作伙伴推出的 FusionCloud 智能制造解决方案，具有管理高效、调度敏捷、架构开放等特点，专门针对生产制造行业客户的工业自动化和信息化融合，以实现服务型制造和柔性化生产。基于制造业"研发、生产、销售、服务"的客户业务流程，联合生态伙伴从研发协作云到无线智能工厂，再到定制化客户需求和预测性维护，贯穿智能制造的每个场景（表 14-2），帮助客户实现智能管理和构建统一架构的制造云平台。

表 14-2 华为助力智能制造业务流程各环节示例

环节	业务模块	关键业务场景	技术支撑	客户价值	成功案例
研发环节	创新研发	优化产品设计，加速产品上市	基于 DevOps 实践的开发云；IoT	优化研发流程和产品设计，提高研发设计效率、降低研发成本、缩短研发周期	为德国领先车企提供的 HPC 服务
生产环节	数字化生产	控制设备，实现自动化的生产过程	基于 eLTE 宽带的无线智慧工厂解决方案	柔性制造，实现大规模个性化生产；隐患监控并实时警报，保障运维安全；自动化业务流程，降低管理成本	为石化盈科打造智能工厂 2.0

续表

环节	业务模块	关键业务场景	技术支撑	客户价值	成功案例
销售环节	个性化需求	提供电商平台解决方案	IoT平台；公有云；ISV合作	在线定制商品；分析消费趋势，精准营销，为生产和设计环节提供支持和佐证	帮助法国Criteo大数据精准营销
服务环节	运维服务	降低维护成本，提高用户体验	IoT平台	对设备实时监测，提前预警，减少故障率；远程指导排障，减少维护支出；缩短排障时间，增加客户产出	破解东风本田网络管理难题
管理流程	计划与分析	大数据质量预警；智能云诊断；定制化需求管理；预测性维护	SAP HANA平台	快速判断并解决生产问题，提升实时分析速度；产品全流程E2E质量预警；监控预警，实时监控机器和设备的情况，主动维护并提升诊断效率；精确预测供货周期，缩短供货时间	华为松山湖制造基地

注：HPC是high performance computing的缩写，指高性能计算机群；ISV是independent software vendors的缩写，指独立软件开发商；E2E是end to end的缩写，指端到端。

在工业设计仿真场景中，华为基于模块化数据中心的HPC产品及解决方案可以优化研发流程，提高研发效率。在智能工厂场景中，华为的云计算、服务器与网络产品解决方案能够实现信息系统与工业设备的融合和集成共享，让数字化嵌入物理设备，让机器智能化，实现实时智能并保障智能工厂的稳定、安全和高效。在智能销售场景中，华为的公有云、软件开发合作等方案能够实现在线定制商品和精准营销并反馈至生产和设计环节。在智能服务中，华为的云平台和物联网平台，能够对设备实时监测和预防性维护，并提供远程排障指导。将ICT新技术与传统制造业深度融合，推动智能制造转型，最大的障碍甚至不在技术本身，而是对于每个细分行业的理解深度和专业程度。华为通过与各行业生态伙伴进行合作，在其智力支持和经验帮助下，加深对各行业的渗透和理解，融合生态伙伴的改造经验与业务能力，细化每个场景，为客户提供更加可行的智能化转型解决方案，实现"生态+AI+平台"的战略。对智能制造企业而言，华为的生态特点是"做平台的平台"、"做生态的土壤"和做客户更信任的伙伴。这样，华为构建了智能制造的数字化转型共同体，以实现协同创新。

可见，在创新生态系统的构建中，华为、合作伙伴、客户各有自身的定位和价值。华为提供可靠、高效、端到端的ICT平台，面向合作伙伴开放其技术接口，专注于制造业应用开发的合作企业则可以在平台上融合行业经验与ICT能力为制造行业提供各种创意与应用，从而为客户制定统一的物联网建设规范。华为借助品牌、市场、资源、能力和经验等优势联合合作伙伴共同搭建线上线下一体化的服务体系，为中小企业与初创企业提供创新发展所需的全流程服务和资源（戴亦舒等，2018），支持其快速成长和转型。比如，华为数字化平台包含了159种预制的通用功能，蕴含着来自国内各行业顶级企业和领先机构的行业经验，即使对没有智能化转型经验的小型流程化制造业企业（日化、纺织或食品企业），也可以通过直接使用华为云提供的服务实现数字化转型和智能化升级。

除了深化与合作伙伴的联系外，华为还积极与政府、科研机构、金融机构等合作，以寻求政策、技术、人才和资金的支持。华为与多国（中国、英国、德国、比利时等）

政府及产业监管部门、政策委员会等沟通合作，共同研讨数字经济发展战略，应对热点产业政策问题，促进 ICT 产业发展和各国经济包容性增长。华为促进了高校和产业界的双向交流与双赢合作，华为创新研究计划（HIRP）已与全球 30 多个国家和地区的 400 多所大学、研究机构及 900 多家企业开展创新合作，进行前瞻性技术研究，共同编写课程和共建实验室，助力超过 100 所高校进行 AI 教学实践，共同输出创新成果。华为与中国人民银行清算总中心、中国建设银行、中国邮政储蓄银行等金融机构、单位签署战略合作协议，设立联合创新中心，就 AI、5G、大数据、云计算、分布式架构等领域开展合作研究。

华为通过与合作伙伴和相关支持机构的合作，共同为客户提供智能制造解决方案，其主导下的智能制造创新生态系统的结构如图 14-2 所示。

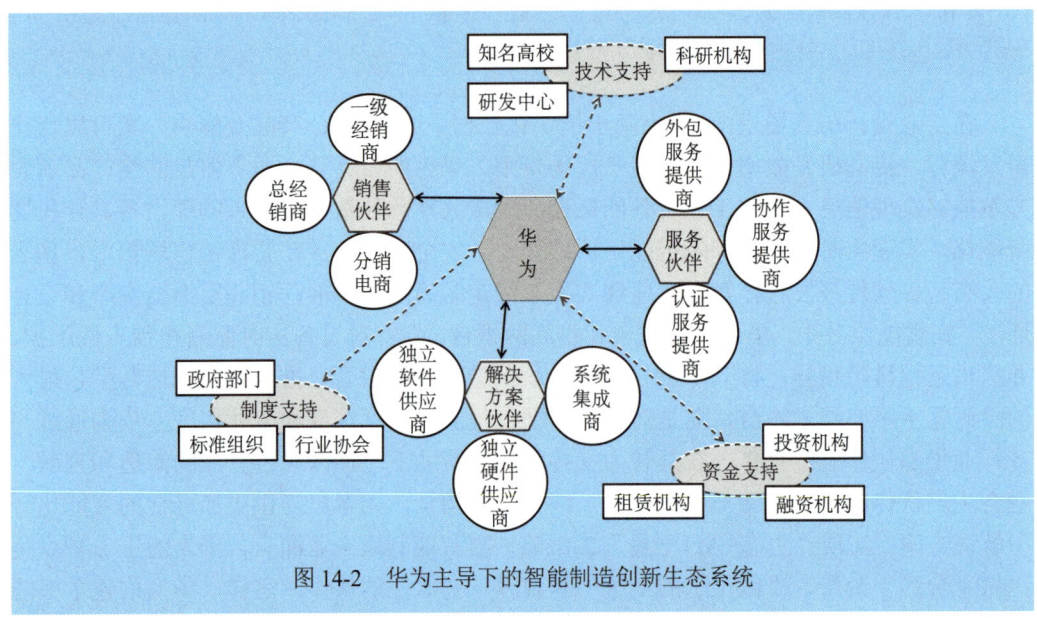

图 14-2 华为主导下的智能制造创新生态系统

14.4.2 核心企业主导下智能制造创新生态系统的发展

核心企业主导下的智能制造创新生态系统在构建过程和形成初期，需要根据内外部环境的变化，对系统内成员间的关系进行治理，协调系统内部及系统与环境的关系。通过确定共同的价值主张，进行价值共创和价值共享以维持系统的正常运行，实现价值过程的良性循环。通过合作伙伴准入、开放创新、资源整合及风险防控，以提升生态系统成员互动性，并化解可能的外部环境威胁和内部成员间的结构矛盾。通过加大研发投入、持续人才培养、管理知识产权及强化环境交互来保障系统的持续发展。华为作为领导企业，借助智能制造创新生态系统的规范化设计，通过影响系统的运行机制，实施有效的治理机制和提供可靠的保障机制，促进系统内部的协同及与外部环境的互动，从而实现创新生态系统的可持续发展（表 14-3）。

表 14-3 华为主导下智能制造创新生态系统的运行、治理和保障机制

机制	内容	表现形式	典型事件描述
运行机制	价值主张	开放/共赢的文化；共同的愿景	华为秉持"合作才能共赢，开放才能先进"理念，认为做大产业、做大市场比做大华为自身份额更加重要
	价值共创	联合创新；规则制定；共建生态	面对理论突破和技术发明的高不确定性，华为主张利用全球科研资源和人才合作创新；积极联合客户、合作伙伴、产业联盟等构建相互依存、共同成长的生态圈，推动AI、数据安全等领域的标准建立；共同为客户创造价值，携手扩大产业价值，形成健康良性的产业生态系统
	价值共享	经验/技术/能力的开放与支持	华为以"硬件开放、软件开源、使能合作伙伴"的策略，携手伙伴打造开放、合作、共赢的计算生态，共享数字世界的红利。通过华为云对外开放自身数字化转型过程中积累的技术、经验、能力，从创新、营销、人才培养等方面助力政企客户的数字化转型和智能化升级
治理机制	合作伙伴选择	合作准则；黑名单制度	华为建立了28类业界领先的物料安全规格及安全选型测试标准和11套供应商网络安全体系认证标准，供应商需要通过测试及认证后方可引入。推动供应商建立业务连续性管理（business continuity management，BCM）管理体系，并组织专项审核与改进，建立黑名单惩治制度
	协同创新	产业联盟、标准组织、开源社区、商业联盟等	华为加入了400多个标准组织、产业联盟和开源社区，积极参与和支持主流标准的制定。加大与全球伙伴在AI、云计算、5G等领域的联合创新，已与超过1200个伙伴联合发布解决方案，覆盖16个重点行业及鲲鹏等10个技术方向，加速产业开放式创新
	资源整合	市场/技术等互补性资源	华为整合了存储、计算及云服务相关的组织，与全行业的软件、服务及硬件生态合作伙伴，围绕消费者系统地整合与创新。如与海尔、中国移动共同打造的全球首个"AI+5G互联工厂"项目，联合荟萃视觉等构建了5G+智能设备等多场景的智能制造体系
	风险防控	技术风险；整合风险；网络安全风险；合规风险	华为持续与英国、德国等欧盟国家的权威认证机构和第三方实验室合作，不断挑战产品安全标准高等级认证，让技术更安全。通过管理改进等深化与利益相关方的沟通合作。对全球超过3800家涉及网络安全和超过3000家涉及隐私保护的供应商进行风险评估和跟踪管理。将合规管理体系建设常态化，合规遵从充分融入公司政策、制度与业务流程中
保障机制	研发投入	研发人员和研发资金	华为始终坚持将年收入的10%以上投入研发，近十年累计投入的研发费用超过6000亿元。2019年，华为从事研究与开发的人员约9.6万名，约占公司总人数的49%，研发费用支出近1317亿元，约占全年收入的15.3%
	人才供给	人才的培养与认证	华为联合教育主管部门、高等院校、教育机构和合作伙伴等各方生态角色，共同构建良性ICT人才生态。截至2020年3月，已经联合社区和高校累计培养了160万华为云开发者，全球通过华为认证人数已超过26万，其中HCIE专家级认证11 000多人
	知识产权管理	专利许可；知识产权保护	华为是全球最大的专利持有企业之一，截至2019年年底，全球共持有有效授权专利85 000多件，并与世界主要ICT企业达成了专利交叉许可，推动行业和国家的创新和知识产权环境的完善
	环境交互	优化制度环境；进行知识共创；寻求服务支持	充分利用全球资源，与多国政府和监管机构、国内外400多所大学和研究机构、80多家投融资公司等进行深入合作，共同构建繁荣而可信的智能世界

可见，华为作为系统中的核心企业，不仅要紧密连接"内部"成员，还要不断接收"外部"环境的反馈。对于新构建的生态系统来说，核心企业能否找到具有吸引力的核

心价值主张至关重要（胡京波等，2018）。华为始终秉持着"开放式创新、包容式发展"的理念，认为计算产业是开放的产业，高度依赖于生态，需要全球产业伙伴的协作，吸引和助力软件及应用伙伴获得商业成功才是方向，并通过加强与政府、媒体的沟通逐渐使这一价值主张成为产业共识。同时作为整个生态系统的构建者和倡导者，华为在平台架构、商业模式等方面率先进行探索和设计，不断提高自身的影响力，占据生态系统的核心位置，然后吸引更多的外部主体进入系统进行技术研发或商业目标达成而实现价值共创，再通过制定互惠共赢的规则实现多主体的价值共享（张镒等，2019）。在具体的治理手段上，华为通过制定规则筛选合作伙伴，与商业联盟、产业联盟、标准组织及开源社区等进行开放式的协同创新，整合系统内外的技术、市场等资源进行优势互补，识别并采取多种途径进行风险防控等。同时，华为通过投入大量的研发资源、培养产业人才、保护知识产权及注重与环境的交互以促进系统的高效发展。通过上述机制，核心企业在生态系统中的中心地位得到巩固，对生态系统成员产生强大的影响力，进而增强系统的稳定性和可持续性。

14.5 结　　论

全球经济环境的日益复杂、竞争规则的改变及新技术的不断涌现，使得智能制造战略的实现无法靠单一企业来完成，而需要构建智能制造创新生态系统来实现。本章借鉴已有对创新生态系统的研究，将行业应用背景扩展到智能制造领域，构建了智能制造创新生态系统的"中心-外围-环境"的结构概念模型，并详细分析了核心企业在系统中的功能；进而以智能制造领先企业——华为公司为案例，研究了在其主导下的智能制造创新生态系统的具体构建和治理过程，为中国制造业企业智能制造的发展提供一个成功的样本和可能的方向。

本章仅探讨了核心企业主导下智能制造创新生态系统的构建和初创阶段的治理问题，随着系统所处的经济、技术、政治和社会环境等不断变化，以及系统内部组织的竞合关系变化，系统将表现出怎样的演化过程及核心企业的主导地位和治理手段将如何随之改变等问题还有待进一步探索。即如何将现有关注系统要素构成的静态结构性分析拓展为不同环境下的动态演化分析是后续研究的方向。

参 考 文 献

包宇航. 2018. 企业创新生态系统的共生演化与提升策略研究[D]. 上海: 上海大学.
陈健, 高太山, 柳卸林, 等. 2016. 创新生态系统: 概念、理论基础与治理[J]. 科技进步与对策, 33(17): 153-160.
陈衍泰, 夏敏, 李欠强, 等. 2018. 创新生态系统研究: 定性评价、中国情境与理论方向[J]. 研究与发展管理, 30(4): 37-53.
戴亦舒, 叶丽莎, 董小英. 2018. 创新生态系统的价值共创机制——基于腾讯众创空间的案例研究[J]. 研究与发展管理, 30(4): 24-36.
范洁. 2017. 创新生态系统的理论逻辑与治理机制——基于生命周期演化的视角[J]. 技术经济与管理

研究, 9: 32-36.

韩进, 王彦敏, 涂艳红. 2020. 战略管理情境下的生态系统: 一个动态过程整合模型[J]. 科技进步与对策, 37(1): 1-9.

胡京波, 欧阳桃花, 曾德麟, 等. 2018. 创新生态系统的核心企业创新悖论管理案例研究: 双元能力视角[J]. 管理评论, 30(8): 290-304.

蒋石梅, 吕平, 陈劲. 2015. 企业创新生态系统研究综述——基于核心企业的视角[J]. 技术经济, 34(7): 18-23, 91.

刘钒, 吴晓烨. 2017. 国外创新生态系统的研究进展与理论反思[J]. 自然辩证法研究, 33(11): 47-52.

梅亮, 陈劲, 刘洋. 2014. 创新生态系统: 源起、知识演进和理论框架[J]. 科学学研究, 32(12): 1771-1780.

欧忠辉, 朱祖平, 夏敏, 等. 2017. 创新生态系统共生演化模型及仿真研究[J]. 科研管理, 38(12): 49-57.

汤临佳, 郑伟伟, 池仁勇. 2019. 智能制造创新生态系统的功能评价体系及治理机制[J]. 科研管理, 40(7): 97-105.

王宏起, 汪英华, 武建龙, 等. 2016. 新能源汽车创新生态系统演进机理——基于比亚迪新能源汽车的案例研究[J]. 中国软科学, 4: 81-94.

王伟楠, 吴欣桐, 梅亮. 2019. 创新生态系统: 一个情境视角的系统性评述[J]. 科研管理, 40(9): 25-36.

吴航. 2014. 中国战略性新兴产业发展思路: 打造产业创新生态系统[J]. 现代管理科学, 12: 61-63.

张镒, 刘人怀, 陈海权. 2019. 平台领导演化过程及机理——基于开放式创新生态系统视角[J]. 中国科技论坛, 5: 152-162.

周大铭. 2014. 企业技术创新生态系统运行风险评价研究[J]. 科技管理研究, 34(8): 48-51.

Adner R. 2006. Match your innovation strategy to your innovation ecosystem[J]. Harvard Business Review, 84(4): 98-107, 148.

Adner R. 2017. Ecosystem as structure: An actionable construct for strategy[J]. Journal of Management, 43(1): 39-58.

Adner R, Kapoor R. 2010. Value creation in innovation ecosystems: How the structure of technological interdependence affects firm performance in new technology generations[J]. Strategic Management Journal, 31(3): 306-333.

Adner R, Kapoor R. 2016. Innovation ecosystems and the pace of substitution: Re-examining technology S-curves[J]. Strategic Management Journal, 37(4): 625-648.

Chesbrough H W. 2006. Open business models: How to thrive in the new innovation landscape[J]. Journal of Product Innovation Management, 17(4): 406-408.

Carayannis E G, Campbell D F J. 2006. Knowledge Greation, Diffusion, and Use in Innovation Networks and Knowledge Clusters: A Comparative Systems Approach Across the United States, Europe and Asia[M]. Westport, Connecticut: Praeger.

Ghemawat P. 2007. Managing differences: The central challenge of global strategy[J]. Harvard Business Review, 85(3): 58-68, 140.

Iansiti M, Levien R. 2004. Strategy as ecology[J]. Harvard Business Review, 82(3): 68-81.

Kapoor R. 2018. Ecosystems: Broadening the locus of value creation[J]. Journal of Organization Design, 7(1): 12.

Kapoor R, Lee J M. 2013. Coordinating and competing in ecosystems: How organizational forms shape new technology investments[J]. Strategic Management Journal, 34(3): 274-296.

Li Y R. 2009. The technological roadmap of Cisco's business ecosystem[J]. Technovation, 29(5): 379-386.

Moore J F. 1993. Predators and prey: A new ecology of competition[J]. Harvard Business Review, 71(3): 75-86.

Nambisan S, Baron R A. 2013. Entrepreneurship in innovation ecosystems: Entrepreneurs' self-regulatory processes and their implications for new venture success[J]. Entrepreneurship Theory and Practice, 37(5): 1071-1097.

Nambisan S, Zahra S A. 2011. Entrepreneurship in global innovation ecosystems[J]. Academy of Marketing Science Review, (1): 4-17.

Rohrbeck R, Hölzle K, Gemünden H G. 2009. Opening up for competitive advantage-How Deutsche Telekom creates an open innovation ecosystem[J]. R＆D Management, 39(4): 420-430.

Williamson P J, Meyer D A. 2012. Ecosystem advantage: How to successfully harness the power of partners[J]. California Management Review,55(1): 24-46.

Yin R K. 2014. Case study research: Design and methods. 5th edn[M]. Thousand Oaks: Sage Publications.

撰稿人：季良玉
审稿人：李廉水